LES MORTS
NOUS PARLENT

Du même auteur

POUR QUE L'HOMME DEVIENNE DIEU, Ymca Press (nouvelle édition, mise à jour, Dangles, 1992).

EN DIRECT DE L'AU-DELÀ, en collaboration avec Rémy Chauvin, Robert Laffont, 1993.

CHRIST ET KARMA, Dangles, 1995.

En CD :

Les morts nous parlent : conférence et textes de François Brune ; musique de Stelios Vlavianos et Guy Léonard.

Christ et Karma : conférence et textes de François Brune ; musique de Stelios Vlavianos et Guy Léonard.

FRANÇOIS BRUNE

Marie Paule Richoz

LES MORTS
NOUS PARLENT

PHILIPPE
LEBAUD

Illustration de couverture : R. Parmegiani. *Le Peintre*. 1967.

Photo : Michel Random

© by Éditions du Félin, 1993
Philippe Lebaud Éditeur
10, rue La Vacquerie, 75011 Paris
ISBN : 2-86645-141-4

« *La mort est aujourd'hui devant moi*
comme le ciel se dévoile
comme un homme alors est captivé par ce qu'il ne
connaissait pas.

La mort est aujourd'hui devant moi
comme un homme désire revoir "ses foyers"
après de nombreuses années passées en captivité. »

Dialogue du désespéré avec son âme
(Égypte - vers 2000 avant J.-C.)

Sommaire

I

Personne ne meurt

II

La mort est une deuxième naissance

III

Notre nouveau corps dans l'autre vie

IV

Aux frontières de la mort

V

Les premiers pas dans l'au-delà

VI

Au cœur du Bien et du Mal

VII

L'exil dans les mondes du malheur

VIII

La réincarnation : ultime épreuve de l'âme malheureuse

IX

Le retour dans les mondes du bonheur

X

L'union à Dieu : ultime expérience de l'âme bienheureuse

Avant-propos

*L**es morts nous parlent**,* dans leur première version, ont connu un grand succès, tant en France qu'à l'étranger. Très souvent cité, publié en sept langues, on peut considérer qu'il s'agit maintenant d'un ouvrage de référence.

Aucune des sources possibles n'a été négligée : Expériences aux Frontières de la Mort ou mort clinique (E.F.M.), Expériences Hors du Corps (E.H.C.), communications avec les morts (planchette, écriture automatique, magnétophone, radio, téléviseurs, etc.), associations étroites entre les vivants et les trépassés, possession, expériences mystiques, traditions religieuses d'Orient et d'Occident.

Le succès de ce livre m'a amené à le compléter. Appelé tant en France qu'à l'étranger à donner des conférences et à répondre aux questions des premiers lecteurs, j'ai eu l'occasion de rencontrer d'autres chercheurs dans chacun des domaines que j'avais précédemment étudiés, et j'ai découvert des pistes, des documents, des témoignages nouveaux.

Chacun des thèmes que j'ai abordés est un monde en lui-même. Ceux qui explorent les E.F.M. ignorent généralement tout de la transcommunication ou des phénomènes d'écriture automatique et inversement. Dans chaque pays, les quêtes ne sont pas les mêmes et, sur certains problèmes, les résultats obtenus ne sont pas probants au même stade. Pour tout connaître, il faut aller y voir et donc voyager. C'est souvent de la convergence de recherches, en principe très différentes, que vont naître des recoupements inattendus, des synthèses particulièrement éclairantes.

Les grandes vérités traditionnelles, communes à la plupart des religions, s'en trouvent renforcées ; non seulement parce qu'elles sont souvent confirmées, mais plus encore parce qu'elles reçoivent ici une nouvelle formulation qui les rend beaucoup plus accessibles à « l'honnête homme » d'aujourd'hui.

Du côté des milieux scientifiques, les réticences commencent à s'estomper. De plus en plus nombreuses sont les passerelles qui relient science et spiritualité. Des biologistes et des physiciens considèrent désormais la vie après la mort comme une hypothèse sérieuse.

Je suis d'autant plus heureux d'avoir pu à nouveau faire le point que j'ai pu rarement répondre aux lettres de mes lecteurs. Je crois, en effet, qu'ils trouveront dans cette nouvelle édition qui leur est dédiée, les explications, les précisions qu'ils réclamaient. Avec l'expression de ma reconnaissance pour l'attention qu'ils ont portée à mon premier ouvrage.

Introduction

« **J**e pense que la mort est bien la mort et n'en appelle à aucune réalité cachée ; je crois que lorsqu'on tombe, c'est tout de bon et qu'on ne se relèvera pas tout à l'heure comme font les acteurs sur le théâtre [1]. »

La plupart de nos contemporains souscrivent encore à cette phrase de Jean Rostand. Plus rien n'existe, pour eux, après la mort. Leur conscience sera anéantie. Venus du néant, ils retourneront au néant. D'eux-mêmes il ne subsistera plus rien, sinon quelques souvenirs épars dans la mémoire de ceux qui les auront aimés ici-bas.

S'interroger sur les origines dans la pensée occidentale de cette récente idéologie du néant n'est pas mon propos. Le plus scandaleux est le silence, le dédain, voire la censure exercée par la Science et par l'Église à l'égard de la découverte sans conteste la plus extraordinaire de notre temps : l'après-vie existe et nous pouvons communiquer avec ceux que nous appelons les morts.

J'ai écrit ce livre pour tenter de briser cet épais mur de silence, d'incompréhension, d'ostracisme, élevé par la plus grande partie des milieux intellectuels occidentaux. Pour eux, disserter sur l'éternité reste tolérable ; dire qu'on peut la vivre devient plus discutable ; affirmer qu'on peut entrer en communication avec elle est considéré comme insupportable.

Le prêtre et le théologien que je suis a voulu, comme on dit, en avoir le cœur net. Pourquoi tous ces témoignages devaient-ils être *a priori* considérés comme suspects ? Quand le contenu des messages et des communications enregistrées rejoint, comme je le démontre, les plus grands textes mystiques des diverses traditions, il y a là plus qu'une simple coïncidence. J'ai donc suivi et étudié avec passion les résultats des recherches les plus récentes en ce domaine. Les conclusions de cette enquête ont dépassé mes prévisions : non seulement la crédibilité scientifique des expériences de communication avec les morts se trouve confirmée et ne peut plus maintenant être mise en doute, mais la prodigieuse

---

1. Jean Rostand, *Ce que je crois*, Grasset 1953, p. 61.

richesse de cette littérature de l'au-delà a ranimé en moi ce que des siècles d'intellectualisme théologien avaient éteint.

Notre époque est certainement à la veille d'un bouleversement sans précédent dans l'histoire de son développement spirituel, pour peu qu'elle consente enfin à ouvrir les yeux sur cette découverte fondamentale : l'éternité existe et les vivants de l'au-delà communiquent avec nous.

Écrivant ces mots, je devine déjà la moue ironique et dubitative du lecteur devant l'inconcevable d'une telle affirmation. Le corset rationaliste et positiviste qui emprisonne – dans les milieux scientifiques comme dans les milieux religieux – nos esprits est tel que tout ce qui risque de le mettre en cause est immédiatement rejeté dans les ténèbres des sciences dites occultes ou de la parapsychologie. C'est d'ailleurs la raison pour laquelle cette découverte n'a pas été répandue plus largement. N'oublions pas qu'il a fallu de nombreux siècles avant que les découvertes de Galilée ne soient intégrées par nous. Il en sera de même pour les travaux de tous les pionniers de la communication avec les morts : Jürgenson, Raudive et tous ceux que j'évoque dans cet ouvrage.

On le sait, l'Église nourrit la plus grande méfiance envers ce type de phénomènes : elle enseigne l'éternité, soit, mais elle n'accepte pas qu'on puisse la vivre et entrer en communication avec elle. Je montre qu'il n'en a pas toujours été ainsi.

Pourtant des signes encourageants se font jour. Les théologiens rationalistes sont, si j'ose dire, court-circuités par ceux-là mêmes qui les ont autrefois subjugués : les scientifiques. Car ce sont maintenant les savants eux-mêmes qui découvrent que le monde de la matière et le monde de l'esprit ne font qu'un ; que la compréhension de la matière est impossible sans l'intervention de l'esprit.

J'ai donc aussi écrit ce livre à la lumière de ces travaux récents. Mon ouvrage, qui conclut à l'éternité de la vie spirituelle, trouve ainsi ses positions en partie confirmées par les recherches les plus avancées dans le domaine de la science contemporaine[2].

Par la force des choses et pour respecter les termes exacts des messages des vivants de l'au-delà, j'ai été amené à utiliser un vocabulaire qu'une longue tradition de sentimentalisme religieux a vidé de son sens et rendu odieux à beaucoup. Je n'ai pu faire autrement. Mais je tiens à rappeler que, dans ce livre, tous les

---

2. Voir, en particulier, *La Science face aux confins de la connaissance*, Éditions du Félin 1987.

mots du vocabulaire religieux sont à prendre non comme les coquilles creuses qu'ils sont devenus mais comme des mots neufs, refondus au feu d'une expérience fantastique : celle de l'éternité vécue. Prenez-les comme des mots de poètes, c'est-à-dire nettoyés de toute scorie.

Je souhaite que les lignes qui vont suivre et l'ouvrage tout entier soient lus par vous de cette manière. Considérez qu'au lieu de mots vides de sens, vous avez affaire à des mots brûlants qui viennent d'être forgés au feu de l'Amour.

Prenez ce livre comme itinéraire. Abandonnez autant que faire se peut vos idées préconçues. N'ayez crainte, si ce livre ne vous transforme pas, vous les retrouverez bien vite. Lisez en tout cas cet ouvrage comme l'histoire d'une découverte fabuleuse et vraie.

Progressivement alors, vous apparaîtront ces vérités essentielles qui deviendront, je vous le souhaite, la matière même de votre vie : la mort n'est qu'un passage. Notre vie continue, sans aucune interruption jusqu'à la fin des temps. Nous emportons avec nous dans l'au-delà toute notre personnalité, nos souvenirs, notre caractère.

Ces contemporains dans l'éternité nous disent aussi l'omniprésence d'une force à l'origine de toutes choses et terme de notre évolution. Cette force a été appelée Dieu. Ce Dieu est éprouvé par eux comme Amour personnel, infini et inconditionnel.

Ces multiples textes, certes à valeur inégale, nous prouvent avec certitude que le message d'éternité et d'amour n'est pas limité à son expression dans les textes canoniques, mais qu'il est constamment revitalisé par mille témoignages tous plus bouleversants les uns que les autres. Aucun dogme n'a le monopole de l'Amour, même si, pour moi, cet Amour s'est le mieux révélé dans la tradition chrétienne, et je me suis toujours étonné qu'un même message puisse être tenu pour suspect selon qu'il relève ou non du corpus des textes canoniques.

Ce livre n'a pas l'ambition de convaincre. Il n'est pires sourds que ceux qui ne veulent pas entendre. Et j'ai pris mon parti de cette surdité. Ceux, sceptiques, qui réclameraient des « preuves » supplémentaires voudront bien se reporter aux ouvrages que je cite en bibliographie. Il m'a paru plus important de tenter une ébauche de synthèse de la vie dans l'au-delà à partir de l'immense documentation déjà recueillie à ce jour. Je prétends moins emporter la conviction que l'adhésion. Si vous avez lu ce livre avec les yeux du cœur, vous serez transformés. Votre intellect pourra, lui, élever encore quelques objections – c'est sa fonction –, votre cœur, lui, sera converti. L'essentiel sera atteint.

On l'a compris, il ne s'agit pas pour moi de ramener au bercail d'une Église souvent moribonde un troupeau d'enfants prodigues. Permettre à chacun de vivre une merveilleuse découverte, voilà mon ambition. Pour le reste, nul n'est propriétaire de l'éternité.

À la lecture de ce livre vous comprendrez qu'aucun de vos instants sur la terre n'aura été perdu. À tout moment vous pouvez progresser dans la voie de l'Amour. Seule votre attitude, votre mouvement de l'âme, aura été pris en considération, indépendamment de toute conviction philosophique ou religieuse.

Je m'arrête. Certains lecteurs sont peut-être décidés à s'arrêter également. Qu'ils aillent plus loin. Au pire, ils perdront quelques heures. L'enjeu – un nouveau regard sur leur vie – en vaut la peine.

Ce livre est un appel aux vivants de ce monde pour qu'ils prêtent l'oreille aux paroles des vivants de l'autre monde. Il aura rempli sa fonction si un peu de leur merveilleuse expérience est devenue vôtre.

I

Personne ne meurt

La première découverte, et peut-être la plus fantastique de toutes, car elle nous intéresse au premier degré, c'est que nous tenons enfin, pratiquement, la preuve de notre survie après la mort.

Je ne pense pas ici aux désormais fameuses « E.F.M. » (expériences aux frontières de la mort) dont on parle de plus en plus. Ces expériences de personnes laissées pour mortes et cependant revenues à la vie ont été surtout reconnues à partir de 1970, et la première étude sur ce sujet, qui fit grand bruit, est celle du docteur Moody, en Amérique, en 1975. J'en parlerai plus loin dans cet ouvrage. Pour le moment, je voudrais signaler plus fantastique encore. Et là, curieusement, il s'agit d'une découverte plus ancienne que la précédente, mais dont personne ne parle, ou presque.

Il s'agit de l'enregistrement, en direct, de voix de défunts sur bande magnétique. Il est vrai que, dans ce domaine, les travaux ont été surtout développés dans le monde germanique, et que nous recevons plus rapidement les dernières nouveautés d'outre-Atlantique que d'outre-Rhin.

1. Jürgenson et Raudive : pionniers de l'enregistrement de la voix des morts

Tout a commencé le 12 juin 1959, dans les environs de Stockholm, avec Friedrich Jürgenson. Jürgenson est né en 1903 à Odessa, mais, depuis 1943, il s'est fixé à Stockholm. Il a étudié la peinture et le chant, a effectivement exercé ces deux arts : peintre et chanteur d'opéra. Plus tard, il s'est dirigé vers la production de films d'art. Après avoir réalisé trois documentaires sur Pompéi, il fut même très officiellement autorisé à y entreprendre de nouvelles fouilles qui lui donnèrent l'occasion de réaliser de nouveaux films. À la suite de quoi, le Vatican le chargea de transcrire, sur ses toiles, le souvenir des fouilles entreprises sous Saint-Pierre de Rome. Il obtint même les droits exclusifs d'un film sur la basilique au cours duquel apparaissait le pape Paul VI en personne. Il réalisa encore un film sur le prodige du sang de saint Janvier à Naples et un autre sur le pape et ses collaborateurs.

Or, ce 12 juin 1959, dans les environs de Stockholm, Jürgenson avait entrepris d'enregistrer des cris d'oiseaux. Quelle ne fut pas sa surprise, quand il voulut écouter la bande, d'entendre tout d'un coup un solo de trompette qui se terminait dans une sorte de fanfare. Puis une voix d'homme, en norvégien, lui parlait de cris d'oiseaux de nuit. Enfin, il crut même reconnaître le cri d'un butor.

Il pensa d'abord à un déréglage de son appareil. Il se demanda si, dans des circonstances particulières, un magnétophone ne peut pas capter certaines émissions comme un récepteur radio. Il fit donc réviser son appareil, mais demeurait tout de même très intrigué. La coïncidence était de toute façon troublante.

Un mois plus tard, alors qu'il travaillait pour la radio à une émission sur la grande Anastasie, une voix lui parla de la Russie, en allemand, en l'appelant par son prénom. D'autres fois en italien : « Federico. » Ces voix lui disaient aussi : « Tu es observé, chaque soir cherche la vérité... » À chaque fois, ces voix étaient inaudibles lors de l'enregistrement. À l'audition, elles n'étaient qu'un léger murmure. Jürgenson dut même entraîner son oreille à les percevoir.

La fatigue l'emportant sur la curiosité, il voulut abandonner ces essais. On était à l'automne de 1959. Il fut alors en proie à des sortes d'hallucinations auditives. Son oreille, sensibilisée, croyait discerner des paroles ou des bribes de phrases dans les bruits les plus divers : crépitement de la pluie, froissements de papier, etc. Et toujours les mêmes mots apparaissaient : écouter, maintenir le contact, écouter.

Jürgenson reprit ses essais. Mais il n'obtenait que des messages étranges et sans suite. Il crut un temps avoir affaire à des extraterrestres. Mais comme rien ne venait le confirmer, n'y comprenant plus rien, il était prêt à abandonner. C'est alors que, le doigt déjà sur le bouton d'arrêt, il capta dans ses écouteurs : « S'il te plaît, attendre, attendre, écoute-nous ! »

Ces quelques mots changèrent toute sa vie. À partir de ce moment-là, il ne cessa plus ses recherches dans ce domaine et s'y consacra tout entier. Bientôt, il reconnut parmi les voix celle de sa mère, morte quatre ans auparavant. Toutes les hypothèses pour trouver une autre explication tombaient les unes après les autres. Peu à peu l'évidence s'imposait : il recevait bien, en direct, des messages de l'au-delà.

Le sachant polyglotte, les voix mêlaient dans la même phrase des mots de toutes les langues, ce que ne fait aucun poste de radio. Elles cherchaient à se faire reconnaître par tous les moyens, lui parlant de sa famille, de son travail, se présentant comme des défunts de son entourage, parents, amis, connaissances.

« Ce qui se produisait ici, se répétait quotidiennement et se précisait lentement, écrit Jürgenson, avait la force explosive de la pure vérité qui s'appuie sur des faits. C'était la vérité, la réalité qui allait peut-être déchirer en mille lambeaux le rideau de l'au-delà et, du même coup, réconcilier ce monde-ci avec l'autre en jetant un pont au-dessus de l'abîme. Il ne s'agissait en aucun cas de sensationnel. J'étais seulement chargé de cette tâche, grande mais difficile, de la construction de ce pont entre l'ici-bas et l'au-delà. Si je me montrais à la hauteur, alors, peut-être, l'énigme de la mort serait résolue, par la technique et la physique.

« C'est pourquoi je ne pouvais plus faire marche arrière, en dépit de tous les tableaux qui ne seraient pas peints ou des fouilles à Pompéi qui ne seraient pas réalisées[1]. »

Aussitôt, Jürgenson commença à s'entourer de témoins et de collaborateurs discrets et sûrs pour continuer ses expériences. Ce furent d'abord le parapsychologue suédois J. Björkhem et Arne Weisse, de la Radio suédoise, avec cinq autres observateurs. Cette « première » en public fut en partie enregistrée plus tard sur le disque qui accompagnait l'ouvrage de Jürgenson. Dès 1963, l'Institut de parapsychologie de l'université de Fribourg, dirigé par Hans Bender, en recevait un enregistrement complet.

À l'été 1964, l'institut de Fribourg se mettait avec Jürgenson en relation avec le Deutsches Institut für Feldphysik à Northeim et l'institut Max-Planck à Munich. Les premiers travaux eurent donc lieu à Northeim, puis en octobre 1965 à Nysund, en Suède, et au même endroit au début de mai 1970, toujours avec Hans Bender, mais aussi de nouveaux collaborateurs. Un ingénieur du Groupe de recherches acoustiques du Bureau central des techniques de télécommunications de Berlin vint se joindre aux recherches. À ce stade, l'origine paranormale de ces voix est scientifiquement reconnue comme très probable[2].

Tout cela n'était qu'un début. Une série de nouveaux chercheurs allaient s'y mettre et, souvent, y consacrer une bonne partie de leur vie.

Constantin Raudive, né en Lettonie en 1909, quitta son pays à l'âge de vingt-deux ans. Après des études à Paris, Salamanque, Londres et un long séjour en Espagne, il se fixa définitivement en 1944 à Upsal. Polyglotte, grand traducteur de littérature espagnole en letton, c'était aussi un romancier et un philosophe profondément spiritualiste. Il était hanté par le drame du chaos tragique qui avait submergé l'Europe.

Comme Jürgenson, c'est tout à fait par hasard que Constantin Raudive découvrit cette possibilité fantastique de communiquer avec les trépassés.

« Vers la fin de 1964, il fut obligé de sortir de chez lui à l'improviste... quand il fut de retour, il s'aperçut qu'il avait laissé son magnétophone en marche. Il voulut écouter le début de la bande... Soudain, il eut la stupéfaction d'entendre : ''Kosti, Kosti !...'' C'était la voix de sa mère qui l'appelait en lui donnant, comme la mère de Jürgenson l'avait fait pour son fils, le diminutif affectueux de jadis[3]. »

Ayant entendu parler des expériences de Jürgenson dès 1965, il l'invita aussitôt à Upsal, où ils purent confronter leurs résultats. Dès lors, jusqu'à sa mort, en septembre 1974, il ne cessa plus d'enregistrer. Jean Prieur nous affirme qu'il capta ainsi plus de 70 000 voix.

Mais Raudive eut toujours le souci d'améliorer ses méthodes et de faire vérifier son travail. Il fut en relation avec le physicien suisse Alex Schneider, avec le théologien catholique Gebhard Frei, le prélat Pfleger, les techniciens de radio et de télévision Theodor Rudolph et Norbert Unger. En 1968, il publiait un livre intitulé *Unhörbares wird hörbar* (*L'inaudible devient audible*)[4].

L'ingénieur Franz Seidl, de l'École technique supérieure de Vienne, a reçu le prix Paul-Getty pour ses travaux sur l'énergie. Inventeur de nombreux appareils et membre d'honneur du centre euro-américain de recherches Eurafok, il construisit pour Raudive le *pyschophone* afin de faciliter l'enregistrement de ces voix. Il mit également au point le *psitron*, qui permet aux trépassés de faire entendre sur la bande magnétique des coups que l'on n'entend pas lors de l'enregistrement et qui peuvent, par convention, constituer des réponses aux questions posées.

Le père Léo Schmid, curé catholique d'Oeschgen, en Suisse, et auteur d'ouvrages pour la jeunesse, s'est beaucoup dépensé dans la presse, à la radio, à la télévision ou par des conférences, pour faire connaître la nouvelle : les morts peuvent nous répondre !

C'est la lecture du livre de Jürgenson, puis de celui de Raudive qui l'incita à tenter l'expérience lui-même. Il se rendit même chez Raudive pour s'initier à la manipulation des appareils nécessaires. Pendant six semaines cependant, il n'obtint aucun résultat. Un jour, enfin, il perçut d'abord des coups forts et rythmés, immédiatement suivis d'une faible voix. Par la suite, il enregistra tous les jours, jusqu'à sa mort en 1976. En un peu plus de 100 séances il a reçu environ 12 500 voix, s'adressant à lui en dialecte suisse allemand, en allemand, en latin, en français et en anglais.

Plusieurs de ses interlocuteurs se nommaient, et d'ailleurs il pouvait peu à peu reconnaître leur voix. Il rassembla les messages correspondant à chacun de ses principaux interlocuteurs et put ainsi constater que chacun revenait sans cesse sur les mêmes sujets, se mouvait dans un monde de préoccupations bien à lui. Ainsi « frère Nicolas » revenait-il continuellement sur la nécessité de la prière et de la paix intérieure. Il lui prodiguait des encouragements : « Nous t'aidons ! » ou des invitations pressantes à « croire plus fermement... à prier... à aimer »[5].

Le père Schmid reçoit parfois aussi des appels à l'aide. Certains trépassés réclament ses prières. D'autres essaient quelquefois d'inquiéter : « Nous sommes venus pour détruire. » On apprend de telle personne décédée qu'elle dort encore. Une voix gémit : « Nous sommes châtiés, tourmentés », une autre, au contraire, proclame : « Ici, c'est toujours la lumière », ou encore : « Un état de bonheur et de joie, de danse, de jubilation. » Un coin de voile commence à se lever !

Parfois, il est averti de menus événements à venir, par ces voix. On lui annonce, par exemple, six jours à l'avance, qu'il recevra une lettre de telle personne dont les voix lui donnent le nom mais dont lui-même ignore tout. Il demande même des conseils pour son ministère. Mais il ne reçoit pas de réponses à toutes ses questions. S'il semble trop curieux à ses interlocuteurs, ils lui répondent : « Question interdite », ou plus simplement : « Cherche toi-même. »

Aux États-Unis, George Meek, ingénieur, membre de l'Académie des sciences de New York, de la société américaine d'ingénieurs en mécanique, du Club des ingénieurs, et dépositaire de nombreux brevets, se retirait à l'âge de soixante ans. La petite fortune gagnée grâce à ses inventions lui permit de se consacrer à l'étude de l'homme et de son destin. On était en 1970. Il entreprit quatre voyages autour du monde, dix-huit vers l'Europe, l'Afrique, l'Australie, l'Amérique du Sud, la Chine et les quinze républiques de l'U.R.S.S. Il emmenait avec lui des physiciens, des psychiatres, des parapsychologues, à la recherche des anciennes grandes traditions qui pouvaient détenir une part de la vérité qu'il cherchait[6].

Lors d'une réunion interdisciplinaire qu'il avait ainsi organisée, à Philadelphie, un médium prétendit recevoir le message d'un savant décédé. Ce savant proposait d'aider des ingénieurs ou techniciens, vivant sur cette terre, à créer une communication entre les deux niveaux d'existence par des appareils électromagnétiques. C'était le rêve de Meek : grâce à l'aide de médiums capables de comprendre des explications scientifiques, entrer en contact avec des savants disparus, et créer enfin des appareils lui permettant, à l'avenir, de se passer de médiums.

Il finit par rencontrer le médium répondant à ses exigences : une personnalité du Far West, à l'ascendance indienne, généreuse, fantasque, obstinée, désintéressée jusqu'à l'héroïsme : Bill O'Neil. Bill travaillera d'abord avec un certain Doc Nick, mort depuis cinq ans, puis avec George Müller, physicien de grande valeur, mort en 1967. Bill, à la fois clairvoyant et clairaudiant, pouvait les voir et les entendre sans aucun appareil. Cependant, ce n'est que le 27 octobre 1977 qu'il obtint un enregistrement en dialogue direct. La voix du trépassé se faisait entendre par le haut-parleur en même temps qu'elle s'enregistrait sans qu'on eût à revenir en arrière pour l'entendre. Ce fut un dialogue très bref, au contenu assez pauvre, mais un dialogue quand même. À quoi succéda un long silence, malgré des recherches acharnées. Le 22 septembre 1980, Bill obtint un nouveau dialogue en direct, avec George Müller cette fois, treize minutes parfaitement claires. Puis de nouveau le silence. Succès sans lendemain, très suffisant pour convaincre la plupart des esprits de bonne volonté mais non les milieux scientifiques, *a priori* plus que sceptiques.

Meek voulait trouver un vrai moyen de communication, régulier, fiable et reproductible à volonté, selon les exigences bien connues de la science. Ce n'était pas encore l'heure. Dans toute recherche, d'ailleurs, le succès qui paraît déjà à portée de main s'échappe soudain. Le progrès n'est pas toujours linéaire.

À la vérité, le phénomène n'est pas apparu aussi brusquement et de façon aussi inattendue que les premiers récits pourraient le laisser penser. Maintenant qu'il est assez largement reconnu, on commence à faire le lien avec les travaux de certains chercheurs ou avec certains événements demeurés inexpliqués. Edison, l'inventeur du phonographe, avait déjà entrepris des travaux dans ce sens. Harold Sherman, le fondateur de l'Association pour les recherches sur les « P.E.S. » (perceptions extra-sensorielles) signale, dans son dernier ouvrage[7], qu'en 1947 déjà, Attila von Szalay, en travaillant sur des disques, avait obtenu des murmures inexpliqués. En 1950, à Chicago, John Otto, ingénieur diplômé, avait reçu, avec la collaboration d'un groupe de radioamateurs, des signaux d'origine inconnue, exprimés en plusieurs langues ou même chantés. À peu près à la même époque, un autre Américain, John Keel, faisant des recherches sur les ovnis, signalait l'apparition de voix inconnues sur des enregistrements militaires ou civils. Dans un autre ouvrage, ce même auteur signalait des rapports militaires en Scandinavie, où, dès les années trente, des voix non identifiées avaient intrigué les autorités. Les enquêtes entreprises en Allemagne à ce sujet, dans les archives nazies, semblent exclure une explication de ce côté.

Enfin, on sait maintenant que Guglielmo Marconi aussi, lors de ces premières retransmissions radio, avait remarqué des interférences, des voix d'origine inconnue. Mais, son propos n'étant pas alors d'établir des communications avec l'au-delà, il ne s'était pas intéressé au phénomène et n'avait pas cherché à en savoir davantage. C'est probablement le père Agostino Gemelli, fondateur de l'Université catholique de Milan et alors président de l'Académie pontificale, qui obtint, sans l'avoir cherchée, la première voix parfaitement identifiable.

C'était le 17 septembre 1952. Le père Pellegrino Ernetti, qui se trouvait alors avec lui dans son laboratoire de physique expérimentale, s'en souvient parfaitement et c'est lui qui me l'a raconté lorsque je suis allé le voir dans son monastère San Giorgio Maggiore, à Venise. Ils travaillaient alors ensemble à filtrer des voix pour essayer d'en éliminer les harmoniques. Ils utilisaient pour cela un oscillographe et de vieux magnétophones qui ne fonctionnaient pas encore avec des bandes mais avec des fils. Ceux-ci se rompaient tout le temps, nécessitant des opérations délicates et provoquant des pertes de temps. Or, depuis bien des années, depuis la mort de son père, chaque fois que le père Gemelli rencontrait une difficulté quelconque, il avait l'habitude de s'adresser immédiatement à son père défunt en l'appelant familièrement : « Papa, aide-moi ! » Dans ce travail, les occasions de l'appeler à l'aide ne manquaient pas. Ce jour-là, donc, le fil s'était à nouveau rompu, et, tout en faisant la réparation nécessaire, le père Gemelli avait lancé son appel habituel. C'est alors que, remettant l'appareil en marche, au lieu d'écouter le chant grégorien qu'ils étaient en train d'enregistrer, ces mots se firent entendre, distinctement : « Mais bien sûr que je t'aide, je suis toujours avec toi ! »

Le père Gemelli, sur le coup, fut terrorisé. Il commença à trembler et à transpirer. Le père Ernetti l'encouragea cependant à faire un nouvel essai et la même voix se fit alors à nouveau entendre, claire mais un peu ironique : « Mais oui, gros bêta, tu ne vois donc pas que c'est bien moi ? » Gros bêta (*zuccone*), c'était ainsi que son père l'appelait toujours affectueusement.

Les deux religieux se hâtèrent d'aller rendre compte de l'événement à Pie XII. Celui-ci rassura alors le père Gemelli :

« Mon cher Père, soyez tranquille, ceci est un fait strictement scientifique et n'a rien à voir avec le spiritisme ; l'enregistreur est un appareil objectif qu'on ne peut pas suggestionner, il capte et enregistre les vibrations sonores d'où qu'elles viennent. Cette expérience pourra peut-être marquer le début d'une nouvelle étude scientifique pour confirmer la foi dans l'au-delà[8]. »

On commence donc à comprendre qu'en réalité, au fur et à mesure que la technique progressait, de nouvelles possibilités de communication commençaient à apparaître, que nos trépassés guettaient avec impatience. Il y avait eu bien d'autres enregistrements avant ceux de Jürgenson, le plus souvent obtenus involontairement, mais ils n'avaient pas déclenché des recherches systématiques. Certains étaient même restés complètement inaperçus et n'ont été remarqués que depuis que le phénomène a acquis une assez large audience (du moins à l'étranger). En réécoutant de vieux enregistrements réalisés à l'occasion d'une fête de famille, les initiés d'aujourd'hui, dont l'oreille est plus entraînée, reconnaissent souvent avec surprise des voix de défunts de la famille qui étaient sans doute alors, invisibles, auprès d'eux et qui commentaient l'événement[9].

Une fois, au moins, une voix s'était fait entendre nettement et cela quelques mois avant l'aventure de Jürgenson. L'incident vaut d'être raconté. C'était en Angleterre, en mai 1959. M. Sidney Woods se trouvait avec une amie chez un médium, à Londres, et il enregistrait ses paroles. Soudain, une autre voix intervint, « avec lenteur et difficulté », nous précise Jean Prieur[10] : « Bonjour, tout le monde, ici Mgr Lang ! » L'archevêque de Cantorbéry était mort depuis 1945. La voix semblait provenir de la droite du médium, à environ un mètre de sa tête. Donc, dans ce cas particulièrement spectaculaire, la voix fut entendue en même temps qu'elle s'enregistrait sur la bande. Ce n'est donc pas tout à fait le même processus qui était ici en jeu. La voix, peu à peu, « se fit plus ferme, plus rapide et dicta un message de vingt minutes dans lequel l'archevêque faisait ressortir, à la fois, la valeur et les dangers du spiritisme ». Tous ceux qui avaient bien connu Mgr Lang et auxquels on fit entendre cet enregistrement eurent bien l'impression de reconnaître sa voix. Le révérend John Pearce Higgings, vicaire à Putney, fit même diffuser cet enregistrement par la télévision anglaise [11].

Mais tout ce qui passe par les médiums est, auprès de bien des gens, déconsidéré *a priori*. La grande nouveauté avec les enregistrements sur bande magnétique tient à ce que tout le monde peut les entendre sans dons particuliers. En outre, même si des dons médiumniques semblent faciliter l'enregistrement, ils ne sont pas vraiment nécessaires. De bons appareils et beaucoup de patience peuvent suffire.

Cependant, l'événement ne s'est répandu que très lentement. La méfiance et la peur du ridicule paralysaient tout. Le premier colloque sur ce thème eut lieu à Horb, sur le Neckar, au printemps 1972. Un deuxième eut lieu, en avril 1973, dans la même ville. Puis à Caldarola, en Italie, en juin de la même année ; la presse et la télévision italiennes y prirent part. Une autre session eut lieu à Horb en avril 1974. Cette fois, la télévision allemande s'y intéressa. Puis ce fut Düsseldorf, avec 130 participants, et une nouvelle fois à Horb en avril 1975. C'est alors que commencèrent à se multiplier les associations de chercheurs, en Allemagne, en Suisse, en Autriche, aux États-Unis, en Italie et maintenant même en France [12].

Il fallait tout de même raconter, ici, le début, les premiers balbutiements de cette formidable aventure qui, d'ailleurs, ne fait que commencer. J'espère avoir montré que des gens compétents et sérieux s'en sont préoccupés. Comment expliquer qu'une telle découverte, bien plus fantastique que le débarquement du premier homme sur la Lune, n'ait encore aujourd'hui rencontré que si peu d'échos ?

Le scepticisme des scientifiques en est, sans doute, l'une des raisons. Admettre d'un seul coup que la mort n'est pas la mort, que les morts continuent à vivre et qu'ils se portent fort bien, que de plus ils communiquent avec notre monde, c'est beaucoup à la fois. Ils ont essayé toutes les hypothèses possibles, ce qui, d'un point de vue purement scientifique, est tout à fait normal. Aucune n'a tenu, sauf de se rendre à l'évidence et d'admettre que ce sont vraiments les morts qui nous parlent. Alors, qu'attendent-ils pour le proclamer ?

C'est là que l'on voit combien la parole du Christ est profonde lorsque, dans la parabole de Lazare et du mauvais riche, Abraham refuse d'envoyer Lazare sur terre pour expliquer aux frères du mauvais riche ce qui se passe après la mort :

« Même si quelqu'un ressuscite des morts ils ne seront pas convaincus. » (Évangile de saint Luc, XVI, 31.)

Je pense, de plus en plus, que chacun ne croit que ce qu'il veut croire. Les motifs de science ou de raison sont loin d'être les plus profonds et les plus décisifs.

C'est d'autant plus frappant que ce phénomène d'enregistrement de voix de l'au-delà comporte quantité de détails techniques qui, me semble-t-il, devraient balayer toutes les hypothèses plus terre à terre. Par exemple, si la bande se déroulait lors de l'enregistrement à la vitesse 9,5, à l'audition on pouvait très bien percevoir aux mêmes endroits trois et même quatre voix de défunts différentes : une à la vitesse de l'enregistrement, donc 9,5 ; une autre à la vitesse accélérée 19, avec un autre texte mais prononçant à vitesse normale ; une autre encore avec un troisième texte prononcé à vitesse normale en déroulant la bande au ralenti, c'est-à-dire à vitesse 4,75 ; et parfois, ce qui est encore le plus inexplicable, une quatrième voix, normale, avec un quatrième texte, en faisant passer la bande en marche arrière. Des recherches ont été faites dans des laboratoires d'acoustique pour tenter de comprendre ce dernier phénomène, même indépendamment de l'origine paranormale de ces voix, mais pour le moment le mystère reste entier.

L'hostilité instinctive des gens d'Église a certainement joué aussi un rôle dans cet étouffement quasi universel de la grande nouvelle. Que la foi ne soit plus nécessaire pour croire à la survie, qu'elle se trouve ainsi court-circuitée et par de misérables appareils à transistors, leur paraît intolérable. Il n'est évidemment pas question de demander à la hiérarchie de l'Église de prendre officiellement position sur l'authenticité de ces phénomènes. Cela n'aurait aucun sens, car le problème n'est pas directement de sa compétence. C'est, avant tout, un problème scientifique et technique. Mais la hiérarchie n'est pas toute l'Église.

Et, d'ailleurs, sans s'engager officiellement, ce qu'à mon avis elles n'ont pas à faire, il semble bien que les plus hautes autorités suivent ces études de très près et ont manifesté, à plusieurs reprises, leur intérêt.

Pourtant, nous l'avons vu, l'ancien archevêque de Cantorbéry, Mgr Lang, n'a pas hésité à se faire entendre par l'intermédiaire d'un médium, et précisément pour parler du spiritisme, sans le condamner en bloc, de façon simpliste. Un prêtre catholique, le père Léo Schmid, a consacré beaucoup de son précieux temps à ces recherches. Le prélat Karl Pfleger, curé de Behlenheim en Alsace, suivait de près les travaux de Constantin Raudive. Enfin, plus décisif encore pour un catholique, Paul VI avait été mis au courant directement par Jürgenson de ses recherches en ce domaine, à l'occasion de ses films sur le Vatican, ce qui n'avait pas empêché le pape de le faire « commandeur de l'ordre de saint Grégoire le Grand », bien que Jürgenson ne fût même pas catholique. En 1970, le Vatican a créé une chaire de parapsychologie et l'équipe qui fit, à l'automne, au troisième congrès international d'Imago Mundi, un exposé sur les voix de l'au-delà fut officiellement encouragée par le Vatican à poursuivre ses recherches [13]. C'est le père Andreas Resch, rédemptoriste, qui me l'a affirmé lui-même lorsque je lui ai rendu visite à Innsbruck dans l'Institut de parapsychologie qu'il dirige. C'est lui qui assure la publication d'*Imago Mundi* et donne un enseignement sur les phénomènes paranormaux à Rome. Au sixième Congrès international du « Mouvement de l'Espérance » (Movimento della Speranza) qui a eu lieu du 18 au 20 septembre 1992, il devait prendre la parole, ainsi que trois autres prêtres. Or, dans ce mouvement qui réunit tant de parents qui ont perdu des enfants, beaucoup de conférences concernent les messages enregistrés. [14] Prétendre que l'Église catholique est systématiquement contre toute communication de ce genre ne pourrait donc venir que d'un manque d'information.

À cet égard, je ne peux que regretter la tendance qu'a le père Jean Vernette à gommer l'appartenance religieuse des différents ecclésiastiques qui ont joué – et jouent – un rôle important dans cette découverte fantastique. C'est ainsi que le père Léo Schmid devient « Léo Schmid, citoyen helvétique... [15] » Plus loin, le père Pellegrino Ernetti, scientifique de renom, mais aussi ancien expert au concile de Vatican II, devient : « Un universitaire italien... [16] »

Le lecteur risque ainsi d'en arriver à croire qu'il y a incompatibilité entre l'enseignement traditionnel de l'Église et ce genre de recherches. Pour ma part, je déplore le silence et l'ignorance d'un trop grand nombre de gens d'Église, en France, mais je ne vois pas d'opposition. Ce qui, pour moi, peut faire problème, ce n'est pas l'existence, en soi, de communications avec l'au-delà, mais leur contenu.

J'ajouterai encore que ce refus de nos interlocuteurs de l'au-delà de répondre à certaines de nos questions, comme nous l'avons vu, refus assez fréquent, suggère bien que ces communications sont tout à fait permises par des instances supérieures et restent sans cesse sous leur contrôle. Beaucoup de ces voix nous affirment que tout cela fait partie du plan de Dieu, et va aller encore en se développant et en se complétant bientôt par une certaine image du corps spirituel des trépassés. Nous aurons bientôt l'audiovision avec le ciel !

Nous n'en sommes pas encore là. Nous touchons là probablement une autre raison de la lenteur de la diffusion de cette grande nouvelle. Le système des bandes magnétiques fonctionne bien, mais ce n'est pas si facile ni, surtout, très régulier. Parfois la voix est extrêmement nette, bien timbrée, la prononciation claire, et tout le monde peut entendre et comprendre le texte sans aucun entraînement. Mais souvent il ne s'agit que de faibles murmures, à tel point que sur de vieilles bandes, alors qu'on ne connaissait pas encore ce phénomène, il y avait déjà des voix que personne n'avait remarquées. On les avait confondues avec des bruits de fond. Dans de nombreux cas, pour plus de sûreté, on déchiffre la bande, non pas en groupe, mais l'un après l'autre, dans une pièce isolée, chacun notant ce qu'il a cru entendre et comprendre. Il y faut beaucoup de persévérance et de patience. Toutefois, les techniques se sont peu à peu améliorées.

On a vu que Constantin Raudive avait mis au point le psychophone pour faciliter ces communications. Une firme allemande de magnétophone livre d'ailleurs, sur commande, un modèle adapté à ce genre d'enregistrement. L'ouvrage très complet de Mme Schäfer indique dix-neuf méthodes différentes pour capter les voix de l'au-delà. Il semble notamment qu'il soit bon de provoquer certains bruits dans la pièce même où l'on enregistre. Il n'est pas rare que ces bruits, parfaitement audibles lors de l'enregistrement, aient en partie ou en totalité disparu au moment de l'audition. Par exemple, Jürgenson note six aboiements de chiens, bien nets, lors de l'enregistrement. À l'audition, deux seulement subsistent. Les vibrations des autres aboiements ont été utilisées par nos chers disparus pour imprimer leurs voix sur la bande magnétique. Les simples bruits de la rue sont aussi assez propices, ou le bruissement régulier d'une fontaine, ou encore l'émission d'un poste radio dans une langue étrangère, impossible à confondre avec les langues que l'on connaît. Le livre de Hildegard Schäfer décrit comment préparer toute cette matière première pour voix de trépassés. Elle décrit aussi minutieusement comment s'exercer à entendre. Mais le mieux est, sans aucun doute, de se joindre à un groupe où quelques personnes au moins sont déjà bien entraînées, et à l'enregistrement et à l'audition.

Une dernière raison pour expliquer l'indifférence générale : il faut reconnaître honnêtement que le contenu des messages reste souvent décevant. Non pas que le monde dont ils parlent soit décevant. Mais c'est qu'ils n'en parlent presque pas. Nos cosmonautes parlaient, eux, au moins, quand ils débarquaient sur la Lune. Ils nous racontaient qu'ils étaient très émus, que le clair de terre était extraordinaire vu de la Lune, que c'était très étonnant de faire des bonds énormes à la moindre pression sur le sol, etc. Nos correspondants particuliers dans l'au-delà ne nous envoient aucun rapport détaillé sur leurs conditions de vie nouvelle. Cela doit faire partie des fameuses questions interdites. Pourtant, nous verrons que l'on peut savoir beaucoup de choses par d'autres voies. Mais moins sûres. Inversement, la voie la plus directe ne nous livre pas grand-chose encore.

Le père Schmid avait essayé de dresser un catalogue des thèmes parfois abordés dans ces messages. Il notait ainsi que le contenu intéressant peut atteindre parfois 60 % de l'ensemble du message, mais qu'en moyenne il ne dépasse pas 15 %. Il évoque le chercheur d'or qui ramasse beaucoup de sable mais ne recueille que bien peu d'or [17]. Mais nous n'en sommes encore qu'aux débuts. Les premiers temps, il semble que le grand souci des trépassés ait été de nous faire admettre que la communication était réellement établie. On a l'impression, à la lecture des comptes rendus de message, que leur grande crainte était que nous abandonnions. Puis ils ont cherché à améliorer le système, en nous donnant des conseils techniques. Mais surtout, leur grande préoccupation était de se faire reconnaître, de prouver leur identité en évoquant des détails personnels, des petits secrets de la vie qu'eux seuls pouvaient connaître.

Mais peut-être aussi sommes-nous trop gourmands. Ceux qui ont perdu un être cher et qui après des mois, parfois des années, entendent à nouveau la voix familière et les mots caractéristiques de celui ou celle qu'ils ont aimé n'en demandent pas tant. Hildegard Schäfer se rappelle son émotion quand Raudive lui fit entendre sur une bande magnétique la voix d'une mère vivant encore en ce monde et qui appelait désespérément, en italien, son petit garçon mort ; appel auquel répondait aussitôt la voix fraîche de l'enfant [18].

Jean Prieur nous raconte aussi comment Mme Gabriella Alvisi Gerosa fut bouleversée de joie lorsqu'elle entendit pour la première fois, à nouveau, la voix de sa fille :

« J'étais détruite par la douleur, j'avais l'impression que la lumière s'était pour toujours éteinte avec elle. Le désespoir avait fait de moi quelqu'un d'insensible, il me semblait que plus rien ne pouvait désormais m'atteindre. Tandis que j'étais plongée dans cet état de torpeur et d'anéantissement, un grand titre paru dans une revue réussit à attirer mon attention : ''Quelqu'un nous appelle de l'au-delà''... Je décidai donc de tenter l'expérience et j'attendis, angoissée, la réponse des voix de l'au-delà. »

Mais, pour elle non plus, ce ne fut pas si simple. Elle mit d'abord plusieurs mois à se décider vraiment à tenter le premier essai. Après coup, elle se rend compte que, si elle a hésité longtemps, c'est qu'elle avait trop peur, par un échec, de gâcher son dernier espoir. Elle reçoit d'abord quelques mots en allemand, en anglais, puis, semble-t-il, le mot français « balancer ». Tout cela n'a aucun sens. Mais elle persévère, essayant à toute heure du jour et de la nuit. Puis une voix grave, scandée, prononce nettement en latin : « *Opus hic, hic opus, hic opus...* », quelque chose comme : « C'est une œuvre pour nous » ou : « Il y a là une œuvre à accomplir. » Enfin, quelques jours après, la voix tant attendue émet les tout premiers mots : « De quoi as-tu besoin ? »

« Il semblait que cette voix ne se fût jamais éloignée de sa maison et qu'elle provînt de la chambre à côté... Roberta fit tout son possible pour me donner des signes de reconnaissance. Elle me redit des mots et des phrases dont elle était coutumière quand elle était petite, des phrases qu'elle seule et moi connaissions. Elle nomma des objets qui lui avaient appartenu. Elle arriva même à siffler, modulant les mêmes notes avec lesquelles elle avait l'habitude, par jeu, de réveiller sa sœur [19]. »

Évidemment, il n'y a pas, là, de quoi faire un reportage sensationnel sur l'au-delà. Mais pour des parents, des époux, des amis, séparés par la mort de ceux qu'ils ont aimés, quoi de plus bouleversant que de réentendre la voix aimée, si directe, si proche ? de découvrir qu'ils sont là, près de nous, que leur vie continue, qu'ils continuent d'évoluer et qu'un jour nous les rejoindrons ?

Le professeur Hans Otto König et son generator

Tout a changé en 1984, lorsque Radio Luxembourg invita, lors d'une émission télévisée, en allemand, le professeur Hans Otto

König à faire en public et en direct une démonstration de son déjà fameux *generator*. L'appareil, transporté jusque dans les studios, fut remonté sous l'œil scrutateur des techniciens de la station afin qu'ils s'assurent qu'il n'y avait aucun trucage. La grande nouveauté de l'appareil était non seulement que les voix reçues étaient beaucoup plus claires à l'enregistrement, mais surtout qu'on les entendait directement à travers un haut-parleur en même temps qu'elles s'enregistraient. On avait donc enfin un véritable dialogue direct, sans avoir à faire revenir la bande en arrière après chaque réponse. L'appareil était suffisamment fiable pour que l'expérience puisse être reproduite à volonté. C'était le rêve de George Meek qui se réalisait enfin. D'ailleurs il assistait à la démonstration et eut la surprise d'y être interpellé par son nom. Chacun put poser des questions. Les réponses venaient après une très courte attente, très claires, comme si la voix résonnait directement dans la salle. Le succès fut considérable. L'audience fut estimée à deux millions d'auditeurs. König revint plusieurs fois dans les mêmes studios. Après l'une de ses démonstrations, la station reçut jusqu'à trois mille lettres en une semaine. Le mur du silence était brisé.

2. L'expérience du Luxembourg : « une parcelle d'éternité échappe à la destruction »

Cependant, les réponses étaient encore très brèves et ne permettaient guère une longue explication. Mais, depuis, les recherches ont encore beaucoup progressé. J'ai pu le constater moi-même, émerveillé, chez mes nouveaux amis H.F., à Luxembourg.

C'est Mme Schäfer qui m'a mis en contact avec eux. Avant d'accepter, ils ont d'abord consulté leurs correspondants habituels dans l'au-delà, à savoir : Constantin Raudive, qui, comme nous l'avons déjà vu, s'est occupé longtemps de ces enregistrements insolites pendant les dernières années de sa vie. Aujourd'hui, de l'autre côté, il n'a pas abandonné sa vieille passion. Il poursuit patiemment la même œuvre, dans le même dessein spirituel, pensant que cette communication avec l'au-delà finira par changer un peu nos cœurs et, donc, notre ici-bas. Il soutient les recherches de plusieurs groupes à travers le monde, et notamment de ce couple luxembourgeois et de leur ami J.P.S., ingénieur à Luxembourg.

Un autre interlocuteur intervient aussi régulièrement ; quelqu'un qui affirme n'avoir jamais vécu sur notre planète, n'avoir jamais été incarné. Comme mes amis l'avaient un jour pressé de se présenter, il refusa de leur donner un nom, mais leur dit, très poétiquement : « Je suis comme l'un de ceux qui, invisibles, suivent les petits enfants quand ils passent sur un pont. » Il ajouta : « Vous pouvez m'appeler le *technicien*, le *bibliothécaire*, l'*archiviste*. Je suis un peu tout cela pour la planète Terre. »

De fait, c'est surtout le « technicien » qui leur a donné les conseils nécessaires pour améliorer la communication. Il fit peu à peu acquérir à mes amis une série d'appareils capables de fournir des ondes de toutes les longueurs. Il les a aussi guidés pour la position de ces appareils. Il précise parfois la place que chacun des participants doit occuper dans une pièce consacrée aux communications. C'est un vrai petit laboratoire aujourd'hui ; avec des lampes à ultraviolet comme en ont les philatélistes, un clignotant, un appareil émettant des ondes à haute fréquence, un téléviseur noir et blanc, branché sur un écran blanc avec bruit de fond, un petit poste de radio. Très important ce poste, car c'est par lui que nous entendrons les voix de l'au-delà en direct.

Ils avaient donc consulté Constantin Raudive et le « technicien » sur mon désir de participer, si possible, à une de ces séances. Ils avaient obtenu le feu vert, et nous étions là, tous les quatre, dans le laboratoire. Tous les appareils fonctionnaient, donnant des lumières, des sons bizarres et un assez fort bruit de fond. La jeune femme, à l'aide du micro branché sur le magnétophone, appelait : « Cher technicien, cher Constantin Raudive, nous vous prions de nous parler, s'il est possible ; *lieber techniker, zwanzig Uhr und sechzehn Minuten*, vingt heures seize, le 22 juin 1987, lundi soir, nous saluons tout le groupe... *(silence rempli des bruits des divers appareils)*... vingt heures, dix-huit minutes, le 22 juin 1987... *(bruits étranges, lumières).* » Enfin, lentement, émerge du bruit de fond une voix grave, bien timbrée. Celle de Constantin Raudive qui, en mon honneur, parle en français :

« [...] Un substrat immatériel, quel que soit le nom que vous lui donniez, *principe*, *âme*, *esprit*, une parcelle d'éternité échappe à la destruction *(bruits d'appareils)*... Le malheur est, aujourd'hui, que les gens ont peur de la mort. Or la mort n'est pas à craindre, mais bien la maladie et ce qui précède la mort... La mort, chers amis, aboutit à une éternité radieuse, à une libération qui met un terme à vos tragédies. La mort est une autre vie. »

Puis intervient la voix du « technicien ». D'abord en allemand ; plus aiguë, plus rapide, hachée, groupant les mots. Je ne comprendrai bien le texte qu'en repassant les bandes au ralenti. Suit enfin une longue citation de saint Paul, un des grands textes de l'Écriture sur la résurrection. « Première épître aux Corinthiens, annonce le "technicien", chapitre xv, versets 35-45 » :

« Mais quelqu'un dira : Comment les morts ressuscitent-ils ? et avec quel corps reviennent-ils ? Insensé ! Ce que tu sèmes ne reprend pas vie si d'abord il ne meurt... Toute chair n'est pas la même chair, mais autre est la chair des hommes, autre celle des oiseaux, autre celle des poissons. Il y a aussi des corps célestes et des corps terrestres. Mais l'éclat des corps célestes est différent de celui des corps terrestres. Autre est l'éclat du soleil, autre l'éclat de la lune, autre l'éclat des étoiles. Et même, une étoile diffère en éclat d'une autre étoile. Il en est ainsi de la résurrection des morts. Le corps, semé dans la corruption, ressuscite dans l'incorruption. Il est semé dans le mépris, il ressuscite dans la gloire. Il est semé dans l'infirmité, il ressuscite dans la force. Il est semé corps animal, il ressuscite corps spirituel. S'il y a un corps animal, il y a aussi un corps spirituel... »

Puis le « technicien » ajoute une citation de l'épître de saint Jacques, chapitre i, verset 12 :

« Heureux l'homme qui endure la tentation, car, après qu'il aura été mis à l'épreuve, il recevra la couronne de vie que Dieu a promise à ceux qui L'aiment. »

Il m'a semblé que notre interlocuteur n'utilisait aucune traduction toute faite, mais, de toutes celles que j'ai pu consulter, la plus proche serait celle de Segond.

Enfin, la voix grave et lente de Raudive reprend :

« Chers amis, quelle preuve pourrions-nous vous donner que nous ne cherchons pas à vous duper ? Aucune, sinon la certitude intime, absolue, d'un rapprochement, d'un échange, d'un toucher de l'âme.

« Chers amis, à moi-même il m'a fallu de longues, voire de hautes luttes pour consentir à me mettre à l'unisson de cette présence que je sentais aux frontières de moi-même, à l'écoute de cette voix qui cherchait à pénétrer jusqu'à ma conscience. Alors, j'ai appelé et il m'a été répondu. Chers amis, vous entendez des voix. À vous d'en faire ce que vous jugez nécessaire. »

« *Kontakt Ende* », dit encore plusieurs fois le « technicien », pendant que nous remercions tous nos amis invisibles et si proches.

Les voix sont claires, nettes. Les mots bien prononcés. Une ou deux fois, chez Raudive, une consonne a un peu résonné dans une syllabe nasale, comme on le fait dans le midi de la France. Il est vrai qu'il a vécu plusieurs années en Espagne.

Je viens de transcrire ces textes en les réécoutant sur mon petit magnétophone. Je sens la reconnaissance m'envahir pour ces amis de l'au-delà. Ils ont bien choisi leurs textes et leurs messages. Je crois que j'ai senti ce *toucher de l'âme*.

Il faut tout de même signaler ici un des nombreux problèmes que nous posent ces phénomènes encore nouveaux : ce très beau texte de Raudive est repris, presque mot pour mot, d'un passage du livre d'un médium dont je reparlerai un peu plus loin [20]. Ce processus a déjà été signalé à plusieurs reprises en Allemagne. Les trépassés eux-mêmes nous ont souvent avertis qu'ils avaient recours à ces citations, toujours un peu modifiées, parce que cela leur était plus facile [21]. Il semble, en effet, que s'ils peuvent passer, pour la plupart, facilement d'une langue à l'autre, ils aient presque toujours des problèmes avec nos grammaires. La syntaxe bizarre de ces messages est partout signalée.

Une autre surprise m'était réservée par mes amis du Luxembourg. J'avais lu que l'on avait parfois obtenu des photos des morts. D'abord accidentellement, sans l'avoir cherché. Jean Prieur raconte que quelqu'un avait photographié la tombe de sa chienne pour en garder un ultime souvenir. Quelle ne fut pas sa surprise de voir apparaître, sur la photo développée, l'image de l'animal familier, parfaitement reconnaissable [22].

Aux États-Unis, lors d'une séance d'enregistrement de voix de trépassés, où l'on reçut vingt-trois voix différentes, des photos furent prises, à tout hasard, sans que l'on eût vu personne. Au développement, six de ces photos portaient l'image de ces défunts [23]. Mais on savait depuis longtemps que certains médiums ont cet étrange pouvoir de fixer sur la pellicule, avec un simple appareil, l'image de ceux que leur médiumnité leur fait voir. Ces photos portent un nom : des *extras* [24].

3. Les premières images de l'au-delà

Tout cela est bien dépassé ! Ce que Jürgenson a fait pour l'enregistrement des voix, Klaus Schreiber, le premier, l'a réussi pour les images, à Aix-la-Chapelle, le 30 septembre 1985 [25]. Ces noms seront bientôt célèbres dans le monde entier, et tous les futurs écoliers les apprendront comme ceux de Branly ou de Marconi. Depuis, plusieurs groupes de chercheurs l'ont, à leur tour, réalisé. Notamment Hans Otto König, qui a beaucoup travaillé avec Klaus Schreiber. Lors d'un congrès international à Milan, en juin 1986, devant 2 200 participants, H.O. König présenta toute une série de diapositives à partir des travaux de K. Schreiber. Parmi ces photos, beaucoup de trépassés de la famille de K. Schreiber, naturellement, mais aussi Romy Schneider, Curd Jürgens, beaucoup d'inconnus, ainsi que deux photos d'enfants que leurs mères, présentes dans la salle, avec l'émotion que l'on devine, reconnurent parfaitement[26] ; on trouvera la plupart de ces photos reproduites dans l'ouvrage consacré aux travaux de Klaus Schreiber par Rainer Holbe[27] (signalons, à ce propos, que la vidéocassette est plus nette encore que les photos du livre).

Les premières images de l'au-delà ! Fantastique ! Incroyable ! Et pourtant… mes amis du Luxembourg ont, eux aussi, reçu de telles images. Le professeur Ernst Senkowski, de l'École supérieure technique de Mayence, les a aidés à monter dans leur petit laboratoire les appareillages nécessaires. Mais, là encore, ils sont aussi guidés par leurs amis de l'au-delà. Le bulletin du Cercle d'études sur la transcommunication publié par leurs soins contient un protocole de ces conseils donnés la veille au soir par le « technicien ». Les images parviennent sur un écran de télévision et peuvent être reprises en vidéo par une caméra. Le résultat, je l'ai vu :

Deux vues de paysages boisés, encore un peu floues. Un paysage montagneux avec une vallée. Puis la vue d'une sorte de planète, plus grosse que notre Lune, se levant dans le ciel, au-dessus de l'horizon. Ensuite, une sorte de ville derrière laquelle coulait un fleuve que le « technicien » appela, par la suite, *le fleuve de l'Éternité*. Au centre de l'écran se dressait la silhouette d'un bâtiment plus grand que les autres. C'est là, précisa le « technicien », le centre émetteur pour les transcommunications avec la terre.

Mais la séquence la plus émouvante, et aussi de beaucoup la plus nette, était l'image d'une jeune fille, à mi-corps, au centre de l'écran et face aux spectateurs. Derrière elle, la mer ; l'équivalent d'une mer dans l'au-delà. On voyait parfaitement le mouvement des vagues et les rouleaux qui venaient s'aplatir sur ce rivage de l'au-delà. Cette jeune femme apparaissait, la main droite devant la bouche, et envoyait un baiser aux spectateurs que nous étions, un baiser à ceux qu'elle avait laissés sur terre.

Toutes ces images, d'après le « technicien », correspondaient au troisième niveau, selon la terminologie de F. Myers. Nous le verrons plus avant dans cet ouvrage, il y a bien des niveaux, bien des plans dans l'au-delà, et bien des façons de les compter. Nous connaissons sur terre déjà plusieurs systèmes pour mesurer la température ou l'intensité des tremblements de terre, comme par exemple l'échelle de Richter. Il y a aussi l'échelle de Myers ! Contentons-nous pour l'instant de préciser que la classification de Myers comporte sept niveaux, ou plutôt sept étapes, puisque l'instant même de la mort compte pour le premier niveau et l'étape intermédiaire suivante, immédiatement après la mort, pour le deuxième. Cette troisième étape correspond donc, dans sa classification, au premier niveau d'existence un peu durable dans l'au-delà.

Mes amis du C.E.T.L. (Cercle d'études sur la transcommunication du Luxembourg) avaient déjà reçu plusieurs autres images, parmi lesquelles l'une vaut tout particulièrement la peine d'être signalée : le 16 janvier 1987, l'écran de télévision montrait la tête d'un homme assez jeune, totalement inconnu. L'image et le son ne pouvant être obtenus en même temps, il n'y avait aucun moyen de l'identifier.

Cependant, le 2 mai 1987, une nouvelle communication eut lieu chez mes amis du C.E.T.L., phonique cette fois. Étaient présents, en plus du groupe habituel, le père Andreas Resch, docteur en théologie et docteur en psychologie, professeur de psychologie clinique et de paranormologie à l'Alfonsianum de l'université du Latran à Rome, et aussi directeur de l'Institut pour les Problèmes Frontières de la Science à Innsbruck ; George Meek, l'ingénieur américain dont nous avons déjà parlé ; le professeur Senkowski et son épouse. Après la voix de Constantin Raudive, une autre voix déclarait, en anglais, mais avec un assez net accent français (j'ai moi-même entendu l'enregistrement) :

« *My name is Henri Sainte-Claire Deville. I left your world in 1881...* Mon nom est Henri Sainte-Claire Deville. J'ai quitté votre monde en 1881 et je vous parle en mon nom et au nom de toute notre équipe des savants de Life-Line... »

Life-Line est le nom de l'équipe qui travaille, dans l'au-delà, en liaison avec George Meek et sa Mestascience Foundation.

Henri Sainte-Claire Deville retrouvait donc à Luxembourg son collaborateur terrestre habituel et lui parlait en anglais. Mais c'était la première fois qu'il se présentait.

Aussitôt l'émission terminée, dans la nuit même, l'un des membres du C.E.T.L. ouvrait son Larousse universel et trouvait les lignes suivantes : « Sainte-Claire Deville (Henri Étienne), chimiste français, né aux Antilles, mort à Boulogne-sur-Seine

(1818-1881) ; auteur de la dissociation et de beaux travaux sur la chimie des métaux. »

Dans une transcommunication ultérieure, le « technicien » leur révélait alors que le visage d'homme apparu sur leur écran le 16 janvier était celui de Sainte-Claire Deville. Le voyage que George Meek devait effectuer à Luxembourg était connu depuis longtemps de l'au-delà.

Mais, depuis, les choses ont encore progressé : le 1er juillet 1988, à Luxembourg, pour la première fois au monde, mes amis recevaient à la fois le son et l'image de l'au-delà ; c'était Constantin Raudive. Je n'étais malheureusement pas là, mais, depuis, j'ai déjà assisté à plusieurs autres démonstrations. « À trois reprises, lors de trois visites différentes à Luxembourg, j'ai vu se former des images sur l'écran du téléviseur, tandis qu'une voix, en même temps, se faisait entendre. »

Ces histoires de pionniers feront peut-être sourire avec attendrissement quand chacun aura son petit vidéophone pour communiquer avec l'au-delà. Pour le moment, les recherches s'organisent un peu partout. Harold Sherman évaluait en 1981 le nombre de chercheurs en Allemagne à 1 000 environ [28]. On en compte aujourd'hui autant dans la seule région de Munich et près de 5 000 dans l'ensemble du monde. Les Anglais et les Américains comblent peu à peu leur retard, dû en partie, pense H. Sherman [29], à l'ouvrage malveillant d'un jeune diplômé de Cambridge en mal de célébrité. En Angleterre, G. Gilbert Bonner aurait obtenu des communications de près d'une demi-heure [30]. En Écosse, Alex MacRae, ingénieur électronicien qui a travaillé pour la NASA (Skylab et navette), en étudiant des appareils à commande vocale pour handicapés, eut l'idée d'essayer de capter des voix de l'au-delà, en janvier 1983. Plein succès immédiat, mais, du moins à cette époque-là, uniquement à la réécoute, non pas en direct comme König [31]. Les Italiens tiennent une bonne place dans le mouvement.

À Grosseto, une petite équipe, autour de Marcello Bacci, a reçu en sept ans de travail régulier environ 30 000 voix. Ils recevaient parfois en une seule séance jusqu'à 1 000 mots. Souvent, à la fin d'une soirée d'enregistrement, leurs amis de l'au-delà se mettent tous à chanter en chœur. Même si la transmission n'est pas parfaite, l'effet est saisissant [32].

Un cas particulièrement curieux est celui d'un chercheur, habitant l'antique Étrurie, qui eut l'idée d'essayer d'entrer en communication avec un représentant de cette civilisation disparue. Tenant dans ses mains un authentique vase étrusque, dans la position de l'offrant prêt à faire quelque libation, il se mit à évoquer avec ferveur les mânes de ce peuple antique. Il s'ensuivit un dialogue étrange, sur magnétophone, où il semble bien qu'un ancien Étrusque parvint à lui communiquer quelques mots dans sa langue, tandis qu'un autre défunt semblait vouloir s'interposer et lui interdire de se manifester. [33]

À Udine, dans le nord de l'Italie, et à Catanzaro, dans l'extrême Sud, d'autres équipes, en suivant les indications qui leur viennent de l'au-delà par un haut-parleur de radio, arrivent à filmer des fantômes de trépassés. Il semble qu'il s'agisse là plus d'« extras » que de transcommunication vidéo. Mais les phénomènes sont apparentés [34].

Comme souvent, le père de Raffaella Gremese s'était d'abord annoncé par la technique de la radio. C'était le 5 novembre 1979 :

« Raffaella, papa t'attend à la télévision. »

Et quelques jours plus tard, il lui était effectivement apparu sur écran de télévision.

Mais il lui fallut attendre cependant jusqu'au 11 novembre 1986 pour que le phénomène se reproduisît et selon une technique assez particulière :

« Je dirige ma caméra vidéo vers un point précis de la pièce et filme pendant quelques minutes. Puis, je visionne l'enregistrement au ralenti, image par image. Sur chacune, on peut distinguer un, deux, trois visages, ou plus. Je cherche alors à me renseigner sur l'identité des personnes entrevues, mais les réponses sont évasives. J'entends : ''C'est sans importance'', ou ''Je suis un passager de l'éternité'', ou encore ''Ce sont des pensées et une forme.'' Seul mon père s'est fait connaître. Et une de mes amies a reconnu la photo d'une jeune fille morte il y a quelques années.

« Tout en filmant avec la caméra vidéo, je reste en contact avec les êtres de l'au-delà par la radio et ils me disent par exemple : ''Nous sommes là, sur le divan, au-dessus du téléviseur, derrière toi.'' Ils m'indiquent vers quel endroit je dois orienter ma caméra pour pouvoir les filmer [35]. »

Il semble cependant que, depuis ces débuts, Raffaella Gremese et son amie Renata Capria D'Aronco aient fini par en venir à des méthodes plus « classiques » (si l'on ose dire !) Elles utilisent maintenant la technique développée par Klaus Schreiber et reprennent donc les images directement sur l'écran de leur téléviseur en travaillant en circuit fermé. [36]

Sans aller aussi loin, Bernard Montagne vient de construire en France un petit appareil qui semble prometteur. C'est Jean-

Michel Grandsire qui en a exhumé les plans, publiés en 1931 par le Conseil de recherches métapsychiques de Belgique. L'inventeur en est un jeune garçon de 15 ans, Henri Vandermeulen, décédé le 31 juillet 1929. Dès le 16 décembre de la même année, il arrivait à en passer les plans à son père à l'aide du oui-ja. L'appareil est une sorte d'avertisseur nécessitant très peu d'énergie pour déclencher une sonnerie. Nos chers disparus s'en servent pour nous faire comprendre qu'ils ont envie d'un petit entretien avec nous. Vous n'avez plus alors qu'à vous précipiter sur votre magnétophone. En tout cas, Bernard Montagne est formel, nous dit-on : « L'appareil sonne et, au même moment, des voix s'enregistrent sur le magnétophone. »[37]

Ayant été invité, par un jésuite espagnol, à faire une conférence à Madrid sur les images de l'au-delà, j'ai découvert avec plaisir que des recherches très rigoureuses étaient poursuivies depuis de nombreuses années dans ce pays. À tel point que le père José-Maria Pilón, qui a fait lui-même de nombreux enregistrements, m'avait prié de ne parler que des images, le phénomène des voix étant déjà trop connu en Espagne. J'ai pu ainsi rencontrer plusieurs fois don Germán de Argumosa, qui appartient au groupe des pionniers avec Raudive et le professeur Sinesio Darnell de Barcelone[38]. Aux dernières nouvelles j'ai appris, lors d'une émission de radio en triplex entre Paris, Madrid et les Canaries, qu'une petite équipe de Santa Cruz de Tenerife avait obtenu aussi des images. Plusieurs d'entre elles ont été publiées dans un numéro de *Tiempo*[39]. Mais j'en ai vu d'autres à Barcelone, reçues par le professeur Sinesio Darnell.

Enfin, en France, nous avons Mme Simonet. Ce n'est pas une technicienne, mais c'est elle cependant qui obtient les meilleurs résultats. Bien souvent « ils » nous l'ont dit, de l'au-delà : la technique n'est pas le plus important, mais les dispositions intérieures, l'amour. Or, de l'amour, je peux vous assurer qu'elle en a. Et il en faut beaucoup pour passer des heures et des heures d'écoute comme elle l'a fait tant de fois, pendant tant de nuits, pour n'obtenir parfois que quelques mots, bien courts, bien faibles, mais si précieux pour ceux qui ont perdu un parent, un conjoint, souvent un enfant.

Sa formation était plutôt littéraire. Elle fut institutrice pendant vingt ans. Les enfants l'adoraient et passaient souvent la prendre pour l'emmener à l'école. Ils l'appelaient « maman ». C'est sans doute à cause de cette pureté de cœur qu'elle a été choisie, sans trop le savoir au début, pour une véritable mission.

Il faut absolument que je rapporte son premier essai qui fut un succès immédiat. Mme Simonet se trouvait alors à Montpellier, chez sa mère. Son père était décédé depuis plus de trois ans. C'était en avril 1979, et elle feuillettait distraitement une revue de décembre 1978.

Soudain, elle tombe sur un article relatant ces enregistrements mystérieux de l'autre monde.

J'en parle à ma mère, qui se souvient avoir lu cette revue, mais sans y prêter attention. « Tu sais, ajoute-t-elle, il n'y a peut-être même pas la moitié de vrai dans ces affirmations... Cependant, pourquoi ne pas essayer ? »

Aussitôt dit, aussitôt fait. Une cassette vierge est introduite dans le petit appareil.

Bientôt midi. C'est l'heure du déjeuner, dont ma mère termine la préparation. Je m'approche du magnétophone et j'appuie sur la touche « Record » : l'enregistrement commence :

– Tu fais le café, maman ?

– Oui, je fais le café.

– Papa, tu aimerais boire une tasse de café ?... Tu aimerais ?...

– En tout cas, Monique, si papa nous entend, il doit se rappeler qu'il l'aimait bien, son café !...

Et la conversation continue quelques instants sur ce ton...

Il est à présent midi. Avant de passer à table, il faut que j'écoute ce premier enregistrement. Nous allons nous asseoir toutes deux près de l'appareil, je ramène la bande magnétique à zéro, et nous commençons l'écoute...

C'est immédiat, fulgurant, ren-ver-sant... Comment décrire cela, ce que nous ressentons... Le cœur nous bat très vite ; nous avons soudain très chaud, et nous tremblons ; cette bande devient magique... La présence est là, la réponse est là, la voix est là !...

– Papa, tu aimerais boire une tasse de café ? – OUI ! – Tu aimerais ? – OUI, JE TE DIS !... Cette voix masculine, à l'intonation bien reconnaissable, mon Dieu, c'est celle de mon père !... Ma mère et moi ne sommes donc pas seules dans la maison, bien que personne d'autre que nous deux n'y soit visible... Mon père est là ; nous venons d'en avoir la preuve ; cet appareil ne peut mentir, ce n'est qu'une machine. Ma mère pleure et n'ose y croire ; c'est trop beau... Aurions-nous rêvé ? Nous écoutons de nouveau, deux fois, cinq fois, dix fois : le phénomène se répète, identique... Je suis bouleversée [40]. »

Depuis ce jour mémorable, Mme Simonet a obtenu des

centaines de voix de « disparus », apportant un réconfort merveilleux à bien des désespérés. Mais elle a fini aussi par obtenir des images, juste avant le premier grand Congrès international sur la transcommunication qui a eu lieu à Bâle en novembre 1989. Elle a pu ainsi présenter les unes et les autres aux meilleurs spécialistes en la matière.

Aux États-Unis, les travaux de George Meek et de sa Metascience Foundation continuent. Par ailleurs, Sarah Wilson Estep, en douze ans de recherches, a obtenu 24 000 voix. Elle est allée avec son magnétophone dans la grande pyramide de Gizeh, en Égypte, et dans le temple souterrain de Dendérah. Partout elle a obtenu des voix. Venaient-elles d'anciens Égyptiens ou de trépassés américains ? Lors de l'accident de deux jumbo-jets aux Canaries où près de 600 personnes passèrent d'un coup dans l'au-delà, elle reçut, aux États-Unis, sur son magnétophone, d'innombrables appels à l'aide. Elle a l'impression d'ailleurs d'être, selon les moments, aussi bien en communication avec des extraterrestres qu'avec des trépassés, et parfois avec les deux en même temps. Elle a reçu aussi quelques lettres formant des mots sur son écran de télévision [41].

Même les Russes s'y mettent. Un article de la revue américaine *Unlimited Horizons* [42] mentionne ainsi les noms du professeur Romen de l'université d'Alma-Ata et du professeur Krokhalev de l'université de Perm [43].

Entre-temps, dans les pays de langue allemande, les recherches se sont développées. Mme Fuchs a obtenu des images, Martin Wenzel et le professeur Senkowski en ont obtenu aussi à plusieurs reprises et, surtout, un centre important s'est formé à Rivenich, non loin de Trèves, avec toute une équipe dans l'au-delà qui travaille en liaison avec l'équipe correspondante pour le centre de Luxembourg.

Du côté de l'Église catholique enfin, la bienveillance manifestée par Paul VI ne s'est pas démentie. Oh ! ce n'est pas l'enthousiasme que l'on aurait pu espérer, mais plusieurs ecclésiastiques se sont engagés. Aux noms des pères Leo Schmid, Gemelli, Karl Pfleger, Eugenio Ferrarroti, Andreas Resch, il faut ajouter encore ceux du père Pellegrino Ernetti, bénédictin, et du père José-Maria Pilón, jésuite.

Ce n'est pas que toutes ces découvertes soient sans problème, on s'en doute. Mais, on le voit, elles se répandent, se développent, se multiplient en tous pays, et partout des recherches sérieuses ont été entreprises, non pas par des petits bricoleurs ou de simples amateurs mais par des techniciens de haut niveau, des professeurs d'université, des chercheurs en laboratoire. Il est vrai que, souvent, les meilleurs résultats ont été obtenus par des gens qui n'avaient pas de compétence particulière. Mais, autour d'eux, les expériences n'ont pas cessé depuis maintenant près de trente ans ! Souvent même les essais faits dans un pays ont été repris ailleurs. Donc les vérifications sont multiples.

Je ne peux ici que les évoquer, très rapidement. On sait que les ondes reçues traversent les cages de Faraday, ce ne sont donc pas des ondes électromagnétiques. J'ai vu une de ces cages chez un chercheur de Madrid. Un appareil totalement clos. Ces ondes se transmettent même à travers le vide. Elles n'ont donc pas, comme nos voix, besoin du support de l'air pour se propager. De même à travers l'eau, la glycérine... Il s'agit chaque fois d'enfermer complètement le magnétophone, non pas seulement le micro[44]. Ces voix peuvent répondre à des questions posées, soutenir de véritables dialogues, ce qui exclut ici l'hypothèse de simples ondes rémanentes, de vibrations du passé qui seraient encore dans les lieux. Ces voix peuvent répondre à des questions posées par un magnétophone à déclenchement aléatoire, alors que l'opérateur est en train de dormir et ne connaît même pas les questions préenregistrées[45]. Ces voix peuvent se produire en l'absence de tout opérateur. Mme Schäfer l'avait déjà signalé, mais Marcello Bacci a fait mieux : une cassette préenregistrée expliquait aux correspondants réguliers dans l'au-delà qu'ils étaient partis se promener à titre d'expérience, mais que tout était prêt pour enregistrer quand même en leur absence. À leur retour, ils ont eu la joie d'entendre la surprise de leurs amis de l'au-delà, de capter ainsi un bout de conversation entre trépassés : « *Ma dove sono ?*... Mais où sont-ils ? À la fenêtre ? Attention ! » Puis on entendait sur l'enregistrement le bruit des pas de Bacci et de ses amis qui revenaient, mais commentés par leurs amis de l'au-delà : « *Eccoli*... Les voici, ils ont l'air tout près. D'accord. » Marcello Bacci a d'ailleurs répété l'expérience[46]. Tout cela rend l'hypothèse animiste bien peu probable. De même dans le cas des chœurs entiers chantés dans l'au-delà, ou de la musique, des sons de cloches enregistrés. On ne voit guère comment ce pourrait être le subconscient de Marcello Bacci et de ses amis qui produirait tout cela.

Don Germán de Argumosa cite souvent aussi un enregistrement qu'il avait fait en Suisse, après avoir rencontré Raudive. La voix lui demande : « Je parle avec Raudive ? – Non », répond don Germán, en déclinant son identité. La voix alors reprend : « Qui dis-tu que tu es ? » Comme le fait remarquer don Germán, il n'est pas possible que son subconscient ignore qui il est. Ou alors, le cas est grave...

De même lorsque Hans Luksch obtient sur son magnétophone le nom d'assassins en interrogeant directement leur victime, ce n'est pas lui qui peut l'inventer[47].

Mais, bien sûr, il y a des voix ou des sons qui peuvent parfois relever d'une autre hypothèse. Carlo M. Trajna, ingénieur, qui a écrit l'introduction du livre de Marcello Bacci et est persuadé comme lui qu'il s'agit le plus souvent d'authentiques communications avec des trépassés, affirme cependant avoir réussi à réaliser des enregistrements par simple projection de sa pensée[48]. Il y a aussi des circonstances et peut-être surtout des lieux où il semble bien que nous captions plutôt des ondes rémanentes, quitte à ce que ce soient les trépassés eux-mêmes qui les utilisent et nous les fassent capter. Ainsi dans le cas d'une femme venue chez Marcello Bacci pour tenter d'avoir des nouvelles de son fils, mort dans un accident d'avion : on entend nettement plusieurs voix. Certaines semblent être un dialogue avec la tour de contrôle sur fond de bruit de moteur d'avion. Une voix féminine parle en plusieurs langues, donnant des ordres aux passagers[49].

Sinesio Darnell donne au moins deux exemples qui ne peuvent guère s'expliquer que par ces ondes rémanentes : un ermitage d'Andorre, pratiquement en ruine, où l'on enregistre à coup sûr la récitation du chapelet sur fond de chant grégorien ; une maison abandonnée, en Catalogne, où il a enregistré le bruit très caractéristique d'une grille en fer que l'on ferme en la claquant, suivi de deux tours de clef et du bruit de sept pas. Or, renseignements pris dans le voisinage, il y avait là autrefois une crypte protégée par une grille que l'on fermait à deux tours et à laquelle on accédait par un escalier de sept marches[50].

Ces quelques exemples sont loin d'être exhaustifs ! Chaque chercheur en connaît des dizaines. Je ne les ai cités ici que pour convaincre le lecteur que tous ces problèmes sont bien connus des milieux spécialisés, et qu'ils les ont toujours en tête avant de se prononcer ou d'avancer une hypothèse.

Les mêmes questions se posent, évidemment, à propos des images reçues. Il est fort possible, par exemple, que Romy Schneider ait envoyé à Klaus Schreiber une image d'elle-même au temps où elle tournait le film *La Jeune Fille et le Commissaire*. Ceci expliquerait l'extraordinaire ressemblance qui a été notée entre une photo de la pellicule du film et celles reçues par Klaus Schreiber. D'autres images correspondent à celles d'un film, de livres, de revues ou même au tableau d'un musée. C'est ainsi, par exemple, que l'image, reçue à Luxembourg, de la jeune fille sortant de l'eau correspond très exactement à un film réalisé en Hollande pour le compte d'une firme américaine avec le titre *Bikini story*. Mes amis du Luxembourg ont alors essayé d'obtenir des explications dans l'au-delà. On leur a répondu qu'il ne s'agissait pas des mêmes images et que celles qu'ils avaient reçues provenaient d'un monde parallèle. L'explication semble cependant peu satisfaisante.

Le phénomène s'est reproduit plusieurs fois et avec différents chercheurs. J'ai moi-même apporté ma petite contribution à l'étude de ce problème en signalant plusieurs cas semblables, dont certains célèbres, mais relevant plutôt de la médiumnité ordinaire, non de la transcommunication instrumentale[51].

Ce qui est évident, c'est qu'aucun des chercheurs que je connais ne tente de dissimuler les problèmes. Le professeur Senkowski a d'ailleurs déjà présenté une étude sur ce sujet dans la revue *Transkommunikation*.[52]

Je ne peux ici que citer quelques passages de sa conclusion en renvoyant le lecteur, pour plus ample information, au livre de Mme Schäfer[53] :

« Si l'on prend telle ou telle information de l'au-delà pour ce qu'elle semble être ou ce qu'elle veut paraître, à savoir des communications émanant d'êtres conscients intelligents, alors les observations et explications divergentes, voire partiellement contradictoires de la station de transcommunication du groupe ''Le cours du temps'' (Zeitstrom) à la station d'Hespérange, constituent un défi considérable au bon sens et à la bonne volonté. L'un des principaux motifs d'insatisfaction vient de ce que ces explications s'opposent à la logique habituelle, puisque, pour le même fait, il existe des justifications divergentes...

« Indépendamment des exemples développés ici, certains éléments indiquent la présence d'une autre logique dans l'univers de l'au-delà et soulignent l'aspect unilatéral du rationalisme du mode de pensée scientifique occidental, impropre à concevoir les relations spirituelles supérieures. Celles-ci se révéleraient plutôt à l'intelligence intuitive et parleraient mieux à la créativité subjective. De ce point de vue, les contradictions pourraient jouer le rôle de provocations, susceptibles de susciter une nouvelle pensée ici-bas. On peut toutefois douter que notre compréhension des sphères de l'au-delà se trouve stimulée par ces répétitions de textes ou d'images terrestres. »

Mais si les problèmes continuent, les manifestations ne s'en poursuivent pas moins. Je connais maintenant au moins cinq personnes en France qui ont reçu des images paranormales sur leur écran de télévision. Les gros plans de familiers font pour nous, psychologiquement, moins de problèmes que les paysages ou les bâtiments qu'ils nous présentent. Mais en fait nous ignorons tout de la façon dont ils nous parviennent.

On sait que, de même que pour les voix, il est possible de produire une image sur pellicule photographique ou même sur écran de télévision par projection de pensée. Mes amis allemands et luxembourgeois, ayant eux-mêmes entrepris des recherches, m'ont communiqué des séquences de documentaires où l'on voit un médium américain, Ted Serios, et un autre, japonais, Masuaki Kiyota, produire ainsi des images par projection. Dans son étude, le professeur Senkowski signale d'autres cas, notamment en Chine [54]. Tous ceux qu'il mentionne sont évidemment des médiums étudiés dans des laboratoires d'université.

Cela correspondrait d'ailleurs à ce que le grand-père de Monique Simonet lui a fait dire, mais cette fois à travers une de ses amies, médium, et non par l'intermédiaire du magnétophone :

« Pour les photos, ce n'est pas facile, car nous sommes obligés de nous "repenser" tels que nous étions sur terre, afin que vous puissiez nous reconnaître [55]. »

Il s'agirait donc bien d'une sorte de projection par concentration de pensée comme certains le supposaient dans l'hypothèse dite « animiste », mais cette projection ne viendrait pas du subconscient de l'expérimentateur, mais plutôt directement des trépassés. Remarquons d'ailleurs que, dans la mesure où nos disparus doivent souvent prendre une partie de l'énergie qui leur est nécessaire pour produire leur image ou leur voix dans l'expérimentateur, il n'est pas impossible que, finalement, l'hypothèse « animiste » et l'hypothèse « spiritualiste » coïncident. L'esprit du trépassé peut fort bien informer le subconscient de l'expérimentateur au moment même où il puise en lui de l'énergie. Mais la technique employée peut aussi différer d'un centre à l'autre.

C'est ainsi que les images obtenues aux Canaries sont assez différentes de celles reçues en France ou au Luxembourg et en Allemagne. Elles correspondraient peut-être davantage à celles dont parle Silvia Gessi, en Italie, mais que je n'ai pas encore vues. C'étaient, dit-elle, « des visages à l'aspect peu rassurant, les yeux clos, plus semblables à des cadavres qu'à des êtres vivants ». Les voix de l'au-delà qu'elle recevait par ailleurs lui « dirent aussitôt de ne pas perdre son temps à se creuser la cervelle au sujet de ces images », car elles n'étaient que des « coques » de trépassés [56].

L'affirmation se réfère à l'idée que nous ne serions pas constitués seulement d'un corps de chair et d'un corps spirituel, mais de toute une série de corps que nous abandonnerions peu à peu, successivement, à la manière des pelures d'un oignon. Certaines images reçues pourraient peut-être aussi correspondre à cette hypothèse.

Mais celles que j'ai vues à Barcelone ressemblaient beaucoup plus au type d'images obtenues en France. Du 22 au 24 mai 1992 a eu lieu à São Paulo, au Brésil, le deuxième grand congrès international sur la transcommunication. Dans une petite salle réservée aux ateliers, le professeur Senkowski, Adolf Homes et Ralph Determeyer ont réussi à obtenir environ huit images paranormales dont au moins trois d'assez bonne qualité.

À Luxembourg, mes amis reçoivent maintenant des images sur le moniteur d'un petit ordinateur. Mais, en cherchant à confirmer l'identité des personnages qui se présentent, ils sont tombés sur un autre phénomène : le visage reçu correspond très exactement à celui que l'on avait déjà sur des photographies anciennes. Mais tout le décor est changé, comme si on avait affaire à un découpage collé sur un autre fond. Parfois même, le visage est interverti gauche-droite par rapport à une photo ancienne[57].

Cependant, là encore, il n'y a pas de règle absolue. Mes amis ont aussi reçu le portrait d'une tante maternelle de Maggy, morte à l'âge de douze ans. L'image la montre devenue adulte. Le commentaire de l'au-delà explique que cet exploit ne fut possible que grâce à l'aide et au talent d'autres trépassés, artistiquement doués[58].

Un cas un peu voisin est d'ailleurs signalé en Italie. Celui du jeune Federico Bartolozzi, mort à 21 ans, en juin 1977. Depuis, sa mère a obtenu non seulement sa voix sur magnétophone, mais assez souvent aussi son image. Or, un jour, comme sa mère se demandait quel aspect il aurait s'il avait grandi sur terre, elle reçut sur son téléviseur l'image de son fils adulte, plus âgé qu'il ne l'était au moment de sa mort[59].

Tous ces phénomènes existent. Je connais déjà personnellement plusieurs de ces chercheurs depuis trop longtemps, et j'ai déjà assisté à trop de phénomènes pour pouvoir avoir encore le moindre doute sur leur existence. Mais j'aurais tendance aujourd'hui à les classer en deux catégories. Il y a les messages personnels de trépassés de la famille ou d'amis proches. Ces messages sont, pour moi, les plus limpides. Ils ne posent pas problème. Mais ils n'ont guère d'intérêt que pour le petit cercle des familiers. Ce sont presque toujours des messages courts.

Ensuite il y a les messages longs, à caractère philosophique ou religieux. Et, là, nous nous retrouvons devant les mêmes problèmes que pour nombre de textes reçus par écriture automatique. Non pas que je doute davantage dans ce cas de l'honnêteté des opérateurs, mais bien plutôt de l'identité et de l'autorité de leurs interlocuteurs dans l'au-delà.

Nous rencontrons d'ailleurs dans le domaine religieux, qui m'intéresse plus particulièrement, les mêmes approximations, les mêmes incohérences dont se plaignait le professeur Zenkowski à propos des explications scientifiques requises.

Ainsi, pour ne citer qu'un seul exemple, mes amis du Luxembourg ont-ils reçu, à propos de la doctrine du péché originel, trois textes dont il me paraît impossible de tirer une synthèse.

Le 24 janvier 1987, « on avait demandé au ''technicien'' de prendre position sur la question du ''péché originel''. » Voici sa réponse :

« La plus grande partie de ce que l'on raconte sur ce sujet ne correspond pas à la vérité : il n'est pas vrai que l'homme doive regagner quelque chose qu'il aurait perdu. Les hommes n'ont rien perdu : ils sont sur la voie de l'évolution. Il n'y a pas eu de chute loin de ''Dieu'' ; les hommes sont au contraire en train de devenir ce qu'ils appellent des ''dieux'', c'est-à-dire l'idéal qu'ils atteindront un jour [60]. »

Je dois préciser qu'en tant que théologien, ce texte n'a rien pour me choquer. Dès le IVe siècle, saint Grégoire de Nysse pensait que le paradis terrestre n'avait jamais vraiment existé, qu'il n'était que l'expression imagée d'un état de bonheur que l'homme aurait pu atteindre s'il ne s'était pas éloigné de Dieu. Mais le « technicien » va ici plus loin dans un sens très teilhardien où je ne le suivrais pas.

Cependant en mai 1987, répondant à une question écrite de Ralph Determeyer à propos de la réincarnation, le « technicien » était amené à préciser à un moment : « En soi, l'homme n'est pas mauvais. Avant la dernière période glaciaire, il vivait en paix avec son semblable et avec l'animal [61]. » Voilà qui est bien différent ! S'il y eut une époque où les hommes vivaient en paix entre eux, il s'agit d'une fameuse perte et d'une fameuse chute. En outre, l'idée de paix entre l'homme et l'animal a incontestablement une résonance paradisiaque.

Le 9 novembre 1989, nouvelles allusions du « technicien » : « Les hommes de la planète Terre sont venus d'un autre monde appelé ''Éden''. Quand les hommes sur terre meurent, leur âme retourne sur l'Éden (appelé aussi Mardouk) [62]. » Cette fois, la récupération est complète, d'autant plus que la suite du texte parle du serpent, méchante créature, nommée « le diable » par les humains, et qui s'est introduit sur terre pour ruiner les plans de Dieu. On y retrouve même une allusion au rôle particulier de la femme, dans le bien comme dans le mal, en raison de sa plus grande sensibilité que l'homme.

Bien entendu, on trouverait les mêmes difficultés sur bien d'autres sujets. Alors, que faire ? Je dirais : enregistrer, réfléchir, faire des hypothèses, se hâter de ne pas conclure.

4. Le chronoviseur et les images du passé

Le père Ernetti collabore à des recherches peut-être encore plus fantastiques, puisqu'il s'agit de capter avec le *chronoviseur* images et voix de défunts, mais au moment de leur vie sur terre. Le père Ernetti a environ soixante ans et il est titulaire d'une chaire d'enseignement absolument unique au monde. Il enseigne, à l'université de Venise, la musique archaïque (prépolyphonique), donc, en remontant le temps, depuis l'an mille environ de notre ère jusqu'au Xᵉ siècle avant J.-C. Un des problèmes qui le préoccupaient depuis longtemps était la rythmique de la musique antique. C'est ainsi qu'il avait été amené à travailler avec le père Gemelli à l'université catholique de Milan, au moment où celui-ci avait obtenu, dès 1952, des voix de l'au-delà. Nommé à Venise, en 1955, pour cet enseignement nouveau, il put réunir autour de lui une douzaine de scientifiques de haut niveau, spécialistes venus d'un peu partout dans le monde. C'est alors que s'élabora lentement, dans le plus grand secret, un nouvel appareil. Vers le milieu des années soixante-dix, on a capté le son et les images d'une tragédie antique, jouée à Rome en 169 avant J.-C. Il s'agirait de *Thyeste*, de Quintus Ennius, tragédie aujourd'hui presque complètement perdue. On ne la connaissait qu'à travers vingt-cinq fragments, citations de trois auteurs latins différents : Probius, Nonius et Cicéron. Le chronoviseur restitua le texte, avec son accompagnement musical : récitation chantée sur le mode dorien. On sait encore, par quelques fugitives confidences, qu'une autre fois l'appareil transmit une scène de marché, à Rome. Des informations sur le passé immédiat peuvent aussi bien être obtenues. Ainsi, un jour, le père Ernetti reçut sur son appareil les plans qui venaient d'être réalisés pour préparer un hold-up ; il put prévenir la police et faire échouer l'opération.

On imagine aisément toutes les implications militaires, commerciales ou politiques d'un tel appareil. On comprend mieux les réticences des inventeurs à mettre de tels moyens entre toutes les mains. En outre, du point de vue psychologique, le père Ernetti semble redouter les conséquences possibles, tant l'effet est saisissant.

Évidemment, admettre l'authenticité de telles expériences, c'est encore franchir un grand pas. Est-on cette fois en pleine fantaisie ? L'avenir le dira. Le père Ernetti lui-même se retranchait, alors, derrière une barrière de conditionnels. Peut-être sera-t-il possible un jour, si Dieu le veut, d'en savoir davantage ? Ce n'est qu'avec l'autorisation du Vatican que le père bénédictin a fait cet exposé à Trente, sur les bords du lac de Garde, en octobre 1986. Oggi s'en est fait l'écho (no 44, 29 octobre 1986, pp. 111-112) [63].

Le témoignage suivant rendra les prétentions de ce chronoviseur un peu moins absurdes pour nos lecteurs.

Pierre Monnier et les images du passé

Pierre Monnier, un jeune officier français tué en 1915 dont je parlerai souvent, eut des communications par écriture intuitive avec sa mère pendant de nombreuses années. Dès 1919, il nous révélait ainsi, de l'au-delà, un phénomène qui pourrait bien expliquer, partiellement tout au moins, le fonctionnement de ce fantastique appareil.

Sa mère voulut, avec un ancien camarade de son fils, rescapé de la Grande Guerre, faire un pèlerinage sur les lieux mêmes de la bataille où son fils était tombé. Elle eut l'étrange impression de voir et d'entendre quelque chose de cet horrible combat. Pierre lui explique que ce n'était pas une illusion, une invention de son imagination, mais un phénomène naturel, très général, même si peu d'hommes encore le perçoivent :

« Il reste toujours une ''image indélébile'' des tableaux du passé – ce que vous appelez la psychométrie ; donc, si vous saviez le voir, une sorte de ''cliché'' de notre passage reste visible pour les yeux de l'esprit. Vous en avez eu parfois des exemples, vous les prenez pour des hallucinations, mais ils sont absolument réels, et dévoilés par exception à vos regards... Sur les champs de bataille, petite Maman, nos ombres sont demeurées ! La musique sonne encore les charges furieuses et *La Marseillaise* ; le drapeau frissonne... mais ce sont des images prolongées et non pas une réalité objective. Ces phénomènes restent encore inconnus de votre science ; toutefois, ils ont été constatés par des "voyants", des êtres dont la constitution spirituelle possède un développement que les autres ignorent ; tout ce qui frappe les diverses ondes dont vous êtes entourés y dépose une image indélébile : une photographie... Vous comprendrez ce processus dans un temps assez prochain [64]. »

Pierre y revient longuement [65], il explique que parmi les milliers de clichés enregistrés en un même lieu, c'est le déclic provoqué par une émission d'ondes de notre part qui va sélectionner, comme dans une mémoire, le tableau désiré ou redouté et le mettre en mouvement :

« Il s'agit d'une variété de télépathie, que j'appellerai matérielle, entre ondes et ondes, qui déclique ainsi qu'un ressort le tableau en quelque sorte stabilisé ; il se met en mouvement, stimulé qu'il est par des ondes analogues à celles qui l'ont baigné quand il s'est formé... »

Il semblerait aussi que des conditions atmosphériques particulières, régulières, périodiques ou exceptionnelles, puissent favoriser le phénomène. Ceci expliquerait peut-être certains cas d'apparition de fantômes. Nous avons toujours tendance à simplifier, même involontairement, et à vouloir ramener à une explication unique des phénomènes que seule notre ignorance nous fait prendre pour identiques. Mais enfin, les innombrables visions, dûment constatées, d'armées de fantômes, poursuivant éternellement le même combat, trouveraient une explication par ce même mécanisme, décrit par Pierre Monnier.

Le défilé de fantassins, par exemple, que l'on voit régulièrement au printemps, à l'aube ou au crépuscule, près de Frango Kastelli, vieille forteresse vénitienne en ruine, au sud de la Crète. Les habitants du pays appellent cette armée d'ombres les *Drosulites*, c'est-à-dire les « hommes de la rosée ». Les témoins sont nombreux, tout à fait dignes de foi. Plus d'un sceptique a dû se rendre à l'évidence. Les récits se recoupent et se complètent. On sait que l'on peut traverser cette armée sans en être incommodé ni la gêner. On ne la voit parfois qu'en se plaçant assez bas au niveau du sol, accroupi. Elle peut ne disparaître que progressivement et non pas seulement par atténuation de l'image, mais par couche, les jambes des soldats disparaissant en premier, puis leur tronc. On ne voit plus alors que les casques et les lances. La vision est peut-être très nette, mais la description n'est pas assez précise pour permettre d'identifier l'armée. On parle seulement de casques, de cottes de mailles, de lances et de boucliers.

Louis Pauwels, auquel j'emprunte tous ces détails [66], rapporte qu'« un conservateur de la Bibliothèque nationale, Jean-Pierre

Seguin, déclara (dans un article paru dans *Le Monde*), qu'il disposait d'environ une centaine de publications qui font état de l'apparition de troupes armées, de figures humaines, d'animaux, de divers objets effrayants parfois projetés dans le ciel [67] ». Notre auteur cite alors brièvement la bataille que se livrèrent deux armées en plein ciel, au-dessus de la paroisse de Sarlat, le 11 septembre 1587.

Le 27 janvier 1795, près d'Ujest en Silésie, c'est en plein champ, devant une cinquantaine de paysans, qu'un corps d'infanterie apparaît soudain, disposé sur trois colonnes et précédé de deux officiers portant des drapeaux rouges. À un moment, la troupe s'arrêta et la première ligne tira dans la direction des paysans, qui n'entendirent pourtant aucun bruit. La fumée dissipée, ce furent des hussards à cheval qui apparurent et disparurent aussi soudainement. La scène se renouvela le 3 février suivant devant quatre cents personnes et encore le 15 du même mois, devant trente personnes. Cette fois on prévint immédiatement le général von Sass, qui se rendit aussitôt sur les lieux avec un détachement. L'armée fantôme qui, entre-temps, avait disparu réapparut aussitôt. Deux officiers à cheval, de l'une et l'autre armée, se détachèrent à la rencontre l'un de l'autre. Le vivant interpella le fantôme, qui ne répondit pas. Le vivant allait tirer sur le fantôme quand tout disparut.

D'autres cas sont racontés dans cet ouvrage : une terrible bataille qui se reproduisit à cinq reprises, au même endroit, en Angleterre, en 1642, deux mois après qu'elle eut vraiment eu lieu. Des envoyés de Charles Ier d'Angleterre parviennent même à reconnaître, parmi les combattants fantômes, certains de ceux qui y ont péri. Plus curieusement encore, en 1574, cinq soldats de la garde, à Utrecht, voient à l'horizon, vers minuit, un combat féroce qui n'aura vraiment lieu, en fait, que douze jours plus tard. Enfin, plus récemment encore, le ministre de la Défense de Sa gracieuse Majesté Élisabeth II devait ouvrir une enquête sur un combat de « spectres » qui se déroule tous les 23 octobre à Keinton... dans un camp de l'armée servant de dépôt de munitions [68].

Je connais personnellement quelqu'un à qui semblable aventure est arrivée, mais sans combats inquiétants, beaucoup plus simplement. Cette personne, en visite chez un ami médium, voulut filmer un joli jardin qu'elle venait de traverser en descendant par un escalier. Quelle ne fut pas sa stupeur lorsqu'elle se vit elle-même, à travers l'œilleton du viseur, descendre l'escalier comme quelques minutes auparavant. De surprise, elle rabaissa aussitôt la caméra pour regarder à nouveau l'escalier, sans l'appareil. Les marches étaient vides. Elle questionna ses amis pour savoir s'ils avaient vu quelqu'un descendre cet escalier. Mais non ! répondirent-ils, un peu étonnés de sa question, il n'y a personne d'autre que nous. Mais, au développement du film, elle apparaissait bien sur la pellicule, de la taille jusqu'aux pieds seulement, à cause du vif mouvement qu'elle avait eu.

Comme on le voit, ce mystère d'ondes rémanentes est de toutes les époques et moins rare qu'on ne serait tenté de le croire. Sans doute est-ce un mécanisme physique semblable, encore inconnu, inexpliqué mais nullement fantastique ou « surnaturel » qui est à l'origine de ce que Mme Monnier a éprouvé, elle aussi, lors de son pèlerinage sur les lieux de combats où avait péri son fils Pierre.

Ce qui a lieu pour les images est aussi possible pour les sons. Si les paysans de Silésie n'ont pas entendu les coups de feu, en revanche les spectateurs de la bataille d'Edge Hill, en Angleterre, entendaient bien les roulements de tambour, les coups de canons, le bruit des mousquets et les cris d'agonie des soldats et ils en étaient fort épouvantés.

Il peut même arriver que seuls les sons soient perceptibles. Ainsi en est-il pour « la horde sauvage » *(das wilde Heer)*, que l'on entend près du château en ruine de Rodenstein dans les montagnes d'Odenwald, au sud de la Hesse. Les témoignages remontent jusque vers 1750. Chaque fois qu'une guerre ou une catastrophe est imminente, on entend des bruits de voitures, de marche, de chevaux. Le phénomène était si bien connu que certains gouvernements d'Europe faisaient parfois demander, dans les périodes de tension internationale, si l'on avait entendu la célèbre horde. Chacun en pensera ce qu'il veut, mais M. Werner Schiebeler, professeur de physique et d'électronique à l'École supérieure technique de Ravensburg, passionné de parapsychologie, m'a raconté qu'il fit deux fois le voyage jusqu'à l'Odenwald et qu'à nouveau un témoin avait entendu la horde à la veille de la guerre du Yom Kippour.

Mais si l'univers est ainsi rempli d'ondes du passé, qui en certaines circonstances peuvent se trouver réactivées et devenir, pour un court instant, à nouveau visibles et audibles, il est fort possible que parfois aussi nos enregistrements sur bande magnétique ne nous transmettent que les ondes sonores rémanentes de dialogues du passé, dialogues entre vivants sur terre d'autrefois, aujourd'hui trépassés.

C'est peut-être ce qui est arrivé, cette fois à Paris, à une pianiste habitant rue Ordener, en 1968. Mlle Marie-Claude X avait composé quelques mélodies, qu'elle enregistrait sur magnéto-phone. Écoutant sa bande, elle perçut, en plus de sa composition, des sons bizarres, puis des mots confus et enfin, très clairement, toujours en surimpression sur sa musique, quelques mots pro-noncés très clairement : « Toi !... Voilà ! Rocking » puis : « Avec vous... Oh ! quel froid !... Il faut revenir... » Elle habitait au sixième étage, les fenêtres étaient closes, la maison était parfai-tement silencieuse. De toute façon, si une voix avait résonné assez fortement pour être enregistrée sur la bande, elle l'aurait entendue. Laissons-la raconter :

« Je remis mon appareil en marche. Il restait encore deux enregistrements. Un instant plus tard, je sursautai : un cri strident, effrayant, couvrait mes accords. »

Elle arrêta aussitôt l'appareil, puis finalement, trouva le cou-rage, malgré son trouble, d'écouter le dernier morceau :

« Le début ne fut troublé par aucun bruit anormal, mais vers la fin, une voix grave couvrit soudain la musique pour dire : ''C'est très gentil...'', puis : ''Je reviendrai.'' Cette voix me sembla si proche, si présente, que j'en eus le frisson. »

Par curiosité elle laissa la bande se dérouler jusqu'au bout, mais aucun autre son ne sortit plus de l'appareil. Après avoir longue-ment réfléchi, retourné dans sa tête toutes les hypothèses possi-bles, elle voulut réécouter la bande. Elle entendit à nouveau les chuchotements, les mots étranges et le cri strident. Elle méditait sur tout cela, sans avoir pensé à arrêter la bande après les derniers mots. C'est alors que tout d'un coup, sur la fin de la bande où un instant auparavant il n'y avait encore rien, elle perçut très nettement le bruit d'une respiration, puis un temps de silence, et de nouveau des mots éclatèrent dans la pièce, criés par une voix d'homme : « Louise ! Louise !... Où es-tu ? » Et de nouveau le silence. Silence qui fut troublé à plusieurs reprises par des cris lointains et des halètements. Puis, brusquement, une voix féminine surgit, hurlant : « La maison est plus bas ! » Après un très long temps, la voix masculine revint pour dire sur un ton décroissant : « Écoutez !... Écoutez !... Il faut écouter ! »

Le lendemain, Marie-Claude fit venir son cousin et de nou-veaux enregistrements furent pris dans la nuit, en laissant l'appa-reil branché avant d'aller se coucher. Une voix de femme prononça alors nettement, à plusieurs reprises : « Robic, Robic, mon petit... » Le cousin s'appelait Robert et Robic était le surnom affectueux que sa mère lui avait donné. Robert reconnut la voix. Une autre voix appela Marie-Claude [69].

La communication, bien que toujours imparfaite, finit donc

par devenir relativement normale : appel de trépassés à vivants terrestres. Mais le plus étrange et pour nous le plus intéressant de cet événement, c'est la première phase : Marie-Claude a-t-elle reçu sur son appareil des bribes rémanentes de conversations passées, flottant encore dans l'atmosphère de la pièce ? Ce qui donnerait le plus à le penser, ce sont ces appels : « Louise... Louise, où es-tu ? » et plus encore le cri strident. Ou alors, le magnétophone a-t-il surpris un dialogue qui se déroulait bien en février 1968, mais entre gens pour nous invisibles et inaudibles ; entre vivants d'un autre plan. L'aboutissement de l'histoire serait plutôt favorable à cette seconde interprétation. D'où peut-être l'exclamation : « La maison est plus bas... » comme s'il s'agissait d'êtres vivant dans un autre espace qui se seraient donné rendez-vous dans le nôtre et auraient besoin de coordonner leur effort pour trouver le lieu choisi.

Peut-on effectivement capter aujourd'hui, à l'aide d'appareils, les images et les sons du passé ? Le chronoviseur est-il déjà au point ou n'a-t-il jusqu'ici réalisé que des exploits isolés et sans lendemain, comme les premiers dialogues en direct obtenus par Bill O'Neil, je ne suis pas en mesure de répondre. Je pense cependant que, de toute façon, ce sera bientôt une réalité.

En 1919, Pierre Monnier nous annonçait déjà que nous comprendrions bientôt le « processus » de ces ondes. En 1922, sans viser particulièrement ce domaine de recherche, il est vrai, il nous expliquait comment se feraient nos progrès :

> « Nous avons parmi nous de nombreux amis des sciences qui, dans la vie terrestre, contribuèrent à les déchiffrer, à les dégager, et qui s'efforcent désormais d'éclairer les chercheurs de la terre : c'est là leur rôle, leur mission, et pour eux-mêmes, c'est une incomparable joie [70]... »

Un peu comme Constantin Raudive envers mes amis du Luxembourg, ou Doc Nick et George Müller envers Bill O'Neil et George Meek. Mais sans doute aussi pour beaucoup d'autres chercheurs qui ne savent pas d'où leur viennent leurs intuitions les plus géniales.

Mais, si on lit attentivement Pierre Monnier, on a l'impression de se trouver devant un mystère à plusieurs degrés qui dépasse de loin les simples images du passé captées par le chronoviseur. Il s'agit de l'objectivation de toutes nos pensées et de tous nos sentiments, de leur projection sous forme d'ondes. Immense problème, sur lequel nous reviendrons longuement. Contentons-nous, pour le moment, de ce texte encore emprunté aux *Lettres de Pierre* [71]. Il s'adresse, comme toujours, à sa mère :

« En un mot, tu peux admettre que l'acuité d'un sentiment soit une *figure* ayant une *forme*, dont tu ressentirais la qualité que je puis définir : ''spirituellement solide.'' Il ne te serait point impossible de donner à cette sensation extériorisée un corps (imaginaire mais en même temps réel). Ce sentiment, qui vous semble totalement subjectif, ne l'est pas autant que vous le supposez, dans l'ignorance où vous êtes de la réalité objective de la sensibilité psychique. Un jour viendra bientôt où vous découvrirez ce que vous pourrez appeler les *fantômes* de vos sentiments et de vos pensées. »

Le chronoviseur pourra-t-il jamais capter ces *fantômes* ?

5. Les appels téléphoniques de l'au-delà

Nous n'en avons pas fini avec le fantastique. Grâce à tous nos instruments, les preuves de la survie se multiplient, et en dehors de tous dons particuliers. Depuis quelque temps, un nouveau type de preuve nous est donné. Moins bien connu que les phénomènes de « transcommunication », non reproductible à volonté, du moins pour le moment, mais non moins spectaculaire. Il s'agit des appels téléphoniques à partir de l'au-delà. Un des premiers cas connus et bien attestés est certainement celui qui s'est produit pendant la Première Guerre mondiale dans la famille de Pierre Monnier, peu après la mort de celui-ci : « Vers la fin du repas, le téléphone retentit. Dagmar, une jeune cousine de Pierre, se précipite pour répondre. Elle décroche et entend ceci : ''Dagmar, c'est moi, Pierre ! Dis à maman que je suis vivant.'' Et la communication en reste là. La jeune fille revient à table, complètement bouleversée. Elle raconte ce qu'elle a entendu et précise qu'elle a bien reconnu la voix de Pierre. » À cette époque tous les appels téléphoniques passaient encore par un central. M. Monnier, croyant à une mauvaise plaisanterie, appelle aussitôt ce central, où on lui affirme que personne n'a demandé son numéro.

Peu après commençaient les messages par écriture intuitive [72]...

Le phénomène est plus fréquent qu'on ne le pense. Il s'est reproduit, par exemple, chez Marcelle de Jouvenel, d'où le rappel que fait Jean Prieur d'un incident semblable survenu chez Mme Monnier. Il s'est produit aussi, dans des circonstances un peu différentes, chez Mme Simonet, comme elle le raconte dans son deuxième ouvrage :

« Ce même jour (24 janvier 1984), il doit être 13 h 30. Je téléphone de nouveau chez mes enfants, juste pour échanger quelques idées. C'est Maude qui me répond. Je la prie d'appeler ma fille, qui se trouve à l'étage. Avant même qu'elle aille la chercher, alors que je suis toujours à l'écoute, j'entends avec stupéfaction la voix de mon père s'exclamant gaiement : ''Bonjour mes petits-enfants !'' La voix est reconnaissable, bien que le débit de la phrase soit extrêmement rapide – ce qui est l'un des signes les plus constants de la transcommunication technique... Je contrôle peu après, car j'enregistrais la communication téléphonique, et il n'y a pas d'erreur. Le ton est particulièrement joyeux[73]. »

Le phénomène semble aujourd'hui se multiplier, notamment chez les personnes qui s'intéressent à la transcommunication. Mme Simonet signale dans son dernier livre deux autres cas qui se sont produits chez certains de ses correspondants[74].

Cependant, les études sur ce sujet sont plus que rares. En 1961, S. Ralph Harlow, aux États-Unis, avait signalé deux cas semblables, dans un ouvrage consacré à l'ensemble des preuves de la survie. Mais sans étude approfondie, comme en passant[75]. Plus récemment, Scott Rogo et Raymond Bayless ont rassemblé, au cours d'une enquête qui a duré deux ans, soixante-dix cas. Ils en ont publié une cinquantaine, accompagnés d'une étude sur leurs circonstances et sur les problèmes techniques posés par ce genre de phénomène[76].

Votre téléphone sonne tout à fait normalement. Vous décrochez, et tout d'un coup vous entendez la voix, le timbre, les mots familiers de la mère ou l'enfant que vous avez « perdu » (ou cru perdre) la veille ou il y a quelques jours, quelques mois ou quelques années. Le choc peut être terrible. Une maman, qui pleurait sa fille depuis deux ans, entendit ainsi un jour au téléphone, sans aucun signe d'avertissement, la voix de sa fille qui lui rappelait un incident typique et familier : « Maman, c'est moi ; j'ai besoin de vingt dollars pour rentrer. » La mère s'effondra, sans connaissance, à côté du téléphone[77].

Le phénomène n'est pas contestable car, dans certains cas, un peu exceptionnels il faut le dire, mais qui prouvent que les autres cas sont très vraisemblables, des trépassés ont ainsi fait, du téléphone, des révélations que l'on a pu vérifier par la suite.

Une actrice, Ida Lupino, vivant à Los Angeles pendant la Seconde Guerre mondiale, reçut un coup de téléphone de son père, mort six mois auparavant. La maison familiale, à Londres, venait d'être détruite par une bombe, et la famille se trouvait dans une situation très difficile, faute des titres de propriété concernant cette maison. Son père lui révélait de façon très précise l'endroit de la cave où il avait caché ses documents. Ces renseignements communiqués à Londres, on trouva facilement les papiers et tout rentra dans l'ordre. Une amie de cette actrice, Mrs. Pendleton, fut témoin du coup de téléphone et se porta garante de l'authenticité du récit[78].

Ces faits sont encore peu connus pour bien des raisons. Ceux auxquels ils arrivent n'osent en parler de peur de passer pour sérieusement « dérangés ». Ignorant que cela est déjà arrivé à d'autres, ils finissent par en douter eux-mêmes. Dans certains cas, heureusement, il y avait plusieurs témoins.

Les études actuelles montrent que l'appel peut venir de parents ou d'amis, le plus souvent d'enfants à leurs parents ou inversement. Les appels entre époux semblent au contraire beaucoup plus rares. Le délai entre la mort et les appels peut varier entre le lendemain du décès et quelques années. Dans nombre de ces appels, le trépassé semble ne pas avoir compris qu'il n'appartenait plus à notre monde. Ceux qui appellent peu après leur mort ont l'air souvent un peu égarés et l'appel est bref. Ceux, au contraire, qui ont fait le grand passage depuis déjà un certain temps s'expriment plus posément, plus longuement. Parfois les vivants-sur-terre ne reconnaissent pas tout de suite la voix de leur trépassé. C'est alors aux vivants-de-l'au-delà d'insister pour se faire reconnaître, comme nous l'avons déjà vu avec les enregistrements. Enfin, dans quelques cas extrêmes, quand la communication est établie, la surprise est aussi grande dans l'au-delà que sur terre.

Le motif de ces appels semble être aussi bien une sorte de besoin de la part des trépassés de retrouver le contact avec ceux qu'ils ont laissés que le désir de rassurer et d'apaiser ceux-ci.

Un simple bonjour, en passant, peut même aussi arriver. La fille de Mme H.S. n'était guère âgée de plus de vingt ans quand elle mourut après de nombreuses opérations. Sa mère, cependant, après une longue période de désespoir, avait déjà obtenu bien des signes incontestables de la survie de sa fille dans un autre monde. La douleur de la séparation reste, bien sûr, mais non plus le désespoir. Un beau jour, alors que sa mère téléphonait à une amie, soudainement la voix de la jeune fille intervint au milieu de la conversation. Non pas pour y prendre part, mais simplement pour se manifester, redire sa tendresse avec les diminutifs familiers qui rétablissent si vite l'intimité perdue. Certaines personnes, particulièrement sujettes à ce genre de phénomènes, finissent par enregistrer systématiquement tous leurs appels téléphoniques. C'était ici le cas. La mère m'a fait entendre la cassette. La voix de sa fille est faible mais parfaitement reconnaissable, avec la prononciation très rapide si caractéristique des voix de trépassés enregistrées sur magnétophone. Les exclamations de la mère et de sa correspondante fusent. La maman remercie mais n'ose pas poser de question. La correspondante s'en charge et demande à la jeune fille, si elle le peut, de recommencer. Et, à trois ou quatre reprises, les mots reviennent : « Je suis heureuse... maman, je t'aime. »

Techniquement, Scott Rogo distingue deux grandes hypothèses qui ne s'excluent d'ailleurs pas complètement. Il semble que ce soit parfois l'une, parfois l'autre qui intervienne, ou même parfois une combinaison des deux :

1 - Dans certains cas, la voix de l'au-delà serait transmise par impulsions électriques le long du fil. On peut invoquer en faveur de cette hypothèse les cas où plusieurs postes de téléphone sonnent en même temps dans la même maison, les cas où l'appel, venant de loin, a dû passer par une opératrice et les cas où l'appel se termine normalement, c'est-à-dire avec un bruit de déclic, comme lorsque votre correspondant raccroche le premier, et reprise de la tonalité.

2 - Dans d'autres cas il semble plutôt que la voix ne soit pas transmise le long du fil, mais produite directement tout près de notre oreille. Cette voix étant trop ténue pour que nous puissions l'entendre, le rôle du téléphone se réduirait à fournir un amplificateur. Ce serait probablement la bonne explication dans les cas où la sonnerie du téléphone n'a pas été nette mais hésitante, comme plusieurs essais infructueux ; dans les cas où, à la fin, il n'y a ni déclic ni retour de la tonalité ; enfin dans les cas où l'appel ne pouvait normalement passer que par une opératrice, par exemple par le standard de l'hôtel où vous vous trouvez, et où celle-ci nie formellement avoir reçu aucun appel pour vous.

Il y a d'ailleurs d'autres variantes de ce phénomène. Il peut arriver que ce soit tout simplement vous-même qui vous trouviez à l'origine de cette communication. Vous avez appelé un parent ou un ami et il vous a répondu tout normalement pendant un bon moment. Il n'y a qu'un petit détail dont il a omis de vous parler dans le feu de la conversation : c'est qu'il était mort ; et ça, vous ne le saviez évidemment pas quand vous l'avez appelé, mais vous le découvrez par la suite avec tous les témoins et les papiers officiels nécessaires pour vous convaincre. Il était déjà dans l'au-delà quand il vous a répondu ! Scott Rogo en donne plusieurs exemples.

Mais il y a toujours mieux. Il peut arriver que vous appeliez quelqu'un de bien vivant, sur cette terre, vivant avant votre appel et encore longtemps après, seulement, autre détail amusant, il ne pouvait absolument, matériellement pas être là au numéro où vous l'avez appelé. Aucun doute possible, il était loin de là, la maison était vide et fermée à clef, il n'y a aucune trace d'effraction et d'ailleurs vous avez parfaitement reconnu sa voix et vous vous êtes entretenu avec lui de choses que lui seul, avec vous, pouvait connaître. Scott Rogo rapporte, entre autres, deux épisodes correspondant à ce schéma et qui se sont passés chez lui [79]. Qui, alors, a répondu à la place de l'absent ? Son fantôme ?

Voulez-vous encore un peu plus fort ? Ce peut être votre propre fantôme, si j'ose dire, qui prend en main votre secrétariat et donne vos coups de fil à votre place quand vous en êtes empêché ou quand vous êtes un peu trop négligent.

Mais il peut aussi y avoir des décalages dans le temps : un (beau) jour Melvin Belli reçoit un appel des pompes funèbres d'Oakland. Son ami Suey Ng est mort ; enterrement le lendemain. Mais, le lendemain, quand Melvin Belli se présente à la chambre mortuaire, les employés des pompes funèbres s'affolent. Qui a bien pu lancer un appel aussi stupide ? Melvin téléphone aussitôt à son ami Suey Ng. Celui-ci est bien vivant et en parfaite santé !

Mais, dans la semaine qui suit, Suey Ng meurt subitement. L'enterrement a bien lieu à l'heure et à l'endroit indiqués une semaine plus tôt [80].

On trouverait d'autres exemples de ces interventions au téléphone, à partir de l'au-delà, dans l'ouvrage publié par le Cercle du Luxembourg conjointement avec la Société suisse de parapsychologie de Berne [81].

Pour l'équipe de Luxembourg, le téléphone est devenu un moyen de contact privilégié avec l'au-delà. Cela a commencé le 16 décembre 1987 avec la voix d'une amie morte enregistrée sur le répondeur. Aujourd'hui, les appels de l'au-delà sont fréquents. Les conversations peuvent durer jusqu'à quarante-cinq minutes et les services de la poste n'enregistrent rien.

L'inverse peut d'ailleurs tout aussi bien se produire. À Rosenheim, en 1967-1968, le compteur correspondant au téléphone de l'avocat Sigmund Adam s'emballait et comptait plus de communications qu'il n'aurait été possible d'en obtenir en composant les numéros normalement, même avec de l'entraînement. Là où le mystère des téléphones devient le plus déconcertant, même pour moi qui en ai entendu ou lu de toutes les couleurs, c'est dans le cas de Manfred Boden. Cela a commencé par des bizarreries sur son magnétophone : des mots changés, effacés ou complétés par d'autres voix. Puis, des messages étranges sur son ordinateur, des disquettes altérées. Enfin, des craquements insupportables sur son téléphone. De décembre 1982 à mai 1983, les voix se multiplient sur son téléphone. Parfois elles interviennent au cours d'une conversation déjà engagée entre Manfred et ses amis ou ses clients. Elles ne sont alors souvent audibles, mais très nettement, que du côté de Manfred. Parfois, c'est l'au-delà qui déclenche la sonnerie du téléphone. Très vite, Manfred a branché son appareil sur enregistreur et tout le matériel archivé a été étudié par le professeur Senkowski. Inutile de dire que la Poste avait d'abord mené son enquête. En vain. Ces interventions mystérieuses vont ensuite se prolonger sur un rythme plus espacé et irrégulier. Le phénomène dure, en tout, quatre bonnes années. Ces communications semblent avoir varié au cours des ans et émaner de sources très diverses. Parfois de décédés. Là, il n'y a rien que de très normal, si j'ose dire, mais souvent d'entités qui prétendent venir de la « septième dimension », se présentent comme de pures énergies, sans nom, sans âge, sans activité, sans lieu. Elles se disent innombrables, parlent indifféremment dans n'importe quelle langue, peuvent lire nos pensées puisqu'elles répondent souvent à des questions que Manfred n'a pas eu le temps de formuler. L'impression que laissent ces conversations est plutôt pénible.

Le 6 octobre 1984, Boden entend au téléphone des bruits infernaux, des cris, des appels à l'aide... Voilà qui rejoint la toute première phrase qu'il avait pu comprendre : « Il n'y a pas de pardon. Le mal est mal. Le temps n'y change rien[82]. »

Nous verrons, au cours de cet ouvrage, que cette affirmation désespérée mériterait d'être plus nuancée. On comprend néanmoins que Manfred Boden n'ait pas toujours apprécié ses relations avec ses mystérieux interlocuteurs.

Ils lui ont d'ailleurs fait bien pire et, cette fois, sur ordinateur, en lui annonçant sa mort prochaine, puis, en précisant peu à peu la date et enfin la cause de son décès. De fait, Manfred Boden est aujourd'hui dans l'au-delà, depuis mars 1990, et non depuis le 16 août 1982 comme on avait essayé de le lui faire croire.

Tout cela semble cependant ne pas l'avoir écœuré de la transcommunication puisqu'il s'est déjà manifesté, à partir de l'au-delà, et sur ordinateur.

J'ai eu moi-même la chance d'assister en direct à l'un de ces appels téléphoniques de l'au-delà. Je fus même l'un des destinataires. C'était le mardi 28 avril 1992. Je me trouvais avec le professeur Rémy Chauvin dans le petit laboratoire du professeur Senkowski, à Mayence. Il y avait aussi, avec nous, trois autres Français, des réalisateurs indépendants de télévision qui tentaient de préparer enfin une émission sérieuse sur le sujet, à l'abri des inévitables manœuvres qui permettent généralement aux responsables des programmes de se dédouaner en ridiculisant les phénomènes et ceux qui les étudient. C'était déjà la fin de l'après-midi, et je dois reconnaître que l'attention de la petite équipe commençait à se relâcher un peu. Soudain, le téléphone sonne. Senkowski décroche, et je remarque aussitôt qu'il a tout de même un choc. Puis, je l'entends demander : « M'autorisez-vous à enregistrer ? » Apparemment la réponse était positive puisque je le vois enfoncer la touche. « Avez-vous une communication à me faire, M. Jürgenson ? » Cette fois, pour moi, la chose était claire. Je fais immédiatement signe à nos techniciens de télévision de filmer la scène. Manifestement, ils ne savent pas pourquoi, mais ils comprennent à mon insistance que la chose est importante. J'ai donc maintenant la copie de l'enregistrement. Jürgenson n'a prononcé qu'une seule phrase qui commence en français et continue en allemand : « Je remercie les amis français *und wir werden, Sie werden weiteres über die Kollegen Homes und Harsch mitgeteilt bekommen.* » (Vous recevrez plus ample information à travers les collègues Homes et Harsch.)

Personne ne pouvait savoir que nous étions ce jour-là chez mon ami Senkowski. Mais, dans l'au-delà, « ils » étaient au courant.

Ces phénomènes ne sont d'ailleurs pas toujours aussi simples. Il y a des cas qui restent bien mystérieux. Par exemple celui de Ken Webster, en Angleterre. Né en 1955, il est professeur dans une école de commerce et possède chez lui un petit ordinateur. Là encore je n'ai pas la place, ici, de vous donner toutes les garanties de sérieux nécessaires. Je ne peux que vous renvoyer aux différents ouvrages qui analysent son histoire et qui eux-mêmes sont loin de refléter toutes les études qui ont été faites. C'est une affaire parfaitement incroyable, je vous l'accorde, mais tout à fait sérieuse.

Donc, à partir de 1984 et pendant quinze mois environ, Ken Webster a reçu sur son ordinateur plus de 250 messages dont la plus grande partie venaient d'un personnage qui se présentait comme Thomas Harden, vivant en Angleterre en 1546, sous le règne d'Henri VIII. Ses textes ont été analysés et ils correspondent vraiment au vocabulaire, à la syntaxe et à l'orthographe de l'anglais de cette époque-là. Il a donné des détails sur sa vie que l'on a pu retrouver dans de vieux documents. Il emploie de vieux noms de lieux aujourd'hui en désuétude. Il parle de ses contemporains en utilisant souvent leur sobriquet, et dans certains cas on a pu en retrouver confirmation.

L'hypothèse la plus raisonnable, c'est qu'il s'agit en réalité d'un trépassé qui n'a pas encore très bien réalisé ce qui lui était arrivé et qui, de l'au-delà, voit cet ordinateur et peut, par sa pensée, l'influencer et lui faire inscrire des messages. On le verra par la suite, certains trépassés peuvent rester longtemps prisonniers du monde qu'ils ont quitté. Mais, ici, les souvenirs semblent particulièrement vifs pour tout ce qui précède l'année 1546, et Thomas Harden ne croit pas du tout qu'Henri VIII soit déjà mort. Alors, s'agit-il cette fois d'une transcommunication de vivant à vivant mais à travers le temps ? Certains des scientifiques qui ont étudié le cas n'écartent pas cette hypothèse[83].

La vie après cette vie est un peu plus compliquée qu'on ne serait porté spontanément à le croire. Nous le verrons tout au long des chapitres suivants. Mais enfin, une chose est sûre, la vie continue sans interruption à travers la mort.

Nous sommes donc dans une nouvelle période de l'histoire humaine, où la survie de chacun n'est plus une question de foi, de croyance, d'intuition ou d'opinion, mais de connaissance. Comme il y eut un temps où, déjà, certains savaient que la Terre tournait autour du Soleil alors que d'autres l'ignoraient, parce qu'ils étaient mal informés ; de même, aujourd'hui, il y a ceux qui savent que la survie est un fait et ceux qui pensent que ce n'est qu'une hypothèse dont on peut toujours discuter.

Maintenant, vous, vous savez !

II
La mort est une deuxième naissance

1. La joie de mourir

Donc, la mort n'est pas la mort. Elle n'est qu'un passage à une nouvelle forme de vie, comme une nouvelle naissance. Mais comment ce passage se fait-il ? En quoi consiste cette nouvelle existence ? Procédons par étapes.

D'abord, il faut le dire, parce qu'il est toujours utile de savoir, pour le cas où... plus exactement pour le moment où il faudra bien faire ce passage : c'est merveilleux de mourir ! Reconnaissons honnêtement qu'avant, on peut souffrir et même terriblement. Mais c'est du passage lui-même que je veux parler.

Pendant la dernière guerre déjà, bien avant les révélations du docteur Moody sur les expériences aux frontières de la mort, le professeur Eckart Wiesenhütter avait été très intrigué par les réactions d'un jeune soldat de vingt-huit ans, aux intestins réduits en charpie par un éclat d'obus, et qui n'avait été sauvé que de justesse. Revenu à lui, pendant des jours entiers il refusa de parler. Enfin, il laissa échapper : « Pourquoi avez-vous fait ça ? » Ce n'est que bien plus tard qu'il osa raconter le sentiment de libération extraordinaire, de joie paradisiaque qu'il avait éprouvé et qu'on lui avait volé.

Quelques semaines plus tard, le professeur Wiesenhütter recueillait d'autres témoignages, mais plus précis, de deux garçons qui avaient failli se noyer et que l'on n'avait ramenés à la vie que difficilement. Ils gardaient un souvenir si merveilleux de leur expérience que c'est de la même mort qu'ils souhaitaient pouvoir partir définitivement quand l'heure serait venue. Ils n'ignoraient pas qu'ils connaîtraient d'abord la même angoisse. Mais ils savaient qu'elle ne durerait pas et que la joie ensuite était telle...

Le professeur recueillit le même témoignage d'un étudiant presque mort de froid au cours d'une randonnée à skis où il s'était égaré en plein brouillard. On dut l'amputer de doigts de la main et des orteils. Et pourtant, c'est bien ainsi qu'il déclarait souhaiter mourir si on lui en laissait le choix. Wiesenhütter apprit auprès de montagnards expérimentés que c'est bien ce que les sauveteurs redoutent. Les victimes, passé un moment de panique, éprouvent un tel bonheur que la volonté de lutter les abandonne.

La même remarque avait été faite depuis longtemps à propos des chutes en montagne. À tel point que l'on avait déjà pu écrire : « Mourir en tombant d'une grande hauteur est très agréable. » Cette impression est confirmée par bien des témoignages. M. Sigrist raconte ainsi que, dès le début de sa chute en montagne, « il s'est senti pénétré d'une béatitude surnaturelle et, tout le temps de sa chute, il lui a semblé nager dans une mer de délices [1] »...

« Nulle trace de cette épouvante ni de cette perte de souffle qu'on imagine d'ordinaire ; et je n'ai perdu conscience qu'en cessant de tomber. Mais je n'ai rien senti des nombreuses contusions reçues durant la chute...

« Je n'ai perdu conscience qu'en touchant violemment le sol couvert de neige et sans éprouver la moindre douleur. Je n'avais pas senti davantage les écorchures que je m'étais faites. Je ne puis imaginer de mort plus facile et plus belle. Naturellement, le retour à la vie apporte des sensations toutes différentes. »

J'ai emprunté cette citation à un très bel ouvrage, relativement ancien, mais que l'on a eu la très bonne idée de rééditer [2]. Georges Barbarin a donné à son enquête un sous-titre qui en traduit fort bien l'exceptionnel intérêt : « Comment ne plus redouter l'instant de la mort. » On y trouvera une véritable anthologie de témoignages de rescapés sur les mille et une façons de passer dans l'au-delà. Qu'on en juge plutôt par le programme : les noyés, les électrocutés, les asphyxiés par gaz, les ensevelis, les accidentés par collision, les victimes d'armes à feu, etc.

J'ai particulièrement apprécié le chapitre consacré à ceux qui se sont fait attaquer par des bêtes fauves. Voici comment Livingstone, le grand explorateur anglais, rapporte ses impressions d'une mauvaise rencontre avec un lion :

« Il bondit sur mon épaule et nous tombâmes à terre ensemble... Le choc produisit une stupeur analogue à celle que doit éprouver la souris après la première secousse du chat. C'était une sorte d'état de rêve, où il n'y avait ni sensation de douleur, ni impression de peur, bien que je fusse absolument conscient de tout ce qui se passait. La peur n'existait pas et je pouvais regarder l'animal sans horreur. Cet état particulier est probablement produit chez tous les animaux tués par les carnassiers, et, s'il en est ainsi, il y a là un bienfaisant mécanisme par lequel le Créateur diminue la douleur de la mort. »

De même, Sir Edward Bradford, qui se fit dévorer un bras par un tigre, note qu'il « n'éprouva aucun sentiment de peur. La douleur se borna à la traversée de la main par les crocs. Le bras fut mastiqué comme chose inerte[3]. »

De telle sorte que, si j'ai bien compris, et si affreuse que soit la chose, si l'on avait laissé cette pauvre bête finir son repas tranquillement, Sir Edward Bradford n'aurait pratiquement pas souffert. Il serait simplement passé dans l'au-delà.

J'exagère à peine, car Georges Barbarin note lui-même que, si l'on doit mourir noyé, il vaut mieux ne pas savoir nager. « Moins on est habile, plus on meurt avec simplicité[4]. » Mais la réflexion est plus profonde qu'il n'y paraît. Il s'agit de l'importance d'un certain consentement final, et l'auteur consacre tout un paragraphe, avant de conclure ainsi son étude :

« On a dit de la mort qu'elle était comme un sommeil. C'est trop et ce n'est pas assez. Bien-être, engourdissement, euphorie, elle ressemble à cette partie du sommeil qui confine à la volupté. Elle a un insensible mouvement de va-et-vient, le rythme vertigineux d'une idéale balançoire, et va si haut, si haut, qu'à la fin elle ne redescend plus[5]. »

Cependant, il faut bien reconnaître que nous pratiquerions plus facilement ce « lâcher prise », cet abandon à la divine Providence, si nous en savions un peu plus sur ce qui nous attend après. Or, nous allons le voir, pour peu qu'on s'en donne la peine, il est maintenant possible d'en avoir déjà quelque idée. La paix extraordinaire, le bonheur profond qu'on peut lire sur le visage de certains morts n'est pas sans raison. Certes, on sait aujourd'hui le rôle que joue la sécrétion d'endomorphine dans cette euphorie, mais, comme nous le verrons, elle n'explique pas tout.

Quand on ne ramène pas le mourant à la vie, quand on ne le ramène pas de force dans notre monde, comment les choses se passent-elles ? Décrivons-les d'abord de l'extérieur.

Il ne semble, pas y avoir de règle absolue, uniforme. Chacun inventera un peu sa mort. Nous serons tous créateurs à ce moment-là.

Il semble, cependant, qu'on ne puisse pas prendre pour modèle ce qui se passe quand la mort n'est que momentanée, provisoire, comme pour tous ceux que l'on ramène finalement à la vie. Dans ce cas, le mourant se retrouve en dehors de son enveloppe charnelle, sans avoir un autre corps complètement constitué. Il peut voir, souvent entendre tout ce qui se passe en ce monde, traverser les murs et les plafonds, se déplacer instantanément et se retrouver où il le souhaite à volonté ; mais, le plus souvent, il n'a pas l'impression d'avoir vraiment un corps, ou alors il l'éprouve comme vaguement sphérique, sans contours précis et sans consistance, comme une sorte de « brume », de « nuage », de « vapeur » ou de « champ d'énergie[6]. »

On sait que ce phénomène de décorporation ou de sortie hors du corps peut d'ailleurs fort bien se produire indépendamment du contexte de la mort, d'un accident ou d'une opération. Il est vrai cependant que beaucoup de personnes qui se sont décorporées ou dédoublées ainsi pour la première fois, l'ont ensuite fait spontanément, en dehors de tout danger ; certaines ont même fini par pouvoir le faire à volonté. Enfin, il faut noter qu'il existe maintenant en France comme ailleurs des centres où l'on peut être initié à faire ce voyage hors du corps, dans l'« astral ». Il y a même des manuels, des guides pratiques, des méthodes, où l'on vous décrit minutieusement comment s'y préparer, s'y exercer...

D'après les enquêtes connues, 80 % de ceux qui ont fait cette expérience de décorporation provisoire se sont surtout éprouvés comme esprit, comme conscience désincarnée, beaucoup plus que comme vivant dans un nouveau corps. C'est du moins à ce résultat que sont parvenus, séparément, Celia Green aussi bien que Kenneth Ring[7].

Il semble qu'ils soient tellement captivés par tout ce qu'ils voient et entendent qu'ils n'ont pas le temps de se demander sous quelle forme ils continuent à vivre. C'est ainsi que Mme Yolande Eck nous a raconté que, parvenue hors de son corps, en un magnifique jardin, elle eut l'impression d'y voir un banc et de *s'y asseoir*, et un peu plus tard, de *se lever* pour aller à la rencontre de l'être merveilleux qui s'avançait vers elle. Emplie de respect devant l'élévation spirituelle de cet être de lumière et bouleversée par l'amour qui en émanait, elle *tomba à genoux* devant lui. Mais en réalité ce n'est que plus tard, lorsqu'il l'eut renvoyée sur la terre malgré ses supplications, qu'elle pensa à vérifier si elle avait un corps. Très curieusement, elle raconte qu'elle essaya de se palper. Si bien qu'en racontant son aventure, elle fait chaque fois le geste de se pincer le bras. Elle a donc le sentiment de faire des gestes, ce qui implique bien qu'elle avait l'impression d'avoir un corps ; elle eut pourtant la surprise de ne rien rencontrer de consistant.

La constitution du corps spirituel

Dans le cas des mourants de mort définitive, en fait, tout donne à penser que les choses se passent autrement. Un véritable corps se constitue, un double, mais cela demande du temps.

Le phénomène était d'ailleurs connu depuis longtemps, mais les témoignages directs n'étaient pas assez nombreux et notre culture était, depuis ces derniers siècles, devenue trop étrangère à cela. Un retournement colossal est aujourd'hui en cours. Voici donc le récit, fait par un missionnaire au XIXᵉ siècle, des croyances des Tahitiens sur la mort. Ils croient qu'au moment de la mort :

« L'âme est attirée en dehors du corps, d'où elle a été enlevée, pour être lentement et graduellement unie avec le dieu de qui elle était émanée... Les Tahitiens en ont conclu qu'une substance, prenant forme humaine, sortait du cadavre par la tête. Car, parmi les rares privilégiés ayant le don sacré de voyance, certains affirment que peu après l'arrêt de la respiration du corps humain, une vapeur s'élève de la tête et plane un peu au-dessus en lui restant reliée par une corde vaporeuse. La substance, dit-on, augmente peu à peu de volume et prend la forme d'un corps inerte. Quand elle est tout à fait refroidie, la corde de liaison disparaît et l'âme à forme corporelle s'éloigne en flottant, comme emportée par des porteurs invisibles [8]. »

Ce récit est tout à fait confirmé par des témoignages d'observateurs modernes et occidentaux. R. Crookall, dans son ouvrage *Out of the Body Experiences* [9], en donne une vingtaine d'exemples dont deux sont cités par K. Ring [10].

Estelle Roberts décrivit ainsi la transition de son mari :

« J'ai vu son esprit quitter le corps. Il est sorti par sa tête et s'est peu à peu modelé en une réplique exacte de son corps terrestre. Il est resté en suspension à environ trente centimètres au-dessus de son corps, étendu dans la même position horizontale et relié à la tête par une corde. Puis la corde s'est brisée et la forme spirituelle s'est éloignée en flottant et a traversé le mur. »

L'autre récit provient d'un médecin du XXᵉ siècle qui possédait certainement des dons de médium. Voici donc comment le docteur R.B. Hout nous décrit la mort de sa tante :

« Mon attention fut attirée... juste au-dessus de son corps physique, par quelque chose en suspension dans l'atmosphère à peu près à une soixantaine de centimètres au-dessus du lit. Je n'ai tout d'abord distingué rien de plus que le vague contour d'une substance brumeuse semblable à du brouillard. Il semblait n'y avoir là, en suspension, qu'une brume immobile. Mais, comme je regardais, peu à peu cette vapeur inexplicable prit du volume, devint plus dense, compacte, et se condensa sous mes yeux. Puis je fus ahuri de voir se dessiner des contours précis pendant que cette substance brumeuse prenait une forme humaine.

Je compris rapidement que je voyais un corps ressemblant au corps physique de ma tante... Le corps astral [le terme est de Hout] restait en suspension, horizontalement, à moins d'un mètre au-dessus de sa contrepartie physique... J'ai continué de regarder et... le corps de l'esprit [ce terme est à nouveau de Hout] me sembla devenu complet. Je distinguais nettement ses traits. Ils étaient similaires à ceux du visage physique, mais rayonnaient de paix et exprimaient la vigueur au lieu de la vieillesse et de la douleur. Les yeux étaient fermés comme sur un sommeil paisible et une luminosité paraissait irradier du corps de l'esprit.

Tandis que j'observais le corps de l'esprit en suspension, mon attention fut attirée, de nouveau intuitivement, par une substance argentée qui ruisselait de la tête du corps physique vers celle de l'esprit du *double*. Puis je vis la corde de liaison entre les deux corps. Et, tout en regardant, je me disais intérieurement : la *corde d'argent* ! J'en comprenais la signification pour la première fois. Cette corde d'argent était le lien de connexion entre les corps physique et spirituel, de même que le cordon ombilical unit l'enfant à sa mère...

La corde était attachée après chacun des corps à la protubérance occipitale, juste à la base du crâne. À son point de liaison avec le corps physique, elle s'épanouissait en éventail et de nombreuses brindilles séparées se rattachaient séparément à la base du crâne. Mais, en dehors de ses points d'attache, la corde était ronde et d'un diamètre d'environ deux centimètres et demi. Sa couleur était celle d'un rayonnement lumineux translucide et argenté. Elle semblait vibrer sous l'effet d'une énergie intense. Je voyais des pulsations lumineuses la parcourir depuis le corps physique en direction de l'esprit du *double*. À chaque pulsation, le corps de l'esprit prenait vigueur et densité tandis que le corps physique paraissait plus apaisé et inerte... À ce moment, les traits devinrent très distincts. Toute la vie se trouvait dans le corps astral... les pulsations de la corde s'étaient arrêtées... Je regardai les brindilles de la corde qui s'ouvraient en éventail à la base du crâne. Chaque brindille claqua... la séparation finale était imminente. Un double processus de mort et de naissance allait s'ensuivre... la dernière brindille de connexion de la corde d'argent craqua et le corps de l'esprit fut libre.

Le corps de l'esprit, qui se trouvait jusque-là en lévitation (étendu sur le dos) se redressa... Les yeux fermés s'ouvrirent et un sourire éclaira les traits rayonnants. Elle m'adressa un sourire d'adieu et disparut.

J'ai été témoin du phénomène ci-dessus comme d'une réalité entièrement objective. J'ai vu les formes de l'esprit par mon regard physique [11]. »

Dans le cas de mort définitive, l'existence d'un second corps, corps « subtil » ou « spirituel », est certaine. Et même, très probablement, de plusieurs corps emboîtés les uns dans les autres comme des poupées russes. Mais la façon dont ce second corps se dégage de l'enveloppe charnelle peut varier.

Il semble, sur ce point, qu'on puisse admettre les témoignages recueillis à propos des morts provisoires comme également valables pour les morts définitives.

La sortie, comme le retour, peuvent se faire par le haut de la tête, pratiquement par la fontanelle. Certains ont l'impression de se trouver comme aspirés hors de leur corps ou à nouveau introduits dans leur corps, comme par un entonnoir, mais sans douleur ; d'autres se sont sentis glisser hors de leur corps par le côté : « Entre le matelas et la barre de côté du lit, relate l'un des témoins, il me semblait que je passais *à travers* cette barre [12]. »

La sortie peut aussi se faire par la bouche, comme l'idée du « dernier souffle » le suggère si bien. À ce sujet, nous avons la chance d'avoir un texte assez ancien, bien antérieur à toutes ces recherches et où le témoin a fait un effort tout particulier pour suivre toutes les phases du processus. Voici donc le récit de cette sortie du corps par la bouche telle que l'a vécue bien des fois la grande mystique allemande Marie-Anne Lindmayr.

Il s'agissait dans ce cas pour elle d'un type particulier d'extase, le plus profond. Elle en connaissait de deux autres sortes. Son confesseur lui avait demandé, en 1705, de lui en faire un récit détaillé :

« J'ai prié le Seigneur de me faire percevoir le déroulement de l'extase en gardant le plein usage de ma raison, comme bien des mourants conservent jusqu'au dernier moment leur connaissance... J'ai expérimenté le début, le point culminant et la fin de cette extase. J'étais prise d'une grande faiblesse. Elle n'était pas la conséquence d'une faiblesse naturelle, mais de ce que Dieu voulait me faire voir ses merveilles. Cette faiblesse était accompagnée et suivie d'un froid d'une intensité inexprimable, indescriptible, qui commençait par la partie inférieure du corps et gagnait peu à peu le corps tout entier de sorte qu'il perdait toute sensibilité. Je sentais mon cœur cesser peu à peu de battre et mon souffle devenir de plus en plus court. Je sentais encore un peu de vie dans mon cœur. Comme un mourant à qui Dieu donne la grâce de la connaissance sent qu'il va de plus en plus mal et que son âme est sur le point de s'en aller, j'avais l'âme comme sur la langue. Avant ce départ de l'âme, je me sentais encore présente, mais j'étais extérieurement comme morte, absolument insensible, et froide comme la glace, sentant moi-même un souffle froid. En un instant, la raison avait disparu avec l'esprit et au même moment je me trouvais conduite à l'endroit où le Seigneur voulait que je sois. Je demeurais ainsi durant plus de deux heures hors de mon corps. Quand mon esprit y rentrait, le Seigneur me le faisait connaître aussi. Comme si l'esprit m'envahissait – ce qui était l'affaire d'un instant –, je retrouvais toute ma raison. C'était pour moi tout à fait comme si, par la puissance de Dieu, un géant fort et puissant me saisissait et mon âme rentrait par la bouche comme elle était sortie par la bouche. Peu à peu je sentais de nouveau la vie dans mes membres et au bout d'une heure je recouvrais un peu de sensibilité corporelle bien que mon corps fût encore raidi par le froid, qui ne disparaissait qu'au bout de quelques jours. Le Seigneur Dieu m'a aussi donné alors de comprendre que chaque fois que cela se produisait, ce n'était possible que par un miracle de sa toute-puissance [13]. »

Mais le grand passage peut tout aussi bien se produire sans même que l'on s'en aperçoive. C'est le cas notamment, très souvent, lors d'un accident. Le corps spirituel se trouve projeté hors de son enveloppe charnelle. On a ainsi de nombreux récits de personnes qui se sont retrouvées à quelques mètres de leur voiture, toutes surprises de voir les gens accourir vers le véhicule et encore bien plus, évidemment, de voir que l'on en retirait leur propre corps.

Cette sortie immédiate de l'enveloppe charnelle peut aussi se produire dans des cas de forte fièvre et d'intense préoccupation sans aucun choc physique brutal. Le récit du jeune soldat américain George Ritchie est assez signicatif.

À la suite d'exercices un peu poussés, il a pris froid, mais avec l'insouciance de cet âge, il se moque bien des médecins ou infirmières et même de sa température, qui a atteint 41,4°C. Sa seule préoccupation est de ne pas manquer le taxi qui doit l'emmener en pleine nuit à la gare afin de rentrer chez lui pour les fêtes de Noël. Il s'est effondré pendant qu'on le passait aux rayons X. Brusquement, en pleine nuit, il se réveille dans une minuscule cellule où on l'a isolé :

« Je me dressai en sursaut. Quelle heure était-il ? Je regardai la table de chevet mais ils avaient enlevé le réveil. Au fait : où étaient mes affaires ?... Le train ! j'avais raté le train ! Je sautai du lit, pris de panique, cherchant mes habits... Mon uniforme n'était pas sur la chaise. Je regardai dessous, derrière. Pas de sac non plus. Où auraient-ils pu les mettre ailleurs que dans ce placard de chambre ? Sous le lit peut-être ? Je tournai autour et soudain me glaçai... Il y avait quelqu'un dans le lit !

Je vins plus près. C'était un tout jeune homme avec des cheveux bruns coupés court, étendu calmement. Mais c'était impossible ! Je venais juste de sortir de ce lit ! Pendant un moment je luttai contre ce mystère. C'était vraiment bizarre, mais je n'avais pas le temps... »

Il sort précipitamment pour voir si ses vêtements ne seraient pas chez le garde... Ce ne sera que bien plus tard qu'il comprendra que ce corps sur le lit était le sien. C'était lui-même. Il s'ensuivra une recherche de son propre corps à travers des baraquements tous semblables, une véritable quête mystique à la recherche de lui-même. Recherche vraiment étonnante [14].

En lisant ce récit, on ne peut s'empêcher d'imaginer la situation et de voir ce double qui s'assoit sur le bord du lit en se dissociant de son enveloppe charnelle comme dans la célèbre séquence de *Vampyr* de Karl Dreyer, où le double d'un homme se lève ainsi pendant que son corps charnel reste assis sur un banc. Le double, évidemment, ne projette aucune ombre sur le sol. Mais que l'on ne s'y trompe pas, l'histoire de George Ritchie est bien authentique. C'est même « l'une des trois ou quatre plus extraordinaires » que R. Moody connaisse, et la première qu'il ait entendue et qui l'a conduit aux recherches que l'on sait.

On serait tenté de croire que ce passage dans l'au-delà, sans même s'en apercevoir, n'est possible que dans le cas de mort provisoire. Ceux qui sont bien morts, eux tout de même, doivent s'apercevoir du passage, le sentir. Eh bien non ! Mais, évidemment, ils ne sont pas revenus dans ce monde pour nous le dire. On ne peut donc le savoir qu'en faisant confiance à d'autres types de témoignages, et notamment aux médiums.

Je n'évoquerai, rapidement, que deux histoires, toutes deux rapportées par Jean Prieur [15].

La première est un peu tragique. Un ouvrier se tue sur le coup en allumant une lampe à souder dans une cuve à essence, vide, mal nettoyée et mal ventilée. Ce qui ne l'empêchera pas, bien sûr, de rentrer tranquillement chez lui… sans son corps charnel, le seul malheureusement que la plupart des gens puissent voir. Chez lui, tout le monde est en pleurs et parle de sa mort. Il essaie de rassurer sa mère, de lui montrer qu'il est là, de lui parler… peine perdue. C'est finalement chez une voisine qu'il va trouver assistance. D'abord une femme qui, sans le voir, sent sa présence et peut, en pensée, dialoguer directement avec lui. Elle n'ose cependant pas lui expliquer ce qui s'est passé. Une autre personne, en visite chez la première et qui peut même le voir, l'aidera. Il faudra beaucoup de patience à ces deux femmes pour lui faire admettre qu'il est passé dans l'autre monde. Enfin, un de ses parents, trépassé avant lui, viendra le chercher. Ce jeune garçon restera un ami fidèle des personnes qui l'ont ainsi secouru. Il viendra assister, de l'invisible, à leurs cercles bibliques et leur amènera quelques-uns de ses nouveaux amis, aussi invisibles que lui. Il leur déclarera même un jour :

« Comment se fait-il que des choses aussi importantes ne soient pas enseignées dans l'Église ? Ils sont criminels de ne pas en parler. Si on savait ce que vous savez, ce que je sais maintenant, on ne serait pas angoissé de ce côté-ci comme je l'ai été dans les premiers temps. Si on savait ce que vous savez, on n'aurait jamais peur de mourir [16]. »

Il est vrai que, jusqu'à un certain point, les Tibétains sont depuis bien longtemps mieux préparés à cette épreuve. Le célèbre *Bardo Thödol*, leur livre de préparation à la mort, explique à l'avance :

« Sans cesse, involontairement tu erreras. À tous ceux qui pleureront [tu diras] : "Je suis ici, ne pleurez pas." Mais comme ils ne t'entendront pas, tu penseras : "Je suis mort", et à ce moment encore tu te sentiras malheureux. Ne sois pas malheureux pour cela [17]. »

L'autre histoire de mort, réellement mort mais sans l'avoir remarqué, a quelque chose de franchement drôle. C'est celle d'un pauvre camionneur portugais qui a eu un accident. La cabine est complètement carbonisée, mais il a dû trépasser sans s'en apercevoir car il continue à faire des efforts désespérés pour redresser son camion. C'est une jeune femme qui, passant près du lieu de l'accident en voiture, grâce à ses dons de médium peut comprendre et décrire la scène. Un peu plus tard, en repassant au même endroit, elle ne voit plus le camion qui a dû être dégagé, mais, à sa surprise, elle voit sur le bord de la route le même camionneur portugais, tentant, toujours aussi désespérément, de faire de l'auto-stop. Il est vrai, comme nous le verrons, qu'une fois dans l'au-delà, le temps n'est plus le même !

Nous avons encore confirmation, par une autre source, de ces cas où le trépassant se trouve si brutalement projeté dans l'au-delà qu'il ne le remarque même pas. Il s'agit des nombreux messages reçus par écriture intuitive. Le phénomène n'est évidemment pas sans lien avec celui de la médiumnité, mais c'est tout de même un peu différent. Le récit que je cite vient d'un officier de cavalerie « mort au combat ». Il nous a été transmis par la veuve et la fille du célèbre colonel Gascoigne, officier britannique, héros de la bataille de Khartoum et ancien compagnon de Cecil Rhodes :

« Je croyais que seule l'extermination pouvait suivre un tel enfer. De tous côtés, anglais comme allemand, c'était l'hécatombe. Les blindés, la mitraille et les avions ! J'avais l'impression que nous étions exterminés par les machines que nous avions créées... Je me sentais malade et pitoyable. Puis ces sensations disparurent et je me retrouvai dehors en train de parler à mon colonel. Il ne paraissait pas remarquer les balles qui nous tombaient dessus sans arrêt. Je courus me mettre à l'abri, mais il m'appela et me dit de ne pas prendre cette peine. Il avait l'air aussi jeune qu'une nouvelle recrue et paraissait jouir de la bataille. Il me prit par l'épaule et dit : ''Ne voyez-vous pas, Kit, que nous sommes morts, et pourtant nous sommes plus vivants que les autres...''[18] »

D'autres, définitivement morts eux aussi, ont eu au contraire tout le temps de voir leur mort venir. Cela n'est pourtant pas aussi affreux qu'on pourrait le craindre. Plus précisément, même dans les cas les plus douloureux et les plus angoissants, l'horreur semble s'effacer, du moins au tout dernier moment. Nous avons là une foule de témoignages de mourants qui, à leurs derniers instants, ont vu venir vers eux ceux qu'ils avaient aimés sur terre et qui avaient fait le passage avant eux. Dans plusieurs des cas rapportés, certains ont même eu la surprise de voir venir à leur rencontre des amis ou des parents dont ils ignoraient encore le décès. En raison de leur état déjà grave, leur entourage avait préféré ne pas leur infliger l'épreuve supplémentaire de cette « triste » nouvelle.

Plus émouvant encore est le témoignage de Pierre Monnier lors de sa mort, pendant la Première Guerre mondiale. J'ai déjà cité son nom et je serai amené à le faire bien des fois encore dans cet ouvrage. Il est donc temps de le présenter un peu au lecteur.

2. Pierre Monnier et l'apprentissage de l'invisible

Pierre Monnier est un jeune officier français, mort à l'âge de vingt-trois ans, le 8 janvier 1915, sur le front d'Argonne. Fils unique, né dans une famille protestante, très croyante et très pratiquante, il eut le bonheur d'être l'enfant très aimé d'un foyer uni. Bonne santé, brillantes études, famille fortunée. Mais aussi une bonne éducation chrétienne, avec lecture quotidienne de la Bible, prières avant les repas, formation de la conscience à la droiture et au sens du devoir. Blessé une première fois, il revient en convalescence dans sa famille. Nouveaux adieux. Cette fois il ne reviendra pas.

Pour les parents, c'est l'effondrement total. Cependant, peu de temps après la mort de son fils, Mme Monnier reconnut très nettement la voix de Pierre qui l'appelait par trois fois. Bouleversée, elle demanda : « C'est toi, Pierre ? – Mais oui, maman ! ne crains rien, je suis vivant ! »

Mme Monnier n'avait rien d'une exaltée. C'est d'ailleurs l'unique fois de sa vie où elle réentendit, sur terre, la voix de son fils. Mais, à partir de ce moment, Pierre continua à communiquer avec elle. Elle percevait intérieurement ses pensées, les reconnaissant très nettement comme ne venant pas d'elle-même.

Le 5 août 1918, elle reçoit ainsi l'ordre intérieur : « Ne pense à rien ! Écris ! » Elle saisit au plus vite ce qui lui tombe sous la main : un carnet de comptes et un crayon, puis commence à écrire d'une seule traite : « Oui, c'est moi qui t'ai demandé d'écrire. Je crois que par ce moyen nous arriverons à communiquer bien plus facilement. » Les communications dureront jusqu'au 9 janvier 1937, presque dix-neuf ans ! D'abord quotidiennes, puis un peu plus espacées. Sept gros volumes d'environ 450 pages chacun ont été écrits ainsi. Ils viennent d'être réédités intégralement chez Fernand Lanore [19].

Ce cas n'est pas unique, d'autres communications se sont établies entre trépassés et vivants, et sans qu'il y ait eu nécessairement un lien affectif. Parfois le mort et le vivant ne s'étaient jamais connus sur terre. Pour informer plus précisément le lecteur déjà au courant de ce genre de phénomènes d'écriture « automatique » ou « intuitive », je dirai que dans cette immense littérature, je distingue très nettement de tout le reste, six grands textes : les messages transmis par Pierre Monnier, Bertha, Paqui, Roland de Jouvenel, Gitta Mallasz dans les *Dialogues avec l'Ange* et, tout récemment, Arnaud Gourvennec. J'y ajoute un petit texte bref mais très dense, reçu personnellement de Simone par Jean

Prieur. Pour un très grand nombre de raisons, très fortes, mais qu'il serait trop long d'énumérer et de discuter ici, je tiens ces textes en toute particulière estime, souvent à l'égal des plus grands textes mystiques. Ces textes ont en outre l'immense avantage d'être compréhensibles et attrayants pour un grand nombre de lecteurs et d'être plus précis, sur beaucoup de domaines, que les mystiques qui n'ont fait qu'entrevoir ce que ces témoins directs de l'au-delà ont vu.

Pierre Monnier, dans son troisième message, le 8 août 1918, nous laisse déjà deviner une partie du mystère de la mort, du mystère du passage lui-même :

« La mort, petite maman, ne la crains pas ! J'en avais peur malgré moi... je l'ignorais, c'était un visage inconnu que je me représentais voilé de sang – Oui ! J'en avais peur ! Mais quand elle est venue, elle avait un clair visage qui ressemblait au tien ! Je me suis endormi dans ses bras ; elle me consolait avec une voix qui avait les inflexions de la tienne... N'était-ce pas la tienne, oh, chère maman, vers qui se tendait toute la tendresse de ma pensée ? Tout cela n'a duré que quelques instants... pas le temps d'avoir peur, je t'assure ! Le sentiment de la responsabilité... les décisions à prendre... la volonté de défendre mon poste quoi qu'il puisse arriver... puis, un grand choc dans la poitrine et dans la tête... comme un coup de poing qui m'aurait empêché de respirer mais non pas de crier mes ordres à mes hommes... puis un vertige... puis plus rien ! ! ! Pas même le sentiment de la chute... et soudain, *ta voix*, ta voix désespérée qui appelait : ''Pierre ! Pierre ! mon petit ! mon petit !...'' et le réveil complet pour courir vers toi [20]. »

Pierre, alors, percevant la douleur de ses parents, se trouve immédiatement près d'eux, mais invisible, et tente en vain de les consoler. Nous avons déjà vu cette situation.

Bien des années plus tard, Pierre revient sur ce passage dans l'autre monde et nous livre davantage le secret de sa sérénité dans ses derniers instants :

« Ah ! maman, durant les heures tragiques de notre dernière épreuve terrestre, que de fois j'ai senti près de moi la présence bénie de mon Sauveur ! Que de fois, sous la menaçante effigie de la mort probable, j'ai discerné le lumineux visage du Christ triomphant, qui tendrement me parlait : ''Courage ! C'est moi, n'aie pas peur !'' Et pourtant, devant mes regards émus, il n'y avait que des flammes et du sang ! Mes oreilles n'entendaient que le fracas des batailles et les plaintes des agonisants ! Mais plus loin que ces visions, plus haut que ces grondements et ces appels, la radieuse figure du Ressuscité et sa parole consolante dominaient les nuées de l'ouragan : "Courage !... *C'est moi !...* N'aie pas peur !" »

Chérie Mienne, ils sont bien nombreux ceux qui ouvertement ou secrètement firent cette expérience : telle fut la cause de leur tranquille attente de la volonté de Dieu. L'intervention christique est *un fait*, non pas un rêve. Nous avons *vu*, *entendu*, *touché* l'Invisible ; l'armée spirituelle nous a soutenus et guidés jusqu'à la double victoire, la victoire sur nous-mêmes et la victoire de notre cause [21]. »

Un autre texte, du 24 décembre 1919, évoquait déjà cette consolation apportée par le Christ, en insistant bien sur le caractère réel de ces visions :

« Les enfants, mourant seuls sur les champs de bataille, et les hommes sincères qui « remettaient leur esprit entre les mains de Dieu » (saint Luc XXIII, 46) ont été constamment soutenus et soulagés par cette vision consolatrice. Je n'emploie pas le mot "vision" dans le sens "imaginatif", mais dans celui de la vue développée, du regard intensifié. J'entends que le Christ était là, Lui-même, sous sa forme humaine, et visible à ceux qu'Il venait fortifier ! Ne classez pas non plus indistinctement parmi les légendes, les récits où l'on vous affirme que tel ou tel d'entre vos frères a *vu* son Sauveur ; ce n'est pas un rêve, une fantasmagorie... la Pensée d'Amour divin, objectivement exprimée, se trouvait réellement devant eux [22]. »

Je crois que ces textes sont très importants, pour nous-mêmes et pour ceux que nous aimons. Je crois que très souvent, peut-être même toujours, Dieu intervient au moment suprême. Mais au tout dernier moment, alors que le mourant n'est plus en état de le dire ou n'en a plus le temps. Dieu ne veut pas forcer la liberté de ceux qui restent. C'est donc dans le secret qu'a lieu la rencontre. Mais chacun est assisté à l'heure de la plus grande épreuve, non seulement de l'amour des siens, mais de l'amour de Dieu, par son Christ, ou par des « messagers », c'est-à-dire par des anges.

Ces anges, ces envoyés de Dieu, peuvent parfois semble-t-il, tout comme dans certains films, se tromper de mourant. Karlis Osis et Erlendur Haraldsson signalent plusieurs cas en Inde, alors qu'aux États-Unis ils n'ont pas rencontré d'incidents semblables lors de leurs enquêtes. En Inde, ces « erreurs » semblent s'être produites quelle que fût la religion du mourant. Cela est arrivé à des chrétiens indiens (un prêtre et un professeur) ou même étrangers (un missionnaire suédois). Dans l'un de ces cas, deux malades ayant le même nom se trouvaient dans le même hôpital. Quand le premier revint à lui, alors qu'on le croyait mort, il raconta qu'il avait été emporté dans « un endroit merveilleux par des messagers vêtus de blanc. Il vit alors un homme, également vêtu de blanc et tenant à la main un grand livre, qui dit aux messagers qu'ils ne ramenaient pas la bonne personne. Il leur ordonna de reconduire le patient sur terre ». Toujours est-il que lorsqu'il revint à lui, l'autre malade du même nom mourut. Dans certains cas, le mourant emporté par erreur se réveille avec des traces physiques, sur son corps de chair, de son aventure dans l'au-delà[23].

Beaucoup aussi ont eu l'impression d'avoir pu choisir en toute liberté de revenir sur terre pour accomplir une tâche qui leur tenait à cœur, ou de rester dans l'au-delà. Mais ce sursis ne semble avoir été accordé que pour des missions de charité, auprès d'un enfant ou d'un malade.

D'autres au contraire seront renvoyés sur terre d'autorité, malgré leurs supplications, ou arrachés à ce monde sans que l'on comprenne pourquoi, sans imprudence ou maladresse de leur part. Certains trépassés vont même jusqu'à dire que nous sommes protégés de l'au-delà à tel point que même nos imprudences sont presque toujours compensées. Mais inversement, quand l'heure est venue, rien ne peut nous retenir.

C'est ce qu'affirme très nettement à son père un jeune garçon décédé à treize ans. Arnaud Gourvennec était un bel enfant comblé, aimé, entouré de la tendresse de ses parents et de deux frères. Il avait reçu très tôt une initiation littéraire et artistique assez exceptionnelle qui avait sans doute beaucoup développé sa sensibilité. Mais il avait surtout bénéficié d'une véritable formation religieuse, ouverte mais profonde. Tout semblait annoncer une vie belle et passionnante.

L'accident « bête » et brutal fit d'un seul coup tout basculer. Comme l'écrit sa maman :

« Impossible ! Impossible ! Hier, à la même heure, Arnaud était la vie, la joie, la jeunesse et l'avenir. Hier, il goûtait en face de moi. Hier, il faisait des projets et le rire jaillissait de lui en étincelles sonores[24] ! »

Et voici le récit du drame, comme j'en ai lu ou entendu raconter tant d'autres, avec, chaque fois, malgré toute ma théologie, l'impression de me trouver, une fois de plus, devant un immense mystère :

« À 18 heures, Arnaud m'annonce : ''J'ai fini mes devoirs. Je prépare mon cartable et il me restera une demi-heure pour mon piano.'' Je profite d'une éclaircie pour aller promener le chien.

« Je reviens à 18 h 10. Pas de piano. Un silence total. Sans raison précise, je m'affole et grimpe quatre à quatre au premier étage. La porte de la chambre d'Arnaud est ouverte. Mon fils, sans lunettes, un foulard autour du cou, a l'air de dormir. Le foulard est placé de telle sorte qu'il ne peut pas l'avoir étouffé, et pourtant, à cet instant précis, je sens que mon amour d'Arnaud ne se réveillera pas. Le cartable est prêt ; seuls sont posés sur le bureau la trousse et des crayons.

« Comme une automate, j'appelle notre docteur... Le reste ressemble à un cauchemar ; des visages blafards, des voix essayant de me consoler dont celle du docteur – ce toubib qu'Arnaud aimait tant. ''Il n'y a rien à faire, c'est la carotide, il n'a pas du tout souffert, soyez courageuse[25]...'' »

Deux jours après le passage d'Arnaud dans l'au-delà, le 18 octobre 1989, son père percevait déjà intérieurement des paroles de son fils. Il a pu apprendre rapidement à transcrire les premiers messages. Il les écrit maintenant au fur et à mesure, à toute vitesse, avec sa propre écriture à peine lisible. Il faut les mettre au propre sur-le-champ, lorsqu'il peut encore, éventuellement, retrouver dans sa tête l'impression correspondant aux gribouillis qu'il a produits. J'ai pu voir moi-même quelques spécimens de cette écriture effectivement difficile à déchiffrer. Le 27 novembre de la même année, M. Gourvennec recevait ce message :

« Hier, papa, tu as parlé de ''rêve éveillé'' et je sens que ce matin, à nouveau, vous vous tracassez au sujet de ma mort. Les foulards me permettaient ce ''rêve éveillé''. Tout se mélangeait : des horizons lointains, la mer, le ciel, l'univers, une multitude de sensations irrésistibles et, par-dessus tout, l'AB-SOLU.

PAUL (le père). – Et alors, l'accident ?

ARNAUD. – J'ai glissé, j'ai eu peur et puis la LUMIÈRE... Plus tard, je te reparlerai de cela. Entre nous, êtres spirituels, nous discutons des circonstances de notre départ... Il nous apparaît que, lorsque le moment est venu, même en cas de maladie, il est vraiment venu, il n'est pas décidé, il n'est pas écrit, mais il s'inscrit dans une chaîne d'événements innombrables, innombrables !

PAUL. – As-tu souffert ?

ARNAUD. – Non, à aucun moment ; c'est pourquoi j'ai mis du temps à comprendre ce qui m'était arrivé, je me croyais encore terrestre ! Rapidement, très rapidement je crois, un être de lumière est venu me chercher. Je ne le connais pas !... Ce fut un départ très doux. Puissiez-vous avoir le même plus tard[26] ! »

Belline, médium bien connu, a raconté dans un très beau livre comment, après la mort de son fils unique, Michel, il parvint enfin à communiquer avec lui, par la pensée. Ce témoignage est très émouvant parce qu'il respire la sincérité.

Belline nous raconte comment il dut guetter pendant des heures, des jours, des nuits, ce contact, cette pensée intérieure qu'il aurait bien perçue en lui, évidemment, comme venant vraiment de son fils. Il aurait bien pu faire illusion auprès des autres, mais seule la communication authentique pouvait lui apporter quelque consolation. Le livre ne nous redonne pas toute cette attente, mais quand même un écho assez fidèle. Souvent Belline note : « Silence. Il est 9 h 45. Le contact est rompu » ou : « La communication cesse brutalement. Il est 5 h 22. » Voici le premier dialogue :

« MOI. – Michel ? C'est moi, ton père, il est 5 heures du matin. Mon cœur se serre. J'ai une immense douleur à ta pensée. Depuis ton accident et ton départ le 5 août 1969, je n'ai pas voulu te tourmenter, tenter une communication. Michel, c'est moi, papa. M'entends-tu ?

MICHEL. – Je t'entends.

MOI. – Michel, ta disparition reste pour nous un mystère. Comment est-ce arrivé ?

MICHEL. – Cela devait arriver de toute façon. Ma vie était tracée et tes angoisses à mon sujet étaient fondées.

MOI. – Michel, peux-tu nous donner des précisions ?

MICHEL. – Que veux-tu savoir ?

MOI. – L'accident.

MICHEL. – L'accident est arrivé brutalement, ma voiture s'est déportée sur la gauche, j'ai essayé de la redresser, puis ce fut la nuit totale.

MOI. – Michel, y a-t-il eu avarie mécanique, négligence ou imprudence d'un tiers ?

MICHEL. – Non, mon heure était venue, il me fallait partir.

MOI. – Michel, peux-tu nous aider à vivre ?

MICHEL. – Non, mais vous devez vivre. C'est la vie qui est la plus forte. Ma mort n'a de sens que par votre souffrance et votre survie.

MOI. – Michel, notre souffrance a donc une valeur, une utilité ?

MICHEL. – Oui, toute souffrance porte en elle des germes de vie[27]. »

Un autre enfant, mort beaucoup plus jeune, et dont nous reparlerons beaucoup, déclarait de même à sa mère, par écriture intuitive (comme Pierre avec Mme Monnier) : « Ma mort n'est pas un acccident, mais l'effet de la volonté divine. Toute séparation a son motif [28]. »

3. L'appel de l'infini

Élisabeth Kübler-Ross, la grande initiatrice de toutes les recherches modernes sur la mort et plus précisément sur l'accompagnement des mourants, s'est tout particulièrement intéressée aux enfants qui allaient mourir. Sa conviction est très nette : les enfants savent presque toujours à l'avance qu'ils vont mourir, quelle que soit la cause de leur mort. Ils savent même dans quelles circonstances, ou plutôt c'est leur subconscient qui le sait et l'exprime à travers des dessins, des lettres, des poèmes, dont on ne comprend tout le sens, bien souvent, qu'après leur mort. Mais ils pressentent aussi, au-delà, l'étape suivante, la rencontre dans la lumière, le pays de l'amour universel et inconditionnel qui les attend, et dont parfois même ils entendent l'appel [29].

On pourrait, dans le cas de décès par maladie, attribuer le pressentiment de l'enfant à l'affleurement au niveau du subconscient du processus biologique déjà déclenché. Mais, lorsqu'il s'agit d'un accident provoqué par un tiers, ou d'un meurtre, l'explication doit être cherchée ailleurs. Or, Élisabeth Kübler-Ross fournit de ces deux derniers cas plusieurs exemples très convaincants. Nous nous contenterons ici du plus extraordinaire. Le récit en est fait par la mère de l'enfant :

« Ma fille s'est réveillée de bonne heure ce matin-là, dans un état qu'on ne peut qualifier que de très vive surexcitation. Elle avait dormi dans mon lit, elle m'a réveillée en m'embrassant et en me secouant : "Maman, maman ! Jésus m'a dit que j'allais au ciel ! Je suis bien contente d'aller au ciel, maman, là où tout est beau et or et argent et brille, et où il y a Jésus et Dieu", etc., etc. Elle parlait si vite que je pouvais à peine la suivre. Comme dans un état de béatitude. Cela m'a fait peur, d'abord par son étrangeté. Ce n'était vraiment pas un sujet de conversation habituel.

J'étais surtout inquiète de sa surexcitation. C'était une petite fille calme, presque contemplative, très intelligente, mais ce n'était pas une enfant portée à l'enthousiasme. Elle avait beaucoup de vocabulaire et s'exprimait avec précision. La trouver si agitée que les mots se bousculaient sur ses lèvres et qu'elle bégayait, c'était extraordinaire. Je ne me souviens pas l'avoir jamais vue dans un tel état, ni à Noël, ni aux anniversaires, ni au cirque.

Je lui ai dit de parler moins fort, de se calmer, de ne pas dire ça (c'était de ma part une crainte superstitieuse, car, depuis sa naissance, j'avais, comme une sorte de pressentiment, l'idée qu'elle ne resterait pas longtemps avec moi). Cela, je ne l'avais dit qu'à une amie très intime. Je n'avais pas envie qu'on m'y fasse penser, et je n'avais pas envie de l'entendre me parler de cela, surtout de cette façon subite, inattendue, un peu folle. Elle n'avait jamais auparavant parlé de la mort, sinon d'une façon abstraite, mais jamais de *sa* mort.

Je n'arrivais pas à la calmer, elle continuait à parler du "beau ciel tout doré, avec des merveilles, et des anges dorés, et des diamants et des bijoux, maman !" et comme elle était contente d'être là, et comme elle s'amusait bien, et ce que Jésus lui avait dit... Je me souviens de son comportement plus que de ses expressions littérales, mais j'ai bien retenu quelques-unes de ses paroles.

Je lui ai dit : "Repose-toi à présent" et j'ai voulu la recoucher. "Si tu allais au ciel, tu me manquerais bien, ma chérie, et je suis très contente que tu aies fait un si beau rêve, mais à présent, repose-toi un peu, d'accord ?" Ce fut inutile. Elle m'a dit : "Ce n'était pas un rêve, c'était *vrai* !" (et quel accent elle y mettait, cette petite de quatre ans !) "mais il ne faut pas te tourmenter, maman, parce que Jésus m'a dit que je m'occuperai de toi, et je vais te donner de l'or et des pierres précieuses et tu n'auras à t'inquiéter de rien..." Je cite seulement les phrases dont je me souviens mot pour mot.

Elle m'a encore parlé quelque temps des merveilles du ciel, mais en se calmant peu à peu. Quand je lui dis encore qu'elle avait fait un bien joli rêve, elle répéta que c'était *vrai, vraiment vrai*. Elle se blottit un moment dans mes bras en me disant de ne pas m'inquiéter parce que Jésus s'occuperait de moi, puis se glissa hors du lit et partit en courant pour aller jouer.

Je me suis levée moi aussi pour préparer le petit déjeuner. C'était un jour comme un autre. Mais entre 3 heures et 3 heures et demie, cet après-midi-là, ma fille a été assassinée (noyée intentionnellement).

La conversation que j'avais eue avec elle, le matin, était si surprenante que j'en ai parlé aussitôt par téléphone à une personne, qui s'en souvient très bien. Quand elle apprit ensuite la mort de R., une de ses premières pensées a été : comment l'enfant a-t-elle pu savoir ?

Pour moi, je crois qu'il est impossible de connaître l'avenir, les lois physiques ne peuvent être modifiées. Ma fille *ne pouvait pas* savoir qu'elle allait ''aller au ciel'', mais c'est ainsi : elle m'a réveillée dans un état de surexcitation très insolite, affirmant que Jésus lui avait dit qu'elle irait au ciel (sincèrement je ne me rappelle pas si elle a précisé ''aujourd'hui''). Et elle est morte cet après-midi-là. Environ sept heures plus tard. Je ne peux l'expliquer.

Nous n'étions pas une famille très pratiquante. Ma fille était allée à l'église avec nous deux fois, et, bien sûr, nous lisions aux enfants des histoires de Moïse, de Jésus, Marie et Joseph. Ils allaient à l'école du dimanche, mais sans régularité. Je me suis efforcée d'enseigner à mes enfants à aimer et respecter les autres, à être bons et serviables, plutôt qu'à pratiquer une religion ; je ne pouvais leur enseigner ce que je ne connaissais pas, et bien que j'aie étudié, prié, médité, je répondais quand mes filles m'interrogeaient sur le ciel que je ne savais rien de ce qui se passe après la mort. Ce n'est pas à la maison qu'elles ont entendu le mot ''ciel'' et des images comme ''les routes dorées du ciel''. Nous n'en avons jamais parlé [30]... »

La conviction d'Élisabeth Kübler-Ross rejoint tout à fait le message de Constantin Raudive que j'ai reçu à Luxembourg. S'adressant aux parents qui ont perdu un enfant, elle écrit :

« C'est là peut-être ce que nous pouvons offrir de meilleur, cette certitude que notre corps matériel n'est qu'une chrysalide, une enveloppe, et que la mort fait surgir ce qui, en nous, est indestructible, immortel, et dont le papillon peut être le symbole.

Les enfants du camp de concentration de Majdanek, avant d'entrer dans les chambres à gaz, ont avec leurs ongles, sur les murs, dessiné de petits papillons. Vos enfants, aussi, au moment de mourir, savent qu'ils vont pénétrer, libres, sans encombres, en un lieu où l'on ne souffre plus, un pays de paix et d'amour où le temps n'existe pas et d'où ils pourront vous joindre à la vitesse de la pensée [31]. »

Notons qu'en grec, ancien ou moderne, pour dire un « papillon » on dit une « âme », ou inversement si l'on préfère. C'est le même mot qui désigne les deux [32].

III
Notre nouveau corps dans l'autre vie

Tous les cimetières sont vides. On ne le répétera jamais assez. Plus précisément, les tombes ne contiennent que de vieux vêtements en cours de décomposition. Vieux vêtements d'étoffe et vieux vêtements de chair. Infiniment respectables sans doute puisqu'ils ont été les derniers vêtements de ceux que nous aimons. Mais eux sont ailleurs. Sous ces dalles ne *gît* personne, ne *repose* personne.

Requiescat in pace : qu'il repose en paix, dit toujours le prêtre lors de l'enterrement. La paix dont il s'agit n'est pas précisément un repos. C'est un glissement de sens, dû à une traduction trop littérale, d'abord en grec *(eirènè)*, puis en latin *(pax)*, enfin en français (paix), du mot hébreu *shalom*, dont le sens est beaucoup plus riche. C'est la paix, mais aussi le bonheur, la plénitude de vie. Dans bien des religions, les rites censés assurer le « repos » des morts visaient surtout à rassurer les vivants, qui n'avaient que trop peur de voir les morts revenir sous forme de fantômes insatisfaits. Cela a problablement activé ce glissement de sens. On leur souhaite beaucoup plus de rester tranquilles que de vivre dans la plénitude.

Ce n'est pourtant pas la vraie foi chrétienne. Le Christ en croix promet au bon larron repenti : « En vérité, je te le dis, aujourd'hui avec moi tu seras en paradis. » La vie continue sans délai. D'où les prières pour les morts. D'où les prières aux saints pour qu'ils nous assistent actuellement.

La théorie d'une disparition complète de tout l'être à la mort et d'une reconstitution ou recréation par Dieu à la fin des temps n'est qu'une invention assez récente, dans certains milieux protestants. Elle a, malheureusement, gagné peu à peu bien des théologiens catholiques [1] !

1. L'âme est un corps subtil

Il restait cependant un problème important et mal résolu, même dans la meilleure théologie catholique traditionnelle. On enseignait bien la survie immédiate, mais de l'âme seulement, non du corps ; l'âme était conçue comme absolument immatérielle, selon la philosophie grecque. La théologie enseignait donc la possibilité pour cette âme immortelle non seulement de continuer à exister, mais de se purifier, ou de jouir déjà de la contemplation de Dieu, considérée comme la récompense éternelle des justes. Il pouvaient donc connaître, dès maintenant, la béatitude éternelle. Sans leur corps. Mais ils ressusciteraient quand même au dernier jour, à la fin du monde. Le problème était donc le suivant : s'ils étaient déjà pleinement heureux sans leur corps, à quoi bon la Résurrection ? Si la Résurrection leur apportait quelque bonheur, c'est qu'auparavant ils n'étaient pas pleinement heureux.

En réalité, dans la tradition juive, qui était encore celle du Christ et de ses apôtres, on n'avait jamais conçu l'âme comme immatérielle. Bien des nuances avaient pu jouer, apparaître et disparaître au cours de tant de siècles, mais toujours avec cette constance : l'âme, la *nephesh*, était un corps, animé, conscient, doué de la personnalité du vivant. Un corps fait d'une autre matière, plus légère, moins dense, plus subtile. On a pensé pendant bien des siècles que cette conception venait tout simplement d'une sorte d'infirmité, d'une incapacité foncière de la pensée hébraïque, trop primitive, trop concrète, à s'élever jusqu'au niveau des abstractions philosophiques. Beaucoup pensent aujourd'hui que c'était plutôt par fidélité à la réalité que nous ne savions plus voir.

Mais, si les chrétiens avaient peu à peu adopté l'idée d'une âme totalement immatérielle, il faut reconnaître qu'inversement la plupart se faisaient, et se font encore, une idée de la Résurrection beaucoup trop terre à terre. La fameuse prophétie d'Ézéchiel sur les ossements desséchés qu'il voit peu à peu recouverts à nouveau de chair, de nerfs, puis de peau, et à nouveau animés par l'esprit [2], a été trop souvent prise à la lettre, comme une image de notre résurrection. Le texte est pourtant explicite : cette vision est une image de la restauration d'Israël.

La conséquence en est que beaucoup de chrétiens s'imaginent que notre résurrection sera une récupération d'un corps de chair comme celui que nous avons actuellement ; un peu amélioré, sans maladies, sans fatigue, sans risque d'indigestion...

On se trouve alors devant des difficultés insurmontables. Quel corps récupérerons-nous ? Le dernier ? Tous nos corps successifs avec tous les atomes qui les auront, au moins un moment, composés ? En quoi y aura-t-il continuité ?

On se trouve alors devant une nouvelle contradiction. Si notre corps ressuscité est composé de la même matière que notre corps actuel, comment pourrait-il échapper aux lois de cette matière et se trouver inaccessible à la souffrance et à la décomposition ?

En vérité, tous les témoignages que nous pouvons aujourd'hui recueillir de la part des morts provisoires ou des morts définitifs nous ramènent au véritable enseignement chrétien : le corps ressuscité, le corps de gloire, est un corps spirituel. Nos vieux vêtements pourront se décomposer tranquillement, en paix, dans les cimetières, nous ne descendrons jamais dans la tombe avec eux.

Quand on commence à parler de corps « spirituel », selon l'expression de saint Paul, et à expliquer que ce corps a quand même une consistance, correspondant à celle du nouveau monde où il doit vivre, bien des gens, croyants ou chrétiens, paniquent complètement. La consistance épaisse et lourde de notre corps de chair actuel leur convient parfaitement. Les besoins biologiques de ce corps ne les rebutent nullement et ils n'ont aucune envie d'en changer.

Pourtant, c'est un point du témoignage de Mme Yolande Eck qui m'avait frappé : lorsque, renvoyée sur terre par l'être de lumière, elle revint dans son enveloppe charnelle, elle eut une horrible impression. Comparable à l'effet produit quand on enfile des gants de caoutchouc froids et mouillés. Quelque chose de glacial et de visqueux. Elle eut d'ailleurs une réaction de répulsion si violente qu'elle se retrouva immédiatement de nouveau hors de son corps. Ce n'est qu'avec l'aide de son guide spirituel dans l'au-delà qu'elle put le réintégrer.

Pierre Monnier nous confirme cette impression. Il nous explique que, si atroce qu'ait été le supplice de la Crucifixion, l'acceptation de la simple venue du Christ en notre chair, de l'Incarnation, fut encore en réalité une plus grande épreuve et donc une plus grande preuve d'amour pour nous :

« Vous discernez mal le sacrifice accompli dans l'Incarnation ; et cependant la souffrance de l'Intégrale Pureté, en pénétrant dans la chair, a surpassé le plus grand don : celui de la souffrance sur la Croix... Être la Plénitude de la Beauté et s'enrober dans une matière avilissante par les tentations vulgaires qu'elle fait subir à l'âme, c'est une épreuve qui dépasse tout ce que nous pouvons penser ou ressentir. Nous-mêmes désormais, à peine sortis du corps physique cependant, nous repoussons avec effroi, avec horreur, les conséquences d'une réincarnation possible... Que, par amour, l'Éternel ait consenti à s'abaisser jusqu'à la chair, fait le sujet de notre méditation adoratrice... et nous restons confondus devant une telle charité[3] ! »

Certains trépassés semblent même légèrement agacés par notre lenteur à nous déplacer ou par les limites de notre ouïe et de notre vue. Ils nous traitent alors aimablement de « larves ».

Il est clair que notre nouveau corps, notre corps spirituel, doit être plus agréable à vivre que notre enveloppe charnelle actuelle. Il lui ressemblera pourtant, mais dans sa plus grande splendeur : les enfants continueront dans l'autre monde à grandir et à se développer jusqu'à leur taille adulte. Inversement, les vieillards retrouveront leur jeunesse. Pour nous donner une idée, la plupart des messagers de l'au-delà nous donnent comme point de repère la trentaine. L'âge approximatif où le Christ est mort.

Notre corps spirituel sera libéré de toute infirmité. Si nous avons été amputés d'un membre, notre nouveau corps, lui, sera complet. Si nous étions devenus sourds ou aveugles ou même si nous l'étions à notre naissance, désormais nous verrons et entendrons. Le *Livre des morts des tibétains* le savait déjà[4]. Les témoignages des morts, de mort provisoire, nous le confirment[5]. Pierre Monnier, de l'au-delà, nous le répète bien souvent[6].

Nous verrons beaucoup mieux. Nous verrons aussi bien la nuit que le jour. Ou plutôt, pour nous, il n'y aura plus de nuit. Nous verrons à distance, il suffira d'apercevoir et de vouloir voir pour nous trouver juste là où notre regard a envie de se poser, le temps de satisfaire notre curiosité, comme par un effet de zoom, disent certains. Johann Christoph Hampe, dont l'ouvrage est paru en allemand la même année que celui de Moody en anglais, a lui aussi relaté des cas récents de décorporation. Mais il a commencé aussi à rechercher systématiquement dans le passé les témoignages de telles expériences. Il nous donne ainsi un large extrait d'une communication faite le 26 février 1927 par le docteur sir Auckland Geddee, devant la Société royale de médecine de Londres, sur sa propre mort (provisoire, évidemment) :

« Peu à peu, je réalisai que je pouvais voir non seulement

mon corps et le lit sur lequel je reposais, mais encore tout ce qui se trouvait dans la maison et le jardin. Puis je m'aperçus que je pouvais voir non seulement ce qui concernait la maison mais aussi ce qui se trouvait à Londres ou en Écosse, vers laquelle mon attention se tournait toujours. J'appris d'un instructeur que je ne connaissais pas, et que j'appelle mon mentor, que je me trouvais complètement libre dans une dimension temporelle de l'espace où « maintenant » correspondait dans une certaine mesure à l'« ici » de l'espace tridimensionnel habituel[7]. »

Pierre Monnier le dit abondamment à sa façon :

« Nous n'avons pas perdu l'apparence humaine, mais nous laissons à la terre les infirmités de notre chair. [...]

Nos yeux voient comme autrefois, et ressemblent à ceux que vous avez aimés... C'est en effet une évolution ascendante, qui concorde avec le plan général adopté par le Créateur. Ce qui donne à notre nouveau corps des facilités d'action si grandes, c'est une transformation magnifique et non pas le renouvellement intégral... Nous restons nous-mêmes en définitive, la mort est une transsudation dans laquelle notre corps, glorifié par l'amour du Christ et par le don de la vie éternelle, passe au travers du corps matériel, dont il épouse la forme et conserve la personnalité tout entière[8]. »

Les théologiens des premiers siècles l'avaient bien compris ainsi. Voici, parmi beaucoup d'autres, un passage de saint Grégoire de Nysse au IVe siècle :

« Tu verras cette enveloppe corporelle, maintenant dissoute par la mort, tissée à nouveau à partir de ses propres éléments, non selon la constitution actuelle, épaisse et lourde, mais en une trame plus légère et éthérée, de façon que ton corps bien-aimé te soit présent, rétabli en une beauté meilleure et plus gracieuse[9]. »

Il nous est difficile de préciser, cependant, si cette vue considérablement améliorée se fait vraiment très nette malgré la distance ou si ce n'est pas le corps spirituel lui-même qui se trouve directement et immédiatement là où le trépassé le souhaite. Il est difficile de le dire d'après nos catégories. En réalité, c'est l'espace lui-même qui n'est plus le même. Ce corps spirituel peut se retrouver dans l'espace, très loin de la terre. Cela était bien connu depuis longtemps, mais la science officielle était trop désarmée pour étudier de tels phénomènes. Johann Christoph Hampe, nous donne un aperçu du flot de littérature sur ce sujet, bien avant l'ouvrage de Moody. J'y ai relevé certains titres qui remontent à 1884 !

Ce corps glorieux, les trépassés peuvent parfois nous le laisser voir. Pierre Monnier, toujours très précis, distingue deux types de manifestations bien différentes. L'une où la forme du défunt nous apparaît très nettement, mais translucide : « La lumière les transperce, et les ombres des objets devant lesquels passe leur image se dessinent au travers ». Là, nous les voyons tels qu'ils sont. Dans d'autres visions, il y a vraiment matérialisation. Mais Pierre répugne beaucoup à ce genre de manifestation.

Il semble que, pourtant, l'au-delà permette certaines exceptions, lorsqu'elles sont motivées par l'amour. Jean Prieur rapporte ainsi une histoire extraordinaire qui est arrivée pendant la Seconde Guerre mondiale, en 1943, sous l'occupation allemande. Voici donc quelques extraits de la déclaration écrite par l'abbé Paul Labrette :

« Je suis vicaire dans une des grandes paroisses de Nantes... Un soir du mois dernier, j'étais écrasé de fatigue... Vers minuit, j'allais enfin terminer mon bréviaire, quand retentit à la porte du presbytère un coup de sonnette dont la violence me fit tressaillir. J'entendis que la servante ouvrait sa fenêtre afin de voir qui se présentait à pareille heure. Ne doutant pas que ce ne fût pour un malade, je descendis ouvrir moi-même.

« Sur le seuil, une femme d'environ quarante ans joignit les mains :

– Monsieur l'abbé, venez vite, c'est un jeune homme qui va mourir.

– Madame, j'irai demain avant la messe de six heures.

– Il sera trop tard ! Je vous en conjure, monsieur l'abbé, ne tardez pas...

– Bon, écrivez sur mon agenda la rue, le numéro et l'étage.

« Elle pénétra dans le vestibule, je la vis en pleine lumière, son visage était douloureux. Elle écrivit : 37, rue Descartes, au deuxième étage.

– Comptez sur moi, madame, j'y serai dans vingt minutes.

« La messagère me dit à mi-voix :

– Que Dieu se souvienne de votre charité, car vous étiez bien las..., et qu'il vous protège à l'heure du danger !

« Puis elle s'enfonça dans la nuit.

« Le temps de prendre mon manteau, le nécessaire d'extrême-onction, et je partis à travers les rues désertes et obscures. Une patrouille ayant braqué sur moi le faisceau d'une lampe électrique, je montrai mon laissez-passer permanent et poursuivis ma route en pressant le pas...

« Non sans peine, je découvris le 37 de la rue Descartes : un grand immeuble de cinq étages aux fenêtres bien camouflées.

« D'un appartement s'échappait une rumeur étouffée de radio. Le portail d'entrée n'était, par bonheur, que poussé.

« Je grimpai l'escalier à la lueur de ma lampe de poche et, arrivé au deuxième étage, je sonnai résolument, comme un homme qui est attendu. Un bruit de pas, le déclic d'un commutateur, un rai de lumière, le grincement d'un verrou de sûreté... la porte s'ouvrit.

« Un jeune homme de vingt ans me regarde avec une surprise respectueuse.

— Je viens, dis-je, pour un malade en danger de mort. C'est bien ici ?

— Mais non, monsieur l'abbé, il y a erreur... C'est en effet le 37 de la rue Descartes, au deuxième étage. Il y a bien un jeune homme, c'est moi, et (il sourit) je ne suis pas du tout mourant... Il y a certainement erreur, la ''messagère'' a voulu écrire ''Despartes''. Mais, monsieur l'abbé, entrez donc quelques minutes. Vous êtes transi, je vous prépare un grog... J'écoutais, reprit le jeune homme, un peu de musique hongroise, retransmise de Vienne.

« Il ferma brusquement le bouton :

— Monsieur l'abbé, il y a deux ans que je désire vous parler, m'ouvrir à vous. Je n'osais aller vous trouver. Le hasard de cette visite est vraiment providentiel. Je suis un enfant prodigue. »

« Assis à côté de moi sur le divan, il me raconta toute sa vie.

« Je le quittai, l'ayant réconcilié avec Dieu. Alors, je me hâtai vers la rue Despartes, songeant à l'extraordinaire visite que je venais de faire... Une heure et quart sonnait à tous les clochers de la cité. Je traversais à ce moment la place du Théâtre. Soudain, les sirènes mugirent lugubrement : alerte dans la nuit. Je pris le pas de course. Rue Despartes, le numéro 37 n'existait pas, la rue s'arrêtait au numéro 16. Je n'y comprenais plus rien. Mais pas le loisir d'épiloguer : les premières torpilles tombaient au nord de la ville et le bruit infernal se rapprochait : je n'eus plus que le temps de m'abriter dans la première cave venue.

« Nous vécûmes trois quarts d'heure de véritable épouvante.

« Quand je sortis, de grandes lueurs éclairaient les toits de la cité. Il y avait au moins deux cents foyers d'incendie. Partout, des façades éventrées, comme d'un coup de couteau, des immeubles écroulés au milieu de la chaussée, des nuages de fumée, de poussière, des cris de désespoir fou. Je me rendis au poste de secours le plus voisin. Là, plusieurs centaines de morts et de blessés étaient rangés dans une cour. Il en arrivait sans cesse de nouveaux : femmes, enfants pour la plupart. Au front, je n'avais pas vu boucherie aussi atroce... J'allais de l'un à l'autre, donnant l'absolution ou traçant, sur les fronts inanimés, une rapide extrême-onction.

« Soudain, je dus m'appuyer à la muraille : je devais être blême.

– Qu'avez-vous, monsieur l'abbé ? me demanda l'un des docteurs. Un de vos parents, peut-être ?

– Non, un paroissien !

« Je venais de heurter du pied le cadavre du jeune homme du 37 de la rue Descartes. Il y avait une heure à peine, je l'avais laissé plein de vie, bouleversé de joie pour le pardon de ses péchés. Et ses paroles me revenaient : ''Vous faites erreur, monsieur l'abbé, il n'y a pas de mourant ici, je suis en bonne santé.'' Et il riait ! Il était au bord de l'éternité et n'en savait rien. La miséricordieuse bonté de Dieu avait permis qu'il eût le temps de se confesser avant l'alerte. Je pris son portefeuille : sa carte d'identité : ''R.N., vingt et un ans'', des tickets d'alimentation, une lettre jaunie, puis des photos ; l'une d'elles représentait une femme de quarante ans. Je sursautai. C'était, sans erreur possible, le portrait de celle qui était venue me supplier d'aller au 37 rue Descartes voir un jeune homme en danger de mort. Au dos, je lus ce simple mot : ''Maman''. »

« Une autre photo la représentait sur son lit de mort, les mains jointes tenant un chapelet, et ces dates : ''7 mai 1898-8 avril 1939''. Je regardai la lettre jaunie... Une écriture semblable à celle que la femme inconnue avait tracée sur mon agenda, au presbytère [10]. »

Mais, si bouleversante que soit cette histoire, Harold Sherman relate au moins deux témoignages plus convaincants encore. Voici le plus extraordinaire :

« Arlis Coger, qui possédait et dirigeait un drugstore à Huntsville, Arkansas, depuis de nombreuses années, racontait que la chose la plus remarquable qui lui soit jamais arrivée dans son existence était, en concentrant son attention sur la nuque d'un camarade d'école, d'être parvenu à ce qu'il se retourne et le regarde.

Sa femme, Anna, avec laquelle il avait vécu pendant presque

quarante-cinq ans, mourut d'insuffisance rénale. Il l'aimait tendrement et avait peine à se réadapter. Une belle nuit, deux mois plus tard, en s'éveillant, il la trouva dans le lit près de lui. Son corps était chaud et ferme, si réel qu'il étendit la main et lui frappa le front par deux fois avant qu'elle ne disparût brusquement. Selon les propres mots d'Arlis : ''Ce n'était pas un rêve. Comme tout le monde j'ai rêvé toute ma vie. C'était différent. Je ne suis pas un excité et suis sain d'esprit. Anna revenait réellement des morts. Rien ne peut me faire changer d'idée.'' »

La suite révéla que ce n'était que le début d'une série de treize retours en esprit, visites qui se prolongèrent, à intervalles irréguliers, sur une période de plus d'un an. La première fois, il n'eut pas le réflexe de noter l'heure, mais par la suite il prit soigneusement des notes. Il n'y avait aucune régularité. Il pouvait être réveillé à peine endormi, parfois en pleine nuit, parfois au petit matin.

Pour montrer que ces visites lui paraissaient réelles et concrètes à un degré vraiment exceptionnel, voici quelques extraits de ses notes :

« La première fois, ce fut presque terrifiant – mais je ne pense pas que ce soit le mot juste pour exprimer ce que je ressentis. La deuxième apparition, à la différence de la première, fut un épisode heureux. Nous nous embrassâmes et, brusquement, elle disparut, me laissant tout éveillé.

La chose qui m'a le plus frappé était que son corps était chaud. Figurez-vous que ce n'était pas un rêve. Je l'embrassais réellement et j'étais éveillé.

Cette apparition n'était pas comme les autres. Elle se tenait près du lit. J'avais toujours pensé que les anges devaient être habillés de blanc. Elle ne l'était pas. Elle portait une longue robe souple et dorée. Je tendis la main et saisis la sienne, et ma main glissa le long de ses doigts et ils étaient fermes.

Elle passa de ma gauche vers ma droite et me communiqua quelque chose. Je ne crois pas que ce fut par sa voix, mais c'était parfaitement clair. Elle me dit : ''Les choses ne sont pas ce qu'elles auraient dû être, ici.'' Je compris qu'elle aurait voulu que je sois avec elle, là-haut. Mais, la fois suivante, elle m'apparut au lit et, quand je lui ai demandé si elle était heureuse maintenant, sa réponse fut simplement ''Oui'', et je me sentis beaucoup mieux.

Je n'osais guère l'espérer, et pourtant Anna était de nouveau là, la nuit dernière. Ce fut bref mais bien doux quand je l'embrassai. Je lui dis que ce serait bien si elle rendait visite à un de nos enfants qui ne croyait pas à ses retours. Elle ne répondit pas... mais me donna un merveilleux baiser sur la bouche.

Deux nuits d'affilée... une heure moins quatre du matin. Autant que je puisse le savoir, je n'ai jamais été en contact avec elle dans son monde spirituel.

Brusquement, les draps qui me recouvraient s'envolèrent au-dessus du lit et Anna était là. Cela dura une seconde ou deux, mais elle était réellement là.

Je la serrai contre moi et elle reposa sa tête sur mon épaule. Je sentais sa chevelure luxuriante contre ma joue. »

Ces extraits peuvent parfois sembler un peu décousus, du fait qu'ils sont privés de leur contexte. Mais le témoignage est clair. Harold Sherman, qui a consacré près de soixante-dix ans à l'étude des phénomènes paranormaux, et notamment aux P.E.S. (perceptions extrasensorielles), présente ainsi l'extrait suivant :

« Dans la vie d'innombrables gens, bien des incidents se sont produits qui prouvent à l'évidence que nos bien-aimés qui ont quitté cette vie reviennent souvent aux dates anniversaires d'événements terrestres. »

Arlis Coger rapporte maintenant ce qui est peut-être le sommet de cette série de visites de l'esprit de sa femme Anna :

« Aujourd'hui, 6 octobre, c'est mon soixante-quinzième anniversaire, et le premier de la mort d'Anna. Je m'attendais à être déprimé mais je ne le suis pas parce que la nuit dernière Anna est revenue. Elle se tenait près du lit. Elle m'a pris dans ses bras et a soulevé mon buste, m'a enlacé fermement et m'a baisé fortement sur les lèvres. Alors elle m'a laissé retomber. Ce qui est le plus surprenant, c'est sa force. Avec son corps elle a soulevé la partie supérieure du mien. Avec son corps physique, elle n'aurait jamais été capable de faire ça. J'ai les larmes aux yeux en écrivant ces mots, mais ce n'est pas de chagrin. J'ai de la joie dans le cœur car je sais qu'un jour elle et moi nous serons réunis pour l'éternité.

[...] Nous sommes le 1er novembre 1982. C'était hier le quarante-sixième anniversaire de notre mariage. À un moment, entre deux et trois heures du matin, je me suis aperçu tout d'un coup qu'Anna était avec moi dans le lit sous les couvertures. Je l'ai prise dans mes bras et lui ai parlé de mon grand amour pour elle, elle sembla disparaître pour quelques instants puis revenir, et cela se répéta sept fois pendant au moins trente minutes. J'espère qu'elle continuera à venir à moi jusqu'à ce que je puisse la rejoindre dans son monde spirituel. Je n'ai vraiment aucune crainte de la mort. Je sais qu'il y a une autre vie au-delà de la tombe. »

Arlis Coger résume ainsi ses expériences :

« Le corps d'Anna n'était pas alors celui que l'on avait mis dans la tombe. Il était plus jeune. Il avait le pouvoir de passer à travers les objets matériels. Il y avait un drap et une couverture sur le lit. Quand elle me quittait, elle disparaissait simplement, sans le moindre frémissement de la couverture qui était sur elle. Son corps était ferme au toucher. Il était chaud. Nous pouvions nous parler, même si je pense que c'était sans la voix. Anna avait une sorte de corps spirituel différent du corps physique qu'elle avait avant. Je l'ai vue de plain-pied plusieurs fois quand elle se tenait près de mon lit. »

Preuve absolue que ces apparitions ne sont pas des hallucinations, fruit d'une imagination délirante, ces matérialisations ont cessé. Le 21 décembre 1982, H. Sherman recevait d'Arlis cette carte de Noël :

« Anna n'est pas revenue depuis le 31 octobre. J'espère qu'elle viendra pendant les vacances. Priez pour moi pour qu'elle revienne. »

Arlis.

On pourra toujours objecter à ce genre de témoignage que le brave homme a pu délirer. Mais, on l'a vu, les apparitions ne répondaient pas toujours à son désir. Par ailleurs, il insiste sur le caractère très concret de ces manifestations. Le corps était ferme et il avait la chaleur de la vie.

Ces faits, rares il faut le reconnaître, du moins lorsqu'ils se présentent avec un tel degré de matérialisation, sont plus fréquents qu'on ne pourrait le croire. Mais peu de témoins osent en parler.

Le professeur Werner Schiebeler rapporte un cas aussi net[11] :

Il s'agit d'une femme du canton de Zurich, sujette à des phénomènes paranormaux depuis son adolescence, mais très discrète à ce sujet et très équilibrée. Son mari mourut en août 1976, et deux semaines après sa mort commencèrent une série de manifestations. À la troisième, elle pensa à lui demander de l'aider à retrouver la clef d'un coffre où se trouvaient des papiers importants. Il est intéressant de noter que d'ordinaire la matérialisation de son mari avait lieu dans sa chambre à coucher et qu'elle était progressive. Tandis que, le jour où il rapporta cette clef, la matérialisation avait déjà eu lieu dans la rue. Elle l'entendit ouvrir la porte de son logement, marcher dans le couloir, puis ouvrir la porte de sa chambre ; là, elle le vit ouvrir le tiroir de la commode où il rangeait habituellement cette clef, elle entendit le bruit familier de la clef tombant dans le tiroir. Alors elle se leva, le remercia et put le serrer un instant dans ses bras. Les autres fois, elle le voyait sortir du mur comme un passe-muraille, mais encore peu consistant, sa figure et tout son corps se densifiaient très rapidement sous ses yeux, au point qu'elle pouvait l'entraîner par la main dans le séjour, où ils s'asseyaient un moment pour causer plus à l'aise.

Après un an d'absence, il réapparut, une dernière fois, au début de 1978, avec son frère, mort en 1969, et un troisième homme que sa femme ne connaissait pas.

Il y a donc des matérialisations de plusieurs trépassés à la fois ! Mais c'était encore devant un seul témoin. L'inverse existe aussi, ou même la combinaison des deux : plusieurs fantômes et plusieurs témoins, comme dans la célèbre histoire du « fantôme du vol 401 » : les événements se situent entre le 29 décembre 1972 et le printemps 1974. Deux fantômes, ceux du capitaine Bob Loft et du second officier Don Repo, morts dans un accident d'avion, au cours du vol 401 New York-Miami, apparaissaient souvent, sur le même vol, aux officiers, aux passagers, aux hôtesses, au mécanicien, dans le dessein, semble-t-il de veiller à la sécurité de l'appareil [12].

Avec quel corps tous ces trépassés nous apparaissent-ils ? Peut-être avec leur véritable nouveau corps, normalement invisible pour nous. C'est pourquoi souvent, nous l'avons vu dans l'histoire de cette femme, Anna, venue treize fois après sa mort rejoindre son mari, les trépassés nous apparaissent avec un visage et un corps éclatants de jeunesse. Mais les morts peuvent au contraire tout aussi bien, pour mieux se faire reconnaître, reprendre momentanément leurs infirmités passées : leur âge, leurs lunettes, leurs blessures, et jusqu'aux vieux vêtements que nous leur connaissions [13].

Il peut d'ailleurs arriver que la rencontre se fasse en sens contraire. Ce n'est pas alors le trépassé qui se matérialise pour se rendre à nouveau accessible à nos sens, mais c'est le vivant sur terre qui, ayant quitté momentanément son enveloppe charnelle, se retrouve en quelque sorte au même niveau que le trépassé. C'est ainsi que Nicole Dron, au cours d'une grave intervention chirurgicale, fit une magnifique expérience aux frontières de la mort et rencontra dans l'au-delà son jeune frère décédé dans l'enfance :

« Il était devenu adulte, grand et beau. En dépit du fait que je ne l'avais jamais vu ainsi, j'ai su immédiatement que c'était lui. Et j'ai senti qu'en fait nous n'avions jamais été séparés ; nous étions tellement heureux ; ce fut une véritable communion, une fusion, c'était merveilleux ; et tout cela dans une prodigieuse ambiance d'amour... Et puis, j'ai voulu toucher mon frère, et je l'ai fait, et il était solide, consistant... Le monde où vivent nos défunts a donc une certaine matérialité, totalement différente de celle de notre univers, que nous ne pouvons pas appréhender avec nos sens objectifs terrestres, mais bien réelle pour ceux qui ont quitté leur corps charnel. C'était à ce moment-là mon cas, ce qui m'a permis de m'en rendre compte [14]... »

Ce corps glorieux, spirituel, ce double, n'est d'ailleurs en réalité pas vraiment nouveau. Il est déjà en nous, dès notre conception. Les vieilles représentations médiévales ou celles, encore aujourd'hui, des églises orthodoxes ne sont pas si naïves, qui nous montraient l'âme sortant de la bouche du défunt sous la forme d'une petite poupée. La représentation est imparfaite, soit. Le corps glorieux n'est pas plus petit que le corps de chair. Mais il est vrai qu'il ne se forme que progressivement et marque l'entrée dans une nouvelle vie, ou, plus exactement, dans une nouvelle phase de la vie.

L'immortalité chez les Égyptiens

Les Égyptiens connaissaient l'existence de ce double, le Ka. Il ne faudrait cependant pas croire trop facilement que la mort n'avait plus de secret pour eux. Il est trop facile d'imaginer qu'ils savaient tout, comme beaucoup d'ouvrages le prétendent. La survie de ce double était pour eux liée à la conservation du corps de chair. D'où la peine incroyable qu'ils se donnaient pour mettre leur enveloppe charnelle à l'abri de la décomposition, mais aussi des pillards. D'où, encore, leur désarroi, notamment en période de troubles politiques, lorsque rien ne pouvait leur garantir de façon absolue que leur corps ne serait pas détruit.

L'interprétation de ce Ka comme « double » est d'ailleurs assez incertaine. Ce serait plutôt, nous disent les égyptologues, le principe vital, et l'autonomie de son existence paraît assez restreinte. Il semble que, selon certains courants religieux, l'immortalité était plutôt assurée par le Ba, qui correspondrait davantage à notre notion d'âme et était représenté par un oiseau.

Mais, d'une façon ou d'une autre, il est vrai que les Égyptiens, les premiers de nos civilisations d'Occident, ont cru à la possibilité d'une vraie vie après la mort, d'abord pour le roi seul, puis pour tous les hommes : « Mon père n'est pas mort d'une mort, mais esprit est devenu ce mien père », ou encore dans les textes des sarcophages : « Lève-toi vivant, tu n'es pas mort. Lève-toi pour vivre, tu n'es pas mort [15]. »

2. Roland de Jouvenel : bâtir la demeure de son éternité

Ce corps glorieux, ce double, il nous appartient dès cette vie terrestre de le faire évoluer, par notre vie « spirituelle », vers une plus grande splendeur.

Roland de Jouvenel, un des grands mystiques de l'au-delà, le répétait sans cesse à sa mère. Roland est le fils de Bertrand de Jouvenel, philosophe, économiste, puissante personnalité un peu marginale, et de Marcelle de Jouvenel, romancière et journaliste. Beaucoup de célébrités côtoyaient ce couple : Maurice Leblanc, Jean Rostand, Maurice Maeterlinck, Marcel L'Herbier, Pierre Lecomte du Nouÿ, Maurice Barrès. La romancière décrivait un Paris mondain un peu conventionnel. La journaliste ne reculait pas devant des enquêtes assez hardies : à la prison pour enfants de la Petite-Roquette, au Rio de Oro en pleine guerre de conquête espagnole, en Éthiopie peu avant l'assaut final des troupes italiennes.

De l'intelligence, du courage, mais rien de mystique. Les Jouvenel ne pratiquaient aucune religion. Le mariage avait été civil.

Roland, leur fils, retrouva seul le chemin de Dieu. Comme Mme Kübler Ross l'a bien montré pour tant d'enfants, il pressentait sa fin prochaine. Plusieurs phrases lui échappèrent qui le prouvent. Il allait prier dans les églises, en particulier à l'église Saint-Roch, située près de chez sa mère.

En 1946, il tomba malade. Un mal de gorge fut diagnostiqué, probablement à tort, comme une paratyphoïde. On le mit à la diète, affaiblissant ainsi ses dernières résistances. On attendit en vain le nouveau remède miracle : la streptomycine. Tous les jours, son père ou quelque ami de la famille allait guetter les avions venant d'Amérique. En vain. Le 2 mai 1946, alors qu'il n'avait pas encore quinze ans, Roland, émerveillé, voyait venir à lui sa grand-mère, morte deux ans auparavant et qui venait l'emmener [16].

Bertrand et Marcelle étaient déjà séparés. Mme de Jouvenel se retrouva complètement seule. Le désespoir, la révolte, la pensée du suicide. Puis une lente remontée. Elle fait dire une messe pour son fils et y communie. Alors commencent les signes. Une féerie de couleurs, dans cette église. Elle aura la chance de recevoir un très grand nombre de ces signes. Puis, sur les conseils d'une amie, elle finit par essayer de prendre, elle aussi, un crayon, malgré toutes ses réticences. Un frisson parcourut sa main et les mots se formèrent sur le papier blanc. C'était le 24 octobre 1946. Comme pour Pierre Monnier, les messages, d'abord quotidiens, vont peu à peu s'espacer. Le tout dernier message date du 16 février 1969. Cette simple phrase : « Maman, on se nourrit de ce qu'on donne aux autres [17]. »

Roland le disait bien souvent à sa mère :

« La survie prend naissance dans les êtres dès leur naissance ; cette survie est ce double qui vit dans le corps et qui éclôt à la mort... C'est parce que l'âme se développe comme une plante que vous devez cultiver vos climats intérieurs [18]. »

« Tu ne te préoccupes pas assez de ce deuxième personnage, qui est pourtant attaché à toi aussi étroitement que ton ombre. La construction psychique de ton double, tu dois la façonner avec des doigts de sculpteur. Jamais tu ne prendras assez de soins pour parfaire ton être invisible [19]. »

« Tu prends trop à la légère les constructions de ton double. Pierre à pierre, vous devez bâtir la demeure de votre éternité... [20] »

Ce corps spirituel, ce double de nous-même, rayonne en permanence. C'est ce que l'on appelle l'aura. Il me semble sur ce point qu'il n'y a pas unanimité entre les témoignages, ni d'ailleurs entre les spécialistes. Certains distinguent plusieurs auras et leur donnent des noms fort savants. D'autres affirment que c'est la même aura que perçoivent les médiums et que l'on peut désormais photographier grâce aux procédés Kirlian ou Lichtenberg. Mais d'autres le contestent.

Ce que je retiens de ces témoignages de l'au-delà, c'est que nos corps spirituels rayonnent, comme d'ailleurs toute chose, d'une lumière que nos yeux de chair ne perçoivent pas. Cette lumière est colorée et correspond pour chacun de nous, dès maintenant et tout au long de notre évolution future, à notre degré de spiritualité, à nos dispositions intérieures. La plupart des ouvrages consacrés à l'au-delà fournissent un petit tableau des correspondances entre les nuances de l'aura et les sentiments dominants qu'elle trahit.

Les mystiques ont souvent reconnu ce phénomène. Ainsi Anne-Catherine Emmerich dans ses visions :

« Je vois aussi souvent, lorsque je dois en être instruite, les mouvements de l'âme, les souffrances intérieures, en un mot tous les sentiments, se montrer à travers la poitrine et tout le corps sous mille formes lumineuses ou ténébreuses, suivant des directions différentes, avec divers degrés de lenteur ou de vitesse [21]. »

La tradition chrétienne, cependant, ne s'attache guère qu'au dernier degré de l'évolution, à la lumière blanche avec des reflets légèrement dorés. On retrouve alors cette lumière dans presque toutes les vies de saints. Elle était déjà abondamment signalée dans l'Ancien Testament. Sa plus haute manifestation reste toutefois le récit de la Transfiguration du Christ au mont Thabor. Ses vêtements apparaissent alors « plus blancs qu'aucun foulon ne saurait blanchir », (saint Marc IX, 3) ou encore « blancs comme la lumière », (saint Matthieu XVII, 2). « Son visage resplendit comme le soleil. »

Tous les théologiens des premiers siècles, et particulièrement de l'Orient chrétien, y ont vu la meilleure manifestation de notre gloire future. D'ailleurs, pour saint Jean Damascène, au VIIIe siècle, ce n'est pas en réalité le Christ qui, pour un instant, rayonna d'une gloire nouvelle et exceptionnelle, mais les apôtres Pierre, Jacques et Jean qui pour un instant ont été rendus dignes de voir le Christ dans la gloire qu'il possédait toujours. Nous pourrions aujourd'hui insister sur le fait qu'ils virent alors aussi Élie et Moïse, morts depuis longtemps, en grande conversation avec le Christ. C'est le corps de gloire, le double des apôtres, déjà présent en eux depuis leur conception même, comme l'affirme Roland de Jouvenel, qui voit directement, à travers leur corps de chair, ce que leur corps de chair ne pouvait pas voir. Les apôtres passent pour un court instant d'un plan à un autre, du plan de notre matière pesante au plan de gloire. Comme pour les décorporés interrogés par le docteur Moody ou par J.-C. Hampe, ce passage d'un plan à l'autre se fait par une sorte de tunnel : c'est le « sommeil » étrange, ou plutôt la torpeur, qui s'abat sur les apôtres à ce moment-là.

Cette gloire du corps spirituel, il n'est pas possible de la décrire plus précisément. Encore moins de la peindre directement. Mais c'est pour nous en donner quand même un certain pressentiment ou pour en entretenir en nous la nostalgie que l'Orient chrétien a inventé cette forme d'art si particulière : l'icône.

Là, tout baigne sur fond d'or, sur fond de Dieu. Ni les corps ni les objets ne font plus aucune ombre portée. Les corps sont allongés, aplatis, presque comme des fantômes. Les visages sont éclairés de l'intérieur, renvoyant toutes les ombres en halo, autour du visage. Les yeux n'ont presque plus de blanc de l'œil, pas de cils, pas de paupières à moitié baissées. Ils sont grands ouverts sur l'au-delà. Ils contemplent l'invisible.

Quand sainte Thérèse d'Avila ou sainte Bernadette à Lourdes voient cette même lumière en notant qu'elle est plus éclatante que le soleil et que pourtant elle ne blesse pas les yeux, je pense que c'est le même phénomène qui se produit : c'est leur double qui voit à travers leur corps de chair.

3. Les pouvoirs du corps spirituel

C'est peut-être le même mécanisme qui se produit lors des lévitations. Le corps de gloire ou corps astral, subtil..., entraînant le corps de chair et le faisant flotter comme il est arrivé à tant de morts de mort provisoire, qui se retrouvaient au plafond de la salle d'opérations. Roland de Jouvenel semble le suggérer quand il fait écrire à sa mère :

« La lévitation, ce n'est pas seulement une manifestation physique, c'est un commencement de métamorphose. Un changement de poids qui s'opère dans le corps[22]. »

C'est sans doute encore le corps subtil que nous possédons tous dès notre conception, mais sous l'effet de forces prodigieuses, qui peut projeter en l'air le corps de chair lors de certaines possessions démoniaques. Voici un très court extrait d'un exorciste célèbre et parfaitement digne de foi : le révérend père Mathieu, de Besançon. On verra que le style n'est pas celui d'un intellectuel, mais il ne s'agit pas non plus d'un simplet ni d'un illuminé :

« Ils l'ont tenu bien sûr [le possédé], mais également au premier signe de croix que j'ai fait il leur a échappé. Les cordes sont tombées, il est parti dans l'espace. Ils ont fini par le raccrocher comme ils ont pu. Ils l'ont étendu par terre et le tenant, en le maintenant, je ne veux pas dire en le brutalisant, c'est pas exact, mais c'est tellement violent, les mouvements, qu'il faut y mettre toute sa force pour pouvoir lutter là contre. Alors j'avais mes religieuses, qui sont toutes venues assister ; car c'est une séance qui est tout à fait publique. Quand il a été maintenu par terre, étendu sur le dos, et que j'ai voulu recommencer des exorcismes, je leur ai dit :

''Il faut qu'il y en ait quelques-uns qui s'asseyent sur lui. Avec ce poids-là, ça apporte une certaine résistance, et recommençons l'exorcisme.''

Au bout de quelques minutes, les voilà qui commencent tous à hurler :

''Mon père, mon père, où va-t-on, où va-t-on ?''

Cet homme montait dans l'espace, avec six hommes sur lui. Eux ne savaient pas qu'il s'arrêterait en route. Ils se disaient : ''pourvu qu'il ne monte pas jusqu'à la voûte'', car il n'y avait pas de raisons pour qu'il s'arrête !

Il s'est arrêté, puis il est redescendu, toujours avec les hommes, sur le dos, sans aucun appui bien sûr, et il s'est posé par terre. J'avais des hommes livides...[23] »

Mais c'est aussi, probablement, cette même propriété de pouvoir immédiatement se trouver où on le désire qui entraîne dans certains cas le corps de chair et le fait ainsi disparaître brusquement en un lieu et apparaître aussitôt en un autre endroit. On rapporte notamment comment sainte Catherine de Sienne, dans son enfance, s'étant éloignée de la ville pour mener la vie d'ermite, fut miraculeusement ramenée le soir à l'intérieur des remparts de la ville. Mais il est toujours facile de douter d'une histoire du XIVe siècle.

À notre époque, la même histoire se retrouve souvent. Le père Isaac du monastère de Dionysiou, au mont Athos, avait été envoyé d'urgence de Karyès, la capitale de cette république monastique, à son monastère. C'était l'hiver, il fut pris dans la montagne par une tempête de neige alors qu'il venait à peine d'atteindre les limites d'un autre monastère, celui de Simonos Petra. Je vois fort bien l'endroit. Aucun abri. La neige s'accumulait, il ne pouvait plus avancer. Le froid était terrible. Il était condamné à l'ensevelissement rapide. Le temps d'une prière, d'un cri de foi, et il se retrouvait devant la porte de son monastère au moment même où le portier allait fermer les portes[24].

Cela peut même aller encore plus loin. Nous avons dans le passé des récits célèbres où il ne s'agit plus seulement d'une unique personne, que l'on pourrait considérer comme plus ou moins sainte, mais des personnes qui l'accompagnent et même du véhicule. Ainsi sainte Thérèse d'Avila, devant franchir, avec des chariots, des mules, ses carmélites et tout le chargement, le fleuve Guadalimar, s'apprêtait à faire descendre tout le monde pour faciliter le franchissement du fleuve. Elle s'aperçut alors que c'était inutile. Le paysage avait déjà changé. Elles se trouvaient sur l'autre rive.

On serait tenté aujourd'hui de n'accorder aucun crédit à de tels récits. Pourtant des faits semblables sont plus fréquents qu'on ne le pense et en dehors parfois de tout contexte religieux, de toute intention hagiographique. Le professeur Sinesio Darnell raconte l'aventure d'un couple assez fortuné de Barcelone qui, voyageant dans leur voiture vers le sud de l'Espagne, furent à un moment enveloppés par un brouillard qui s'épaississait progressivement, les obligeant à rouler très lentement. La situation se prolongeant, ils commencèrent à paniquer car leur jauge d'essence ne leur promettait plus une longue course. Heureusement, le brouillard se leva et ils se sentirent sauvés en apercevant bientôt sur le bord de la route une pompe à essence. Ils firent le plein et, au moment de payer, le mari tendit un billet à l'employé. « Ah ! non, monsieur, votre billet n'est pas valable, je ne peux pas l'accepter. » Le monsieur reprend son billet, le regarde et proteste : « Je vous demande pardon, mais c'est un billet de cinq mille pesetas, parfaitement valable ! – Valable en Espagne, monsieur, c'est possible ; mais pas ici, en Bolivie ! » lui répond l'employé [25].

La vie de mère Yvonne-Aimée de Malestroit est pleine de phénomènes semblables. Ainsi échappe-t-elle un jour aux tortures de la Gestapo. Plusieurs témoins peuvent l'attester [26].

Il faut évidemment rapprocher de ces phénomènes les cas de bilocation. Là, le corps de chair n'est pas emmené. Il est d'ailleurs parfois bien difficile de distinguer les deux processus. On n'est certain qu'il s'agit bien d'une bilocation que si des témoins sûrs ont bien vu la même personne au même moment en deux endroits différents. Voici le récit (un peu abrégé) d'un de ces cas privilégiés. C'est mère Marie-Anne qui témoigne :

« Pour cette bilocation, j'ai la preuve très nette : Yvonne était postulante et elle était à la cuisine... Un matin, elle était à préparer une crème quelconque pour les pensionnaires. Elle était dans ce qu'on appelle la laiterie, et elle travaillait... J'ai eu besoin de lui demander je ne sais plus quel renseignement... Elle a été très gentille. Elle m'a très bien accueillie, mais j'ai eu tout de suite l'impression qu'elle n'était pas là. Ça ne l'empêchait pas de continuer son travail. Elle faisait ce qu'elle avait à faire.

« Sœur Saint-Jean est arrivée, et tout bas, me dit :
– Vous ne remarquez rien ?
– Ah, si ! Il me semble que sœur Yvonne-Aimée n'est pas là.
« Elle dit :
– Non, je me demande si elle ne serait pas dans sa cellule. Elle m'a dit ce matin, il y a peu de temps, qu'elle avait une

lettre très pressée à faire. Il fallait sûrement qu'elle soit faite, et qu'elle devait partir sans tarder.

« Alors, sœur Saint-Jean me dit :

– Je vais monter voir.

« Je dis :

– Montez voir. Moi je reste ici avec sœur Yvonne-Aimée. J'ai à lui parler. *J'attends qu'elle soit en état de me parler.*

« Alors sœur Saint-Jean est montée. En effet, alors que sœur Yvonne-Aimée faisait sa crème en bas, et que j'étais avec elle, elle l'a trouvée assise à sa table, écrivant sa lettre[27]. »

Mais ce n'est là, dans cette vie pleine de prodiges, qu'un petit incident sans grande importance.

Mère Yvonne-Aimée apparaît dans des stalags pour aider les prisonniers à s'évader, elle se lance à la recherche des hosties profanées. Le merveilleux affleure tellement dans sa vie que l'Église romaine intervient vigoureusement pour interdire d'en parler. Pourtant, elle recevra six médailles, dont la croix de guerre avec palmes, la légion d'honneur, que le général de Gaulle lui remet personnellement, la King's Medal, la médaille de la résistance, la Medal of Freedom américaine.

Les bilocations de padre Pio sont plus connues, la plus spectaculaire étant celle où il apparaît en plein ciel, devant le cockpit d'un commandant d'escadrille américain, pour lui barrer le passage et l'obliger à rebrousser chemin avec toute son escadrille.

Les propriétés merveilleuses de ce corps de gloire qui est déjà en nous peuvent se manifester de façon plus spectaculaire encore. Anne-Catherine Emmerich parcourait ainsi, conduite par son ange, la terre entière. Elle souffrait en même temps dans son corps et son âme des fatigues du voyage. Elle apprenait au passage les noms des pays, des peuples, des fleurs, des montagnes, les particularités de leurs architectures et de leurs mœurs[28].

Mêmes phénomènes dans la vie de Theresa-Helena Higginson, stigmatisée anglaise, simple institutrice dans une école catholique. Elle laisse un crucifix à un chef indigène et le récupère quelques jours plus tard[29]...

Il y a, de nos jours, un cas particulièrement fameux, parce qu'il a fait l'objet d'enquêtes rigoureuses et que les témoins sont innombrables. C'est celui de Natuzza Evolo, à Paravati, près de Mileto (Catanzaro). Bien sûr, le phénomène, dans ce cas comme dans tous les autres, présente toujours cet inconvénient très irritant pour l'esprit scientifique de ne se produire que spontanément, sans permettre l'utilisation d'appareils scientifiques. Mais nous disposons au moins d'une bonne enquête menée par un scientifique, professeur de physique technique à l'université ц. Calabre : M. Valerio Marinelli [30].

Mais les éléments biographiques dont je dispose figurent dans l'étude magistrale sur les phénomènes mystiques de Joachim Boufflet [31].

Natuzza est née en 1924 « de parents extrêmement modestes. Après une enfance pauvre, elle fut mise en service domestique chez des particuliers à l'âge de quatorze ans. Elle s'est mariée en 1944 à un garçon du village… après avoir essuyé plusieurs refus auprès de congrégations religieuses… On se défiait d'elle à cause de divers phénomènes extraordinaires dont elle était l'objet depuis son adolescence… Le couple, très uni, a eu cinq enfants [32]. »

Parmi ces phénomènes, citons les stigmates, depuis l'âge de dix ans, des parfums extraordinaires, des sueurs de sang abondantes pendant qu'elle prie à la messe, etc.

Les premiers dédoublements ont dû se produire dans la deuxième moitié de l'année 1939. Ils avaient lieu aussi bien pendant son sommeil qu'à l'état de veille. Elle sentait qu'une partie d'elle-même quittait son corps et s'en allait, accompagnée de trépassés, rendre visite à des personnes connues ou inconnues, à Mileto ou dans d'autres villages voisins.

Des centaines de personnes l'ont vue, chez eux ou dehors, puis l'ont vue disparaître, de jour comme de nuit, à des dizaines, des centaines et même des milliers de kilomètres de son corps physique. Parfois, ils la voyaient entièrement et comme tout à fait réelle ; parfois, ils ne voyaient que son visage ou sa silhouette, ses bras, ses mains, comme s'il s'agissait d'une matérialisation inachevée. Parfois encore, on entendait seulement sa voix ou des bruits. Souvent elle confirmait ensuite, avant même qu'on ne lui en eût parlé, qu'elle était bien la cause de ces phénomènes.

Ces visites ont toujours pour but d'apporter un réconfort moral et spirituel. Il y en eut probablement des milliers. En trois ans, Valerio Marinelli en avait déjà recensé plus de cent. Voici comment Natuzza raconte elle-même ses étranges missions :

« La bilocation ne se produit jamais par ma propre volonté. Des défunts ou des anges se présentent à moi et m'accompagnent dans les lieux où ma présence est nécessaire. Je vois parfaitement le nouveau milieu où je me trouve, de telle sorte que je peux ensuite le décrire, je peux parler et être entendue des personnes présentes, je peux ouvrir et fermer des portes, accomplir des actions. La bilocation, ce n'est pas comme voir à distance un film ou la télévision, car je me trouve entourée par le milieu que je visite. Je reste sur les lieux le temps nécessaire pour remplir ma mission ; ça peut durer une seconde ou une minute. Je suis consciente de ce que mon corps physique est à Paravati, ou dans quelque autre lieu différent de celui que je visite en esprit, mais c'est comme si j'avais un autre corps. Le phénomène se produit aussi bien de nuit, quand je dors, que de jour, pendant que je parle avec quelqu'un ou que je fais n'importe quoi d'autre. Parfois, je me trompe et je donne à la personne qui se trouve devant mon corps physique le message que je dois transmettre à quelqu'un d'autre, au loin. Souvent, je ne sais pas où je suis allée, à moins que je n'y sois déjà venue d'autres fois ; c'est mon compagnon qui me dit le nom de la ville, de lui-même ou sur ma demande. Il n'y a pas longtemps, je suis allée à Genève, une autre fois à Londres. Le voyage ne semble pas se dérouler dans le temps, je me trouve instantanément au lieu où je dois arriver, quelle que soit la distance. Quand je vais dans une maison, je me trouve directement dans la pièce ou, plus souvent, dans une pièce attenante à celle où se tient la personne que je dois voir. J'ouvre la porte et je la referme, ma mission accomplie. Je n'ai jamais eu l'impression de traverser des murs ou des parois matérielles, mais je me retrouve à l'intérieur du lieu que je dois visiter. Parfois, j'arrive sur une route ou dans un lieu en plein air. Pendant le trajet de la bilocation qui me semble se produire instantanément, je n'observe rien à partir d'en haut comme cela pourrait arriver si je volais ; c'est pourquoi je crois que je fais le voyage, non à travers le monde physique mais à travers le monde spirituel. Il m'est arrivé quelques fois de transporter des objets matériels du lieu où j'étais en bilocation au lieu où se trouvait mon corps physique, chez moi [33]... »

Nous nous contenterons ici d'un seul témoignage que j'ai choisi parce qu'on y trouve l'accompagnement, à la fois, d'un ange et d'un défunt :

« J'ai été témoin une seconde fois des bilocations de Natuzza. Je me trouvais au lit, j'étais seule, mon mari n'était pas là, j'étais éveillée, quand je vis sur la porte de la chambre trois silhouettes : Natuzza, mon père (défunt), et une forme toute de lumière que je ne pouvais pas reconnaître. Je me dis intérieurement : "Natuzza, si c'est toi, donne-moi un signe", et je me suis tournée dans mon lit du côté de la fenêtre où il y a un rideau avec des glands. Aussitôt, j'entendis le gland taper trois fois sur le mur. Alors je pensai : "C'est vraiment Natuzza", et je surmontai ma peur, car, je l'avoue, j'avais peur. Je me tournai vers les silhouettes et les observai encore pendant quelques secondes, puis je ne les vis plus. Cet épisode fut confirmé pendant l'hiver de 1974 ou 1975. Cette fois, la forme de Natuzza était parfaite, vêtue comme d'habitude. Mon père aussi paraissait bien réel, non pas évanescent, et il était vêtu de l'habit qu'il portait généralement à la maison. Ce qui me dérangeait un peu et me brouillait un peu la vue, c'était cette figure lumineuse dont je ne distinguais pas les traits, alors que ceux de mon père et de Natuzza je les distinguais très bien. Mon père avait l'air serein, souriant, l'expression qu'il avait quelques jours avant de mourir (il est mort, brusquement, d'un infarctus). Je l'ai très bien vu, car l'apparition n'a pas duré seulement un instant mais plusieurs secondes. Il était onze heures du soir et je m'étais mise au lit peu de temps avant. J'étais complètement éveillée ; la petite lampe de chevet éclairait un peu la chambre[34]. »

Les perspectives s'élargissent encore lorsque Robert de Langeac, un des plus grands mystiques de notre temps, nous parle de l'action de Dieu, que l'âme sent bien en elle-même et même en d'autres âmes. Comme à l'habitude, les termes employés par ce mystique sont simples et discrets, mais quand on a un peu fréquenté ses écrits on sait qu'il faut les prendre à la lettre : « Ce n'est pas seulement en elle que l'âme saisit votre puissance à l'œuvre, ô mon Dieu, c'est aussi tout autour d'elle et même jusqu'aux confins des mondes[35]. »

Pendant le sommeil, il semble, d'après les bons auteurs, que ce corps spirituel en nous fausse d'ailleurs un peu compagnie à son enveloppe charnelle. Il peut alors se promener assez loin dans ce monde terrestre ou, tout aussi bien, passer sur d'autres plans où il lui arrive de rencontrer, pour un bref moment, les morts que nous avons aimés et que nous rejoindrons bientôt. Il peut même arriver, assez exceptionnellement, que nous en gardions le souvenir.

Mme O.P. avait un fils, très brillant dans ses études. Déjà avant son bac, il avait eu la chance de pouvoir aller passer des vacances à San Francisco. Mais les conditions psychologiques ne furent pas aussi bonnes qu'il l'avait rêvé. Une nuit, sa mère se réveilla brusquement avec l'intuition que son fils se droguait. Revenu en France et le baccalauréat réussi, ce jeune homme n'avait qu'une idée en tête : aller étudier en Californie. Malheureusement, là encore, les choses ne se déroulèrent pas comme prévu. Il arriva dans le Minnesota, au sein d'une famille très nombreuse, où l'on ne s'occupait guère de lui. Retour en France. Inscription en catastrophe à Jussieu. Les études étaient toujours couronnées de succès, mais la santé de l'étudiant commençait à décliner. La mère en a l'intuition, va le voir et tente de l'arracher au danger qu'elle pressent. Toute la nuit suivante, elle prie la Sainte Vierge de lui garder son fils. Le lendemain, elle apprendra qu'il s'est jeté par une fenêtre du septième étage.

Plusieurs mois plus tard, en dormant, la mère voit son fils, habillé d'une longue robe blanche, dans une lumière d'un blanc bleuté de diamant, l'air heureux, et il lui dit cette parole incroyable, totalement inattendue, absurde : « Je ne suis pas mort comme tu le crois, je me suis noyé dans le Nil. » Au matin, la mère se réveille, apaisée, heureuse. Elle ne comprend rien aux paroles qui se sont gravées dans son esprit mais elle a le sentiment très vif, la certitude intérieure, qu'il s'agit de plus qu'un simple rêve.

Quelques jours plus tard, recevant un ami à dîner, elle lui raconte cette manifestation de son fils et cet ami lui donne l'explication attendue : « Se noyer dans le Nil » est une expression antique pour une mort heureuse. Jamais elle n'aurait pu d'elle-même inventer cette expression. C'est bien son fils qui, par cette expression énigmatique dont il savait bien qu'elle aurait bientôt l'explication, avait trouvé le moyen de rendre l'authenticité de sa manifestation indubitable [36].

Ce corps spirituel est en continuelle évolution. Nous avons déjà vu qu'il ne se formait que progressivement. Au début, il peut se comparer à une sphère de vapeur lumineuse. Cela apparaît très nettement, par exemple, dans le récit qui va suivre, où la décorporation n'a lieu ni à la suite d'un accident ni au cours d'une opération. Il s'agit bien d'un malade, qui doit être opéré. Il est dans sa chambre d'hôpital quelques jours avant l'intervention. Une nuit, il est averti très mystérieusement de sa mort prochaine :

« Je vis une lumière apparaître dans le coin de la pièce, un peu au-dessous du plafond. C'était une boule lumineuse, une sorte de globe, pas très grand, je l'estimerais à vingt ou trente centimètres de diamètre, pas plus... Je vis une main tendue vers moi, comme sortant de cette lumière, et la lumière me dit : ''Viens avec moi, j'ai quelque chose à te montrer.'' Aussitôt et sans la moindre hésitation, j'ai à mon tour tendu la main pour saisir celle que je voyais ; ce faisant, j'avais l'impression d'être tiré vers le haut et de quitter mon corps. Je regardai derrière moi et vis mon corps étendu sur le lit pendant que je m'élevais vers le plafond de la chambre.

En quittant mon corps, j'avais pris la même forme que la

lumière... Ce n'était pas un corps : rien qu'un léger brouillard, une vapeur... Cette substance spirituelle n'avait pas la structure d'un corps ; elle était plus ou moins sphérique, tout en possédant ce qu'on pourrait appeler une main. Je m'en suis rendu compte parce que, quand la lumière de là-haut m'a tendu sa main, c'est avec ma main que je m'en suis saisi... Mais dans les moments où je n'utilisais pas ma main spirituelle, mon esprit reprenait sa forme ronde... »

C'est d'ailleurs finalement un des cas où, pour achever une œuvre d'amour auprès d'un enfant, le malade obtiendra un délai de plusieurs années jusqu'à la majorité de l'enfant [37].

À noter, cette espèce de main rétractable qui n'apparaît que le temps du geste à accomplir. Nous avons un récit assez semblable chez Thérèse Neumann et à deux reprises, lors d'interventions de sainte Thérèse de Lisieux pour la guérir, la première fois de sa paralysie, et la deuxième d'une mauvaise appendicite :

« Soudain, il se fit une vive lumière et tout fut magnifiquement éclairé devant moi. Je ne peux te décrire cette clarté... Et quelque chose me prit par la main droite et je m'assis dans mon lit... La Voix reprit : ''Oui, à présent tu peux t'asseoir, tu peux également marcher. De nouveau quelque chose me prit par la main et je me rassis dans mon lit.'' »

C'était le 17 mai 1925. La seconde fois, le récit de la grande stigmatisée allemande fait allusion à cette première guérison.

« Je revis la lumière, une main droite, et j'entendis de nouveau la voix douce... [38] »

Nous ne retrouvons pas ici la forme de la boule. Cependant, il n'y a pas non plus vraiment de corps, sans quoi les expressions employées ne se justifieraient pas : « quelque chose me prit par la main. »

La boule n'est-elle d'ailleurs qu'une première phase avant la formation complète du corps de gloire ? Ce n'est pas certain.

Roland de Jouvenel nous laisse entrevoir une évolution, particulièrement rapide chez lui. Il insiste beaucoup sur cette évolution continuelle. À chaque étape, ce sont des cris de joie, d'émerveillement. Il est mort le 2 mai 1946. Dès le 18 décembre 1949, il communique à sa mère :

« Maman, il faut que tu marques ce jour et cette heure d'une croix. Aujourd'hui, tu ne peux plus rien imaginer des zones que je viens d'atteindre, je suis dans un plan où ton monde n'a plus rien de semblable avec le mien... Ce qui n'a plus ni corps ni figure, ni rien de sensible, échappe à la conception humaine ; cesse donc de vouloir penser Dieu à travers des images [39]. »

Mais l'ascension continue encore longtemps après, elle continue toujours sans doute. Le 12 mai 1952, il délivre ce message fantastique, prodigieux, merveilleux, qui devrait bouleverser le monde plus que toutes les danses de nos cosmonautes sur la Lune :

« Là où je suis, il n'y a ni forme, ni contour, ni expression, ni mot, il y a l'Infini dans l'Infini. Par-delà les rivières et les plaines, par-delà les collines et les monts, par-delà le soleil et la lune, là où le pied ni l'esprit ne peuvent se poser, il y a le Tout dans le Tout [40]. »

Pierre Monnier témoigne aussi de cette évolution continuelle de notre corps spirituel. Il le fait selon son style à lui, correspondant à sa famille et à son milieu, en reprenant les mots de saint Paul :

« Vous vivrez éternellement, dans une enveloppe de plus en plus idéalisée par une spiritualité toujours croissante, et qui vous conduira ''de gloire en gloire'' [41]. »

L'étape finale de cette évolution sans fin, il ne semble pas, même d'après les derniers messages du tome VII, qu'il l'ait encore atteinte. Mais ses maîtres spirituels dans l'au-delà lui en ont déjà parlé :

« Nos maîtres nous apprennent que la spiritualité absolue et essentielle, une fois obtenue, nous séparera définitivement de toute forme limitée. Nous ne sommes pas encore capables, nous-mêmes, de comprendre cette individualité persistante en dehors d'une objectivité visible... mais ce sera la véritable ressemblance avec Dieu [42]. »

Liszt, Franz Liszt, le compositeur bien connu, affirma la même chose à Mrs. Rosemary Brown.

Le cas Rosemary Brown

C'est encore une des histoires de médiums les plus étonnantes du siècle. La vie de cette très respectable dame anglaise est sans mystère. Elle est née dans une vieille maison de Londres, de parents sans grande fortune. Elle vécut toujours dans la même maison. Elle apprit un peu de piano avec un professeur du quartier, mais resta toujours une exécutante assez médiocre. Son oreille n'était pas non plus, semble-t-il, particulièrement sensible. Elle distinguait avec peine une œuvre de Schubert de celles de Mozart ou de Beethoven. Elle mena une existence laborieuse comme épouse et mère de deux enfants. Ceux-ci n'avaient que huit et quatre ans lorsque son mari mourut après une longue maladie qui les avait complètement ruinés. C'était en juin 1961.

Seulement, depuis sa plus tendre enfance, Rosemary voyait des gens que les autres ne voyaient pas. Elle avait environ sept ans et paressait un peu dans son lit, dans un coin de la chambre mansardée de ses parents, lorsque Franz Liszt lui apparut pour la première fois. Il se tenait debout au pied de son lit avec l'apparence d'un vieillard aux longs cheveux blancs et vêtu d'une sorte de grande robe noire. Il ne se présenta pas mais dit seulement que, sur terre, il avait été compositeur et pianiste, et qu'il reviendrait plus tard quand elle serait grande, pour lui donner de la musique.

Ce fut en effet ce qui se produisit plus tard et ce, pendant des années. Il amena bientôt avec lui son grand ami Chopin, qui dicta à son tour ses toutes dernières compositions, puis quantité d'autres compositeurs d'époques et de styles fort différents, de Monteverdi à Francis Poulenc. Liszt lui expliqua qu'il avait organisé, dans l'au-delà, toute une société de compositeurs acceptant de se manifester aux pauvres terrestres que nous sommes, pour essayer de nous persuader de notre survie. Il pensait que si les hommes étaient un peu plus convaincus que cette vie-là n'est qu'un commencement d'une vie éternelle, ils se conduiraient moins mal. Liszt, sur terre, avait toujours été très croyant. Vers la fin de sa vie il se préparait au sacerdoce et avait déjà reçu les premiers degrés de la prêtrise, les ordres mineurs. D'où la soutane qu'il portait alors, et aussi de nombreuses compositions pour les églises [43].

Les plus grands spécialistes internationaux furent souvent invités à donner leur avis sur les compositions reçues par Mrs. Brown. On ne leur en donnait évidemment pas la véritable origine. Chaque fois, leur témoignage fut catégorique en faveur de l'authenticité. Seul Chopin pouvait avoir écrit cela. C'était même sa plus belle œuvre. Une autre était absolument typique de Debussy, etc.

Or, Franz Liszt s'entretenait souvent avec Mrs. Brown de la vie de l'au-delà. Il lui dit notamment des choses très importantes à propos de la Réincarnation. Nous le verrons. Il lui expliqua aussi que dans son monde, il y avait bien des sphères ou des niveaux de conscience différents :

« Le dernier stade est un état de conscience céleste où l'âme n'est pas intéressée par l'apparence, mais par l'être ».

« Les âmes dans cet état, précisa-t-il, ont perdu tout intérêt pour la représentation corporelle individuelle, sentant que cette forme extérieure n'est plus nécessaire… Certains de ces niveaux très évolués sont imprécis, puisque là les âmes n'ont plus besoin de s'assurer une forme extérieure. »

« Comment peut-on alors se reconnaître ? » demanda Mrs. Brown.

« Il y a une sorte de perception de l'âme, dit-il. Lorsqu'une âme est près d'une autre, elle la reconnaît en percevant sa présence et elle peut identifier l'atmosphère d'une personne. Cela se produit après un très long délai. Cela peut prendre de nombreuses années. Aussi, il n'est pas question d'être soudain projeté d'un certain état de conscience dans un autre si totalement différent que l'âme s'y sentirait mal à l'aise et hors de son élément [44]. »

Après de tels textes, on comprend mieux la manifestation de sainte Thérèse de Lisieux à Thérèse Neumann. La malade n'a vu que de la lumière, entendu une voix, et vu ou senti quelque chose qui la prenait par la main. C'est encore un peu plus flou que la boule de lumière venue emmener le malade qui devait être opéré. Mais est-ce bien différent ? Ou n'est-ce pas plutôt qu'une simple nuance dans la manifestation, dans la façon d'apparaître ? Car cette boule de lumière, il semble bien qu'on la retrouve dans plusieurs cas.

L'étoile de Bethléem est messagère de l'au-delà

Je pense que telle était en réalité l'« étoile » de Bethléem. On sait maintenant, grâce aux découvertes archéologiques réalisées au Proche-Orient, et notamment à Doura-Europos, que les premiers chrétiens ne représentaient jamais les anges comme des hommes ailés. L'Antiquité païenne en fournissait pourtant bien des exemples, et l'Écriture parlait souvent des ailes des anges. Mais l'Écriture, comme tout l'ancien Proche-Orient, assimilait aussi les étoiles aux anges. C'est pourquoi, dans les premiers siècles, les anges qui apparaissent aux bergers dans la nuit de Noël ou ceux que les saintes femmes trouvent près du tombeau vide du Christ sont représentés par des étoiles. De nombreux textes anciens, en grec, en syriaque, en arménien, nous expliquent que cette étoile de Bethléem qui guidait les mages vers la grotte où se trouvait le Christ était en réalité un « ange », c'est-à-dire un messager de Dieu, un messager de l'au-delà.

Contentons-nous de quelques exemples empruntés au Moyen-Orient, alors qu'il était encore tout imprégné des catégories bibliques. Vers la fin du VIe siècle, le *Livre arménien de l'enfance* narre ainsi l'annonce faite aux Mages :

« Comme signe de sa nativité, vous verrez en Orient une étoile plus brillante que la lumière du soleil et des étoiles qui sont au ciel, car, en fait, ce ne sera pas une étoile mais un ange de Dieu. »

Plus loin, le même texte y revient, reprenant presque mot à mot une version syriaque antérieure :

« Cette nuit même, un ange gardien fut envoyé en Perse. Il apparut aux gens du pays sous la forme d'une étoile... l'ange gardien qui avait pris la forme d'une étoile, revint leur servir de guide[45]... Une variante arabe nous dit de même : « Et, au même instant, un ange leur apparut sous la forme de l'étoile qui avait d'abord été leur guide[46]. »

Mais le texte le plus célèbre se trouve dans une hymne de saint Ephrem de Nisibe, au IVe siècle. Marie y est en pleine conversation avec les Mages :

« Un ange me révéla, quand je conçus, que mon fils serait roi et m'apprit, comme à vous, que son diadème venait d'en haut et que jamais il ne pourrait être détruit.

– L'ange dont tu parles, lui répondent les Mages, c'est donc lui qui est venu sous la forme d'une étoile et nous est apparu et nous a annoncé que ton Enfant serait plus grand et plus glorieux que les astres... C'était donc un ange qui avait changé d'aspect et il ne nous l'avait pas dit[47]. »

De façon inattendue, cette interprétation est confirmée par Pierre Monnier[48].

Cette boule de lumière, on la retrouve dans la vie de sainte Anna-Maria Taïgi (1769-1837). Durant quarante-sept ans, jour et nuit, elle vit une boule de lumière qui lui montrait tous les événements de ce monde, jusqu'aux pays les plus lointains, jusqu'aux cabinets les plus secrets. Les papes, souvent, la consultèrent.

Napoléon Ier percevait aussi près de lui une boule de lumière. Il la ressentait comme une présence personnelle, d'heureux présage. Saint Grégoire le Grand vit aussi, un jour, dans un rayon de lumière, l'âme de Germain, évêque de Capoue, que les anges emportaient au ciel « dans un globe de feu ».

De telles expériences n'ont pas d'âge et ne sont pas liées à une culture plus qu'à une autre. Dans un texte du VIe siècle, nous avons comme un lointain écho de cette expérience du corps spirituel en boule de lumière ainsi que de sa première formation comme un double allongé en suspension au-dessus du corps de chair. Mais ce texte nous fait en réalité remonter encore plus loin, jusqu'au IIIe siècle, puisqu'il s'agit de la condamnation d'opinions attribuées à Origène par l'édit de Justinien de 543 :

> « Si quelqu'un dit ou pense qu'à la Résurrection les corps des hommes se relèveront sphériques et s'il ne confesse pas que nous nous relèverons dans la position verticale, qu'il soit anathème [49]. »

On comprend évidemment que la perspective de se retrouver un jour ronds comme des ballons, sans bras ni jambes ou dans l'impossibilité de se redresser, ait pu paraître tout à fait insupportable à des gens incapables d'imaginer un monde totalement différent du nôtre et comportant en outre de nombreuses étapes. Or, séparées de tout le contexte qui leur donne un sens, ces affirmations deviennent fausses en même temps que ridicules et même dangereuses, car susceptibles de jeter le trouble dans les esprits [50].

Nous ne possédons aucun texte d'Origène permettant d'affirmer qu'il soutenait bien cette opinion. Mais il est vrai qu'après sa condamnation, son œuvre fut en grande partie détruite. Cependant, pour nous, l'essentiel est de savoir que c'était une opinion assez répandue pour s'attirer une condamnation. Nous en avons d'ailleurs d'autres témoignages chez saint Jérôme, Méthode d'Olympe et même chez Plotin, au IIIe siècle avant J.-C. [51]

Mais, au-delà de ce problème de forme sphérique, c'est la nature même du corps glorieux qui était en discussion. Si la plupart des théologiens, à la suite de saint Paul, marquaient bien à la fois la continuité et le changement de l'un à l'autre corps, certains tenaient surtout à la continuité, tels saint Jérôme ou Épiphane, d'autres insistaient plutôt pour le changement, tels Origène et Evagre.

Il est vrai que ce dernier les effrayait encore davantage, puisqu'il pensait que ce corps glorieux lui-même devrait céder la place un jour à un autre corps, encore plus glorieux et plus spirituel, et ainsi de suite à travers une série de morts successives jusqu'à ce qu'enfin le dernier corps spirituel disparaisse complètement à son tour [52].

Les messagers de l'au-delà n'assimilent pas l'évolution ultérieure du corps spirituel à une succession de morts, avec tout ce que cela impliquerait de nécessairement douloureux. Mais rien ne permet d'affirmer qu'Evagre le comprenait ainsi. On voit donc que sur ce point, sans vouloir juger ici de l'ensemble de leur théologie, ce qui serait un tout autre problème, d'après tout ce que nous pouvons savoir aujourd'hui par les communications avec l'au-delà, c'est Origène et Evagre qui avaient raison.

De toute façon, d'ailleurs, il ne faudrait pas forcer l'importance d'une telle condamnation, même pour un catholique. En bonne théologie, chaque condamnation doit être replacée dans son contexte et, de plus, toutes les condamnations n'ont pas la même autorité. Même les condamnations formulées par un concile n'ont pas du tout la même autorité que les définitions dogmatiques. Il y a bien des condamnations prononcées dans le passé, même par des conciles, dont la hiérarchie de l'Église aujourd'hui préfère ne plus parler.

IV
Aux frontières de la mort

L'arrivée dans l'autre monde comporte différents éléments qui prennent place à différents moments. Mais leur ordre de succession peut varier, et selon les circonstances certains éléments peuvent manquer. Il n'y a pas là contradiction entre les témoignages ou incohérence. Simplement, la réalité elle-même s'adapte indéfiniment à chaque cas particulier. Imaginez-vous ayant à raconter à un quelconque extraterrestre comment les choses se passent sur notre planète quand on est malade. Vous lui diriez qu'on appelle généralement un médecin, ou qu'on se rend chez lui ; que l'on peut parfois être envoyé ensuite à l'hôpital mais pas toujours ; qu'à l'hôpital on voit alors un autre médecin, mais parfois aussi le même, et que d'ailleurs, en cas d'accident, on voit souvent d'abord l'hôpital puis le médecin... Tout cela paraîtrait bien compliqué et très déconcertant, alors que pour nous la réalité est simple.

Il en est un peu ainsi pour les différentes phases que nous avons maintenant à décrire. Comme il s'agit cependant de faits relativement bien connus, surtout depuis ces dernières années, je me contenterai pour chaque cas de citer seulement quelques exemples et de renvoyer aux ouvrages les plus accessibles.

1. Revoir ceux que nous avons aimés

Au moment même de la mort, nous verrons venir au-devant de nous, à partir de l'autre monde, quelques-uns des êtres chers qui auront fait le passage avant nous. Le plus souvent donc, des parents : père, mère, frères et sœurs, mais aussi des amis très chers qui viennent nous faire fête et nous aider à faire nos premiers pas dans l'au-delà.

Les témoignages sont innombrables. Surtout depuis que les fameuses E.F.M. (expériences aux frontières de la mort) se multiplient. Voici un récit que j'emprunte au docteur Moody[1] :

« Le médecin avait renoncé à me sauver... Mais moi, pendant ce temps, je me sentais très lucide... C'est à ce moment que je me suis aperçue de la présence d'un tas de monde, presque une foule, planant à la hauteur du plafond de ma chambre. Tous des gens que j'avais connus autrefois et qui étaient passés dans l'autre monde. Je reconnaissais ma grand-mère, et une ancienne camarade de classe, et aussi d'autres parents ou amis. Je voyais surtout leur visage et je les sentais là. Ils avaient tous l'air content, c'était une circonstance heureuse, et je savais qu'ils étaient venus pour me protéger ou pour me guider. C'était comme si je revenais chez moi et que l'on soit venu m'accueillir sur le seuil pour me souhaiter la bienvenue. »

Le comité d'accueil est parfois beaucoup plus restreint et peut, dans certaines circonstances mouvementées, se réduire à un inconnu ; du moins dans un premier temps. Voici l'un de ces cas, en réduisant le récit aux phrases pour nous, ici, essentielles :

« J'étais sur un pétrolier. Lorsque notre bateau fut coulé, nous nous sommes tous noyés très vite. Je n'ai pas souffert... J'ai avancé ainsi parmi les débris et au bout d'un moment je me suis rendu compte que nous étions en eau profonde... Nous nous sommes éloignés, sans savoir très bien ce que nous faisions. Puis nous avons découvert qu'il y avait un inconnu parmi nous. Ses vêtements étaient tout à fait secs et il marchait comme si l'eau qui nous entourait n'existait pas... Après avoir marché droit devant nous pendant un temps infini, je vis que nous nous dirigions vers ce qui me semblait être un lever de soleil ; je n'en avais jamais vu de plus beau. Je regardai en arrière... quand l'inconnu mit sa main sur mon épaule et dit : ''Pas encore, vous devez continuer jusqu'à la Vallée de l'ombre de la mort. Là seulement, vous pourrez vous en retourner, si vous le désirez.'' »

Ils arrivent ensuite à une sorte de jardin merveilleux où ils s'endorment. À leur réveil, tout étonnés, ils essaient de reconstituer ensemble la suite des événements :

« Pendant tout ce temps, l'inconnu était resté avec nous, écoutant sans mot dire. Finalement je lui demandai d'où il venait, et pourquoi il nous avait amenés ici. Il répondit : ''Oh, je suis un simple marin, comme vous, mais ayant accosté depuis quelque temps maintenant, j'ai pensé que je pouvais vous aider.'' »

Mais un peu plus loin, dans le même récit, vient l'autre épisode :

« Papa est venu me rejoindre... et nous avons passé de merveilleux moments ensemble. L'appeler Papa me fait drôle car il est plus jeune que moi maintenant ; il en a tout l'air en tout cas... »

Le lecteur sait maintenant pourquoi le père de ce marin a retrouvé sa jeunesse. La mention biblique de la Vallée de l'ombre de la mort est aussi très intéressante. Enfin, on l'aura remarqué, le témoignage précédent venait de quelqu'un qui n'avait fait que s'avancer très près de la mort, mais sans franchir le pas. Il s'agissait d'un mort provisoire. Cette fois le récit nous vient d'un mort définitif. Le message a été reçu par la veuve et la fille du célèbre colonel Gascoigne, par écriture intuitive[2].

Les sceptiques chercheront à tout expliquer autrement, réduisant tout, comme d'habitude, à un simple jeu de projections psychologiques ou d'hallucinations. Il y a cependant de très nombreux cas absolument irréductibles à ce genre d'explication : lorsqu'il s'agit de jeunes enfants, encore incapables de lire, tout à fait ignorants des ouvrages du docteur Moody ou de J.C. Hampe, qui décrivent parmi les trépassés venant à leur rencontre dans l'au-delà des gens dont ils ne pouvaient connaître la mort ni même parfois l'existence. Voici quelques exemples relevés par Élisabeth Kübler-Ross :

« Une petite fille, qu'on avait cru perdre au cours d'une opération du cœur très critique, raconta à son père qu'elle avait été abordée par un frère près de qui elle s'était sentie très heureuse, comme s'ils s'étaient toujours connus. Or, elle n'avait jamais connu de frère. Le père, très ému par le récit de l'enfant, reconnut qu'elle avait eu un frère mais qui était mort avant sa naissance. »

« ''Oui, tout va bien maintenant. Maman et Peter sont déjà en train de m'attendre'', me répondit un petit garçon, et avec un sourire heureux il glissa dans un coma et de là dans ce passage que nous appelons la mort. Je savais bien que sa mère était morte au moment de l'accident, mais Peter n'était pas mort : on l'avait hospitalisé dans un service spécialisé pour les grands brûlés (la voiture avait pris feu avant qu'on ait pu l'en retirer). Je voulus m'informer de Peter, mais ce ne fut pas nécessaire : comme je passais près de la salle des infirmières, un appel téléphonique venant de l'autre hôpital m'informa qu'il était mort quelques minutes plus tôt. »

Mme Kübler-Ross résume ainsi ses observations :

« Pendant toutes les années où j'ai poursuivi mes recherches, de la Californie à l'Australie, auprès d'enfants blancs et noirs, aborigènes, esquimaux, américains du Sud, américains, libyens, chaque enfant qui disait que quelqu'un l'attendait parlait d'une personne qui l'avait précédé dans la mort, ne fût-ce que de quelques instants : et pourtant aucun n'avait été informé par nous de cette mort récente. Coïncidence ? Aucun savant, aucun statisticien ne me convaincra que ceci est produit par ''manque d'oxygène'' (comme le prétendent certains collègues) ou pour d'autres motifs rationnels et scientifiquement explicables [3]. »

Mais, bien évidemment, ces phénomènes ne datent pas d'aujourd'hui. Ceux-ci ne sont liés à aucun appareillage, à aucune méthode médicale nouvelle. Aussi sont-il reconnus depuis longtemps et auraient-ils pu déjà, à eux seuls, donner la preuve de notre survie après la mort. Dès le début de ce siècle, par exemple, le grand chercheur italien Ernesto Bozzano leur avait consacré une centaine de pages dans un ouvrage [4]. Dans la section intitulée « Des apparitions de défunts au lit de mort », il ne relate pas moins de cinquante-cinq cas, qu'il divise soigneusement selon plusieurs types :

– Cas dans lesquels les apparitions des décédés sont perçues uniquement par le mourant et se rapportent à des personnes dont il connaissait la mort.

– Cas dans lesquels les apparitions de défunts sont encore perçues uniquement par le malade, mais se rapportent à des personnes dont il ignorait la mort.

– Cas dans lesquels d'autres personnes, collectivement avec le mourant, perçoivent le même fantôme de défunt...

Bozzano distingue ainsi jusqu'à six catégories de cas.

On sait de même, depuis quelque temps, que ces visions de trépassés au moment de mourir se retrouvent très probablement en tous pays, quelles que soient la race, la culture ou la religion. Les docteurs Karlis Osis et Erlendur Haraldsson ont en effet mené une double enquête, aux États-Unis et en Inde, sur ces fameuses E.F.M., d'où il ressort que le phénomène semble bien universel [5]. Leur travail porte sur plus de mille cas et est accompagné de tableaux statistiques détaillés. Ceux-ci nous apprennent que ces visions seraient plutôt plus fréquentes chez les mourants ayant atteint un niveau élevé d'instruction. Les Indiens ont tendance à voir venir à eux des personnes décédées un peu moins souvent que les Américains, ce qui s'expliquerait peut-être par une certaine inhibition de l'Indien devant la femme. Le fait qu'en Inde les hommes, en mourant, aient un peu moins de visions de trépassés que les femmes semble confirmer cette explication [6].

2. La rencontre d'un Être de lumière

Un autre épisode, pourtant très important, n'a pas toujours été assez remarqué, même par les grands pionniers dans ce genre de recherches. Ernesto Bozzano ne le mentionne pas dans la liste qu'il dresse des douze points fondamentaux qui se retrouvent plus ou moins dans la presque totalité des cas[7]. Cela vient peut-être, pour une part, de ce que cette rencontre ne se distingue pas toujours très nettement du type de rencontre précédent. Ainsi par exemple, dans ce récit d'un soldat tombé pendant la dernière guerre, en Libye, et dont le message comme beaucoup d'autres a été reçu par écriture automatique par la veuve et la fille du colonel Gascoigne. Ce soldat se retrouve avec d'autres trépassés sur le champ de bataille, mais remarque tout d'un coup que quelqu'un s'est joint à eux :

« L'inconnu ne portait pas d'uniforme et pendant quelques secondes, je me suis demandé comment un civil avait pu arriver là. Il avait l'air arabe. Quand il s'est tourné vers moi et m'a regardé, je me suis senti comme recréé par lui. Je me suis agenouillé et j'ai murmuré :

– Le Christ, avec tout le respect d'un enfant.

– Non, pas le Christ, mais un de ses messagers, dit l'homme devant lequel j'étais prosterné. Il vous veut, ajouta-t-il.

Il me voulait !

– Mais pourquoi donc ? ai-je demandé d'une voix entrecoupée.

Il leva son regard vers les autres, mais, pour ma part, je ne vis rien d'autre qu'une glorieuse lumière. Elle emplissait ma tête et y brûlait quelque chose qui me retenait à cet endroit. Puis la voix se fit de nouveau entendre :

– Par votre sacrifice, vous avez atteint le sommet de la force.

Puis je ne me souvins de rien[8]. »

On a déjà vu que les mourants n'étaient pas toujours accueillis dans l'au-delà, dès le début, par des familiers. Notamment dans les cas de guerre ou d'accident. Le récit que l'on vient de lire commence un peu comme cette histoire de marin trépassé qui venait aider les autres quand ils faisaient naufrage à leur tour. Ici, ce soldat de Libye remarque d'abord seulement un inconnu. Seul sujet d'étonnement : « L'inconnu ne portait pas d'uniforme. » Mais ensuite le récit évolue, quand cet inconnu le regarde : « Je me suis senti comme recréé par lui. » L'expression est très belle mais extrêmement forte, et l'on comprend qu'une telle impression ait pu amener aussitôt ce soldat à penser au Christ. Ce n'était cependant qu'un de ses « messagers ». N'oublions pas que le mot grec, *anggelos* d'où nous avons tiré le mot français « ange », ne veut, en soi, rien dire d'autre que messager. La mention de la lumière ne vient qu'un peu après, comme si elle n'apparaissait ici que dans une troisième étape, et sans émaner directement du messager.

Osis et Haraldsson mentionnent aussi cette rencontre avec une « figure religieuse », pour reprendre leur expression, dans le compte rendu de leur double enquête aux États-Unis et en Inde :

« L'identification de la figure religieuse a également posé certains problèmes chez les adultes. En effet, un grand nombre de patients ont vu un homme, vêtu de blanc et auréolé de lumière, qui leur a apporté une quiétude et une sérénité inexplicables, et en qui ils ont cru reconnaître, selon les cas : un ange, Jésus, Dieu ou, chez les hindous, Krishna, Çiva et Deva. Dans de très rares cas, par contre, le patient ne se préoccupe pas d'identifier la figure religieuse qui lui apparut [9]. »

On trouvera un assez grand nombre de témoignages sur cette lumière dans les deux ouvrages du docteur Moody :

« Lumière, d'abord pâle, mais dont l'éclat grandit très rapidement jusqu'à devenir ''supraterrestre'', sans pour autant éblouir. Mais surtout, pas un seul d'entre mes sujets, poursuit le docteur Moody, n'a exprimé le moindre doute quant au fait qu'il s'agissait d'un être, d'un être de lumière. Et, qui plus est, cet être est une Personne, il possède une personnalité nettement définie. La chaleur et l'amour qui émanent de cet être à l'adresse du mourant dépassent de loin toute possibilité d'expression [10]. »

« Les mêmes expressions reviennent sans cesse : ''Imaginez une lumière faite de totale compréhension et de parfait amour'', ''L'amour qui émanait de la lumière est inimaginable, indescriptible'' [11].

À la vérité, le lecteur l'aura déjà remarqué, il y a dans toutes ces expériences à la fois quelque chose de commun et beaucoup de variantes. Dans d'autres témoignages, le mourant entend seulement une voix et sent une présence. Parfois, cette lumière est une sorte de boule de lumière, parfois c'est un homme vêtu de blanc, lumineux lui-même, ou seulement environné de lumière. L'expérience semble ainsi se modeler selon les besoins ou les capacités de chacun. Il se peut bien aussi que dans certains cas ce soit vraiment le Christ qui vienne vers nous. Pierre Monnier l'affirme et j'ai toutes les raisons de lui faire confiance. Il se peut aussi que ce ne soit parfois qu'un de ses anges, ou même quelque humain trépassé mais dont l'évolution spirituelle est assez avancée pour irradier cette lumière. Parfois, cette lumière reste sans forme précise, comme le seront nos corps glorieux au terme de leur évolution. Tom Sawyer, mécano, écrasé dans son propre atelier par un petit camion qu'il était en train de réparer, connaît même une expérience très intense de fusion avec cette lumière :

« D'abord comme une étoile, un point à l'horizon. Puis comme un soleil. Un soleil énorme, un giganstesque soleil, dont la clarté faramineuse ne le gênait pourtant pas. Au contraire, c'était un plaisir de le regarder. Plus il approchait de cette lumière blanc et or, plus il avait la sensation d'en reconnaître la nature. Comme si un très très vieux souvenir caché au tréfonds de sa mémoire s'éveillait, embrasant peu à peu tout le champ de sa conscience. C'était proprement délicieux car... c'était un souvenir d'amour. D'ailleurs – était-ce possible ? – cette lumière étrange elle-même semblait exclusivement composée d'amour. La substance ''amour pur'', voilà maintenant tout ce qu'il percevait du monde...

[...] Plus il approchait de la lumière, plus le phénomène se renforçait et, quand finalement il la pénétra, ce fut une extase indescriptible, car alors son attention et son émotion s'intensifièrent, dit-il, ''des milliers de fois''.

[...] Tom Sawyer, quand il raconte cela, pleure toutes les trois ou quatre phrases. Comme il le dit lui-même, c'est l'expérience d'un amour total, infini [12]. »

J.-C. Hampe rapporte un témoignage semblable :

« Et alors, ce fut la grande lumière, une lumière blanche irradiante, d'une intensité supraterrestre aveuglante. Elle inondait tout mon être et me transporta dans une extase d'une élévation sublime, indescriptible, me faisant parfaitement un seul être avec l'essence divine [13]. »

Nous terminerons, sur cet être de lumière, par une citation du récit de George Ritchie, ce jeune soldat américain pris de fièvre lors d'un entraînement trop intensif et qui, ainsi, se décorpora. Il se trouve près de son lit, à côté de son corps. Peu à peu la lumière de la pièce se met à changer, devient extrêmement brillante, remplissant toute la pièce sans qu'on puisse voir d'où elle vient :

« Toutes les lampes de la section n'auraient pu fournir une telle luminosité. Et toutes les lampes de l'univers pas davantage ! »

Mais, tout d'un coup, il découvre la source lumineuse :

« C'était Lui.

Il était trop brillant pour qu'on puisse le regarder en face. Je voyais alors que ce n'était pas de la lumière mais un Homme qui était entré dans la pièce, ou plutôt un Homme fait de lumière... Je me mis sur pied et, pendant que je me levais, me vint cette prodigieuse certitude : "Tu es en présence du Fils de Dieu".

À nouveau, l'idée paraissait se former au-dedans de moi, mais ce n'était pas un raisonnement spéculatif. C'était une sorte de connaissance, immédiate et complète. J'appris d'autres choses à Son sujet. D'abord : Il était l'Être le plus totalement viril que j'aie jamais rencontré. S'Il était le Fils de Dieu, Son nom était Jésus. Mais... ce n'était pas le Jésus de mes livres d'instruction religieuse. Le Jésus d'avant était gentil, aimable, compréhensif, et peut-être un peu débile. Ce personnage-ci était la Puissance personnifiée, plus âgé que le temps et cependant plus actuel que quiconque.

Par-dessus tout, avec la même certitude intérieure mystérieuse, je sus que cet Homme m'aimait. Plus encore que la puissance, ce qui émanait de cette Présence était un amour inconditionnel. Un amour surprenant. Un amour situé au-delà de mes rêves les plus fous [14]... ».

Sans vouloir prétendre qu'il s'agisse exactement du même phénomène, je ne peux m'empêcher de signaler qu'un des critères des expériences mystiques authentiques est cette certitude intérieure, cet éclaircissement, donné intérieurement au fur et à mesure que l'expérience se déroule, sur le sens de tout ce qui se passe.

Il semble bien aujourd'hui que l'on ait put établir un lien entre ces E.F.M. et une zone précise du cerveau. Il ne s'agirait pas du système limbique, comme certains l'avaient d'abord supposé, mais de la scissure de Sylvius dans le lobe temporal droit. Cette découverte capitale semble avoir été le fruit du hasard. Alors que Wilder Penfield examinait un de ses malades, « quand la sonde électrique avait touché une certaine partie de son cerveau, ce sujet avait eu l'impression de quitter son corps ; quand une région avoisinante avait été stimulée, il s'était senti aspiré à toute vitesse à l'intérieur d'un tunnel, etc. » Des études ultérieures ont confirmé cette observation. C'est ce que nous affirme un des meilleurs spécialistes américains des E.F.M., Melvin Morse [15]. Il n'en conclut d'ailleurs pas pour autant que toutes ces expériences et impressions ne se passent que dans la tête du malade. Après bien d'autres enquêteurs, il est, lui aussi, persuadé que tout cela n'a rien à voir avec des hallucinations ou de simples « états modifiés de conscience ». Il reconnaît que l'hypothèse la plus satisfaisante est bien d'admettre que ces rescapés de la mort sont réellement sortis de leur corps comme ils le répètent constamment [16]. Il accepte également de prendre à la lettre ce qu'ils affirment de la lumière : « J'ai progressivement acquis la conviction que cette lumière est bien localisée à l'extérieur de nos corps [17]. » Ce qui donne un poids particulier aux études du docteur Morse, c'est qu'il les a menées presque exclusivement avec des enfants. Et lorsqu'on l'entend parler de ces enfants on comprend toute l'importance de cette particularité. En effet, comme il le dit, et avec conviction, ces enfants ne peuvent mentir. Ils n'ont pas fait de lectures sur un tel sujet.

Il n'est donc pas du tout question pour Melvin Morse de se rallier à des interprétations réductionnistes des E.F.M. Ce qu'il pense, c'est que cette excitation électrique de la scissure de Sylvius provoque une véritable sortie du corps. Comme il le dit : « Nous savons désormais où se trouve le tableau de commande [18]. »

Cependant, dans un autre ouvrage, plus récent, le docteur Morse donne une précision très importante : en excitant le lobe temporal droit, juste au-dessus de l'oreille, on obtient presque tout de l'E.F.M., mais pas tout. On ne réussit pas à provoquer la rencontre avec l'Être de lumière. Or, c'est précisément cette rencontre qui semble avoir le pouvoir de transformer complètement ceux qui font cette expérience [19].

Notons, à propos de notre mécano garagiste qui pleure à chaque instant quand il raconte son histoire, que c'est le sort de beaucoup de ceux qui ont fait un peu intensément l'expérience de l'amour de Dieu. Cela porte même un nom, c'est le « don des larmes », bien connu dans la tradition des chrétiens d'Orient.

3. « Qu'as-tu fait de ta vie ? »

C'est alors, généralement, que le mourant perçoit une question qui vient de l'être de lumière, bien qu'elle soit plus une communication directe de pensée à pensée qu'une question vraiment prononcée par une voix. Cette question semble être fondamentalement toujours la même, même si chacun des morts provisoires la retraduit un peu à sa façon : « Es-tu prêt à mourir ? » ou « Qu'as-tu fait de ta vie ? »

Comme pour aider le trépassant à répondre à cette question, voilà que se déroule alors, devant lui, le film de sa vie. Le phénomène est bien connu. Il peut se produire sans même que l'on ait quitté son corps, sans accident, sous l'effet d'un choc violent, d'une intense émotion, liés cependant, généralement, à la crainte d'une mort prochaine. Ainsi en témoigne une jeune femme :

« Dès qu'il m'est apparu, l'être de lumière m'a tout de suite demandé : ''Montre-moi ce que tu as fait de ta vie'', ou quelque chose d'approchant. Et aussitôt, les retours en arrière ont commencé. Je me demandais ce qui m'arrivait, parce que d'un seul coup je me retrouvais toute petite, et à partir de là je me suis mise à avancer à travers les premiers temps de mon existence, année par année, jusqu'au moment présent... Toutes ces choses m'étaient réapparues dans l'ordre où je les avais vécues ; elles semblaient réelles. Les décors étaient comme quand on sort de chez soi et qu'on voit les choses avec tout leur relief, et en couleurs. Et ça bougeait... Mais je ne revivais pas la scène telle que je l'avais vue avec mes yeux d'enfant, c'était comme si la petite fille que je voyais était quelqu'un d'autre, comme au cinéma, une petite fille parmi les autres enfants qui jouaient dans cette salle. Pourtant c'était bien moi. Je me voyais faisant ce que je faisais quand j'étais petite, tout se passait exactement comme dans la réalité, je m'en souviens très bien [20]. »

George Ritchie, le jeune soldat américain dont nous venons de parler, le raconte à peu près dans les mêmes termes ; il vient d'expliquer que cet être de lumière, qui pour lui est le Christ, connaissait tout de lui, toutes ses faiblesses, ses fautes, et cependant l'aimait :

« Quand je dis qu'Il connaissait tout de moi, c'était à partir d'un phénomène observable. Car, dans cette pièce, avec Sa présence rayonnante, était aussi entré chaque épisode de mon existence... Tout ce qui m'était arrivé était là, simplement, pleinement visible, actuel et réel, paraissant se dérouler devant nous... Les images se présentaient en trois dimensions, images animées et parlantes. »

Il note alors, comme beaucoup d'autres, que l'ordre des événements ne semble plus avoir d'importance :

« Il ne semblait pas que cela se passât avant ou après... Il y avait d'autres scènes, des centaines, des milliers, toutes illuminées par cette lumière crue, dans une existence où le temps semblait avoir disparu. Il m'aurait fallu des semaines de temps ordinaire pour regarder tous ces événements ; et cependant, je n'avais pas la sensation que les minutes passaient [21]. »

Le film de la vie passée

Ce détail était déjà connu par ailleurs, depuis déjà longtemps. Le curé d'Ars voyait toute la vie de ses pénitents, dans les moindres détails et de façon pratiquement instantanée. Cela s'imposait à lui comme une sorte d'évidence qui le gênait même, car il ne pouvait pas toujours freiner ses réactions, et il lui arrivait de relever dans le passé des gens qui venaient à lui des gestes sans grande importance mais qui avaient blessé son extrême exigence d'absolu. Il était alors obligé de rassurer lui-même ses pauvres pénitents, tout confondus. Cet aspect de ses charismes, c'est-à-dire de ses dons paranormaux, avait toujours paru invraisemblable. Une telle vision suppose des millions de perceptions. Notre esprit n'est pas un ordinateur. Il ne peut enregistrer et traiter tout cela instantanément. Pourtant le phénomène se retrouve constamment dans tous ces récits « aux frontières de la mort » ; avec des variantes. Parfois on a l'impression que tous les événements sont vus en même temps, dans un seul instant. Parfois, qu'ils se déroulent à une extrême vitesse, en quelques fractions de seconde. Il arrive même souvent non pas que le film passe complètement à l'envers, mais que l'ordre des scènes soit inversé. Ainsi dans un témoignage recueilli par J.C. Hampe :

« Alors commença un fantastique théâtre en quatre dimensions, constitué d'innombrables images qui reproduisaient des scènes de ma vie. Pour donner un ordre d'idées, j'avais autrefois parlé de deux mille, mais il pouvait aussi bien y avoir eu cinq cents ou dix mille scènes. Dans les premières semaines qui ont suivi mon accident, je pouvais me rappeler cent cinquante à deux cents d'entre elles. Malheureusement, je n'ai pu en fixer le souvenir sur magnétophone.

Mais, pour l'essentiel, le nombre est sans importance. Chaque scène était complète. Le ''metteur en scène'' a curieusement composé cette pièce de théâtre de telle sorte que c'est d'abord la dernière scène de ma vie que j'ai vue, c'est-à-dire ma mort sur la route près de Bellinzona, tandis que la dernière scène du spectacle fut ma première expérience, c'est-à-dire ma naissance. Chaque scène se déroulait de son début à sa fin. Seul l'ordre des scènes était inversé. Ainsi donc, je commençai par revivre ma mort. La deuxième scène était ma randonnée dans le Gothard [22]... »

Certains revoient toutes les scènes, d'autres seulement les plus importantes ; certains assistent à leur naissance, d'autres ne commencent le film qu'à l'âge de cinq ou six ans... Mais revenons au sens de cette projection privée, avec le récit de George Ritchie :

« Chaque détail de ces vingt années d'existence était là pour être vu. Le bon, le mauvais, les points forts, les fuites. Avec ce spectacle qui englobait tout, se posait une question, elle était implicite dans chaque scène et, comme les scènes elles-mêmes, paraissait provenir de la Lumière vivante à côté de moi :

– *Qu'as-tu fait de ta vie ?*

À l'évidence, ce n'était pas une question dans le sens où Il cherchait une information : ce que j'avais fait de ma vie apparaissait en pleine vue. En tout cas, ce rappel général, parfait et détaillé, venait de Lui, non de moi. Je n'aurais pu me souvenir du dixième de ce qui était là jusqu'à ce qu'Il me le montrât.

– *Qu'as-tu fait de ta vie ?*

Ce paraissait être une question portant sur les valeurs, non sur les faits : qu'as-tu fait de ce temps précieux qui t'a été alloué ? »

George cherche alors dans sa vie :

« Ce n'était pas qu'il y eût des péchés spectaculaires, seulement des images érotiques et les cachotteries de la plupart des jeunes. Mais, s'il n'y avait pas d'abîmes terrifiants, il n'y avait pas non plus d'élévation. Seulement un intérêt sans fin, à courte vue, braillard envers moi-même... »

Lui viennent alors à l'esprit, comme pour se justifier, ses décorations dans le scoutisme, sa présence fidèle à l'église le dimanche et ses études de médecine. Mais, en présence de l'Être de lumière, il ne peut se mentir à lui-même et sent bien qu'il n'a fait tout cela que pour lui-même.

« Je compris que c'était moi qui jugeais aussi sévèrement les événements qui nous entouraient. C'était moi qui les voyais insignifiants, égocentriques, sans conséquences. Une telle condamnation ne venait pas de la Gloire qui brillait autour de moi : il n'y avait là ni blâme, ni reproche, simplement de l'amour à mon égard... Remplissant le monde de Sa présence et cependant attentif à ma personne... Attendant ma réponse à la question encore pendante, dans ce souffle éblouissant :

– *Qu'as-tu fait de ta vie que tu puisses me montrer ?*

... La question, comme tout ce qui venait de Lui, avait trait à l'amour : combien as-tu aimé au cours de ta vie ? As-tu aimé les autres comme je t'aime ? Totalement ? Inconditionnellement ? »

Alors, une sorte d'indignation monte en lui, comme l'impression d'avoir été piégé :

« Quelqu'un aurait dû me le dire ! »

Et la réponse vint aussitôt, toujours par pensée directe, de l'Homme de lumière, toujours sans blâme :

« *Je te l'ai dit !*

— Mais comment ?

— *Je te l'ai dit par la vie que j'ai vécue. Je te l'ai dit par la mort que j'ai subie...* »

Là, George Ritchie a bien la confirmation que c'est le Christ lui-même qui s'est fait son instructeur. Alors va commencer un fantastique voyage éducatif avec le Christ [23]. »

Tout cela est-il nouveau ? Sûrement pas ! Saint Jean l'a dit et répété :

« Dieu est amour, Dieu est lumière » (saint Jean, première épitre).

Voilà que, tout d'un coup, à lire un tel récit, ces mots deviennent incroyablement concrets et en reçoivent une force toute nouvelle. Reconnaissons aussi que ces paroles de saint Jean, bien des théologiens au cours des siècles avaient tout fait, avec la bénédiction de la Sainte Église, pour les vider de leur sens.

Dieu ne peut qu'aimer. Aucun blâme, aucun reproche. Mais en même temps toute l'exigence de l'amour. Même si l'être de lumière n'est pas toujours le Christ, l'exigence est la même. Mme Yolande Eck a entendu aussi cette même question : « Qu'as-tu fait pour les autres ? » Et, devant l'intensité de la présence de l'être de lumière qui se tenait devant elle, elle est tombée à genoux. Mais, bien que chrétienne, elle aussi, elle ne pense pas, m'a-t-elle dit, qu'il s'agissait du Christ, mais seulement de son « guide », de son « ange gardien » si l'on préfère.

Dieu est amour, mais pour partager sa vie, il faut apprendre à aimer comme Lui-même. C'est tout le sens de notre vie. George a bien senti que l'Homme de lumière connaissait toutes ses faiblesses. Mais Il l'aimait quand même, totalement, inconditionnellement. C'est ce qu'Il attend aussi de nous :

« Étais-je capable d'aimer les gens, même ceux que je connaissais à fond, avec leurs défauts, voilà ce qu'Il me demandait », raconte un homme d'une quarantaine d'années, rescapé d'un accident de voiture.

« Il m'a montré tout ce que j'avais fait, après quoi Il m'a demandé si j'étais contente de moi... C'était l'amour qui l'intéressait ; c'était toute la question. Cette sorte d'amour qui me donne envie de savoir si mon prochain est nourri et vêtu,

qui me donne envie de l'aider si ce n'est pas le cas », tente
d'expliquer une femme victime d'une crise cardiaque au cours
d'une opération [24].

Une autre jeune femme remarque que pendant le déroulement
du film de sa vie, elle ne voyait plus l'être de lumière. Mais elle
sentait toujours sa présence et restait en communication directe
avec lui par la pensée :

> « Il n'essayait pas de s'informer sur ce que j'avais fait, il le
> savait parfaitement ; il choisissait certains passages de mon
> existence et les faisait revivre devant moi pour me les remettre
> en mémoire.
>
> Et, durant tout ce temps, il ne manquait pas une occasion de
> me faire remarquer l'importance de l'amour... Il m'a dit qu'il
> faudrait que je pense davantage aux autres, que je devrais agir
> de mon mieux. Mais rien de tout ça ne ressemblait à une
> accusation ; même quand il me rappelait des occasions où
> j'avais été égoïste, il voulait me montrer que j'en avais égale-
> ment tiré la leçon [25]. »

On comprendra aisément, dès lors, des affirmations qui pourraient paraître à première vue contradictoires. L'un dira que de
toutes les scènes qui lui furent montrées se dégageaient paix et
harmonie, même là où la morale traditionnelle et religieuse aurait
vu péché et même *péché mortel* [26]. Un autre, au contraire,
médecin très rationnel, dans les mêmes circonstances, « sentit
l'extrême culpabilité attachée aux ''mauvaises'' actions les plus
infimes [27]. » Arnaud Gourvennec exprime les deux points de vue
à la fois [28] :

> « Tout l'ordre des choses est bouleversé ici. Les pensées sont,
> pour notre esprit, ce qu'il y a de plus important et tout devient
> relatif : des pensées qui vous paraissent peu graves le sont en
> fait beaucoup pour Dieu et des actes qui vous paraissent graves
> ne le sont pas. »

Même enseignement dans un très beau texte reçu par écriture
automatique, en Italie :

> « On peut considérer notre morale catholique comme assez
> valide, mais, je t'assure, je ne sais comment te l'expliquer, ici
> on mesure différemment, aussi la perfection dérive-t-elle plutôt
> d'une sensibilité personnelle, et n'a rien à voir ni avec les lois,
> ni avec l'éducation [29]. »

C'est sans doute, pour une part, que seul compte l'amour et
que parfois l'Église ou les Églises ont inventé des fautes graves là
où il n'y en avait pas. C'est peut-être aussi, pour une autre part,
que la pédagogie d'amour de l'être de lumière s'adapte aux

besoins et possibilités de chacun. Mais, en définitive, seul compte l'amour.

Voilà ce que leur « guide », ou parfois le Christ lui-même, montre à ceux qui doivent retourner achever leur mission sur terre. Mais le témoignage de ceux qui ont quitté définitivement ce monde confirmera amplement et en détail ce message essentiel, avec toutes ses implications et ses conséquences.

On aura certainement remarqué aussi que le jugement, finalement, vient de nous-même. Georges Ritchie, dans le passage que j'ai cité, le soulignait bien. Mais l'être de lumière joue cependant un certain rôle dans ce jugement. Parfois, nous l'avons vu, lorsque le film de la vie ne comporte que certaines scènes, c'est lui qui les choisit. Lorsque intérieurement nous essayons d'esquiver la vérité sur nous-même, il nous éclaire aussitôt. En voici encore un témoignage :

« J'étais dévoré de honte à cause d'un tas de choses que j'avais faites, parce que maintenant je voyais tout sous un jour complètement différent ; la lumière me révélait ce qui était mal, ce en quoi j'avais mal agi. Et tout cela était très réel[30]. »

Tout ceci correspond très exactement à l'enseignement chrétien le plus traditionnel sur ce que l'on appelle le « jugement particulier », qui a lieu aussitôt après la mort. On expliquait, le plus souvent, que c'était très probablement l'âme qui se jugeait elle-même, mais à l'aide des lumières envoyées par Dieu. Si certains s'imaginaient encore, avant d'avoir fait cette expérience, que ce jugement comportait un tribunal avec un trône et un vieux juge barbu, qu'ils n'accusent pas trop vite les Églises. De même, s'ils croient encore au Père Noël et que ce sont les cigognes qui apportent les bébés, qu'ils ne s'en prennent qu'à eux-mêmes.

Ce jugement semble remplir deux buts précis. D'abord permettre au trépassé de bien se rendre compte par lui-même du niveau spirituel qu'il a atteint, afin que, parmi les voies qui s'ouvrent à lui après cette vie-ci, il choisisse ou accepte celle qui sera vraiment pour lui la meilleure. Ensuite, permettre au trépassé de commencer déjà un peu la purification nécessaire. Ce sera, bien sûr, un long processus qu'il devra poursuivre d'étape en étape. Cependant, pour l'essentiel, le mécanisme en sera toujours le même et certains morts provisoires l'ont déjà bien perçu :

« Je ne voyais pas seulement tout ce que j'avais fait, mais même les répercussions que mes actes avaient entraînées pour d'autres personnes. Ça ne se présentait pas comme un film projeté sur un écran, parce que je ressentais tout ça, ça s'accompagnait de sentiment... J'ai découvert que même mes pensées sont conservées. Toutes mes pensées étaient là. Nos pensées ne se perdent jamais[31]... »

Tout ceci nous est pleinement confirmé par les morts définitifs. Ainsi, Pierre Monnier :

« Le premier plan où les âmes séjournent après la mort est, en quelque sorte, un lieu de "triage", mais les esprits n'y demeurent que lorsque leur poids matériel les retient dans une ambiance qui ressemble à celle de la Terre. Les autres âmes sont conseillées et soutenues par des esprits beaucoup plus évolués, qui leur apprennent à s'élever vers des sphères plus pures. » Cependant, celles qui n'ont pas assez évolué pour pouvoir quitter ce plan primitif ne sont pas abandonnées. « Celles-ci sont destinées à évoluer comme les autres : un travail missionnaire, intense et actif, s'accomplit pour elles. Vous devez savoir et admettre que ces âmes-là ne sont pas heureuses : elles sont écrasées par le souvenir de leurs fautes... (j'entends, ici, les seules fautes dont elles sont responsables par leur endurcissement *voulu*). Aussitôt après sa libération de la chair, Christ alla visiter ces "esprits en prison"[32]. »

(Allusion, après la Résurrection du Christ, à sa Descente aux Enfers, selon la première Épitre de saint Pierre, chapitre III[19], et l'Épitre de saint Paul aux Galates, chapitre VI[7].)

Cela se présente bien comme le film de l'existence. Le 27 octobre 1919, Pierre Monnier le décrit à sa mère :

« Nous voyons se dresser devant nous, sous une forme définie, les conséquences de nos actes et de notre influence terrestre. Nous recevons donc une éducation "cinématographiée", puis-je dire, qui nous émeut, qui nous instruit, et nous remplit de remords ou de reconnaissance. Nous acquérons aussi la faculté de suivre la course spirituelle des impulsions par nous produites, et de les accompagner, par anticipation, jusqu'au terme de leur voyage... Quelle leçon, chère Maman[33] ! »

Oui, ils le disent souvent, nous suivrons jusqu'aux dernières conséquences, heureuses ou malheureuses, de tous nos actes, de toutes nos pensées. Et alors, comme le dit encore un mort provisoire : « J'aurais tant voulu ne pas avoir fait les choses que j'avais faites, j'aurais voulu revenir en arrière pour les défaire[34] ! »

Mais ne nous laissons pas non plus terroriser. Cette révision de la vie passée peut tout aussi bien aboutir à un soulagement, à une réconciliation avec soi-même. Au congrès de l'organisation américaine sur l'étude des états à l'approche de la mort (IANDS), à Philadelphie, en juin 1989, Phyllis M.H. Atwater insista sur cet aspect de son expérience. Elle s'aperçut que Phyllis n'était pas si mauvaise, et c'est « remplie d'amour et de pardon » qu'elle est revenue vers son corps de chair[35].

Même récit par Barbara Harris, aussi bien à ce même congrès que dans son livre. Elle revoit toutes les scènes de sa vie comme dans une succession de bulles :

« ''Pas étonnant'', pensait-elle en se déplaçant au milieu des bulles. Elle pouvait voir clairement maintenant qu'elle s'était toujours considérée comme une enfant indigne qui se sentait sans qualités et mauvaise. Comme ces scènes de sa vie défilaient devant elle maintenant, elle pouvait se voir jouer parfaitement ce rôle. Dans cette revue, il lui apparut clairement que ce sentiment de mésestime envers elle-même avait eu une incidence sur toutes ses relations au long de son existence. Le réaliser eut immédiatement sur elle un effet thérapeutique profond. C'était, en un seul instant, comme des années de psychothérapie.

Le plus extraordinaire, peut-être, c'est qu'en passant ainsi de bulle en bulle et de scène en scène elle recevait un pouvoir merveilleux, celui de se pardonner à elle-même. L'amour, le pardon qu'elle s'accordait, semblait la délivrer de blessures qu'elle s'était infligées à elle-même pendant une vie entière.

D'une certaine façon, quand la revue de sa vie fut terminée, Barbara savait qu'elle n'avait commis qu'un seul péché : elle n'avait pas su s'aimer[36]. »

Pierre Monnier souligne bien, au passage, une distinction capitale : nous ne sommes responsables que des fautes commises par un *endurcissement voulu*. Dans mon livre *Pour que l'homme devienne Dieu*, j'ai beaucoup insisté sur cette distinction.

Je laisse à nouveau la parole à Pierre Monnier, car nous sommes là devant la Révélation du sens même de toute notre existence, aussi bien sur cette terre que dans les étapes à venir. De plus, son témoignage fait bien le lien entre les récits des morts provisoires et ceux des morts définitifs :

« Quand la mort violente et subite frappe l'homme de la Terre, son existence entière, son existence dans les moindres détails, traverse son souvenir ; c'est le prélude du proche avenir spirituel... Très vite, la conscience de l'existence spirituelle, qui fut celle de l'âme au cours de ses jours terrestres, se manifeste sous la forme des souvenirs les plus précis ; les regrets, les remords, puis aussi la satisfaction du bien accompli... Vous devez y penser, puisque cette expérience est aussi inévitable pour votre âme que la mort elle-même. C'est la conclusion logique de la transition d'une condition à une autre et votre vie dans les sphères célestes en dépend [37]. »

Le 6 août 1920, il précise à sa mère comment se poursuit cette purification au cours des différentes étapes :

« Les souvenirs se pressent en foule… ils passent devant mon regard psychique, tels des tableaux nombreux et animés, et me font éprouver de nouveau les émotions passées. Depuis que je suis arrivé dans la sphère où j'habite maintenant, j'ai constaté une plus grande capacité du souvenir ; elle vient de ce que nos âmes, de plus en plus libres et soucieuses de pureté, doivent rechercher avec plus de minutie tous les mouvements spirituels dont elles ont à rendre compte. Au début de notre transition, ce travail se fait (si je puis dire) en gros ; mais ensuite il faut l'achever plus complètement et mieux : pour cela, l'afflux des souvenirs devient nécessaire jusque dans leurs moindres détails. C'est ce qui t'explique pourquoi il m'est plus aisé de me rappeler maintenant les choses du passé terrestre que lorsque je commençais à t'envoyer mon message… Le moment venu, et lorsque nous sommes arrivés au développement suffisant pour savoir recueillir le bénéfice du dépouillement absolu de notre âme devant l'intégrité parfaite, nous revivons les moindres faits par le souvenir personnel, pour nous en réjouir ou nous en repentir [38]. »

Ajoutons encore que, parfois, Pierre Monnier parle d'une sorte de récapitulation finale, lorsque l'épreuve de l'ensemble de l'humanité sera terminée. Alors il reprend, il est vrai, le terme biblique de Jugement dernier, et il parle de « tribunal » et de « trône ». Mais, même alors, rien n'indique qu'il faille prendre ces termes à la lettre. Il y a des choses que seule la poésie permet de suggérer. Il faut le comprendre.

Cependant, pour le fond, sur ce point aussi je lui ferai confiance. D'abord parce qu'une partie de ses affirmations, déjà anciennes, se trouve aujourd'hui confirmée, amplement et indépendamment de toute appartenance confessionnelle. Ensuite, parce que lorsqu'il croit devoir compléter ou même contredire l'enseignement des Églises traditionnelles, il ne se gêne pas pour le faire. Enfin, parce que la logique de ce Jugement dernier reste toujours la même, celle de l'amour :

« Alors, les âmes qui auront constamment refusé de renoncer à elles-mêmes, à leur orgueil, à leur égoïsme, en un mot, *refusé d'aimer*, seront abandonnées au feu du remords et de la honte… Elles s'anéantiront : ''Ce sera la seconde mort.'' [39] »

La dernière miséricorde de Dieu envers elles sera de les laisser retourner au néant. Donc pas d'enfer éternel, et, là, on quitte l'enseignement traditionnel. Mais Pierre Monnier et beaucoup d'autres affirment très résolument cette seconde mort.

4. Entre vie et mort : le tunnel et le sommeil

Pour vous éviter toute surprise et tout affolement, quand l'heure du grand départ pour vous aussi sera arrivée, quand votre compte à rebours affichera un superbe zéro, je dois vous parler aussi des transitions, des zones intermédiaires.

Je ne l'ai pas fait jusqu'ici parce qu'il est assez difficile de les situer. D'abord parce que tout le monde, semble-t-il, n'y a pas droit et qu'ensuite elles présentent des variantes importantes d'un individu à l'autre et ne se situent peut-être pas toujours au même endroit du parcours.

Raymond Moody parle longuement d'une sorte de tunnel. Dans son premier ouvrage, il le situe au moment de la décorporation. Il correspondrait à la sortie du corps. Cependant, dans son deuxième livre, il rapporte plusieurs cas où ce tunnel se situe très nettement après la décorporation. Le corps spirituel flotte déjà dans la pièce, au-dessus du corps de chair, et c'est alors seulement que le mourant se sent aspiré dans ce tunnel. Les études postérieures, notamment celles de Ring et de Sabom, semblent confirmer cette correction. Le tunnel correspondrait donc non pas à la sortie du corps, mais au passage de ce plan-ci de la réalité à un autre plan.

Soyons très clair. Quand le malade ne fait que sortir de son corps de chair, il reste dans le même plan que nous. Il flotte au plafond de la pièce avec son corps spirituel que nous ne voyons pas, mais lui nous voit. Il voit encore, avec ce corps spirituel, notre monde habituel. Il remarque les dessins du plafonnier, les aiguilles des appareils de contrôle, le chignon sur la nuque de l'infirmière qui est penchée sur lui... Il peut traverser portes, murs et plafonds, mais il ne voit malgré tout que notre monde. Il semble bien, au contraire, que le tunnel marque l'accès à un autre monde.

Les mots pour le décrire sont à peu près toujours les mêmes : « long couloir sombre ; quelque chose comme un égout », « vide dans le noir complet... cylindre sans air », « profonde et obscure vallée », « sorte de conduit étroit et très, très sombre », « tunnel

135

formé de cercles concentriques »[40]. Rappelez-vous, encore une fois, *la Vallée de l'ombre de la mort*, dont parle la Bible.

Dans ce tunnel on glisse à une vitesse vertigineuse, mais sans effort. N'ayez pas peur si vous y entendez un peu de bruit, même désagréable, comme un tintement de sonnette ou un vrombissement.

C'est généralement au bout de ce tunnel que l'on rencontre l'être de lumière, et assez souvent un jardin merveilleux. C'est souvent aussi après ce tunnel seulement que l'on retrouve ceux que l'on a aimés. Mais, sur ce point, il n'y a pas de règle. Beaucoup de mourants ont vu venir à eux leurs chers disparus sans être passés par le tunnel, sans même s'être décorporés ; le plus souvent, ils ne cessaient même pas de voir les murs de leur chambre, le personnel hospitalier ou les visiteurs qui se trouvaient près d'eux. Simplement, ils accédaient déjà à un autre plan dans une sorte de superposition d'images. On l'a déjà vu, Élisabeth Kübler-Ross a été témoin de nombreux cas de ce genre lorsqu'elle s'occupait d'enfants qui allaient mourir. Mais le même phénomène se produit souvent avec des adultes. Sir William Barrett, professeur de physique au Collège royal de sciences de Dublin, a composé tout un recueil de ce genre de récits[41].

J'ai l'impression, dans ces derniers cas, que les trépassés font déjà plus de la moitié du chemin vers notre monde. Le mourant les voit tout en restant sur notre plan. Le tunnel au contraire correspondrait à un changement de plan. Cela semblerait confirmé par quelques cas où le mourant n'a pas été le seul à voir les visiteurs de l'au-delà. Ainsi la célèbre infirmière anglaise Joy Snell[42] pouvait-elle voir, sans connaître ce passage obscur, les amis ou parents venus, de l'au-delà, chercher ceux qu'elle soignait ; elle vient ainsi de reconnaître deux amies intimes de l'agonisante, déjà mortes avant elle. La jeune mourante s'écrie d'abord : « Il fait si noir tout d'un coup ; je ne vois plus rien », et c'est alors seulement qu'elle aperçoit ses deux amies venues à sa rencontre. Elle leur tend les mains, Joy Snell voit que les deux amies lui prennent les mains la durée d'une minute. Puis les mains retombent. La jeune fille est morte. Les amies attendent que le corps spirituel ait achevé de se former, puis toutes trois quittent la pièce.

Ici le tunnel se trouve réduit à cet instant d'obscurité. Mais cela suffit pour marquer le changement complet de plan, le passage des choses de ce monde à l'autre monde. Joy Snell, même si elle voit les deux amies trépassées, reste dans notre monde.

Mais, dans certains cas, la perception, au moins momentanée, des choses et gens de l'autre monde peut, sans aller jusqu'à ce moment d'obscurité complète, s'accompagner d'une sorte de torpeur. C'est ainsi que s'exprime un homme d'affaires qui vient d'assister à la mort de sa femme et a pu remarquer aussi bien la formation de son corps de gloire que l'apparition progressive de trois personnes lumineuses, venues pour l'accueillir :

« Pendant toutes ces cinq heures, j'avais un étrange sentiment d'écrasement ; un grand poids pesait sur ma tête et mes membres, mes yeux étaient lourds et pleins de sommeil[43]. »

C'est exactement, me semble-t-il, ce qui s'est produit sur le mont Thabor, lors de la Transfiguration du Christ devant Pierre, Jacques et Jean. C'est ici le texte de saint Luc qui me semble en avoir gardé le plus fidèle écho :

« Pierre et ses compagnons étaient écrasés de sommeil ; mais s'étant réveillés [ou « demeurant éveillés »], ils virent la gloire de Jésus et les deux hommes [Moïse et Élie] qui se tenaient avec lui. » (Luc IX, 32.)

Comme souvent, le récit de l'évangéliste ne suit pas ici un ordre rigoureux. Il a déjà décrit la gloire du Christ et la présence de Moïse et d'Élie. Mais, tout d'un coup, il se rappelle ce détail, pour nous très important : les apôtres étaient « écrasés de sommeil ». Ce n'est qu'après ce « sentiment étrange », comme dirait l'homme d'affaires dont nous venons de voir le témoignage, que les apôtres ont pu voir Jésus dans sa gloire, et voir avec lui Moïse et Élie. Alors, après ce passage à travers un sommeil écrasant, les apôtres, sans cesser de percevoir ce monde (et donc Jésus, vivant comme eux), ont pu accéder déjà, au moins partiellement, au monde de l'au-delà, et donc voir les trépassés (Moïse et Élie) qui s'entretenaient avec Jésus. Et alors, le temps qu'ils ont pu percevoir ce monde de l'au-delà, ils ont pu percevoir la gloire de Jésus, gloire que Jésus possédait toujours mais que l'on ne peut normalement pas percevoir avec les yeux de chair.

Mais le mourant ne fait pas que percevoir un instant l'autre monde. Il faut qu'il y passe tout entier. Cependant il semble qu'il puisse y avoir là quelques variantes : certains mourants font le voyage en deux temps. D'abord décorporation sans quitter notre monde, puis passage à travers le tunnel et arrivée sur un autre plan. D'autres semblent bondir hors de leur corps en passant tout de suite par le tunnel et débouchent directement sur un autre niveau de réalité.

Je dois encore vous prévenir ; si vous faites, disons, un « faux départ », comme cela est arrivé à certains, il n'est pas impossible que vous ayez à repasser par le même tunnel. Moody signale plusieurs cas[44]. Enfin, cas rarissime semble-t-il, une femme prétend avoir rencontré dans ce tunnel, alors qu'elle s'en allait vers la lumière, un ami à elle qu'elle a parfaitement reconnu et qui, lui, en revenait. Quand ils se sont croisés, comme dans les escaliers roulants d'une station de métro, il lui a expliqué par transmission de pensée qu'il se trouvait « renvoyé » vers notre monde. C'est ce qui arriva d'ailleurs aussi à cette femme et c'est ainsi que nous en avons le récit. Dès qu'elle le put, elle s'informa de ce qui était arrivé à cet ami et apprit qu'il avait eu un arrêt du cœur à peu près au moment où elle faisait la même expérience. Il serait évidemment fort intéressant de savoir si cet ami, lors de son retour, a eu aussi conscience de croiser cette femme. Mais, lorsque Moody rapporta ce témoignage à K. Ring, il n'avait pu encore le vérifier[45].

Ce tunnel est-il donc comme un passage obligé entre deux mondes ? Mais à quel espace correspond-il ? Les mourants ont l'impression de s'y déplacer très vite et, assez souvent, dans un mouvement ascendant, vers l'être de lumière. Cependant, si concordantes que soient ces descriptions, ne les prenons pas trop à la lettre. Quand on « entre » dans ce tunnel, espace et temps ne sont plus les mêmes. Nous nous en rendrons compte quand nous explorerons (plus loin dans ce livre) les mondes nouveaux auxquels il conduit.

Il semble d'ailleurs qu'il y ait au moins une autre façon d'accéder aux mondes supérieurs, ou, peut-être, de traverser ce tunnel : en dormant. Beaucoup de nos chers disparus nous affirment que, très souvent, nous les rejoignons pendant notre sommeil. Ce sont alors de vraies retrouvailles provisoires, de doux entretiens, dont malheureusement nous perdons presque toujours le souvenir au réveil.

Pierre Monnier nous précise que, lors de leur sommeil, ses chers parents ne le rejoignent pas vraiment au niveau où lui-même se trouve habituellement pour accomplir la nouvelle mission que Dieu, dans l'autre monde, lui a maintenant confiée. Ils se retrouvent dans une sorte de zone intermédiaire :

« Qu'ils sont doux nos revoirs !... Nous parcourons tous les trois ensemble une sphère qui vous est accessible lorsque vos esprits s'arrachent aux chaînes si lourdes de la chair. En effet, vous ne venez pas me rejoindre sur le plan même où se trouve ma "demeure" actuelle, mais nous avons, nous, la possibilité et la joie de pouvoir retourner aux sphères que visitent les esprits incarnés, momentanément libérés. Cette jouissance sacrée des réunions spirituelles vous est confirmée par toutes les voix de l'Au-delà... et pourtant, que vous avez de peine à vous en convaincre ! Chère maman... cher papa, il m'arrive souvent de vous accompagner jusqu'au moment où votre esprit retrouve, avec un soupir de regret, sa prison quotidienne ; je cherche à vous laisser une intuition, une impression qui prolonge en vous le souvenir de notre bienheureuse réunion. J'y parviens vaguement quelquefois, n'est-ce pas, Maman chérie [46] ?... »

Une fois, au moins, l'heureux dormeur non seulement a gardé le souvenir très précis de cette rencontre, mais a même eu quasiment la preuve de sa réalité. La conversation commencée dans le sommeil s'est poursuivie tout éveillé. Mais il faut dire que le dormeur était médium. Il s'agit d'un des derniers contacts de Belline avec son fils, mort à vingt ans dans un accident de voiture. Belline, célèbre « voyant », n'a jamais eu que des contacts très difficiles avec son fils, je vous l'ai déjà expliqué. En janvier et février 1972 on ne peut même plus parler de dialogue. Tout juste l'impression d'entendre le rire de son fils, Michel, ou le mot « papa » ; cela malgré de longues heures d'écoute et de tension vaine. Un peu las et découragé, Belline abandonne et part avec sa femme prendre un peu de repos à Florence :

« Nous aspirions désormais à la sérénité. Je ne cherchais plus à appeler Michel. Sûrement, j'étais loin de pressentir la grâce qui allait m'être accordée. Une nuit, dans notre hôtel au bord de l'Arno, Michel m'apparut en rêve. Sans que je puisse me souvenir des préliminaires, je me retrouvai avec lui à mes côtés en voiture ; comme cela nous était arrivé tant de fois de son vivant ; mais là, c'était à moi de conduire et à lui de se laisser guider.

Je lui dis : Michel, je sais que je rêve, comment se fait-il qu'après tant de tentatives vaines pour te rejoindre, ce soir seulement il nous soit permis de nous rencontrer et de nous voir ?

Michel me répondit : Crois-tu que nous soyons vraiment séparés ? L'énergie qui était mienne est revenue vers toi et maman. Il en est toujours ainsi. L'amour de ceux qui restent et qui pleurent et qui appellent attire à soi un peu de l'être cher qui s'en va. Quelque chose de lui vit dans leur pensée, habite leur corps.

Moi. – Je sens bien que désormais je vis pour deux : pour toi et maman. Et maman, c'est la même chose. Est-ce bien vrai ? Ce sentiment n'est-il pas une illusion ?

MICHEL. – Un jour, justice sera rendue aux presciences des poètes et des cœurs aimants.

J'entendis, ou plutôt je vis son rire, car il se tourna vers moi et je le regardai aussi : il était radieux. Sa joie me gagnait. Ses yeux étaient emplis d'une clarté qui se transmettait à moi. Une sorte de fusion intime. Jamais je n'oublierai ce moment où Michel et moi nous nous sommes regardés l'un et l'autre hors de l'espace et du temps, face à face.

MOI. – Michel, je puis à peine parler tant je suis heureux de te revoir si resplendissant. Il me semble soudain que le monde ne va pas si mal, que les hommes peuvent trouver s'ils le veulent sincèrement une solution à leurs maux.

Michel m'embrassa.

MOI. – Je vois venir à moi tant d'êtres malheureux et déprimés que le chagrin écrase. Certains sont prêts au suicide. Comment leur redonner le goût de vivre et cette joie que j'éprouve en cet instant ?

MICHEL. – Tu peux leur donner la force de remonter le fleuve de vie.

Il est cinq heures, je m'éveille et je m'entends parler à Michel. Je perçois nettement la voix de mon fils.

MOI. – Explique-toi ; j'ai tant de questions encore à te poser !

MICHEL. – Ne force pas la vérité, papa. Elle vient toujours à son heure.

MOI. – Je fais de mon mieux pour attendre. Bien des choses que tu m'as communiquées sont étranges. Ainsi, je rêve peut-être encore et pourtant tu es là.

MICHEL. – La vie est une énergie, la mort en est une autre et le rêve balance entre les deux.

MOI. – Crois-tu que je pourrais aller plus loin avec toi dans nos investigations ?

MICHEL. – Cesse de te tourmenter, papa. Évite de te dédoubler sans mesure, les énergies que tu déploies au-dehors risquent de ne pas regagner leurs centres. Cela entraîne toujours des chutes de mémoire.

MOI. – Lorsque l'âme d'une personne quitte son corps à sa mort, retrouve-t-elle intactes les particules errantes qui se sont évadées ?

MICHEL. – Oui. Même la folie poursuit dans l'ailleurs une évolution aussi harmonieuse que possible. Les accidents de l'âme ne pèsent pas plus sur le destin dans l'au-delà qu'une blessure ou une infirmité physique. Ce sont les fautes commises sciemment sur terre qui sont des freins.

MOI. – Des freins à quoi ?

MICHEL. – Attends-moi papa, je reviendrai.

La voix s'est effacée, mais l'impression heureuse demeure[47]. »

Le sommeil de la mort

Je voudrais maintenant aborder un autre sommeil. Celui que l'on appelle communément « le sommeil de la mort ». On dit encore « dormir de son dernier sommeil ». Nous allons voir tout de suite que les morts ne dorment pas. Il y a bien, c'est vrai, au début, un temps de sommeil, mais il ne se situe pas du tout au moment où nous, vivants, nous avons l'impression que les mourants s'endorment. En réalité, nous l'avons déjà vu, quand les mourants ferment les yeux, ils ne s'endorment pas, ils ne perdent pas conscience, ils quittent seulement leur corps et accèdent à un niveau de réalité où nous ne pouvons plus normalement percevoir ce qu'ils font. C'est à ce niveau-là précisément, et seulement quelque temps après leur mort, que se situe le « sommeil » dont je voudrais maintenant vous entretenir. L'expérience du sommeil n'est pas non plus absolument universelle. Elle semble cependant être presque de règle. Mais là, nous quittons complètement le domaine encore accessible à travers le récit de rescapés de la mort. Ceux qui peuvent nous décrire ce sommeil sont vraiment morts, définitivement morts. Ce sommeil semble même être un peu ce qui scelle leur mort définitive. Le passage par le tunnel donne accès aux mondes supérieurs, on l'a vu, mais on peut encore revenir. Après ce sommeil, on n'a pas d'exemple que quelqu'un soit jamais revenu vivre sur terre.

Les messages transmis à la veuve et à la fille du colonel Gascoigne, par des soldats tués à la dernière guerre, nous fournissent quelques-unes des variantes possibles.

Voici d'abord un Écossais, blessé et prisonnier en Crète. On ne l'a pas soigné et, après d'interminables souffrances, le malheureux sombre dans un sommeil absolu :

« Au réveil, la douleur avait disparu et j'étais dehors. J'ai donc pensé que je m'étais échappé, et je me suis promené, heureux d'être libre, mais incapable de comprendre ce qui s'était passé... »

Il est donc mort, c'est ici le sens de son premier sommeil, mais se retrouvant vivant à son « réveil », il ne l'a pas compris. Il a peine à marcher, il est dans une sorte de brouillard :

« Le désespoir me gagnait. Des gens s'approchaient de moi

pour m'aider, et alors que nous commencions à nous comprendre, j'étais poussé par l'envie de me cacher des Allemands. Cela ressemblait à une torture. Et puis, les gens arrivèrent à me rejoindre, et je pus dormir du véritable sommeil de la mort, l'extinction de notre vie et la naissance d'une autre[48]. »

Donc, vous l'avez remarqué, pour celui qui est vraiment mort, le « véritable sommeil de la mort », ce n'est pas le moment où l'on ferme les yeux et où votre entourage constate votre mort. Il s'agit d'un autre sommeil, d'un sommeil du corps spirituel. Notez aussi que les gens qui venaient pour l'aider étaient certainement aussi des vivants de l'autre monde.

Même récit de la part du brave marin qui nous a déjà raconté comment il avait coulé avec son pétrolier. S'étant retrouvé « en eau profonde » avec beaucoup de ses compagnons, ils se sont mis à marcher. Puis, ils ont remarqué au milieu d'eux un inconnu sans uniforme. Ils arrivent ainsi à flanc de colline dans un jardin merveilleux :

« J'étais fatigué, je tombais de sommeil et mes pieds refusaient de me porter. L'inconnu nous proposa de nous reposer. Je m'assis par terre sur l'herbe et m'endormis immédiatement. »

Cette fois, les choses se passent beaucoup plus simplement. En fait, ils vivent tout cela dans une sorte d'état second. C'est au réveil que sera la grande surprise. Ses compagnons ont dormi, tout comme lui, et c'est à force de rassembler leurs souvenirs et avec l'aide de l'inconnu, un simple marin passé avant eux dans l'au-delà, qu'ils vont finir par admettre qu'ils ont bien fait le grand passage[49].

Voici un autre récit, celui d'un pilote polonais abattu au-dessus de la France. Même étonnement de ne plus souffrir, même étonnement de voir qu'il échappe miraculeusement aux Allemands qui ne le voient pas, alors qu'ils emmènent son copilote. Même déception de voir que les paysans français auxquels il demande de l'aide ne lui répondent même pas :

« J'étais stupéfait. Je ne sais pas où je suis. Je demande, je prie, j'oublie que je n'ai pas de religion. Je demande de l'aide et elle m'est accordée. Quelqu'un d'extrêmement bizarre mais malgré tout proche de nous s'approche de moi. Il me dit de ne pas me soucier du changement. C'est mieux pour tout le monde et je vais être très heureux dans ces terres. Je ne comprends plus très bien. J'imagine que je suis fait prisonnier. Ensuite il m'explique qu'il n'existe ni prison, ni prisonnier, et je me sens de nouveau libre. Il m'emmène alors et m'ordonne de dormir. Il touche mes yeux et je suis immédiatement endormi [50]. »

Pierre Monnier parle aussi de ce sommeil réparateur :

« Sorte de gestation qui précède la nouvelle naissance de l'âme : mais nous serons là, veillant sur ce sommeil avec la tendresse d'une mère, d'une infirmière vigilante, guettant chaque mouvement annonciateur du réveil, prêts à lui tendre les mains, à le [l'esprit] rassurer, à lui faire comprendre qu'il est entouré d'amour, de bienveillance et de sympathie. Petit à petit, les yeux spirituels s'ouvrent à la lumière : le premier sentiment qui suit ce réveil est mélangé du regret de l'irréparable accompli [la mort] : l'âme se souvient de tout ce qu'elle a quitté, de ceux qu'elle aimait sur la Terre, et ne se rend pas encore compte qu'elle n'en est pas séparée. Déjà, elle retrouve les bien-aimés qui l'attendaient, et qu'elle reconnaît : elle se sent accueillie avec une joie réconfortante ; l'ambiance de lumière et de sérénité la réchauffe, la rassure. La bonté de Dieu permet que le souvenir de ses fautes, de son péché, ne vienne pas la troubler dès son réveil ; c'est peu à peu, progressivement, que l'âme coupable réalise quel bagage avarié elle apporte avec elle.

[...] Au premier abord, le Père, pour recevoir son enfant, envoie à sa rencontre les messagers de son amour. L'âme, dans son nouveau corps spirituel, s'éveille donc dans une atmosphère inconnue, où toutes ses aspirations semblent se délecter, comme les poumons, après avoir respiré un air chargé de miasmes, se dilatent au contact d'une brise pure et vive. C'est un soulagement, une sensation de contentement intense, intraduisible, et qui dure plus ou moins longtemps selon la volonté de Dieu. L'âme, ayant fait à ce moment l'expérience d'une joie infinie et incomparable, conservera le désir intense du retour d'un tel sentiment, que nous pourrions appeler « la possession de l'âme, altérée d'amour, par un Dieu qui seul peut la désaltérer ». Nous n'oublions jamais cette première impression de ce qu'est le ''bonheur du ciel'', et c'est une grâce de l'amour divin, car ce souvenir est le plus puissant stimulant pour nous aider à l'évolution, indispensable au retour persistant de cette ''volupté de l'esprit'' (si ces mots pouvaient s'associer) [51]. »

La force d'amour

Oui, c'est le même « mécanisme », si l'on peut dire, c'est la même pédagogie divine que l'on trouve à l'œuvre dans la vie de tant de mystiques. Dieu fait sentir la douceur de sa présence, la qualité, tout à fait à part, du bonheur de son amour. Puis, il se retire, il disparaît, il se tait, il se cache. Et alors c'est la douleur, d'autant plus grande que plus fantastique était ce bonheur. Et l'âme est prête à tout pour retrouver ce bonheur, prête à traverser toutes les épreuves, à subir tous les tourments, à consentir à tous les renoncements.

C'est cette douleur si poignante, ce désir si ardent, qu'a par exemple si bien exprimé saint Syméon le Nouveau Théologien, le seul mystique des Églises d'Orient, peut-être, à un peu nous avoir laissé deviner les secrets de son cœur :

« Laissez-moi seul, enfermé dans ma cellule ; laissez-moi seul avec le seul Ami de l'homme, avec Dieu ! Écartez-vous, éloignez-vous, permettez-moi de mourir seul devant la face du Dieu qui m'a créé. Que nul ne frappe à ma porte et ne donne de la voix ; qu'aucun de mes parents et amis ne me visite ; que nul ne détourne, par force, ma pensée de la contemplation du Seigneur, tout bon et tout beau. Que nul ne m'apporte le boire et le manger, car il me suffit de mourir devant la face de mon Dieu, du Dieu miséricordieux qui est descendu sur terre pour appeler les pécheurs et les introduire dans la Vie éternelle. Je ne veux plus voir la lumière de ce monde, ni le soleil lui-même, ni rien de ce qui se trouve ici-bas... Laissez-moi sangloter, en pleurant les jours et les nuits que j'ai perdus à regarder ce monde, le soleil et cette lugubre lumière sensible qui n'illumine pas l'âme. En cette lumière, aveugle, j'ai vécu, me réjouissant et me laissant séduire, sans du tout songer qu'il y a une autre lumière, Lumière de toute vie... Il a daigné se faire visible à moi, malheureux, puis se dérober... Permettez-moi donc non seulement de m'enfermer dans ma cellule, mais même, en creusant un trou sous la terre, de m'y cacher. Je vivrai là, en dehors du monde entier, contemplant mon immortel Seigneur et mon Créateur [52]... »

Cette pédagogie divine est nécessaire, même dans l'au-delà, car, nous l'avons déjà un peu suggéré à plusieurs reprises, même après notre mort nous aurons encore beaucoup à progresser !

C'est là, certainement, un des points importants où mes nouvelles études et mes nouvelles lectures m'ont beaucoup apporté par rapport à mes connaissances théologiques antérieures. Je dois d'ailleurs avouer qu'au début, et même pendant longtemps, ces nouvelles perspectives étaient pour moi une déception. Je remarque que c'est aussi une déception pour beaucoup de ceux auxquels j'expose les premiers résultats de mes nouvelles recherches.

La façon habituelle de se représenter les choses, aussi bien dans les différentes confessions chrétiennes que dans le judaïsme ou bien l'islam, c'est qu'après notre mort, si l'on a vécu en « juste », si l'on n'a pas été trop infidèle, et après peut-être un petit temps de purification sur lequel la pensée ne s'arrête guère, on sera comme aspiré en paradis, dans la vie éternelle. Disons même que pour beaucoup de fidèles, souvent plus mystiques que les théologiens de métier, nous serons vraiment aspirés en Dieu. Non pas engloutis en Lui au point de disparaître comme si nous n'avions jamais été, mais vraiment arrachés à ce monde et à nous-mêmes, projetés dans la lumière de Dieu, dans le creuset de son Amour et de son Bonheur, introduits dans sa vie, rendus participants de sa divinité.

Or, ce que j'ai peu à peu découvert et ce que maintenant j'admets, même si cela ne m'enchante guère, c'est qu'il faudrait dans ce schéma d'ensemble, toujours valable, considérer un peu plus attentivement la petite purification nécessaire. Elle durera certainement beaucoup plus longtemps que prévu. C'est ce que l'enseignement catholique traditionnel nous donnait à entendre avec la doctrine du Purgatoire, même si, en fait, dans le détail, la réalité ne correspond pas aux représentations populaires habituelles.

Nous ne serons pas projetés en Dieu pour la simple raison que nous ne pourrions pas le supporter encore. Pour la plupart d'entre nous, nous ne serons pas encore prêts à notre mort. Pour pouvoir vivre de la vie de Dieu, il faut avoir appris à aimer comme Lui. Cela, la théologie des Pères grecs dans les premiers siècles, les mystiques d'Occident et toute la tradition des Églises orthodoxes me l'avaient déjà fait comprendre. Simplement, j'espérais un peu trop qu'à notre mort, comme dans les contes, lorsque le mauvais enchantement perd son pouvoir, nous nous serions réveillés transformés, purifiés, et que le Christ n'aurait plus eu, comme avec une baguette magique, qu'à opérer la dernière Transfiguration.

L'évolution spirituelle se poursuit dans l'au-delà

Je comprends mieux maintenant que cette vision des choses est impossible, parce que la transformation nécessaire est purement intérieure. Cette transformation, Dieu, malgré tout son Amour, ne peut l'accomplir pour nous sans nous, à notre place. Il peut en être le dynamisme intérieur, toute la vraie théologie de la Rédemption est là, je le crois, mais encore faut-il que nous laissions ce dynamisme intérieur s'épanouir en nous et nous transformer de l'intérieur.

La grande loi qui se dégage très nettement de tous ces témoignages de l'au-delà, c'est le respect absolu de notre liberté. La conséquence de ce respect absolu, c'est que notre évolution et la vitesse de notre évolution, d'étape en étape, de monde en monde, dépendront de la bonne volonté de chacun. Tous le disent.

Pierre Monnier :

« La vie éternelle est divisée en plusieurs étapes, mais il ne dépend que de nous seul d'en prolonger ou d'en ''brûler'' quelques-unes [53]… »

« Vous savez que nous avançons, selon nos décisions volontaires, sur le chemin qui monte vers Dieu, tout comme sur la terre ; nous évoluons par notre libre effort et nous nous perfectionnons parfois considérablement. Ce que vous voyez autour de vous est la représentation de ce qui se passe dans les régions célestes… Une évolution aussi, une évolution qui s'accentue plus ou moins rapidement, selon notre volonté et parce que nous la désirons pour obéir à Dieu, dans un amour qui, de la même façon, se spiritualise et se perfectionne [54]… »

Albert Pauchard insiste sur un autre aspect, très important. Pauchard était un Genevois (1878-1934). D'origine protestante, il s'intéressa tout enfant au spiritisme. Il fut membre de la Société d'études psychiques de Genève, puis il en fut le bibliothécaire et enfin le président. Il eut d'étroites relations d'amitié avec Léon Denis et, en 1911, il étudia pendant un an l'occultisme avec le célèbre Papus (docteur Encausse) [55]. Ce n'est pas à sa femme qu'il transmit ses messages par écriture automatique, mais à un petit groupe d'amis, en Hollande. Même si ses écrits n'ont pas pour moi la même valeur spirituelle que ceux de Pierre Monnier, de Roland de Jouvenel, de Paqui ou de miss Mortley, même s'ils sont parfois un peu déroutants, ils n'en restent pas moins, me semble-t-il, un témoignage important. Donc ici, Albert Pauchard insiste particulièrement sur le mécanisme intérieur de cette évolution.

Nous en restons à l'étape atteinte, aussi longtemps que nous y trouvons de l'intérêt. Nous ne changeons de plan (de « niveau » ou de « sphère ») que lorsque le plan où nous nous trouvons commence à nous lasser. Mais alors, en changeant de plan, notre corps aussi connaît un nouvel état, toujours en harmonie avec le nouveau monde que nous atteignons.

« C'est au moment où l'esprit se détourne d'un Monde qu'il le quitte... C'est l'intérêt qu'on y trouve qui fait que l'on conserve l'instrument – le ''corps'' donc – servant à exprimer et à enregistrer dans un Monde donné [56]. »

Même message chez Marie-Louise Morton. C'est encore un de ces nombreux textes très intéressants. Marie-Louise vivait à New York. Elle avait perdu son frère et son fiancé et n'avait plus aucun goût à vivre. Elle fut attirée dans des conditions un peu exceptionnelles vers l'écriture automatique. De 1940 à 1956, elle reçut des messages, essentiellement de ses deux chers disparus. On la range assez souvent dans le groupe des messagers anglo-saxons. Mais elle était française et c'est dans notre langue qu'elle reçut directement ses messages. Voici donc, sur ce point précis, ce qu'elle nous a transmis :

« Aider autrui, c'est se développer soi-même. C'est la loi du progrès. Dans l'au-delà, c'est aller vers ceux à qui on croit pouvoir être utile intellectuellement ou spirituellement - incarnés et désincarnés - si l'on a un peu plus de vision qu'eux. Certains apprennent vite et d'autres plus lentement... On apprend dès qu'on a l'esprit réceptif mais on ne peut, sur ce plan tout subjectif, hâter le développement mental d'un être, de même qu'on ne peut sur Terre ouvrir le bouton d'une fleur pour qu'elle s'épanouisse plus vite [57]... »

Certes, on peut aider l'évolution de quelqu'un ; on ne peut pas la forcer. On peut l'aider de l'intérieur, c'est le rôle du Christ et de la communion des saints, comme j'ai essayé de le montrer dans mon premier livre. On peut l'aider de l'extérieur, par la parole et par l'exemple. Mais de toute façon elle passera par notre liberté. C'est à la fois parfaitement logique et un peu terrible. Nous connaissons d'ailleurs si bien notre faiblesse que nous sommes toujours un peu tentés de croire qu'il peut y avoir des baguettes magiques. Les théologiens chrétiens ont toujours été tentés d'interpréter ainsi les sacrements. C'est ce qu'ils appelaient l'« objectivité » des sacrements, par opposition aux dispositions intérieures du sujet, dites « subjectives ». Autrement dit, si vous ne vous sentez pas assez forts pour monter par l'escalier, Dieu avait mis à votre disposition des ascenseurs (les sacrements). Vous aviez encore à y penser, bien sûr, à vous donner la peine d'y entrer et à appuyer sur le bouton. Mais après, l'ascension était assurée.

J'ai toujours combattu cette conception des sacrements. Donc, ce que je découvrais en lisant tous ces témoignages ne m'obligeait pas du tout à réviser les principes mêmes de ma théologie. Bien au contraire, cela m'invitait à y être fidèle jusqu'au bout, et à en tirer toutes les conséquences. D'où la valeur et le rôle de l'appel à la perfection, au-delà des exigences de la bonne morale ordinaire. Même si je ne fais pas le mal, même si je fais un peu de bien, aussi longtemps que je me complairai à des petites joies secondaires, j'en resterai prisonnier. Bien entendu, il ne faut pas non plus vouloir aller trop vite, plus vite, précisément, que nous ne pouvons intérieurement évoluer. Ce fut toujours aussi un peu la tentation des Églises de vouloir, par contrainte extérieure, hâter la conversion et l'évolution intérieures. Mais cela n'a aucun sens. C'est impossible.

Cependant, le grand principe émis par sainte Catherine de Sienne résonnera toujours comme un appel pressant :

« *Tanto ci manca di Lui quanto ci riserviamo di noi* : Il [Dieu] nous manque, Il nous fait défaut, nous sommes privés de Lui, dans l'exacte mesure où nous restons attachés à nous-mêmes. »

Autrement dit : il n'y a aucun mal à regarder un bon match de foot ou à aller au concert, et peut-être même en avons-nous vraiment besoin, mais tant que nous préférerons regarder le match ou écouter le concert plutôt que de nous plonger dans la contemplation de Dieu, ne rêvons pas trop d'être aspirés en Dieu. Dieu ne peut nous imposer sa compagnie.

On pourrait d'ailleurs traduire autrement, car, comme chacun sait, le second commandement est semblable au premier, aussi longtemps que tu préféreras aller faire un bon repas, quitte à laisser ton prochain dans la misère, tu ne seras pas encore tout à fait mûr pour partager pleinement la vie de Dieu.

Roland de Jouvenel, le mystique, souvent un peu vertigineux dans ses formules, évoque toutes ces étapes qui nous seront nécessaires comme autant de vies dans l'au-delà :

« [...] les yeux nus ne peuvent regarder le soleil en face. Il faut des myriades de vies pour arriver à contempler la lumière divine. Construis ta vie intérieure par plans[58]... »

Ce n'est d'ailleurs pas forcément désespérant. Il faut le prendre dans un sens positif. Saint Paul dit que :

« Reflétant la gloire du Seigneur, nous sommes transfigurés de gloire en gloire. » (II Corinthiens, 3[18].)

Saint Grégoire de Nysse, au IVe siècle, disait que nous irons « de commencement en commencement, par des commencements qui n'auront pas de fin ».

À chacun de ces plans, précisait-il, nous serons comblés de Dieu. C'est l'excès même du don qui accroîtra notre capacité de Dieu et nous rendra prêts pour l'étape suivante.

Simplement, lorsqu'on a bien compris tout cela, il devient évident que nous avancerons à des vitesses fort différentes. Sur cette terre, sur ce premier niveau, nous nous trouvons tous mélangés bien que nous nous trouvions déjà, en fait, à des « niveaux » spirituels fort différents. C'est même une des principales causes de souffrance pour les meilleurs. Mais, dans l'au-delà, chacun rejoindra très vite le niveau correspondant au degré de spiritualité qu'il aura personnellement atteint. Alors, on s'apercevra que les différences, d'un individu à l'autre, peuvent être énormes. Certains fonceront « comme des boulets de canon », pour reprendre l'expression du curé d'Ars, auquel on demandait comment il fallait aller à Dieu. D'autres se traîneront comme des escargots.

Ces explications étaient nécessaires, pour permettre de comprendre l'extrême diversité des témoignages qui nous sont parvenus de l'au-delà. Mais, maintenant, voyons un peu ces témoignages.

V
Les premiers pas dans l'au-delà

1. Les messagers de l'invisible

Nous avons commencé avec des messages relativement incontestables : les enregistrements en direct de voix de l'au-delà. Communications sûres, mais brèves. Révolution capitale pour ceux qui avaient besoin de preuves. Nous avons continué avec les récits de ceux qui avaient fait l'aller et le retour. Évidemment, ils n'avaient pas eu le temps de s'installer dans le pays d'outre-mort. Ils ne pouvaient donc pas nous le décrire. Mais ils avaient tout de même fait l'essentiel du voyage, et la convergence de leurs témoignages était tout à fait convaincante.

Puis, en tentant de progresser plus avant dans l'inconnu, nous n'avons plus trouvé que des témoignages de gens complètement morts (comme au début de notre recherche) Mais, témoignages transmis, cette fois par des « intermédiaires », et donc un peu indirects. Cependant, là encore, la convergence donnait au moins à tous ces récits une vraisemblance très forte, un indice de probabilité très élevé.

Tentons maintenant d'aller encore plus loin. Nous n'aurons toujours comme matériel que des affirmations de trépassés, vraiment trépassés, transmises, presque toujours, indirectement par des médiums, par écriture automatique ou par la planchette (oui-dja). Mais, dans ce cas et pour la première fois, avec une difficulté supplémentaire, bien connue de tous ceux qui se sont plongés dans cette vaste littérature : nous ne retrouverons pas la belle unanimité qui nous avait tant soutenus jusqu'à présent. Bien au contraire !

Les messagers eux-mêmes le savent d'ailleurs. Ils sont les premiers, à chaque fois, à nous en avertir, et à nous mettre en garde. Reconnaissons même que sur ce point au moins, il y a encore unanimité : oui, ils savent que d'autres messagers avant eux et peut-être d'autres aussi après eux, nous ont fait des récits fort différents des leurs. Mais surtout, surtout, n'allons pas les croire. Les autres étaient des débutants, fort mal placés pour juger de l'ensemble de la situation. Ils représentaient des cas isolés, un peu retardés. Tandis que le message que nous avons enfin la chance d'avoir entre les mains, lui, est absolument sûr, pour la bonne raison que son auteur est mieux placé que tous les autres. Jugez plutôt vous-même. Et, à chaque fois, l'auteur du message de nous présenter ses titres de créance que, malheureusement, nous ne pouvons pas vérifier et que nous ne pouvons que croire ou refuser, comme le contenu du message lui-même.

Ainsi Georges Morrannier (à ne pas confondre avec Pierre Monnier, le jeune officier français tué pendant la Première Guerre mondiale). Georges Morrannier, à presque vingt-neuf ans, s'est tué le 13 septembre 1973 d'une balle de pistolet d'alarme. Il avait poursuivi des études de physique jusqu'au doctorat. Il envisageait de passer un doctorat d'État. Mais, parallèlement, il poursuivait une recherche philosophique et spirituelle. Après un séjour en Inde d'où il était revenu déçu, il s'était imprudemment lancé dans le yoga royal, sans aucun contrôle, ni connaissances suffisantes. Il sombra dans la dépression, négligeant ses élèves de la faculté des sciences, abandonnant ses recherches. Un triste matin, il s'enferma dans sa chambre, s'étendit sur son lit et se tira une balle. Mme Jeanne Morrannier raconte comment elle fut amenée progressivement, par divers signes et certaines rencontres, à communiquer avec son fils par écriture automatique [1].

Or donc, Georges Morrannier nous explique qu'il se trouve actuellement dans la cinquième sphère. Mais, pour mieux le situer, il faut savoir que, pour lui, il y a en tout sept sphères – sans compter parmi elles la Terre. La septième étant réservée à ceux qui se sont consacrés à Dieu et donc (ce n'est pas moi qui le dis) sont restés célibataires, Georges sait qu'il n'atteindra jamais que la sixième sphère. Il en est donc à l'avant-dernière ! Si l'on tient compte de ce que, dans la cinquième sphère, il bénéficie directement de l'enseignement de guides venus de la sixième (c'est lui qui le dit), ce n'est déja pas si mal !

Certes, Georges n'est pas seul dans sa sphère. Il a retrouvé de la famille et s'est fait de nouveaux amis qui, bien évidemment, partagent ses convictions. Ils nous en font d'ailleurs part, toujours à travers Mme Morrannier (tome II). Nous avons droit ainsi aux « révélations » d'un ancien prêtre du diocèse de Paris, d'un ancien pasteur protestant, d'un ancien moine, prieur de son couvent, sans compter deux architectes, une femme médecin, un ancien professeur...

Tout ce gentil monde nous parle avec autorité :

« Il faut nous croire, nous disons ce qui est. Il n'y a plus aucune raison pour que nos explications soient faussées par nos propres interprétations... Toutes nos explications se recoupent pour la simple raison qu'elles sont la Vérité. » C'est le pasteur qui parle !

Pour Pierre Monnier, les choses sont claires. Il est instruit directement par les anges. On ne peut guère espérer mieux :

« Maman chérie, pourquoi prêterais-tu ton oreille attentive à mes paroles, si je n'étais pas un messager de Dieu, soldat dans l'armée celeste, instruit par ces esprits ''qui sont au service de Dieu, au bénéfice des hommes'' (épitre aux Hébreux, 1[14]), j'ai nommé : les anges[2]. »

Les dialogues avec l'ange

Il n'est d'ailleurs pas toujours nécessaire d'être mort pour avoir droit aux messages des anges. La Bible nous raconte comment ils interviennent souvent dans notre vie ou, tout au moins, dans la vie des saints. Récemment, une histoire semblable est arrivée, absolument extraordinaire. Le récit en est traduit aujourd'hui dans toutes les langues. C'est arrivé pendant la Seconde Guerre mondiale, en 1943-1944 à Budapest, en Hongrie. Trois jeunes femmes, deux juives et une catholique, avaient pris l'habitude de se retrouver dans une petite villa pendant le week-end, pour évoquer leurs problèmes personnels. Trouvant que ces échanges n'étaient pas assez profonds, Hanna, l'une des juives, proposa aux deux autres que chacune, pour le week-end suivant, fasse le point, par écrit, sur sa vie intérieure et ses difficultés. Chacune lirait son texte aux deux autres, et ce pourrait être le point de départ d'une discussion plus sérieuse. Quelques jours plus tard, Gitta, la catholique, lut son texte aux deux autres jeunes femmes. Hanna se montrait assez déçue par le travail de son amie Gitta, beaucoup trop superficiel. Hanna veut alors le dire à Gitta, quand, tout à coup, les yeux grands ouverts, elle a une sorte de vision : une force arrache le papier des mains de Gitta et le déchire en morceaux qu'elle jette devant Gitta en signe de désapprobation. Hanna sent monter en elle « une tension, puis une impatience et une colère d'un ordre inconnu ». Elle a tout juste le temps d'alerter ses amies : « Attention ! Ce n'est plus moi qui parle ! »

Une force s'adresse maintenant très sévèrement à Gitta, à travers sa voix :

« On va te faire perdre l'habitude de poser des questions inutiles ! Attention ! Bientôt des comptes te seront demandés ! »

Cela se passait le 25 juin 1943. À dater de ce jour, tous les vendredis à trois heures de l'après-midi, sauf rares exceptions dues aux circonstances, ces entretiens se poursuivront. Ils s'adressent d'abord exclusivement à Gitta, puis aussi à Lili, l'autre juive, et enfin à Joseph, le mari d'Hanna, qui rejoint le groupe, puis à tout le groupe dans son ensemble. Cela jusqu'au vendredi 24 novembre 1944. En tout quatre-vingt-huit entretiens. Les messagers qui s'expriment à travers Hanna se manifestent comme étant les différents Anges de chacun des membres du groupe. Ils vont les conduire au baptême, affirmant très nettement la divinité du Christ et la vision de sa Résurrection, même si leurs textes, toujours d'une grande beauté, ne correspondent pas toujours aux formules théologiques habituelles. L'essentiel de la foi chrétienne s'y retrouve, me semble-t-il, malgré tout.

Les Anges vont bientôt préparer tout le groupe à affronter les persécutions nazies. Les trois juifs, Joseph, Hanna et Lili, périront en déportation. Aucun d'eux n'essaiera de se servir de son baptême pour échapper au massacre. Les Anges les ont préparés au martyre. Hanna et Lili se laissent même capturer volontairement au dernier moment, pour être sûres que Gitta, la catholique, survivra et pourra ainsi transmettre au monde le témoignage de leur extraordinaire aventure.

Les textes sont difficiles, d'une fulgurante beauté. Plus qu'une expérience, un événement. Gitta Mallasz, qui vit aujourd'hui en France, a publié d'abord les textes et les documents, puis trois volumes de commentaires pour nous aider à entrer dans ce mystère [3].

Hanna avait certainement des dons de médium. Mais il n'est peut-être plus maintenant nécessaire d'avoir de tels dons pour recevoir les messages des anges. Nous l'avons déjà vu, l'équipe de Transcommunications de Luxembourg capte la voix, très métallique, d'une entité qui prétend n'avoir jamais vécu sur la terre et se fait appeler le « technicien ». Ceci ne l'empêche d'ailleurs pas de bien connaître saint Paul, comme on a pu le constater. À Darmstadt, une équipe reçoit, également en direct, c'est-à-dire à travers le haut-parleur d'un poste de radio, la voix d'une entité très différente de celle du « technicien ». Celle du « technicien » est saccadée et aiguë, celle-ci est caverneuse et lente, comparable à celle que l'on entend dans certains films d'épouvante. Elle se désigne elle-même sous l'étrange nom d'ABX-JUNO.

À la question : « Qui êtes-vous ? » elle répondit : « Vous ne pourrez le comprendre qu'au fur et à mesure du déroulement du temps de la Terre. » À la question : « Que veut dire ABX-JUNO ? » elle expliqua : « Prenez le A pour « aussen » ou « ausserhalb » (en dehors de vos limites terrestres), le B pour « biologique » et le X pour « expérience ». Comprenez-le comme une expérience venant de l'extérieur qui s'insère dans votre forme de vie biologique. JUNO est mon nom, vous pouvez m'appeler ainsi [4]. »

Le 27 juillet 1987, il précisait en nous rassurant :

« ABX aide à la communication entre deux formes de vie différentes et ne recherche pas les points faibles de l'homme et encore moins à les exploiter... Nous n'interviendrons pas non plus directement dans le cours de votre vie. Ceci doit être bien clair pour vous tous. »

Suivent en effet d'autres messages qui sont des appels à la vie spirituelle.

Alors ange ou extraterrestre ?

Un extraterrestre vivrait aux mêmes niveaux de matière que nous, sur le même plan de la création. Or ABX donne aux différentes familles du groupe de Darmstadt des nouvelles de leurs trépassés. Sur la même bande enregistrée, au même moment, entre deux phrases d'ABX-JUNO, on entend simultanément les voix, beaucoup plus normales, plus humaines, de certains de ces défunts qui réagissent à ce qu'il vient de dire. J'ai pu m'en rendre compte moi-même à Darmstadt.

Pourtant le style du « technicien », comme celui d'ABX-JUNO, est bien différent de celui des « anges » des Dialogues ! Ni l'un ni l'autre d'ailleurs ne se définissent comme des anges, alors que dans les Dialogues de Gitta Mallasz les « anges » se nomment ainsi eux-mêmes. « Nous sommes des anges [5]. »

Alors, peut-être des extraterrestres, mais de civilisations plus facilement en contact avec nos morts que nous-mêmes ? Ou des extraterrestres eux-mêmes déjà trépassés, et qui ainsi ont atteint ces zones où progressivement la réunion se fait, non seulement entre toutes les races de la terre et toutes les religions, mais entre peuples des différents mondes habités ?

Ou alors viennent-ils de mondes parallèles ? On emploie souvent ce mot dans un sens très vague où il peut s'agir aussi bien de l'au-delà, après la mort, que de planètes de galaxies lointaines. Je prends ici le mot dans un sens précis : il s'agirait de mondes aussi matériels que le nôtre mais dont les vibrations seraient décalées par rapport aux nôtres, si bien qu'ils pourraient mordre sur notre espace ou même l'occuper tout entier sans que pour autant nos mondes se gênent ou se confondent, tout comme différentes ondes de radio ou de télévision remplissent la même pièce sans pour autant interférer.

En tout cas, c'est ce que dit d'elle-même Swejen Salter, qui, depuis janvier 1988, est entrée en communication régulière avec le groupe de Luxembourg. Le « technicien » lui a même confié maintenant la direction des opérations dans l'au-delà, et il faut reconnaître que sous sa direction les progrès ont été rapides et spectaculaires.

À la différence du « technicien », qui affirme n'avoir jamais été incarné, nulle part, Swejen Salter dit avoir eu un corps de chair, semblable au nôtre, mais sur une autre planète, du nom de Varid, que nous ne pourrons jamais voir avec nos téléscopes, non pas en raison de sa distance mais, précisément, parce qu'il s'agit d'un monde parallèle au sens précis que je viens d'expliquer. Sur cette planète, Varid, elle est morte dans un accident et c'est maintenant comme trépassée qu'elle a rejoint des trépassés de la planète Terre. Elle raconte encore que, si elle est entrée en communication avec le groupe du Luxembourg, c'est qu'elle y avait un de ses doubles. Nous aurions, dit-elle, nous aussi, des doubles de nous-mêmes sur plusieurs mondes parallèles. Pour fantastique que l'idée puisse paraître, il ne faudrait pas la rejeter trop vite. Nous la retrouverons plus tard, notamment à propos de l'idée de réincarnation.

Nous nous trouvons donc ainsi, à travers la transcommunication, en relation avec un nombre croissant de correspondants mystérieux. Il semble d'ailleurs que chaque groupe ait tendance à avoir peu à peu un ou plusieurs correspondants privilégiés dans l'au-delà. Le professeur Sinesio Darnell le recommande même. On arrive ainsi, dit-il, à mieux savoir à qui on a affaire et dans quelle mesure on peut lui faire confiance [6]. Mais il ne précise pas quel est le sien.

Nous l'avons vu, à Luxembourg, outre de nombreux humains trépassés, il y a surtout deux personnages mystérieux : le « technicien » et Swejen Salter. À Darmstadt nous avions ABX-JUNO. À Rivenich nous avons un certain Thomas qui dit être le célèbre saint Thomas Becket, mort martyr en 1170. Disons, entre parenthèses, que ma bonne volonté étant presque illimitée, je veux bien le croire, mais que j'aimerais tout de même avoir quelques indices sérieux pour me le confirmer. Il y a aussi dans le même groupe un autre personnage qui se nomme Seth 3, en précisant d'ailleurs qu'il n'a rien à voir avec le célèbre Seth de Jane Roberts. Il précise que, selon le schéma de Frédéric Myers dont nous reparlerons bientôt, il se trouve au quatrième niveau. Donc, un niveau au-dessus du « technicien » et de Swejen Salter.

À Grosseto l'interlocuteur privilégié est une entité féminine du nom de Cordula[7]. La seule chose qu'elle ait accepté de dire d'elle-même, c'est qu'elle vient d'Hilversum. Elle préfère parler allemand, mais elle est polyglotte. Très prévenante, elle répond aux questions avant qu'on ne les pose et elle aime rassurer des personnes angoissées par des problèmes intimes. Elle ne se trompe jamais.

Sarah Wilson Estep a aussi un correspondant régulier dans l'au-delà, assez mystérieux : Styhe ; et le professeur Delavre, un ancien médecin français bien connu : Hippolyte Baraduc qui, lors de la mort de son fils, puis de sa femme, avait obtenu sur plaques photographiques un léger brouillard en formation au-dessus de leur corps.

À ces entités très diverses, par leur origine, leur passé et le niveau d'évolution auquel elles se situent, correspondent des messages de contenu également assez varié. Il ne s'agit plus de simples nouvelles envoyées à la famille, mais de descriptions détaillées des mondes où elles se trouvent, de considérations philosophiques ou religieuses, de développements sur l'histoire de notre planète et son évolution...

Mais là, il faut bien l'avouer, nous nous trouvons devant les mêmes problèmes que pour tous les messages reçus par les voies médiumniques traditionnelles : oui-dja, clairvoyance, clairaudience, écriture intuitive...

Les affirmations, souvent péremptoires, ne coïncident pas d'un messager à l'autre. Plus grave encore, elles paraissent souvent inconciliables, alors qu'elles émanent de la même source, mais à des mois d'intervalle. On a même parfois l'impression d'un certain rattrapage maladroit.

Je sais bien que cela est difficile à admettre pour les chercheurs qui ont une pratique constante, et parfois depuis des années, de tel ou tel correspondant de l'au-delà. Souvent se sont peu à peu développés de réels rapports de confiance et d'amitié ; sans quoi, d'ailleurs, ces communications n'auraient pu se prolonger.

Mais, pour moi, les exemples de ces difficultés sont trop clairs et trop nombreux. Il y a là un vrai problème, plus grave pour moi que l'apparition déconcertante de certaines images « paranormales » que l'on découvrait plus tard comme reprises, très exactement, d'un livre ou d'une revue. Ce n'est pas l'honnêteté des expérimentateurs que je connais que je mets en doute ; ni même, nécessairement, celle des opérateurs dans l'au-delà, que je ne connais pas ; mais l'autorité de leurs messages.

Alors ? Est-il vraiment impossible d'avancer encore plus loin que nous ne l'avons déjà fait, du moins avec quelque sécurité ? Je ne le pense pas, mais il faut essayer de mettre un peu d'ordre dans tous ces témoignages ; repérer leur véritable origine, qui n'est pas toujours nécessairement celle qu'ils affirment ; apprendre à distinguer les différents plans d'où ils émanent ; essayer peu à peu de reconstituer l'ensemble, souvent seulement partiellement entrevu par chacun d'eux. C'est précisément, je le rappelle, l'une des raisons de cet ouvrage.

Je noterai d'abord qu'un grand nombre de trépassés avouent simplement et très honnêtement leur ignorance, ou les limites de leur connaissance. Ainsi, par exemple, les correspondants dans l'au-delà de Marie-Louise Morton :

« Tu nous demandes comment l'existence se poursuit sur ce plan-ci ? Nous ne savons là-dessus que ce que nous pouvons voir et, n'étant arrivés que depuis peu, nous avons l'esprit encore tout occupé des choses de la Terre... »

« Chacun de nous ne dit que ce qu'il peut voir et nous sommes tous limités par nous-mêmes. Nous arrivons dans l'Au-delà, avec nos préjugés, nos habitudes mentales et notre manque de vision [8]. »

Ceux-là reconnaissent au moins qu'ils ne sont encore que des nouveaux venus, des débutants. Voyons maintenant ce que confesse (si j'ose dire) l'ancien pasteur protestant qui nous affirmait que lui et ses compagnons nous enseignaient la Vérité. J'insiste sur cette énorme affirmation : « Il n'y a plus aucune raison pour que nos explications soient faussées par nos propres interprétations. » Eh bien, le même pasteur, dans la suite du message que nous a transmis Mme Morrannier, avoue plus humblement :

« Nous avons nous-mêmes encore bien des mystères à éclaircir. Cela nous sera donné quand le moment sera venu. Nous avons, devant nous, tout le temps d'y songer, d'échanger entre nous nos impressions et nos propres réflexions [9]. »

Voilà qui situe le problème tout autrement !

Certains tenteront de résoudre la question d'une autre façon. Ils feront remarquer que dans tous les messages reçus jusqu'à maintenant par des médiums, par la planchette ou par l'écriture automatique, la conscience du récepteur interférait nécessairement plus ou moins. Quarante à soixante pour cent des communications viendraient toujours du récepteur et non du messager. Avec les enregistrements des voix des trépassés on éviterait cette source, toujours possible, de déformation des messages. Le risque se limiterait aux erreurs de notre écoute.

L'argument vaut certainement, du moins en partie. Il y a bien certains messages dont on finit par se demander s'ils ne sont pas, au moins pour une très grande part, le fruit d'une projection inconsciente. Pierre Monnier ou Roland de Jouvenel reconnaissent que leur mère, parfois, intervient sans le vouloir dans le message. Mais ils ajoutent qu'ils s'arrangent toujours pour rattraper cela et que l'essentiel de leur pensée n'est jamais altéré. Marie-Louise Morton raconte qu'elle sentait passer dans sa main comme un léger courant pendant qu'elle transcrivait fidèlement ce qui lui était communiqué. Ce courant s'arrêtait dès que, même involontairement, elle était sur le point d'introduire ses propres mots [10].

De même, les déformations du message sont certainement très réduites lorsqu'il s'agit de vrais poèmes. Je pense, par exemple, au fameux cas de Patience Worth. Ses messages furent reçus par Mme Pearl Lenore Curran à partir de 1913, à Saint Louis, aux États-Unis, par l'intermédiaire du oui-dja (système du verre renversé qui va de lettre en lettre, mais plus perfectionné, le verre étant remplacé par une petite planchette sur roulettes). Au début du XXe siècle, Patience Worth, aux États-Unis, s'exprimait à travers cette planchette, en anglais du XVIIe siècle. Des études précises de son vocabulaire révélèrent une connaissance exceptionnelle des coutumes et des mœurs de la vie anglaise à cette époque. Une connaissance aussi de la faune et de la flore du nord de l'Angleterre, à la lisière de l'Écosse [11]. Les textes de Patience Worth sont pleins de vie et d'humour ! mais parfois aussi venaient des poèmes entiers remplis de nostalgie ou emportés par une rare violence :

« Ah ! Dieu, j'ai bu jusqu'à la lie
Et j'ai lancé sur toi la coupe !... [12]

On ne peut guère, non plus, supposer une trop grande marge d'erreur de transmission dans le cas du plus célèbre des médiums brésiliens, certainement l'un des plus grands médiums de tous les temps, Francisco Cãndido Xavier, « Chico Xavier », comme l'appellent avec un tendre respect les Brésiliens.

Il naquit à Pedro Leopoldo dans l'État de Minas Gerais, le 2 avril 1910, parmi une famille nombreuse. Sa mère mourut quand il avait cinq ans. On le confia alors à sa marraine qui ne l'aimait guère et le battait. Après deux ans de souffrances et d'amertumes, il obtint de revenir au foyer paternel, grâce aux efforts de la jeune femme avec laquelle son père s'était remarié.

Il connut les difficultés matérielles pendant toute son enfance et son adolescence. Très tôt, à huit ans et demi, le petit Chico commença à travailler pour aider à subvenir aux besoins de ses nombreux frères et sœurs – ils étaient quinze en tout.

« Parallèlement à toute cette lutte pour le pain quotidien, des phénomènes étranges se produisaient dans son existence, qui provoquaient en lui des conflits psychologiques aigus. À quatre ans et demi, il percevait déjà la présence d'esprits qui lui disaient des choses incompréhensibles pour un enfant. Dans le jardin potager de sa marraine, il voyait sa mère, désincarnée, qui l'exhortait à la patience et à la paix dans l'épreuve. À l'école publique, où il fit ses études primaires, il entendait les esprits lui dicter des vers et des compositions sur les sujets les plus divers. Les conflits intérieurs s'aggravèrent pendant son adolescence, dans la mesure où la foi catholique, dans laquelle il était éduqué, réprimait tous ces phénomènes qui ne faisaient que se multiplier au fur et à mesure que le temps passait, sans qu'il en eût d'explication vraisemblable.

À l'âge de 17 ans il devint spirite, à la suite d'une maladie survenue dans sa famille. En effet, une de ses sœurs, Maria Pena Xavier, tomba malade et ne trouva la guérison que grâce au spiritisme, car elle était, en fait, obsédée par des esprits. C'est ainsi que le jeune Chico découvrit l'explication de tous les phénomènes étranges de son enfance et de son adolescence.

Le 8 juillet 1927, il reçut son premier message écrit, et, depuis, il n'a plus jamais cessé son activité d'écriture médiumnique [13]. »

Il travailla pendant trente ans comme petit fonctionnaire, vivant toujours modestement, aidant à la subsistance de ses frères et cousins.

Parallèlement, il avait déjà reçu, en 1989, le texte de trois cent vingt ouvrages de six cents auteurs de langue portugaise, tous dans l'au-delà, dont une anthologie de poésies qui reste depuis lors le best-seller incontesté de la littérature de cette langue. Ses livres atteignaient déjà dix-huit millions d'exemplaires au seul Brésil, et certains d'entre eux avaient déjà été traduits dans trente-trois langues. On m'assurait, en 1992, au Brésil, que ces chiffres étaient déjà bien dépassés. Cependant, Chico Xavier n'a jamais accepté un seul centime pour ces œuvres qui n'étaient pas les siennes et qu'il n'avait fait que transmettre. Ses droits étaient directement versés à diverses fondations de bienfaisance.

Les vendredis et samedis avaient lieu des séances publiques. De 14 à 18 heures, une soixantaine de personnes défilaient, à raison de quelques minutes pour chacune, juste le temps de donner leur nom ou celui d'un décédé avec, éventuellement, un rapide commentaire. Ensuite, dans une autre pièce, il donnait des conseils médicaux aux malades qui avaient laissé leurs noms, et cela jusque vers minuit. Enfin il se rendait dans la pièce principale pour recevoir les messages personnels. Assis devant deux à trois cents personnes, il retirait ses lunettes, se cachait les yeux avec sa main gauche et se mettait à écrire de la main droite, jusque vers trois ou quatre heures du matin. Il lisait ensuite les messages reçus. Après soixante années ininterrompues de ce service épuisant, l'âge venant, les séances ont été réduites aux samedis soirs.

Ces messages ont fait l'objet de plusieurs enquêtes. On trouvera déjà l'étude de quarante-cinq d'entre eux dans l'ouvrage déjà cité *A vida triunfa*. Bien des fois, des faits complètement inconnus de tous sont apparus ainsi au grand jour, des erreurs ont été redressées, des messages en langues étrangères ont été reçus. Tout cela a été rigoureusement vérifié.

Une autre étude mérite ici une mention particulière, celle du professeur Carlos Augusto Perandréa, graphologue non seulement devant les tribunaux et au service des banques, mais professeur pour la formation d'innombrables experts à travers tout le Brésil. Ses travaux font absolument autorité en la matière. Il m'a montré dans son petit laboratoire personnel, à Londrina, comment il travaillait et, notamment, comment il avait étudié un certain nombre de messages reçus par Chico Xavier, en les comparant avec des textes écrits, dans leur vie terrestre, par les émetteurs de messages. Il avait pu ainsi prouver que l'on retrouvait chaque fois, dans ces messages, une proportion importante de caractères calligraphiques propres à l'écrivain défunt [14].

Lors du deuxième grand congrès international sur la transcommunication, à São Paulo, Chico Xavier ne put venir, étant trop faible pour se déplacer. Mais il fut notre président d'honneur et, devant l'assistance très émue, il nous exprima par vidéocassette toute sa joie de voir que la technique moderne permettait de confirmer l'authenticité de cette communication avec l'au-delà dont il avait été un témoin infatigable et si souvent calomnié !

Enfin, si l'on en revient à un autre cas célèbre, la possibilité de déformation était certainement aussi très faible dans les « Dialogues avec l'Ange » notamment à la seconde partie des Entretiens, lorsqu'avec l'occupation allemande de la Hongrie le petit groupe a quitté la villa de Budaliget pour le centre de la capitale. À partir de ce moment, la préparation à l'acceptation du martyre va se faire plus pressante et les messages sont transmis désormais en forme rythmée et rimée, la cadence des vers s'imprimant beaucoup plus profondément, jusque dans le subconscient, pour mieux le nourrir. D'ailleurs, la preuve à la fois des erreurs encore possibles mais aussi de leurs limites, nous l'avons dans les derniers entretiens, lorsqu'une amie de Lili vient se joindre au groupe. L'entretien terminé, elle dit à Hanna :

« Dès le début, j'ai entendu intérieurement tout ce qui t'était dit et les mots y correspondaient parfaitement, sauf un seul. »

Elle cite le mot et Hanna lui répond :

« C'est toi qui as bien entendu, là, je me suis trompée [15]. »

Le célèbre cas des messages en mosaïque ou messages fragmentés en est un autre exemple.

Frederic Myers et les messages fragmentés

Frederic Myers (1843-1901) était un humaniste connu pour ses essais sur la poésie de l'Antiquité. C'était aussi un homme à l'affût de toutes les dernières découvertes scientifiques. Ce fut un des membres cofondateurs de la Société de recherches psychiques de Londres, particulièrement connu pour la rigueur extrême des contrôles qu'il exigeait dans l'étude des phénomènes psychiques. Peu après sa mort parut l'œuvre principale de sa vie terrestre : *La Personnalité de l'homme et sa survivance à la mort du corps.*

Après sa mort, il entreprit une œuvre beaucoup plus importante encore. Avec d'autres trépassés, comme lui, membres du même institut de Londres, il se mit à transmettre à différentes personnes vivant sur terre, mais en des lieux souvent fort éloignés les uns des autres, des messages fragmentés, des bribes de messages qui n'avaient aucun sens, chacun pris isolément, et dont l'enchaînement n'apparaissait qu'après regroupement selon un code précis (système de Clearinghouse).

Tout cela, évidemment, un peu comme les œuvres posthumes de Franz Liszt et autres compositeurs dictées à Mrs. Brown, dans le dessein de prouver, autant qu'il est possible, aux hommes de bonne volonté que nous survivrons tous à notre mort.

Au début, aucune description de l'au-delà ne figurait dans ces messages. En esprit scientifique, donc méthodique, F. Myers prit son temps. Ce n'est qu'après plus de vingt ans, du moins de nos années, passées dans l'au-delà qu'il entreprit de nous décrire systématiquement ces mondes nouveaux. Sur ce sujet, la plus grande partie de ses messages passa par un seul récepteur, une jeune Irlandaise de Cork : Mrs. Geraldine Cummins. La jeune femme n'était pas médium patentée. Bien que fille de professeur, elle n'avait fait aucune étude supérieure, mais elle était l'auteur de deux pièces de théâtre qui avaient été jouées à Dublin.

Elle procédait de façon très étrange : assise à sa table, elle se couvrait les yeux avec la main gauche et tombait bientôt dans une sorte de somnolence. Sa main droite, posée sur la feuille de papier, se mettait alors à écrire à une vitesse incroyable, sans séparer les mots, sans ponctuation. Elle pouvait ainsi produire jusqu'à 2 000 mots en un peu plus d'une heure, alors que pour écrire le moindre petit article de 800 mots il lui fallait normalement sept à huit heures ! Quelqu'un veillait à lui retirer la feuille quand elle était remplie et glissait alors une nouvelle feuille blanche en reposant son bras dessus, comme le bras d'un tourne-disque. Cela donna, de 1924 à 1931, l'équivalent d'un volume de taille moyenne.

Mais, si l'on prend toute l'œuvre posthume de Myers, on se trouve devant environ 2 000 pages, transmises en une trentaine d'années. Certains passages ne sont d'ailleurs pas de lui, car, toujours dans son souci de trouver de nouveaux systèmes pour prouver la réalité de la survie personnelle, il mêlait souvent à son texte de longues citations latines ou grecques d'œuvres antiques peu connues. Le tout fut publié, avec études et commentaires, en 3 000 pages environ [16].

Une règle générale ne saurait donc être appliquée à tous ces messages. Certains peuvent être en totalité l'œuvre de leur transcripteur, que ce soit supercherie plus ou moins consciente ou illusion de totale bonne foi. D'autres peuvent présenter des garanties d'authenticité et de fidélité presque absolues. On ne peut donc minimiser systématiquement la valeur des messages obtenus par les anciennes méthodes (oui-dja, médium, écriture automatique), par rapport à ceux que l'on reçoit aujourd'hui par l'intermédiaire d'appareils. S'il y a contradiction entre les deux types de messages, on ne peut pas systématiquement accorder plus de confiance aux voix enregistrées.

Chaque cas doit être étudié spécifiquement en tenant compte du contenu du message. À l'inverse, on ne peut accorder une confiance aveugle à un message parce qu'il est reçu en direct de l'au-delà. Même si la transmission est hors de cause, il reste le problème de la qualité du messager.

La science métapsychique va devenir expérimentale

Roland de Jouvenel avait d'ailleurs annoncé qu'un jour ce genre de communication deviendrait possible. Mais il en avait aussi rappelé les limites, qui ne tiennent pas au procédé employé, mais aux niveaux de l'au-delà que l'on peut ainsi atteindre, quel que soit le moyen utilisé :

« L'occultisme et la métapsychie deviendront une science expérimentale basée sur le réel ; une table qui se soulève est un phénomène d'ondes ; des conversations médiumniques sont des contacts avec des esprits encore voisins de la terre. Là est le phénomène d'interpénétration d'un plan dans un autre, mais cette zone est incommensurablement éloignée du Royaume. Ces incursions d'un plan dans un autre deviendront par la suite aussi familières que l'aviation est devenue courante. Pourtant, ce n'est pas parce que les hommes se sont construit des ailes qu'ils sont devenus des anges, ni parce qu'ils atteignent de hautes altitudes qu'ils se rapprochent de Dieu. Vous arriverez à communiquer avec l'invisible, mais cet invisible est aussi loin de la Divinité que vous l'êtes vous-mêmes d'une étoile.

Ces réservoirs d'esprits voisins de votre univers ont atteint un degré supérieur au vôtre, mais ne sont encore qu'à la première des marches qui conduisent au septième ciel. Un jour viendra où, scientifiquement, ce monde sera en relation avec votre monde. Les études dirigées vers ce plan ne peuvent en rien être une profanation envers le Divin, car les rayons célestes ne pénètrent guère plus en ces régions que dans la vôtre. Les êtres qui y circulent n'ont de plus que vous-mêmes qu'un sens : le sixième.

Un jour viendra où vous capterez les vibrations de ce plan, comme vous avez capté l'électricité, et elles vous seront perceptibles.

Mais Dieu n'est toujours pas là... L'expérience mystique ou spirituelle est tout autre [17]... »

Ce message date du 3 novembre 1949. Il annonce et vise donc, là, la situation actuelle.

2. La cartographie des pays d'outre-mort

Je ne pense pas ici aux mondes parallèles, à des mondes plus ou moins semblables au nôtre et où vivent probablement des êtres appelés à faire la même évolution que nous. Les grands messagers auxquels je fais confiance nous disent que ces mondes existent et que viendra le temps où, dans l'au-delà, tous les êtres pensants et capables d'aimer se retrouveront sur des plans supérieurs.

Non, ce qui m'intéresse ici, c'est de savoir combien nous aurons de mondes à traverser, d'étapes à franchir avant de parvenir à l'union complète avec Dieu.

Les différents niveaux de l'au-delà

Beaucoup distinguent sept plans (niveaux ou sphères, tous ces termes sont ici synonymes). Ainsi Georges Morrannier précise-t-il que chacun de ceux-ci comporte à son tour sept paliers [18]. Mais attention, la Terre constitue dans son système le plan zéro et, en fin de parcours, tout le monde n'aboutit pas au septième. Il y a bifurcation après le cinquième vers le sixième ou le septième, ce dernier plan étant réservé aux saints, aux missionnaires, aux moines, aux grands fondateurs de religion ou grands initiés, à tous ceux qui se sont consacrés à Dieu, et qui, selon Georges Morrannier, ont en conséquence renoncé à fonder une famille et à perpétuer la race. On se demande alors où il situe Mahomet, qui était loin d'être célibataire avec ses dix-huit femmes, et même quelle place il accorde aux pasteurs protestants ou aux prêtres orthodoxes, mariés et pourtant consacrés au service de Dieu, ainsi même que tant d'évêques de la primitive Église pendant de nombreux siècles, à commencer par saint Pierre. Ajoutons que, la première sphère dans son système étant remplie de criminels, nombre d'entre nous arriveront, espérons-le, à échapper à cette sphère et peut-être même à la deuxième, pleine de gens encore bien charnels et bien rivés à la terre.

Il est vrai que Roland de Jouvenel, à deux reprises au moins [19], évoque les sept cieux et qu'il explique à sa mère qu'il faut d'abord « franchir sept zones d'évolutions intérieures ». Mais, il semblerait que ces sept zones ne se trouvent pas à l'intérieur du premier ciel, mais bien pour l'atteindre, ce qui change tout. Il parle d'ailleurs de « symbole » plus que de cartographie exacte, et il n'est pas sûr qu'il faille entendre ces « sept cieux » en un sens plus rigoureux que lorsque nous parlons du « septième ciel » pour exprimer le bonheur parfait.

D'autres confortent cette vague idée des sept cieux en se référant à la description donnée de l'au-delà par Frederic Myers. Nous avons vu dans quelles conditions extraordinaires ce dernier nous a transmis ces observations. Il est vrai qu'il distingue comme Georges Morrannier sept plans. Mais ils ne se recoupent pas. Pour lui, le niveau un correspond à l'instant de la mort. Le niveau deux est un état de transition et c'est à celui-ci que se situe la projection du film de notre vie. Le niveau trois, qu'il nomme « région de l'illusion », constitue le monde aussitôt après la mort. C'est donc en fait ce niveau qui, pour F. Myers, pourrait correspondre à la première sphère pour Georges Morrannier ; qui pourrait, mais qui n'y correspond pas puisque, nous l'avons vu, la première sphère est un monde véritablement infernal, pour les anciens criminels. Ce n'est pas du tout le cas du niveau trois de Myers. Si l'on ajoute que F. Myers semble bien ignorer le double terminal de Morrannier en deux sphères parallèles, on voit bien que les deux systèmes de représentation n'ont guère en commun que la référence au chiffre sept.

Je ne crois pas que l'on puisse, pour le moment, établir avec quelque certitude une cartographie détaillée de l'au-delà. Il faut admettre, comme dans les vieilles cartes d'autrefois, d'assez vastes zones blanches. Mais, sans aller aussi loin, ni dans le temps ni dans l'espace, la cartographie de notre cerveau n'est guère plus définie. Alors… patience !

Où ces mondes, ces niveaux, se situent-ils ?

Nouvelle difficulté. Là encore, essayons de cerner ce qui semble certain en évoquant seulement, au passage, les probabilités.

Un autre espace-temps

Dans ces mondes, l'espace n'est certainement plus le même. D'où l'embarras des réponses. Il s'agit, avant tout, de niveaux de conscience. Là, il y a unanimité. Chacun de ces « niveaux » correspond à un niveau spirituel, à un certain degré d'évolution intérieure. Sur terre nous vivons tous dans le même monde, soumis aux mêmes lois de la pesanteur, aux mêmes conditions physiques, quel que soit notre niveau spirituel personnel. Au contraire, dans les mondes qui suivent le passage de la mort, chacun rejoint rapidement le niveau correspondant à ce qu'il est. À chaque niveau d'évolution de la conscience correspond un monde où la matière, le temps, l'espace, le corps lui-même se trouvent en harmonie avec ce niveau spirituel. Du point de vue physique, tous décrivent ces différents états de la matière en termes de *vibrations*. À notre niveau, celui de la terre, déjà tout est tourbillonnement de forces. Les physiciens nous disent maintenant qu'il est faux de nous représenter les particules comme des petits grains de poussière. Nous sommes faits d'ondes. Tous les messagers de l'au-delà, quelles que soient leurs préoccupations dominantes, quel que soit le niveau qu'ils prétendent avoir atteint, utilisent ce langage, qu'il soit littéralement exact ou qu'il corresponde seulement à la meilleure image possible, pour nos connaissances actuelles.

Ils nous disent que ces différents mondes correspondent à des vitesses de vibration spécifiques, comparables aux diverses ondes radio que nous émettons et captons. De même que les ondes radio peuvent se mêler sans qu'il y ait interférence, de même ces mondes peuvent s'interpénétrer sans jamais se rencontrer.

C'est pourquoi la plupart nous affirment que ces mondes se trouvent parmi nous. Ou encore, à la fois sur notre terre, à travers notre globe et autour. D'autres, il est vrai, nous affirment que ces différents mondes correspondent aux différentes planètes de notre système solaire. Si nous n'y détectons aucune vie, c'est que sur chacune de ces planètes se trouvent des formes de vie et de civilisation qui pour nous demeurent invisibles, indétectables.

J'avoue ne pas être en mesure de faire la distinction parmi ces diverses opinions, pour le moment du moins, et peut-être pour longtemps. J'aurais plutôt tendance à insister sur le fait qu'il s'agit vraiment d'un autre espace et je ne sais pas si vouloir situer ces différents mondes par rapport au nôtre a vraiment un sens.

Le monde est la résultante de notre conscience

Par contre, il faut insister sur cette harmonie entre ce que nous sommes, le niveau spirituel que nous avons atteint et le monde qui nous entoure, à commencer par notre propre corps. Il s'agit là d'une loi universelle, d'une portée immense, dont nous retrouverons les effets à tous les niveaux : c'est le pouvoir créateur dont nous disposons, souvent sans le savoir, par la pensée (la pensée au sens large, nos sentiments, nos désirs, nos craintes).

Ce pouvoir fantastique devient évident dès que l'on quitte ce monde terrestre, par la mort ou par la simple décorporation provisoire : la projection du corps glorieux hors du corps de chair. Chacun peut alors constater par lui-même l'évidence du pouvoir créateur de la pensée. Ce qui nous empêche de le mesurer pendant cette vie terrestre, c'est que sur ce premier niveau, ce pouvoir s'exerce collectivement. C'est la résultante de la pensée de l'ensemble de l'humanité qui détermine l'état physique actuel du monde et le niveau de vibration atteint par la matière composant ce monde, à commencer par notre corps de chair. L'harmonie entre le niveau spirituel de conscience et le

monde dans lequel nous vivons ne provient pas d'une intervention de Dieu, qui nous placerait simplement dans le monde
convenant le mieux au stade de notre développement spirituel.
Ce n'est pas non plus parce que notre niveau spirituel nous ferait
automatiquement rejoindre le monde correspondant à notre
niveau. Cette harmonie est établie par une relation de cause à
effet. C'est notre conscience qui produit l'état de ce monde, selon
le niveau spirituel qu'elle a atteint. Le temps et l'espace mêmes,
tels que nous les éprouvons, sont la conséquence de notre niveau
de conscience collectif ; la science moderne, dans ses recherches
les plus avancées, rejoint aussi cette idée :

« L'origine des événements (au-delà de l'espace et du temps)
englobe également l'activité propre de notre esprit, de telle
sorte que le cours futur des événements dépendrait pour une
part de cette activité spirituelle [20]. »

Dans le même ouvrage, Marie-Louise von Franz, étudiant la
notion jungienne de « synchronicité » dans sa convergence avec
les perspectives nouvelles ouvertes par la physique moderne, en
arrive à affirmer que, peu à peu :

« ... s'impose l'idée que les deux mondes de la matière et de
la psyché pourraient être plus que deux dimensions à lois
semblables, mais pourraient former un *Tout psychophysique*.
Cela veut dire que le physicien et le psychologue observeraient
en fait un même monde par deux canaux différents. Ce monde
se présenterait, si on l'observe de l'extérieur, comme ''matériel'', et, si on l'observe par introspection, comme ''psychique''. En lui-même il ne serait probablement ni psychique ni
matériel, mais tout à fait transcendant [21]. »

Marie-Louise Morton nous dit à plusieurs reprises que ce
monde physique est la « résultante de la pensée de tous [22] ». Miss
Alice Mortley ou plutôt « Bertha » est encore plus explicite.

C'est un des textes majeurs de l'au-delà qui nous est parvenu
par écriture automatique, dans la première décennie de ce siècle.
La réceptrice, Miss Alice Mortley, était une infirmière anglaise
d'une vie spirituelle personnelle très profonde. Dans ses moments
de recueillement, elle recevait les pensées d'une certaine Bertha
qu'elle n'avait jamais connue et qui avait vécu longtemps auparavant au pays de Galles. Ses messages ont paru d'une telle valeur
au pasteur Grosjean qu'il en fit la traduction française [23].

On y trouve, très fortement affirmée, cette relation de cause à
effet entre l'état spirituel de l'humanité et l'état physique de ce
monde de la matière. Plus particulièrement, elle souligne l'aspect
atemporel de cette relation causale, ce qui me paraît la bonne

interprétation du mythe du Péché Originel tel qu'on le trouve dans la Bible[24] :

« La transmutation du Temps en un *Éternel présent* ferait disparaître toute idée erronée de mal héréditaire[25]. »

« ... La "chute" est un fait actuel et non quelque chose qu'on puisse reléguer dans le passé[26]. »

« L'homme conditionne la qualité de la terre qu'il habite... C'est vous, en réalité, qui avez façonné votre île, l'Angleterre, par vos pensées et vos énergies latentes... Il n'est pas jusqu'aux changements de climat ou aux cataclysmes naturels qui ne trouvent leur cause profonde dans la qualité de la vie de l'homme[27]. »

« La qualité des saisons est conditionnée par la conscience profonde de l'homme, par la présence ou l'absence de Dieu dans sa vie consciente[28]. »

Nous retrouverons ce pouvoir véritablement créateur de la pensée encore plus nettement dans les étapes suivantes ; on peut même dire que les différents mondes de l'au-delà non seulement correspondent à différents niveaux de conscience, mais encore ne sont que ces différents niveaux dans leur manifestation.

C'est ce qu'a très vite compris un jeune soldat tué en 1942 par les Japonais, même si l'expression est moins absolue que celle que je viens de proposer.

Il tombe, en pleine jungle et en plein combat. Hors de son corps de chair il essaie d'abord, bien en vain, d'aider encore ses camarades. Devant l'inutilité de ses efforts, il abandonne et se promène dans la forêt. En quelques pas, il se trouve dans une paix merveilleuse. C'était bien toujours la jungle que, malgré les circonstances, il avait appris à aimer, mais dans une beauté indescriptible que ses yeux de chair n'avaient jamais pu percevoir. Au milieu de ce bonheur lui apparaît une forme brillante et belle qui l'invite à venir avec elle à l'aide de ses compagnons mourants. Il hésite un peu à quitter ce lieu merveilleux. « Celui qui brille », ainsi nomme-t-il la forme, lui explique alors, pour le rassurer, qu'il « suffirait d'évoquer ce lieu et d'y souhaiter retourner pour y revenir ». Il se décide donc à le suivre :

« C'est avec regret que je le suivis. Nous avons en quelque sorte transité, ou plutôt non, il n'y eut point de transit : notre environnement s'effaçait et un autre prenait sa place. La jungle bougeait et se dissolvait, et un autre type de jungle apparaissait, celle-là remplie d'hommes criant des ordres et hurlant de douleur. Tout d'abord, cela me parut insoutenable mais "Celui qui brille" me dit : "Viens te mettre au côté de cet homme, il va venir à nous.'' Une seconde après, une balle déchirait son estomac, et il se recroquevillait à nos pieds en geignant. ''Celui qui brille'' se pencha vers lui et toucha sa tête et ses yeux. Ses gémissements se turent instantanément, et je vis son esprit abandonner son corps torturé. Il nous rejoignit, pâle et ahuri, dans la dense végétation de la jungle. Avant que je puisse comprendre ce qui s'était passé, nous étions de retour dans la merveilleuse jungle ; ce fut magnifique. »

Plus loin l'auteur ajoute : « Je comprends qu'il n'y a pas d'endroits différents, tous correspondent à nos états d'esprit. C'est comme ce que l'on nous avait appris quand nous étions enfants : *le royaume de Dieu est en vous.* Bonne nuit. »

J'ai encore emprunté ce passage aux messages reçus par la veuve et la fille du colonel Gascoigne, car on trouve rarement dans les récits de l'au-delà cette description précise du changement de niveau, comme dans un fondu-enchaîné de diapositives. On a l'impression dans ce témoignage que ce ne sont pas les personnages qui se déplacent, mais le décor qui change[29].

Cependant, les trépassés eux-mêmes sentent qu'ils accomplissent vraiment un voyage, avec une impression de vitesse, comme dans le fameux tunnel dont nous avons déjà parlé lors des E.F.M. Les deux impressions ne sont d'ailleurs pas nécessairement contradictoires. En l'absence de repère fixe, on ne sait jamais qui bouge. Simplement, au lieu d'un passage direct d'un lieu à un autre, beaucoup ont l'impression de traverser des lieux intermédiaires. Mais c'est peut-être aussi que notre brave soldat, dans la jungle, n'avait pas encore atteint des régions très « éloignées » de la nôtre.

Un des naufragés du *Titanic*, en 1912, est arrivé à communiquer le récit de ses aventures dans l'au-delà à sa fille, par l'intermédiaire d'un médium. Le naufragé s'appelait William Sted. Lors de la catastrophe, sa fille se trouvait à la tête d'une troupe dramatique qu'elle avait recrutée pour interpréter Shakespeare. L'un des acteurs, Goodman, avait certainement des dons de médium. La nuit même du naufrage, il perçut ce qui se passait sur les mers et lui en parla, sans donner le nom du navire. Il lui dit encore qu'un très proche parent lui envoyait, par son intermédiaire, son dernier salut. Quinze jours après la mort de son père, Miss Sted put entrer en communication directe avec lui pendant une vingtaine de minutes et même le voir, au cours d'une séance chez un médium. Sous différentes formes, les contacts se multiplièrent et, à partir de 1917, William Sted commença à « dicter » à Goodman un certain nombre de messages. De 1921 à 1922, ces messages constituèrent le récit de sa mort et de son évolution dans l'au-delà.

Il raconte d'abord sa stupéfaction de trouver soudain près de lui des gens qu'il savait morts depuis longtemps :

« À cela j'ai compris pour la première fois le changement qui était survenu. Je compris brusquement et j'eus peur. Après un moment de trouble, je cherchai à me ressaisir. Mon désarroi ne dura qu'un instant et je réalisai avec émerveillement que tout ce que j'avais appris était vrai. Oh ! si j'avais eu un téléphone à ce moment-là pour envoyer des nouvelles à tous les journaux ! Ce fut ma première pensée. Puis me vint une réaction d'inquiétude. Je pensai aux miens. Ils ne l'avaient pas encore appris. Que dire à mon sujet ? Comment le communiquer ? Mon téléphone ne marchait plus. Je voyais tout sur terre car j'étais encore très près de notre planète. Je voyais le bateau coulé, les naufragés, et cela me donna de l'énergie ; j'avais la force d'aider… et, de désespéré, je devins capable de secourir. En peu de temps tout était joué et nous attendions seulement la fin de la catastrophe. C'était comme si nous avions attendu un départ. Finalement les sauvés furent sauvés et les noyés, vivants. Alors, ceux de la seconde catégorie, c'est-à-dire nous, tous ensemble nous changeâmes de scène et de direction. Pour nous tous alors commença un étrange voyage et le groupe que nous formions était lui-même étrange ; personne ne savait où nous allions. Cette scène était d'un tragique indescriptible. Beaucoup, comprenant ce qui était arrivé, avaient une terrible inquiétude, autant pour leur famille, qu'ils avaient laissée qu'au sujet du sort qui les attendait. ''Qui veillera sur nous ? disaient-il. Va-t-on nous conduire auprès du Très-Haut ? Et quelle décision va-t-il nous annoncer ?'' D'autres paraissaient indifférents à tout, mentalement absents. Vraiment une étrange troupe d'âmes humaines attendant leur immatriculation dans le monde nouveau.

Ce fut l'affaire seulement de quelques minutes, et voici des centaines de corps, flottant dans l'eau, morts ; des centaines d'âmes emportées à travers les airs, vivantes ; et beaucoup d'entre elles, même très vivantes. Beaucoup, en effet, ayant réalisé qu'elles étaient mortes, étaient furieuses de ne pas avoir la force de sauver leurs objets précieux. Elles luttaient pour sauver les objets auxquels, sur terre, elles avaient accordé tant de prix. Le spectacle du naufrage était effroyable. Mais ce n'était rien en comparaison de celui des âmes arrachées à leur corps bien malgré elles. La scène était déchirante. Nous attendions d'être tous rassemblés... et quand tout fut prêt, nous nous ébranlâmes vers d'autres horizons.

Ce voyage fut curieux, bien plus que nous ne l'aurions imaginé. Nous montions verticalement dans l'espace à très grande rapidité. Nous nous déplacions en groupe comme si nous avions été sur une très vaste terrasse, projetée en l'air avec une puissance et une vitesse gigantesques ; et pourtant nous n'avions aucune crainte pour notre sécurité. Nous avions un sentiment de solidité. Je ne sais combien de temps dura notre voyage, ni à quelle distance de la terre nous nous trouvions lorsque nous arrivâmes. Mais ce fut une arrivée tout à fait merveilleuse. C'était comme lorsqu'on sort de l'ennui d'un hiver britannique pour arriver dans l'éclat rayonnant d'un ciel méridional. Tout était beau et resplendissant dans ce nouveau pays. Nous l'avions vu de loin en nous approchant ; tous ceux d'entre nous qui avaient quelques connaissances sur ce sujet pensèrent que nous étions envoyés dans ce lieu d'accueil en raison de notre séparation brutale d'avec la vie terrestre. Le malheureux néophyte était soulagé en arrivant. Un certain sentiment de fierté nous remplissait, en trouvant que tout était léger, resplendissant et, de plus, aussi matériel et solide à tous égards que tout ce que nous venions de quitter dans ce monde.

Notre arrivée réjouit beaucoup d'amis et de parents qui nous étaient très chers lorsque nous étions sur terre. À notre arrivée, nous tous qui venions du naufrage, nous fûmes mis à part. Nous pouvions à nouveau disposer librement de nos énergies, bien que chacun d'entre nous fût accompagné d'un ami personnel, trépassé depuis des années [30]. »

Cette fois, comme on l'a vu, on a bien l'impression de distance parcourue dans l'espace. Le nouveau pays d'accueil est même vu longtemps avant d'y arriver. Il se peut d'ailleurs que ce voyage soit plus marqué entre notre monde et les étapes suivantes qu'entre chacune de ces étapes. La coupure, de toute façon, est plus forte à ce niveau-là.

Roland de Jouvenel relate une expérience un peu semblable. Je le cite aussi un peu longuement. On remarquera au passage, à la fois, les analogies et les différences :

« Quand nous quittons la terre, nous arrivons tout de suite dans une sorte de bulle close. Après notre dernier soupir humain, nous n'entendons plus rien. Sans ligne de conduite, ayant perdu le sens de l'orientation, nous voletons dans des nuées, toujours sans rien reconnaître. Ceci est notre première étape.

Puis, peu à peu, nous apprenons à discerner les courants divins ; et des routes célestes s'ouvrent à nous.

La première couche, qui surplombe le monde et par laquelle nous devons passer, est comme un ciel entier à parcourir. Cet espace est sillonné de comètes. Nous sommes tout dépaysés dans l'inconnu de cet univers. Sans ailes ou presque, nous voltigeons dans cet éther aussi maladroitement que des oiseaux nouveau-nés. Péniblement nous visons des courants supérieurs, que nous ne pouvons pas toujours atteindre, et nous retombons. Enfin, des rayons de plus en plus clairs nous apparaissent, et nous reconnaissons les voies triomphales qu'il s'agit d'emprunter pour arriver jusqu'à Dieu [31]. »

Étant donné le style toujours très imagé, très poétique, de Roland de Jouvenel, on pourrait se demander si tout n'est pas à prendre au figuré. Mais je ne crois pas, car il y revient d'autres fois et presque dans les mêmes termes. Cependant, il est fort possible que le voyage spirituel lui-même engendre ses propres images très concrètement. Se demander s'il faut prendre les termes dans un sens concret ou figuré est peut-être un faux problème : les deux sens sont probablement vrais à la fois. L'aventure spirituelle se transpose d'elle-même en images, en distances, en impression de vitesse ou d'obstacles éprouvés réellement par tout l'être, à la fois spirituellement et physiquement.

Parlant de la mort de la lumière au crépuscule, Roland de Jouvenel ajoute :

« Cette agonie du jour dans l'ombre est une réplique de ce que nous éprouvons au moment de la mort. La terre devient ténèbres ; nous ne distinguons plus le créé, nous traversons ensuite une région ténébreuse comparable à la nuit. Nous sommes emportés dans l'espace comme des nuages dans l'ombre d'un soir obscur, puis l'aube céleste se lève enfin pour nous ; mais nous sommes encore loin de Dieu, aussi loin que le soleil est loin de la terre [32]. »

À plusieurs reprises, Roland évoque aussi cette zone de ténèbres à traverser comme une zone de froid glacial. On voit bien dans ces textes le double aspect, à la fois physique et spirituel :

« Pour ne pas avoir trop froid lorsque tu quitteras la terre, il faut que ta vie intérieure soit torride, les steppes de glaces dans lesquelles tu seras prise fondront si ta ferveur est chaude comme un brasier : ta ferveur dissoudra le gel [33]... »

« Le jour de ta mort... je t'emmitouflerai de toutes tes prières pour traverser les zones froides qui précèdent le paradis [34]. »

Une confirmation étonnante de cette impression d'espace à traverser se trouve dans la plupart des E.H.C. (expériences hors du corps) de Robert Monroe. Ainsi, un jour où il se décide à tenter de visiter des « lieux » où se trouvent des intelligences très évoluées, il a vraiment l'impression de faire un « voyage » plus long que d'habitude :

« Je me déplaçai avec rapidité... je ne cessai de me concentrer alors que je traversais à toute vitesse un vide interminable. Je m'arrêtai enfin [35]. »

Roland de Jouvenel parlait de courants qui nous emportent dans ces espaces, de comètes traversant ces zones... Robert Monroe nous décrit quelque chose de semblable :

« À diverses reprises, le mouvement du voyage, qui est en général rapide et sans heurt, a été interrompu par une rafale violente, tel un ouragan déferlant dans l'espace à travers lequel on se déplace. Vous avez alors la sensation d'être rejeté par cette force incontrôlée, projeté au hasard sans fin à l'instar d'une feuille dont se joue le vent. Lutter contre ce courant est impossible, la seule mesure possible consiste à vous laisser emmener. En définitive, vous êtes projeté sur la rive du courant et vous vous retrouvez là sans avoir subi le moindre dommage. Rien ne permet d'identifier ce courant, mais il paraît naturel et non créé de manière artificielle [36]. »

Une fois franchie la grande coupure entre ce monde-ci et l'au-delà, il est, semble-t-il, plus facile de circuler à l'intérieur d'un même niveau ou même d'un niveau à l'autre. Beaucoup affirment cependant qu'on ne peut jamais aller dans les étages supérieurs, à moins d'y être appelé et même conduit pour un court moment et une raison bien précise. Inversement, on peut toujours aller rendre visite à ceux qui s'attardent un peu dans les étages inférieurs au sien (je ne parle pas ici des sous-sols, si je puis m'exprimer ainsi, où seuls peuvent s'aventurer les esprits les plus évolués, en vue de secourir et d'éclairer les plus repliés sur eux-mêmes, les plus rebelles aux forces d'amour. Je reviendrai plus loin sur ces mondes pénibles).

Les enseignements du voyage astral

Souvent, d'ailleurs, ces visites s'apparentent plus à la bilocation qu'au véritable voyage. Beaucoup nous disent que, pour rendre visite à un ami, ils lui envoient une sorte de double d'eux-mêmes qui apparaîtra près de lui et prendra le temps nécessaire pour l'entretien, comme ils l'auraient fait eux-mêmes. Pendant le déroulement de l'entretien, ils perçoivent tout ce que voit et entend leur double, comme s'ils étaient sur place.

Un lien existe probablement entre cette forme de visite, un peu étrange pour nous, et des expériences souvent faites par ceux qui, plus ou moins volontairement, voyagent hors de leur corps. Ils ont souvent remarqué que leur corps glorieux, astral, subtil, leur double si vous préférez, pouvait entrer en communication avec des personnes vivant bien normalement sur terre, mais à un niveau au-delà de leur conscience claire ; une sorte de dialogue entre le double d'un homme, dont le corps de chair se situe à des kilomètres de l'entretien, et un autre homme qui, au niveau conscient, ne se doute de rien, regarde peut-être tranquillement son match de foot à la télévision pendant que son subconscient, ou peut-être également son propre double, resté à la maison, si j'ose dire, resté dans son propre corps de chair, entend, voit et répond au visiteur invisible. Nous avons plusieurs observations de ce genre, très précises, de la part de Robert Monroe.

Monroe, grand voyageur dans l'astral, est particulièrement fiable. Ce n'était pas du tout un rêveur, mais un homme d'affaires. Dans sa vie professionnelle, riche et variée, il a été écrivain, directeur et producteur d'environ quatre cents émissions de radio ou de télévision. Il a possédé et dirigé un réseau de radio et de télévision par câble en Virginie. Puis il a fondé et dirigé l'Institut Monroe, spécialisé dans l'étude des effets des ondes sonores sur le comportement humain.

Ajoutons que sa première décorporation n'est pas du tout liée, comme bien souvent, à un accident ou à une opération, et qu'elle n'est pas non plus survenue pendant son enfance ou son adolescence. C'est, chez lui, un phénomène d'adulte. Il s'est d'ailleurs prêté de bonne grâce aux tests et contrôles du département de recherches de l'hôpital de Topeka et a lui-même bien souvent requis la collaboration de médecins et de psychiatres ou psychologues, dans l'espoir de mieux comprendre le mécanisme de ce qui lui arrivait [37].

Il a créé un petit laboratoire où il enseigne sa méthode de projection hors du corps, et c'est lui qui a appris à Élisabeth Kübler-Ross à se décorporer ainsi à volonté [38].

Une des grandes caractéristiques des récits de Robert Monroe c'est son souci d'observation rigoureuse et objective. Après chacune de ses « sorties », il en écrit aussitôt tous les détails importants.

Or, bien des fois, il va avoir l'impression d'avoir été vu et entendu par les personnes qu'il rencontrait, il a même l'impression que ces personnes réagissent en fonction de sa présence et de ce qu'il leur dit, il entend et note leurs réponses. De retour dans son corps, quand vient le moment des vérifications et qu'il leur téléphone, ces personnes lui confirment bien tous les détails extérieurs de sa visite, la disposition des lieux, leur activité à l'heure à laquelle il prétend les avoir vues, quelquefois même les propos échangés avec d'autres personnes également présentes, mais elles n'ont aucun souvenir de l'avoir perçu lui-même, ni vu, ni entendu, ni, à plus forte raison, de lui avoir répondu quoi que ce soit. Il remarquera même que certaines personnes, en grande conversation avec un tiers, lui ont répondu sans le savoir et sans en être nullement incommodées dans leur conversation. Voici un exemple : Robert Monroe va rendre visite, par son double, à une amie qui a pris quelques jours de vacances dans sa petite maison sur la côte du New Jersey. Quand il arrive, elle se trouve dans la cuisine avec deux jeunes filles (Monroe apprendra plus tard que c'étaient la nièce de cette amie et une camarade de cette nièce) :

« Toutes trois discutaient mais je n'entendais pas leurs propos. Je m'approchai d'abord des deux jeunes filles, me plaçant directement devant elles, mais je ne réussis pas à attirer leur attention. Je me tournai ensuite vers R.W. (son amie) et je lui demandai si elle avait conscience de ma présence.

– Oh oui, je sais que tu es là, répliqua-t-elle (mentalement ou au moyen de cette communication supraconsciente que je connaissais bien désormais ; elle continuait en effet à converser avec les deux jeunes filles).

Je lui demandai si elle était sûre de se souvenir que je lui avais rendu visite.

– Oh ! cela ne fait aucun doute, répondit-elle.

Je lui dis que je m'assurerais qu'elle ne l'oublie pas.

– Je m'en souviendrai, j'en suis convaincue, dit R.W., tout en poursuivant sa discussion orale avec les jeunes filles. Je lui dis que je désirais en être certain et qu'à cet effet j'allais la pincer.

– Oh ! tu n'as pas à faire cela, je m'en souviendrai, affirma-t-elle.

Je ne voulais rien laisser au hasard, aussi j'essayai de la pincer doucement, juste entre les hanches et la cage thoracique, dans le côté. Elle laissa échapper un cri de douleur sourd et je me reculai quelque peu surpris. Je n'avais pas cru que je réussirais à la pincer... »

Cependant, quand il voulut vérifier, quelques jours après, au retour des vacances de R.W., elle confirmait bien les circonstantes : la cuisine, les boissons, les filles, etc., mais n'avait aucun souvenir, ni de la visite de Monroe ni de leur conversation.

« Je la questionnai de manière plus pressante, mais en vain. Impatient, je finis par lui demander si elle se souvenait d'avoir été pincée. Un regard stupéfait me répondit.

– C'était toi ? Elle m'observa pendant un instant, puis entra dans mon bureau, dont elle referma soigneusement la porte derrière elle. Elle souleva légèrement le bord de son sweater du côté gauche. Il y avait deux marques brunes et bleues à l'endroit précis où je l'avais pincée [39]. »

Comme quoi, lorsqu'on manque une marche d'escalier, absolument sans raison, il faut toujours se poser des questions !

Lors donc de ces conversations entre doubles, l'un dans son corps et l'autre hors de son corps, il semble bien que dans le premier cas, pour celui qui est dans son corps, il y ait simultanément double activité, à la fois du « double » et du « corps ». Alors que, généralement, lorsque le double hors du corps est en pleine activité, son corps pendant le même temps est au repos.

Ce n'est pourtant pas toujours le cas. Jeanne Guesné raconte comment il lui arriva de mener pendant quelques instants une double vie, parfaitement consciente, à la fois dans son corps étendu sur le lit et dans son double, debout près de la fenêtre. Elle éprouva même à ce moment-là, et simultanément, deux sentiments tout à fait contradictoires : douceur et paix dans la conscience qui était restée avec son corps, douleur poignante dans la conscience de son double.

Elle vécut même une fois sur trois plans à la fois, en trois lieux, et à trois époques différentes !

« Je connus une expérience similaire chez ma fille à Paris, lors d'un séjour que j'y fis en novembre 1948. Alors que dans ma chambre ma mère, ma fille et mon mari parlaient entre eux à quelques mètres seulement de moi et que pour eux je semblais somnoler, je vécus ''simultanément'' trois moments différents dans le temps et dans l'espace, bien vivante et consciente dans chacun sans qu'ils se confondent, et cela durant plusieurs minutes.

J'insiste sur le fait qu'il ne s'agissait pas de souvenirs, de mémoire ni de rêve, mais de trois présences de moi-même simultanées. J'existais dans trois situations physiques, psychiques et psychologiques différentes, de trois époques différentes, ceci avec une sensation d'ubiquité indiscutable et un esprit d'une clarté inouïe, centralisant sans aucun effort les perceptions de ces trois présences de moi-même [40]... »

L'œuvre de Jeanne Guesné n'a pas les mêmes prétentions scientifiques que celle de Robert Monroe. Mais elle est toute en finesse, en simplicité, en prudence et en réserves même devant les phénomènes qu'elle vit. Elle a, en outre, le vrai talent d'une conteuse. Il faut lire comment une brave femme de la campagne l'initia, en toute innocence, à ces terribles mystères.

Mais si le double, à l'intérieur du corps, peut parfois agir et répondre sans quitter ce corps, mais sans que la conscience normale de ce corps s'en aperçoive, il peut aussi arriver que le double pousse l'initiative un peu plus loin et aille régler certains problèmes hors du corps, à l'insu de celui-ci.

Harold Sherman, le grand spécialiste américain de parapsychologie, dont nous avons déjà parlé, raconte comment il fut le témoin d'un cas de ce genre [41]. Alors qu'il rédigeait le scénario d'un film, il se trouvait en 1941 à Hollywood. Il s'était lié d'amitié avec un détective célèbre, à Chicago, spécialiste en criminologie. Ce détective était maintenant retraité et vivait à 25 ou 30 kilomètres de l'autre côté de Los Angeles. Lui aussi s'était beaucoup intéressé à l'occultisme, et Sherman réservait alors ses dimanches après-midi pour le rencontrer. Ils se retrouvaient alternativement chez l'un ou chez l'autre.

La fête du Thanksgiving Day, qui tombe toujours un jeudi, était le 20 novembre 1941. Sherman et sa femme avaient envoyé à leurs amis Loose une corbeille de fruits en signe d'amitié. Le dimanche suivant, c'était aux Loose de recevoir les Sherman. Ce jeudi-là, M. Sherman rentra chez lui vers quinze heures. Il trouva dans sa boîte un petit billet du portier lui signalant que M. Loose était venu le voir et l'attendait le dimanche suivant. Harold Sherman fut un peu étonné que son ami se soit donné la peine de traverser Los Angeles, un jour de grande circulation, sans même avoir téléphoné pour s'assurer qu'il le trouverait. Au demeurant, les choses étaient déjà réglées pour le dimanche suivant. Mais peut-être voulait-il remercier pour la corbeille de fruits ? Le billet du portier indiquait quatorze heures trente. Il appela donc son ami à quinze heures trente, pensant qu'il avait eu le temps de rentrer. Il voulait lui dire combien il était désolé de l'avoir manqué... Surprise de M. Loose, qui lui affirma ne pas avoir quitté la maison de toute la journée. Il devait y avoir une erreur. Leur fille, leur gendre et leur petit-fils étaient venus déjeuner chez eux ce jour-là, et il n'avait même pas sorti sa voiture ou enfilé ses chaussures. Il était resté en salopette avec une veste en tricot brune et ses pantoufles.

Curieux ! Sherman redescendit voir le portier et lui demanda quelques détails. Pouvait-il lui décrire l'homme qui avait laissé ce message ? Le portier lui répondit qu'il avait l'air d'un ouvrier, en salopette avec une veste tricotée de laine brune, une chemise bleu sombre et une casquette. L'étonnement de Sherman redoubla et il expliqua au portier pourquoi. Les deux descriptions coïncidaient tellement ! Le portier se rappela alors qu'il n'avait pas vu l'homme entrer. Simplement, il avait levé les yeux et l'homme était là. Il parlait lentement, comme s'il avait eu peine à former ses mots. Une dame, présente à ce moment-là, lui avait dit, après, qu'il lui avait paru bizarre. Le portier ne l'avait pas non plus ni vu, ni entendu s'en aller. Aucun bruit de pas, ni de porte qui s'ouvre ou se referme.

Le dimanche suivant, Loose avoua à son ami Sherman qu'il pratiquait assez souvent la décorporation volontaire, mais parfaitement consciente et en pleine possession de ses moyens. Il prenait d'abord contact avec certains amis, par télépathie. Quand ils étaient d'accord, il allait ainsi les rejoindre par projection hors de son corps. Il avait un ami, prêtre catholique en Amérique du Sud, qui se livrait au même « sport », et venait ainsi parfois le retrouver, généralement sur un certain petit banc tranquille dans un jardin. Il ajoutait qu'un passant n'aurait guère pu remarquer qu'il s'agissait de quelqu'un qui ne se trouvait pas dans un corps de chair (détail très intéressant pour nous ; il s'agissait donc ici de beaucoup plus que du simple voyage en astral ; le double était visible et consistant ; c'était une vraie bilocation. Dans le cas assez unique où Monroe a pu pincer son amie, il y a bien une sorte de début de consistance. Les frontières ne sont pas toujours bien nettes d'un phénomène à l'autre).

Ce qui inquiétait Loose, et on le comprend, c'est que pour la première fois son double prenait une telle initiative, et sans même le prévenir.

La contre-épreuve confirma parfaitement l'hypothèse. Le mardi suivant, Loose se montra au portier tel qu'il était habillé le jeudi précédent. Le portier le reconnut aussitôt et, interrogé à nouveau, fit seulement remarquer que ce n'était pas la même chemise. Celle-ci était plus claire. C'était exact ; l'autre avait été envoyée chez le blanchisseur[42].

Faudra-t-il donc créer une loi pour réglementer les déplacements des doubles non accompagnés ? En attendant, surveillez bien votre double, ne lui laissez pas prendre trop d'initiatives, si vous voulez rester le maître chez vous...

À moins que ce ne soit déjà fait et que ce soit finalement dans l'ordre des choses. Robert Monroe nous explique qu'une fois hors du corps, l'esprit conscient est entièrement dominé par l'inconscient. Tout au plus le conscient parvient-il, à la longue, à exercer une certaine fonction de contrôle :

« Il est plutôt le modulateur d'un maître ou d'une force motrice. Quel est ce maître ? Parlez de supra-esprit, d'âme ou de moi supérieur – l'étiquette importe peu. Il est toutefois capital de savoir que l'esprit conscient obéit de manière automatique aux ordres du maître sans jamais les mettre en question. Dans l'état physique nous ne paraissons guère conscients de ce fait. Dans l'état second (entendez : hors du corps) c'est un fait naturel. Le supra-esprit sait d'instinct ce qui est "bien", et les problèmes ne surgissent que si l'esprit conscient refuse obstinément de reconnaître cette sagesse supérieure. La source de la connaissance du supra-esprit ouvre sur maintes voies, la plupart paraissant dépasser notre perception du monde-de-l'esprit-conscient [43]... »

Voilà qui nous ouvre de nouvelles perspectives sur les mystères de l'homme !

Je pense que ces quelques exemples, empruntés aux E.H.C., nous permettent sans trop extrapoler de nous faire une certaine idée des déplacements à l'intérieur des premiers niveaux de l'au-delà, ou même, dans une certaine mesure, d'un niveau à l'autre. Bien que faites encore par des vivants de ce monde-ci, ces expériences sont déjà, par elles-mêmes, des incursions dans l'autre monde et en suivent donc, au moins partiellement, les lois. Mais ceci n'est valable, me semble-t-il, que pour les premiers niveaux de la vie de l'au-delà. Ensuite, les choses se passent autrement. Mais le temps et l'espace eux-mêmes seront différents.

3. Les premiers niveaux dans l'au-delà

Nous avons déjà vu que, souvent, ceux que nous avons aimés sur terre et qui sont morts avant nous viennent nous chercher avant même que nous n'ayons fait le grand passage.

Mais il n'en est pas toujours ainsi. William Sted, après le naufrage du *Titanic*, était emmené avec tous ses compagnons sur une sorte de gigantesque ascenseur, vers un pays merveilleux qu'il appelle lui-même l'« île bleue », et qui n'est au fond qu'une sorte de station orbitale d'accueil pour les nouveaux arrivés. C'est là qu'ils retrouvent effectivement leurs parents et amis.

Harold Sherman dans son dernier ouvrage nous raconte que A.J. Plimpton, après la mort de sa femme, s'intéressa aux phénomènes paranormaux et obtint des enregistrements de sa femme, puis finalement communiqua avec elle et avec d'autres trépassés, directement par télépathie.

On lui affirma ainsi que la terre était effectivement entourée de toute une chaîne de stations orbitales d'accueil pour les décédés des différentes parties de la terre. Mais il ne s'agirait que de lieux de transit[44].

Il existerait même des sortes de Centres de Renseignements permettant de retrouver immédiatement où se trouve un trépassé dont on a perdu la trace.

Robert Monroe a l'impression d'avoir, au cours d'une de ses expériences hors du corps, fait une courte apparition dans l'un de ces centres d'accueil. Mais il ne le situe pas, dans l'espace, par rapport à la Terre :

> « Je me retrouvai, à l'occasion d'une visite, dans un environnement faisant songer à un parc avec des fleurs, des arbres et de l'herbe, soigneusement entretenu ; peut-être un jardin public sillonné de chemins. Ces derniers était bordés de bancs et des centaines d'hommes et de femmes déambulaient ou se détendaient sur les bancs. D'aucuns étaient parfaitement calmes, d'autres paraissaient inquiets, et la plupart avaient un regard désorienté. Ils étaient, selon toute vraisemblance, incertains de ce qu'il convenait de faire.
>
> Je savais d'une manière ou d'une autre qu'il s'agissait d'un lieu de rencontre, où les nouveaux venus attendaient des amis ou des parents. De ce Point de Rencontre, ces amis emmenaient les arrivants vers le lieu auquel ils appartenaient[45]. »

Il n'est pas tout à fait certain que tous les trépassés passent automatiquement par ces centres d'accueil qui sont, en quelque sorte, des centres de tri. Ou peut-être chacun parvient-il déjà dans un centre différent selon la destination qui lui reviendra ensuite.

Dans une toute première étape, en effet, certains n'iront pas bien loin. Ils resteront tout simplement dans notre monde. C'est ce dont témoigne Georges Morrannier, le jeune homme qui, après une longue recherche intellectuelle et spirituelle, s'était aventuré tout seul dans le yoga royal et avait fini par se suicider :

> « Dis-toi bien que nous ne vivons pas ''là-haut'' dans un endroit indéterminé, mais que nous vivons avec vous, dans vos demeures[46]. »

Il explique même qu'avec ce nouveau corps, beaucoup plus léger, ce n'est pas si facile :

« Il faut apprendre à se tenir debout d'abord, puis à marcher, comme les bébés terrestres. Nous faisons des bonds au début, comme dans l'apesanteur, comme les cosmonautes sur la Lune... et ensuite, nous apprenons à nous asseoir sur vos sièges, car nous, nous n'en avons pas. Alors là, ce sont de bonnes parties de rire, car, tu l'as bien compris, nous tombons sur nos derrières. Tout cet apprentissage se fait vite, surtout quand on est un débutant intelligent [47]. »

Il insiste à nouveau, plus loin :

« Je voudrais t'expliquer ce que beaucoup de terrestres ne comprennent pas, c'est que nous vivons avec vous. Vous avez tellement l'habitude de répondre aux enfants qui s'inquiètent d'une personne décédée : elle est dans le ciel, elle est près de Dieu, que vous nous croyez flottant dans l'atmosphère au milieu des nuages. Il faut revoir cette opinion. Nous vivons ici-bas et non là-haut. Nous vivons dans vos appartements et vos maisons, nous nous allongeons sur vos lits quand cela nous convient et quand vous n'y êtes pas... Nous nous asseyons dans vos fauteuils ou sur vos chaises, et nous tenons de joyeux conciliabules surtout pendant que vous dormez, ce qui nous laisse toute liberté d'agir... Nous vous écoutons discuter, nous vous regardons vivre avec une joie sans mélange... Nous vous aidons par la pensée, parfois par une intervention inaperçue de vous, mais effective. C'est notre rôle, mais c'est aussi une véritable joie [48]... »

Sa description du corps glorieux ou corps spirituel qu'il possède à ce moment-là correspond à peu près à tout ce que nous avons pu en dire jusqu'ici, à deux détails près. D'abord, les échanges entre trépassés se font encore, à ce stade de l'évolution, par l'intermédiaire de la voix :

« Ces personnes... qui nous aident... nous parlent exactement comme si nous étions encore sur la terre. Nous les entendons car elles ont des voix très audibles et d'ailleurs nous constatons très vite que nous avons une voix, nous aussi [49]. »

À des niveaux plus élevés, cependant accessibles, au moins pour un court instant, par simple E.H.C., la communication finit par se faire directement de pensée à pensée.

Ensuite, il note un détail très curieux. Toujours à son niveau d'évolution, si le corps spirituel :

« [...] passe à travers les murs, les portes et tous les objets du monde terrestre, par contre, et cela est curieux, il ne passe pas à travers les êtres vivants de la terre. Quand l'un de vous vient s'asseoir sur nos genoux, nous nous écartons aussitôt. Nous n'apprécions pas tellement !... C'est une habitude à prendre... Nous sommes d'ailleurs souvent assis par terre, ce qui simplifie la question. Les fantaisistes aiment s'asseoir sur vos buffets ou sur vos postes de télévision ; ils sont moins dérangés[50]. »

Ce détail, précisément, ne se retrouve pas habituellement. Même lors des simples E.F.M. ou E.H.C. (Expériences aux Frontières de la Mort ou Hors du Corps). Ainsi, lors d'une de ses expériences de contrôle, quand il doutait encore de la réalité du phénomène et cherchait à accumuler les preuves, Robert Monroe se trouvait assis, dans son corps spirituel, chez quelques dames au courant de ces expériences, et dont il devait ensuite pouvoir décrire le logement, les habits et même, partiellement, la conversation. Or, à un moment, l'une de ces dames s'assit par inadvertance sur son fauteuil, c'est-à-dire sur ses genoux, ou plus précisément sur les genoux de son corps spirituel. Il note dans le protocole de sa visite : « Je ne ressentis pas son poids ». La dame non plus ne s'en trouva nullement incommodée. Ce n'est que lorsqu'une amie s'écria : « Ne t'assieds pas sur Bob ! » qu'elle se releva brusquement. Là encore il note simplement : « J'entendis des rires, mais mon esprit était occupé par d'autres pensées[51]. »

Pourtant, Georges Morrannier connaît bien l'existence possible d'autres formes de vie. Il connaît bien notamment le pouvoir créateur extraordinaire de la pensée. Il s'en sert même parfois. Mais pour des questions très secondaires : dans l'au-delà, il s'est fait, par la seule force de la pensée, le bouc au menton dont il avait toujours rêvé sur terre mais qu'il n'avait jamais su réaliser selon ses goûts ! De même, certains jours, il s'habille de blanc : « C'est notre pensée qui nous habille. Tout est pensée dans l'Astral, c'est très important de le comprendre[52]. »

Mais, dans l'ensemble, ce pouvoir créateur de la pensée s'exerçant nécessairement de façon très subjective, il n'y voit qu'illusion. Il est vrai que pour certains ce pouvoir s'exercera sans contrôle, et alors ils ne feront que projeter toutes leurs angoisses en un univers de cauchemar ; d'autres aussi s'attarderont indéfiniment, innocemment, mais aussi inutilement, à créer un univers de palais ou de jardins merveilleux. Mais Morrannier semble ignorer qu'un autre usage de ce pouvoir existe aussi, permettant une évolution vers des zones sans cesse plus spirituelles.

Morrannier ne voit dans ce pouvoir créateur de la pensée qu'illusion et donc, finalement, tentation. Cependant, il me semble que ce refus vient aussi, pour une part, de ce qu'au fond notre monde, un peu amélioré comme il le voit, lui suffit déjà et qu'il y a, de sa part, un certain refus d'une spiritualisation plus grande. Pour le moment au moins, ce niveau lui suffit, il n'a aucune envie de le quitter vraiment :

« Cette pensée, libérée de la matière, nous joue de bien mauvais tours. Elle imagine toutes sortes de romans et de tragédies. Il suffit de penser à manger pour voir une table bien garnie. Il suffit de se croire très malade pour avoir l'impression d'être couché dans une chambre d'hôpital. En fait, il n'y a rien de réel en cela, mais la pensée devient si forte qu'elle crée l'illusion. C'est la raison pour laquelle beaucoup de désincarnés décrivent des maisons, des palais et des paysages enchanteurs [53]. »

Nous verrons plus loin que ces créations de la pensée ne sont pas si illusoires. Les nourritures qu'ils évoquent, les trépassés peuvent vraiment les manger ou les boire. Les palais qu'ils se créent, ils y vivent réellement aussi longtemps qu'ils le souhaitent. Ces réalités correspondent simplement au corps qu'ils possèdent à ce moment-là. Tout comme le bouc où les habits blancs que Georges s'est créés.

Georges Morrannier se contente de notre monde, perçu en profondeur, comme peuvent déjà le faire certains médiums : « Il est exact que les paysages sont enchanteurs, mais ce sont les vôtres, auréolés de leurs ondes spirituelles colorées… Nos corps sont formés d'ondes ; les vôtres, ceux des animaux et les végétaux sont auréolés d'un halo lumineux parfois étincelant [54]… »

Même affirmation au long des six volumes déjà parus :

« Notre pensée, dans l'Invisible, peut créer des formes qui nous semblent effectives. C'est pour cette raison que tant de désincarnés décrivent des paysages ou des constructions qu'ils pensent réellement voir, parce qu'ils les ont tout simplement créés en pensée. Ce ne sont que des images vivantes, sans réalité objective. Elles ne font pas partie de notre monde, elles sont des créations irréelles de la pensée de ces désincarnés, peu avertis des choses de l'au-delà [55]. »

En étudiant les étapes suivantes, nous verrons mieux que ces créations de la pensée sont parfaitement réelles, réelles pour chacun de ceux qui les créent. C'est précisément la grande loi de l'évolution spirituelle. C'est ce que Georges Morrannier n'a pas encore compris, me semble-t-il, ni tous ceux qui vivent en harmonie avec lui et forment avec lui tout un petit groupe. Ils sont très loin d'avoir presque achevé leur évolution spirituelle, contrairement à ce qu'ils pensent. Ils se croient dans la cinquième sphère du système qu'ils ont imaginé, c'est-à-dire en fait, dans ce système, à l'avant-dernière étape. Il me semble qu'au contraire ils ne sont qu'au début d'une lente évolution qu'ils n'ont même pas encore acceptée. Inversement, je pense qu'un jour ils pourront évoluer sans avoir à subir l'épreuve d'une nouvelle vie sur terre.

Chacun en restera à cette première étape, c'est-à-dire continuera à vivre parmi nous, aussi longtemps qu'il le souhaitera. Normalement, au bout de quelque temps, il devrait être tenté d'utiliser davantage le pouvoir créateur de la pensée pour des choses plus importantes que la création d'un bouc au menton et de beaux habits blancs. Ce sera alors le début de son évolution : « Le royaume de Dieu est au-dedans de vous. » Chacun va créer autour de lui le monde qui est en harmonie avec ce qu'il est. Il le fera presque involontairement, du moins tant qu'il n'aura pas appris à contrôler ses pensées.

Robert Monroe, sans être mort, uniquement au cours de ses E.H.C., l'a éprouvé bien souvent. Il remarque très finement que chez nous l'action suit la pensée. Hors du corps de chair, ce n'est plus vrai :

« L'action est postérieure à la pensée dans l'état physique, ici elles ne font qu'un. Il n'existe pas de traduction mécanique de la pensée en action... C'est l'idée de mouvement qui crée l'action [56]. »

Le texte qui va suivre est très éclairant. Il nous permet de réviser nos idées sur les moyens de transport de l'au-delà, mais en même temps il nous explique ce qui se passe à ce stade de l'évolution. Les mots soulignés le sont par l'auteur lui-même. Il s'agit d'Albert Pauchard, qui transmet à ses amis hollandais un message pour sa sœur :

« C'est curieux, mais je ne te vois pas très bien dans ton nouvel appartement. Quand je suis avec toi, c'est toujours rue C... J'ai cherché la cause de ce fait, et ce que j'ai trouvé c'est que je ne me déplace pas localement pour être avec toi, mais j'emploie (si je puis m'exprimer ainsi, et j'hésite presque à me servir de ce mot), une "télépathie" plus intime que la télépathie ordinaire. Je deviens comme un avec ton sentiment et ta pensée.

Mais ton image est encore, pour moi, entourée du décor familier. Aussi ai-je toujours notre maison de la rue C... ici, et c'est toujours ma demeure à certains moments. Car, *à nos moments passifs, notre ancien entourage se forme autour de nous automatiquement.* Il n'y a rien d'étrange à cela, et c'est bel et bien une *réelle* demeure. Nous sommes encore si près de la terre, là où je suis, que nous avons besoin d'un monde objectif.

Si ce n'est pas notre propre volonté positive qui le crée, et si notre curiosité ne nous mène pas dans les mondes créés par autrui, alors nous rentrons généralement dans le monde créé *par nos habitudes*[57]. »

Qu'on ne s'y trompe pas, Albert Pauchard ne revient pas hanter cette maison de la rue C... sur la terre. Il y rencontrerait d'ailleurs probablement d'autres personnes que sa sœur, qui n'y habite plus. Il ne fait pas non plus que s'en souvenir, la reconstituer par le souvenir, au sens où nous l'entendons habituellement. Non, elle se reforme comme d'elle-même autour de lui, et elle est alors réelle pour lui d'une réalité correspondant à celle du corps qu'il possède à ce moment-là.

Si cette étape lui paraît un peu dépassée et ne réapparaît que dans les moments d'inattention, dans les « moments passifs », ce n'est pas, comme on pourrait le croire, d'après Georges Morrannier, qu'il est pour lui plus sérieux, plus évolué de rester sur terre. C'est, bien au contraire, nous le verrons plus loin, que ces duplicata de notre monde sont encore bien trop semblables à la terre pour le niveau spirituel qu'il a atteint.

Mais avant d'être prêts pour un monde plus spirituel, beaucoup vont d'abord reconstituer autour d'eux un monde très semblable au nôtre. Ils vont d'abord retrouver leur petite maison, en l'agrandissant peut-être, en lui ajoutant la terrasse dont ils avaient toujours rêvé, en l'entourant d'un jardin, en la situant sur une colline avec une belle vue... Les choses se formeront autour d'eux, gardant la forme que leur a donnée la pensée aussi longtemps qu'on y attache quelque importance. Les choses dont on se détache perdent leur forme, s'évanouissent. Dans ce monde nouveau, tout ce que nous considérions ici souvent avec un peu de mépris, comme « subjectif », devient « objectif » dans l'au-delà. Nos sentiments, plus encore que nos pensées rationnelles, s'objectivent sans cesse. D'où la difficulté d'ailleurs de décrire ces nouveaux mondes.

Pierre Monnier l'explique à sa mère :

« Je t'ai très peu parlé des conditions de la vie dans le Ciel : elles sont infinies et difficiles à raconter, car elles varient avec chaque esprit. Les occupations (celles de l'agrément, comme celles de l'étude), les choses qui nous entourent, tout cela étant devenu spirituel, se déplace ou se transforme par l'effet de notre pensée... Vous songez à un palais – il s'édifie ; à un temple – vous pouvez y prier ; à un océan – il vous est possible d'y naviguer. C'est ce qui fait que lorsque vous interrogez vos amis des plans qui succèdent à celui de la Terre, ils répondent parfois d'une manière très différente... Nous nous entourons de ''réalités irréelles'', s'il est possible d'ainsi dire, qui répondent à notre degré d'évolution. L'esprit arrivé à des hauteurs spirituelles très grandes, n'aura que des pensées belles et élevées, de sorte que tout ce qui l'entoure, étant créé par des émanations de son ''moi'' spirituel, revêtira des formes pures, en rapport avec lui-même [58]. »

C'est, me semble-t-il, le *monde imaginal* cher à Henry Corbin, grand spécialiste des mystiques musulmans, et tout particulièrement d'Ibn Arabi :

Au niveau d'être et de conscience de l'imaginal, les incorporels prennent corps et les corporels se spiritualisent [59].

Alors qu'il est gravement malade, en proie à un accès de fièvre, Ibn Arabi se voit entouré de figures menaçantes :

« Mais voici que surgit un être d'une beauté merveilleuse, au suave parfum, qui repousse avec une force invincible les figures démoniaques.

– Qui es-tu ? lui demande-t-il

– Je suis la sourate Yasîn.

De fait, son malheureux père, angoissé, à son chevet, récitait à ce moment-là cette sourate (la 36e du Coran) que l'on psalmodie à l'intention des agonisants. Que le verbe proféré émette une énergie suffisante pour que prenne corps, dans le monde intermédiaire subtil, la forme personnelle qui lui correspond, ce n'est point là un fait insolite pour la phénoménologie religieuse. Il marque ici une des premières pénétrations d'Ibn Arabi dans l'*âlam al-Mithâl*, le monde des images réelles et subsistantes, dont nous avons fait mention dès le début : le *mundus imaginalis* [60]. »

Je dirai seulement, très brièvement, que Henry Corbin me semble trop insister sur la rupture entre ce monde-ci et ce monde subtil. Pour lui, le temps de ce monde-ci est totalement irréversible et quantitatif ; l'espace est celui du morcellement, de la séparation. Le monde imaginal correspondrait à un tout autre temps et à un tout autre espace. La science moderne nous montre que même nos atomes vivent déjà selon ce monde-là. Les phénomènes d'E.F.M. et d'E.H.C. montrent que ce corps subtil est déjà là, provisoirement et mystérieusement lié à ce corps de chair.

Par ailleurs, Henry Corbin insiste à plusieurs reprises sur

l'impossibilité d'atteindre Dieu en dehors de ce monde imaginal. Il n'y a pas pour lui de dépassement possible. Ibn Arabi affirme cependant explicitement le contraire. [61]

C'est peut-être bien un écho de cette expérience que l'on retrouve dans les descriptions du Dharma-dhâtu, la demeure des bodhisattvas, encore que la différence des cultures soit si profonde que les comparaisons deviennent un peu difficiles. Voici, d'après D.T. Suzuki, quelques points où le rapprochement devient assez net :

« Dans ce monde spirituel, il n'est pas de divisions du temps telles que passé, présent et futur, elles se sont contractées en un moment unique, toujours présent, où la vie frissonne selon son véritable sens... Il en est de l'espace comme du temps. L'espace n'est pas une étendue divisée par des montagnes et des forêts, des rivières et des océans, des lumières et des ombres, par le visible et l'invisible. »

Et pourtant :

« Il y a, il est vrai, des rivières, des fleurs, des arbres, des filets et des bannières, au pays de la pureté... Ce que nous avons est une infinie fusion mutuelle, une compénétration de toutes choses, chacune avec son individualité, encore qu'en elle il y ait quelque chose d'universel. »

C'est aussi, curieusement, le monde des icônes où l'espace est éclaté, les architectures incohérentes, échappant non seulement à la pesanteur et à la perspective mais même à la cohérence des formes :

« Mais il n'y a nulle part d'ombres visibles, poursuit encore Suzuki. Les nuages eux-mêmes deviennent des corps lumineux [62]... »

Dans les icônes aussi les corps et les objets ne font jamais d'ombre portée !

Disons tout de même que ces enseignements sacrés et secrets, réservés à une toute petite élite d'initiés, deviennent tout d'un coup beaucoup plus accessibles à la lumière de ces expériences ou de ces messages de l'au-delà.

Ainsi, au moins dans une première étape, nous reconstituons d'instinct, autour de nous, notre univers familier. Mais aussi, bien souvent, nos habitudes et donc nos activités. Nous arriverons dans l'au-delà sans en savoir plus sur tous les grands mystères de l'existence que ce que nous aurons pu en découvrir dans ce monde-ci. Pour en savoir plus sur Dieu, sur l'origine du mal, sur la liberté... il nous faudra continuer à réfléchir, à lire, à prier, peut-être même à écouter des conférences et à en discuter avec d'autres :

« Dans les régions astrales qui sont les plus voisines de la terre, la vie se continue largement comme auparavant – comparativement – avec des écoles, des églises, des villes entières, même des hôpitaux et des édifices publics ; mais à mesure qu'on progresse ces choses disparaissent [63]. »

Rassurez-vous pour les hôpitaux ! Il semble bien qu'ils ne servent que pour le sommeil réparateur des nouveaux arrivants ou pour aider médecins et chirurgiens de notre monde dans leurs recherches !

William Sted, le rescapé du naufrage du *Titanic* (rescapé dans l'au-delà, entendons-nous, c'est-à-dire dans notre vocabulaire habituel, mort), nous décrit d'admirables concerts en plein air avec une musique plus riche que celle que nous connaissons sur terre, car comprenant les sons que notre oreille de chair, tout infirme, ne peut capter. De plus, ces sons correspondent à des couleurs. C'est mieux que du Xénakis ou du Jean-Michel Jarre ! Il nous raconte aussi que pour communiquer par télépathie avec la Terre, il existe un bâtiment spécial avec de petites cabines et des moniteurs fort aimables qui vous apprennent comment il faut procéder pour établir la communication. Rappelez-vous que parmi les images de l'au-delà que j'ai vues chez mes amis, à Luxembourg, il y avait un paysage urbain avec un grand édifice dépassant un peu les autres. Au commentaire, fait de l'au-delà et reçu en direct par haut-parleur de radio, on leur avait expliqué que c'était de ce bâtiment qu'ils envoyaient leurs images vers la terre.

On retrouve les mêmes affirmations chez quelqu'un de très simple et peut-être, à cause de cela même, d'autant plus crédible. C'est Paul Misraki qui a reçu ces messages par écriture automatique. Mais, par pudeur, il raconte qu'il s'agit d'un ami qu'il appelle Julien. Or, Julien capte peu à peu différents messages de différents trépassés, mais surtout ceux d'un jeune homme nommé Alain. Un incroyable dialogue va s'engager entre ce Julien et cet Alain. Julien est très soupçonneux. Il a peur d'être tout simplement le jouet de son propre subconscient ; ou encore de n'être qu'en relation télépathique, relativement banale, avec des vivants qui essaient de le faire marcher en se faisant passer pour morts. Il y a donc dans leur relation un étrange porte-à-faux. D'un côté, Alain ne cherche qu'à aider Julien à évoluer spirituellement. Et pour cela, il vaut mieux que Julien accepte de croire sans trop de preuves, et ne réclame pas trop de détails sur la vie de l'au-delà. La conversion du cœur et de la vie est plus importante que la satisfaction des curiosités de l'esprit. Mais, de son côté, ce que Julien cherche ce sont surtout des preuves, des signes sans cesse plus évidents et des récits détaillés sur la vie d'outre-mort.

Il s'ensuit une longue enquête, pleine de rebondissements, comme une véritable histoire policière, au cours de laquelle Julien apprendra non seulement le nom de famille de son correspondant de l'au-delà, mais l'essentiel de sa malheureuse histoire terrestre. Alain Tessier était un enfant de l'Assistance publique. À vingt ans il se retrouvait garçon d'ascenseur dans un hôtel. Son grand rêve était de faire du cheval. Comme beaucoup, il devait se contenter d'une moto. C'est ainsi qu'il se tua. Paul Misraki put retrouver l'hôtel où il travaillait et contacter les gens qui se souvenaient d'Alain Tessier et de sa passion pour les chevaux. Quand Julien commence à recevoir les messages d'Alain, celui-ci a enfin trouvé le bonheur et réalise ses rêves :

« Le monde est en mauvaise posture et si tu savais ce que c'est mieux ici ! On aime tout le temps, on rit, on voit des choses merveilleuses. C'est le paradis tel qu'on l'imagine quand on rêve de ce qu'on désire, mais en mieux. Moi, j'aimais l'idée de monter à cheval ; alors ici je monte en rêve et ça va bien... La moto, c'était mon cheval. Mais j'aurais préféré des chevaux en vrai. Maintenant je les ai [64] ! »

Mais, là aussi, nous avons la même évolution. Un peu plus tard, Julien, c'est-à-dire Misraki, s'adresse à Alain :

« Parle-moi de tes chevaux.

– ALAIN. – Mes chevaux, mes chevaux, c'est déjà vieux. J'ai autre chose à faire que j'aime mieux maintenant. Tu le sais, je m'occupe des gens. J'aime les gens, ceux dont je m'occupe. Je peux leur faire du bien, c'est quelque chose qui vous prend en entier. Quand tu constates que le bien se fait. Ah ! c'est ennivrant, je t'assure [65] ! »

Voilà, l'évolution est faite et les chevaux ont disparu.

Ajoutons encore qu'ils semblent très occupés, nos chers disparus !

« Une joie qui naît chez vous nécessite un véritable travail pour nous ; nous avons des équipes qui sont chargées par Dieu de pourvoir aux besoins des hommes... Vos joies nous coûtent souvent beaucoup de labeur, car elles sont l'aboutissement d'ordres donnés par Dieu... Tout n'étant qu'appels de forces qui s'attirent et se repoussent, nous sommes parfois rompus à essayer de vous conduire là où il faut. Quand il s'agit d'égarés, ce sont des batailles épuisantes ; et ceux qui sont préposés à cette tâche peinent plus que tous les autres [66]... »

Il en résulte que nos morts ne sont pas toujours aussi disponibles que nous le souhaiterions. Soit qu'ils se trouvent trop fatigués, comme parfois Roland de Jouvenel :

« Si je te disais que le sommeil existe aussi chez nous, et que j'ai envie de dormir ? Tu es en retard *(sic !)*. J'avais laissé à un ami tout un message à te communiquer, et ce camarade léger s'est enfui sans faire ce que je lui avais demandé [67]. »

Soit qu'ils soient retenus par des tâches très importantes, requérant la présence de tous. Ce peut être d'ailleurs une instruction générale ou une fête commune. Mais ils laissent d'ordinaire quelqu'un à la permanence, pour les urgences.

C'est ainsi qu'un soir Julien, dont nous venons de parler, n'obtint pas la pensée d'Alain Tessier. Le dialogue prit un tour inhabituel :

De l'au-delà : « Bonsoir. Tu cherches midi à quatorze heures, il n'y a personne à qui parler, tout le monde est de sortie.

Moi. – Qui parle ?

– Un employé.

Moi. – Où sont-ils tous partis ?

– En mission. Ailleurs.

Moi. – Et toi, que fais-tu ?

– Je veille en cas de besoin. Mais tu n'as besoin de rien, pas urgent.

Moi. – Merci tout de même.

– Pas de quoi [68]. »

C'est également ce qui est arrivé à Mme Simonet à Reims, mais cette fois lors d'un enregistrement de voix sur bande magnétique. Il lui arrivait souvent de venir en aide à des familles désespérées, souvent des parents ayant perdu un enfant. Ce soir-là, il s'agit de Mme G., la maman d'un jeune Olivier. Depuis sa visite à Mme Simonet, cette dame sait faire des enregistrements elle-même. Mais jusqu'ici elle n'obtient guère que quelques mots murmurés : « Maman, ma petite maman... ». Je laisse maintenant la parole à Mme Simonet, car les détails psychologiques ont leur importance pour bien reconstituer la scène dans toute son authentique simplicité :

« J'ai bien envie d'appeler le jeune homme ce soir, et si j'ai quelque chose de bon, je lui enverrai la cassette demain. Il est environ vingt-deux heures. Le petit magnétophone de mon père est à contribution. Il semble malheureusement que ce sera en vain : après un quart d'heure, toujours rien... Olivier ne se manifeste pas ; cela m'ennuie, car je désire vraiment offrir cette joie à Mme G… En outre, je n'enregistre rien du tout ce soir, que le calme de la maison ; on ne me parle pas ; sont-ils donc tous occupés ?… Pas même un petit « bonsoir »… Je suis si habituée à ces gentillesses à présent… Je persiste encore ; et je fais bien : voici, soudain, lointaine mais claire, la voix de mon père :

– Il n'y a personne chez nous ce soir, Monique. Il faudra rappeler une autre fois [69]. »

Donc les premières étapes, dès que l'on commence à quitter ce monde, à accepter de le quitter vraiment, sont encore très semblables à notre vie de la terre. Nos préoccupations, nos désirs, donc, nos possibilités sont encore très limités. C'est toujours cette loi extraordinaire du respect absolu de notre liberté. Cette loi n'étant elle-même, au fond, que la conséquence de la structure profonde du monde, des mondes, qui veut qu'à chaque instant ce soit notre intérieur qui construise notre extérieur.

Certains traîneront indéfiniment dans leur évolution. On nous parle de gens continuant à vivre à la Cour de Versailles comme au XVIIIe siècle. Ils ne sont pas malheureux, sans doute. Ils ont le monde qui leur convient. Mais si vous le pouvez, tâchez de placer vos désirs plus haut ! Dès maintenant.

Je cite à nouveau Albert Pauchard :

« Votre idée de la vie astrale est encore, malgré tout, trop matérielle. Vous y cherchez une continuation de la vie sur terre. Vous y trouverez bien certainement ce genre de choses, en raison de ce mécanisme né des habitudes prises dont je vous parlais dans les premiers temps. Mais ces habitudes perdent, peu à peu, ce qui les alimente – la nécessité de les maintenir s'affaiblissant de plus en plus avec le temps… Le maintien du corps en bonne forme ne demande aucun effort. Il n'y a point de sens physiques, donc point d'activité correspondante non plus…

En revanche, chaque mouvement émotif est intensifié à un point difficilement exprimable – ce qui place aussitôt la base vitale de notre existence sur un tout autre plan… Nous vivons de façon prépondérante dans le subjectif… C'est dans le ''sentiment'' que nous trouvons à présent notre substance vitale… Cependant, tout se tient dans l'Univers et, sur un plan donné – le nôtre, par exemple –, on trouve le reflet de tous les autres. Si vous comprenez ce point, cela vous ouvrira plus d'un horizon. Disons, pour le moment, que les faits et les images de la vie terrestre ont leur contrepartie ici. »

Un peu plus tôt, il avait parlé :

« [...] d'un plan touchant de très près à la terre. Les âmes y sont encore tout imprégnées des conditions terrestres qu'elles ont récemment quittées. C'est pourquoi vous y trouvez tant d'institutions et de constructions si semblables ou équivalentes à celles de la Terre.

Ces choses sont naturellement utiles à connaître, mais il n'est pas bon d'en faire un cas excessif...

On « meurt » à un Monde après l'autre. Mais, *plus diaphane est la substance et plus elle est soumise au pouvoir de la volonté.* Dès lors, la question de « changement » devient davantage une question de « volonté »[70].

C'est ce mystère de la projection objective de nos pensées et de nos sentiments que nous allons sans cesse être amenés à approfondir dans les chapitres suivants.

VI
Au cœur du Bien et du Mal

1. Notre pensée fabrique notre destin malgré nous

Dans les Évangiles, le Christ revient sans cesse sur le contrôle que nous devons exercer en permanence sur nos pensées et sur nos sentiments. Quiconque regarde une femme pour la désirer a déjà commis l'adultère avec elle dans son cœur. Qui traite son frère de fou est déjà passible de la géhenne. Ce n'est pas la poussière de nos mains qui risque de nous souiller, même si nous l'avalons, mais bien ce qui naît dans notre cœur. La spiritualité des Pères du désert insistera beaucoup sur cette « garde du cœur ». Lors de la pesée des « âmes », représentée souvent sur les papyrus égyptiens, c'est plus précisément le cœur qui est pesé, comme siège à la fois des pensées et des sentiments. Sur l'autre plateau de la balance se trouve la plume Maat, vérité-justice.

Nous avons surtout vu, jusqu'ici, à travers ces messages de l'au-delà, le pouvoir créateur de la pensée que nous pouvons exercer volontairement et à notre profit. La pensée semble produire, construire, à partir sans doute d'un champ de forces, tout ce que l'on souhaite, tout ce qu'on lui demande de produire.

Cependant, nous avons déjà vu aussi qu'un souhait implicite peut souvent suffire. Dans un moment d'inattention où nous sommes un peu « passifs », le désir inconscient de retrouver notre environnement terrestre habituel peut se former en nous, et cela suffit pour que le pouvoir créateur de ce vague désir soit efficace et reconstitue aussitôt, autour de nous, cet environnement.

Mais cela peut aller encore plus loin : ce pouvoir créateur peut échapper encore davantage à notre contrôle. Il risque alors même de se retourner contre nous.

Nous sommes vraiment là au centre du grand mystère. Tant de gens se révoltent à l'idée non seulement d'un enfer, mais même d'une sorte de temps d'épreuves. Ils ont comme l'impression que Dieu nous met au coin ou nous prive de dessert, comme des enfants. Ils pensent que Dieu est nécessairement un peu sadique, même si nous avons vraiment mal agi, et qu'à exiger ainsi notre châtiment, au fond, il ne vaut guère mieux que nous. Or, il s'agit de bien comprendre que Dieu n'y est strictement pour rien et même qu'avec tout l'Amour infini qu'il est, il lui est impossible de nous épargner les épreuves que nous nous infligeons. Ce serait ainsi qu'il nous traiterait comme des enfants et nous empêcherait d'évoluer, et finalement d'être capables de le rejoindre.

Or, grâce à l'accumulation des témoignages et des pistes convergentes, voilà qu'il commence à devenir possible d'entrevoir le mécanisme par lequel nous pouvons faire notre malheur.

C'est déjà vrai en ce monde-ci. Roland de Jouvenel nous en avertit :

« Une partie de l'humanité, en perdant le goût de vivre, crée à son insu dans la structure cosmique l'embryon qui peut précipiter son destin.

Le ferment d'une catastrophe collective est déjà semé dans les impondérables d'un super-univers où tout se forme par projection... Chaque état de conscience se répand dans un au-delà où tout ne fait qu'un... L'homme en se séparant de Dieu s'est enchaîné à un suicide collectif[1]. »

Mais son analyse est, ici, plus précise :

« La pensée, cette chose invisible, indéfinissable, peut avoir des projections assez puissantes pour animer la matière.

Ce que vous croyez être le hasard, la plupart du temps, est conduit par des décharges du psychisme et les événements sont menés par ces correspondances inconnues[2]. »

Cette « projection » de notre pensée dans le monde matériel qui nous entoure semble cependant plus difficile que dans le monde d'après la mort. Nous ne faisons pas surgir palais, lacs et forêts à volonté, comme tous nous l'affirment de l'autre monde.

Lors des E.H.C. (Expériences Hors du Corps), la pensée semble bien avoir déjà, pour une grande part, le même pouvoir. R. Monroe, on l'a déjà vu, insiste sur cette identité de fait entre l'idée et l'action. Mais il note aussi la totale plasticité du nouveau corps dans lequel il effectue ses sorties. Non seulement les bras semblent télescopiques, capables d'atteindre des objets fort éloignés, mais il est convaincu que l'on peut donner à ce corps spirituel la forme qu'on veut : chat, chien, loup. La forme humaine reviendra simplement d'elle-même quand on cessera d'en vouloir une autre[3]. Il se peut cependant que par l'interférence d'une cause inconnue notre corps spirituel prenne, même à notre insu, une forme insolite. Il semble que Monroe ait été perçu ainsi chez quelqu'un sous la forme d'un bout de chiffon flottant dans l'air[4].

De plus, cette « projection » ne concerne pas seulement la forme de notre corps, mais tout le monde qui nous entoure :

« Dans ce lieu, la réalité est composée des désirs les plus profonds et des peurs les plus vives. La pensée est en action et nulle couche superficielle de conditionnement ou d'inhibition ne dissimule votre moi intérieur aux autres... L'émotion brute, si soigneusement refoulée dans notre civilisation physique, est libérée avec force. Dire qu'au départ elle submerge l'individu constitue un euphémisme. Cet état serait considéré dans la vie physique consciente (la nôtre) comme méritant le qualificatif de psychotique[5]. »

Que la pensée soit action, c'est précisément ce que la science moderne commence à son tour à découvrir[6]. Mais qu'elle le soit à ce point, du moins dans l'autre monde, voilà qui n'est pas sans inconvénients si nous ne sommes pas spirituellement assez avancés. Écoutons Jeanne Guesné :

« Une constatation s'avère fondamentale dans ce nouvel état de l'Être : la moindre pensée s'actualise instantanément, c'est-à-dire que si vous pensez ''chat'', le chat est là ; ''rose'', la rose est là. Mais si vous pensez ''serpent'', ''lion'', le serpent et le lion sont là également, avec une réalité impressionnante. Je vous laisse imaginer quelles terreurs, quelles paniques en découlent[7]. »

Mme Guesné nous raconte qu'elle connut ainsi une personne « intelligente, assez cultivée, qui avait reçu une éducation religieuse très stricte, marquée par l'horreur du péché et la certitude de la faute imprégnant la nature humaine ».

Or, cette personne se croyait sincèrement persécutée par le diable. Elle voyait des êtres horribles qui la poursuivaient, la griffaient... Jeanne Guesné avait d'abord été très sceptique. Mais, lorsqu'elle eut appris elle-même à quitter son corps, elle l'interrogea et comprit :

« Elle sortait bien de son corps, d'ailleurs faible et malade, mais elle se trouvait alors aussitôt plongée dans un enfer, que son subconscient saturé de pensées de sorcières, de sabbats infernaux, d'envoûtements, de mauvais sorts, projetait instantanément dans sa conscience, la retenant prisonnière de ses propres créations[8]. »

Ce qui se produit déjà, mais fugitivement, lors de ces voyages hors du corps, se produit aussi, mais constamment, dans l'outre-mort. Le célèbre *Bardo Thödol*, le *Livre des morts tibétains* est, de l'avis de certains, un peu trop rempli de la crainte de l'apparition de ces figures monstrueuses :

« À ce moment, quand les cinquante-huit Déités Buveuses de sang sortant de ton cerveau même viendront briller sur toi, si tu les reconnais comme étant des radiations de ta propre intelligence, tu te fondras en union instantanée... Si tu ne sais pas cela, les Déités Buveuses de sang te faisant peur, tu seras fasciné, terrifié, tu t'évanouiras. Tes propres formes-pensées se tourneront en apparences illusoires et tu erreras dans le Sangsara [9]... »

Les anciens Égyptiens redoutaient aussi de nombreux monstres à corps d'animal au Royaume des Morts. Mais ils n'y voyaient pas la projection de leurs fantasmes. Et, seuls, ceux qui avaient mal vécu avaient à les craindre. Nul doute cependant qu'à l'origine de ces deux traditions complètement indépendantes on doive supposer d'authentiques expériences de la même réalité.

La tradition soufie, notamment chez Ibn Arabî, le « prince des mystiques musulmans », tend à restreindre nettement ce pouvoir créateur de la pensée au seul mystique. C'est par la concentration de son énergie spirituelle que le mystique parvient vraiment à produire, à projeter hors de son cœur l'objet de son désir. Il ne peut donc s'agir ici que de projection sereines et bénéfiques. Toute l'étude de Henry Corbin va dans ce sens. Cependant, il note le rapport très probable entre cette « puissance créatrice du cœur » et « bon nombre de phénomènes désignés aujourd'hui comme phénomènes de voyance, télépathie, visions dans la synchronicité [10]. »

La mystique musulmane des soufis connaît d'ailleurs aussi l'aspect négatif possible de cette projection, mais en l'inscrivant dans une perspective plus large ; tout ce qui existe est vivant, donc, même nos pensées :

« Il en va de même pour les formes, les apparences, les paroles et les actes, ainsi que l'énoncent les traditions sûres selon lesquelles [après la mort], les actes revêtiront des formes et interpelleront celui qui les a accomplis, mettant ce dernier à l'aise dans sa tombe s'il s'agit d'actes pieux, l'y rendant malheureux s'il s'agit d'actes mauvais [11]. »

2. Notre pensée crée des symboles vivants

Cette « projection » ne sera pas toujours directe. Il n'est pas toujours nécessaire d'avoir effectivement pensé à un lion ou à un dragon pour voir dans ce monde nouveau un lion et un dragon. L'aspect du monde qui nous entoure, les événements qui s'y déroulent peuvent très bien n'être qu'une transposition symbolique de nos pensées et de nos sentiments. C'est d'ailleurs un processus naturel, très déconcertant pour notre esprit rationaliste mais universel.

La clairvoyance des médiums fonctionne pour une part ainsi :

« Vous allez partir en voyage ? » me demande Mme B., au cours d'une séance publique de voyance.

– C'est exact.

– Oh oui ! je vois une valise. Et vous allez même partir bientôt, car la valise est déjà pleine. »

Ou encore :

« On me montre un bouquet de fleurs. C'est bientôt votre fête ou votre anniversaire ? »

Mais c'est aussi le même processus de transposition symbolique lors des rêves. Le phénomène est bien connu. Vous rêvez tout d'un coup que le paysage change autour de vous et que vous vous trouvez dans le désert sous un soleil impitoyable. Vous vous apercevez en vous réveillant en sueur que vous êtes simplement trop couvert. Votre corps a perçu une chaleur excessive, pénible. Votre cerveau a traduit cette sensation en image.

Les rêves et la vie dans l'au-delà

Cependant, la plus grande partie de nos rêves correspond à un mécanisme beaucoup plus complexe. Ce sont tous nos problèmes, toutes nos préoccupations qui sont mis en scène, souvent avec des indications d'une solution possible. Mais aussi nos aspirations profondes, nos joies. C'est un travail fantastique de transposition en symboles que nous effectuons, environ quatre à cinq fois par nuit, au cours de périodes d'abord très brèves, puis un peu plus longues, pouvant atteindre jusqu'à vingt minutes. Chaque nuit représente en moyenne, une heure et demie de cinéma que nous nous offrons.

Or, dans ces programmes où nous sommes à la fois auteur et spectateur, dans une improvisation perpétuelle prodigieuse, il ne s'agit que de « projections » de nous-même, de différents aspects, différents éléments de nous-même, mais transformés en symboles.

Jean-Robert Pasche, qui a créé à Genève un Centre d'études de recherche sur les rêves, a noté et analysé 4 000 de ses propres rêves, sans compter ceux de quantité de collaborateurs ou consultants. Il affirme avec autorité :

« Dans nos rêves, tous les personnages ne sont que des représentations de nous-même. Les animaux, les enfants, les lieux du rêve, les véhicules sont aussi des parties distinctes de notre psyché [12]. »

Même évidence pour Christian Genest, qui dirige un laboratoire d'études des rêves à l'université de psychiatrie d'Antioch, aux États-Unis, et qui a travaillé en France en sophrologie et neuropsychologie :

« Lorsque vous rêvez, chaque objet, chaque personnage vivant (animal ou humain), est une partie de vous-même [13] ! »

D'où les dictionnaires de symboles qui accompagnent chaque ouvrage sur les rêves, même si chaque fois l'auteur nous prévient qu'il ne nous livre ce décryptage qu'à titre indicatif et que chacun doit le corriger, l'adapter et le compléter pour lui-même.

On apprend ainsi qu'à part les rêves prémonitoires directs, relativement rares, il faut tout réinterpréter. Même la vision de sa propre mort ne signifie pas ordinairement que l'on va bientôt mourir, mais plutôt que l'on doit accepter une mutation profonde [14]. C'est la « mort » du vieil homme dont parle si souvent saint Paul. C'est la « mort » à soi-même de la morale traditionnelle.

Ce mécanisme de symbolisation dans le rêve peut être tellement semblable à celui qui se produit lors des E.H.C. que, finalement, la distinction devient difficile. Déjà Monroe note qu'il lui est arrivé plusieurs fois de rêver qu'il volait dans les airs, d'en prendre conscience et de se réveiller, pour découvrir qu'en réalité il avait bel et bien quitté son corps de chair et se trouvait en train de planer au-dessus de la campagne. Pour lui, lorsque nous avons, en dormant, l'impression de tomber, de nous enfoncer, de sombrer, cela vient souvent, tout simplement, d'un retour un peu précipité de notre corps astral dans notre corps de chair [15].

C'est ainsi qu'Hélène Renard, fondatrice avec Christian Charrière du Bureau des rêves, nous présente à la façon d'un rêve deux expériences qui sont beaucoup plus probablement des voyages en astral.

Il s'agit d'abord d'un texte du XIIᵉ siècle, qui nous raconte la vie fantastique de Milarepa, magicien, poète et ermite, qui vécut au Tibet au XIᵉ siècle, et dont le souvenir était encore naguère très vivant, nous dit-on, sur les pentes de l'Himalaya :

« Le jour, je changeais mon corps à volonté. Mon esprit imaginait d'innombrables transformations volant dans le ciel et les deux parties du corps dépareillées. La nuit, dans mon rêve, je pouvais explorer librement et sans obstacle l'univers entier depuis l'enfer jusqu'au sommet [16]... »

Milarepa dit bien « dans mon rêve », d'où l'interprétation d'Hélène Renard [17]. Mais l'expression « les deux parties du corps dépareillées » montre bien de quoi, en réalité, il s'agit. D'ailleurs, dans la suite du texte, Milarepa finit par être aperçu, volant ainsi dans les airs, par un paysan et son fils, ce qui n'aurait aucun sens s'il s'agissait d'un simple rêve.

R. Monroe eut aussi l'impression, un jour qu'il se trouvait assis sur le toit d'une maison, d'avoir été vu par une brave femme qui balayait tranquillement son jardin et qui, ayant levé la tête, se précipita chez elle, l'air terrifiée, en refermant violemment la porte [18].

Alexandra David-Néel rapporte une autre histoire tibétaine que cite également Hélène Renard [19], où manifestement il ne s'agit pas d'un rêve mais d'un voyage hors du corps au cours duquel un homme arrive à faire tomber son frère de cheval et à provoquer ainsi sa mort [20]. On se rappelle que, de la même façon, R. Monroe était parvenu à pincer quelqu'un et assez fortement. Ceci tendrait à prouver d'ailleurs que le voyage en astral n'est pas très éloigné du processus de la bilocation.

Hélène Renard rapporte d'ailleurs elle-même avec intérêt et sympathie l'hypothèse du biologiste Lyall Watson selon laquelle les rêves seraient l'œuvre d'une sorte de « corps second », celui qui, précisément, survivra à notre mort physique [21].

Mais il faut aller plus loin. Si les rêves sont difficiles déjà à distinguer des voyages hors du corps effectués en ce monde-ci (comme dans les exemples précédents), ils le sont plus encore lorsqu'il s'agit d'E.H.C. vécues sur d'autres plans que le nôtre aux différents niveaux de l'au-delà. Or, Monroe note à plusieurs reprises que notre corps glorieux, astral, ce qu'il appelle tout simplement le « corps second », a grand-peine à rester sur notre monde. L'espace qui lui semble conaturel, celui pour lequel il semble fait, c'est l'outre-monde, l'au-delà, ce qu'il appelle prosaïquement le « Lieu II ».

Essayant de comprendre pourquoi il est si difficile de faire admettre à d'autres la réalité de ses E.H.C., et plus encore l'existence de ce Lieu II, il note la puissance de l'oubli qui semble s'abattre sur nous après chaque expérience :

« C'est le même écran qui tombe lorsque vous émergez du sommeil, voilant votre dernier rêve – ou le souvenir de votre visite au Lieu II. Ceci n'implique nullement que tout rêve est le produit d'une visite au Lieu II. Mais d'aucuns peuvent très bien être la traduction d'expériences du Lieu II.

[...] Je crois que beaucoup, la plupart, voire tous les êtres humains visitent le Lieu II, à l'un ou l'autre moment du sommeil[22]. »

Cette puissance créatrice de la pensée finit par avoir quelque chose d'effrayant. Si dans la vie éternelle, et dans les différents plans de l'au-delà, tout se passe vraiment comme dans les rêves, alors, si j'ai bien compris, nous sommes condamnés à toujours rester seuls ? Peut-être entourés de notre père, de notre mère, de toute la famille et de nos amis, mais en réalité ils ne seront, comme dans les rêves, que des projections de notre imagination. De qui se moque-t-on ? La vie éternelle ne serait donc qu'une gigantesque farce ! On ne ferait que visionner, chacun dans son coin, les vidéocassettes qu'on se fabriquerait soi-même ? Monstrueux !

Les choses semblent plus compliquées et en même temps moins décevantes. La solution peut d'ailleurs bien, au moins pour une part, se trouver précisément dans le mécanisme même de la symbolisation.

Si l'on peut faire, pour décrypter les rêves, des dictionnaires des symboles, c'est qu'il y a quand même une certaine tendance à traduire les mêmes réalités par les mêmes symboles. Les esprits de même famille, entendez par là de même niveau spirituel et de mêmes goûts, auraient donc tendance à créer autour d'eux le même monde.

L'universalité des symboles se manifeste aussi dans d'autres domaines. Ce n'est pas par hasard que Marie-Louise von Franz, l'ancienne collaboratrice de C.G. Jung pendant trente ans et la continuatrice de son œuvre, rompue donc à la technique et à l'art de l'interprétation des rêves, s'intéresse aussi à *L'interprétation des contes de fées*, au point d'y consacrer plusieurs ouvrages[23]. Or, comme Jung, pour ce travail de décryptage, elle puise dans la symbolique de l'alchimie, dans l'inconscient collectif.

Ce travail de symbolisation se retrouve partout, et notamment dans l'art. Dans ce domaine aussi on a pu écrire de nombreux dictionnaires des symboles. Je me rappelle particulièrement un psychiatre allemand, Siegmund Wolfdietrich, en même temps président de l'Association européenne pour l'étude des contes et légendes. À la fin du stage où il s'était initié à la peinture des icônes, il m'expliquait les nombreux rapprochements qui lui paraissaient évidents entre l'art de l'icône et la structure du temps et de l'espace dans les contes.

Cependant, malgré cet effet de rapprochement créé par les affinités de goûts et l'équivalence du niveau spirituel atteint, la subjectivité de chacun continue, au moins très longtemps, à jouer un grand rôle dans la construction du monde dont il s'entoure. Cela vaut sans doute pour ceux qui sont vraiment morts et dont nous pouvons, par une voie ou l'autre, recevoir les messages. Cela vaut sans doute encore bien davantage pour ceux qui, encore vivants sur terre, ne peuvent que faire de brèves incursions dans le monde de l'au-delà. Jeanne Guesné le reconnaît sans difficulté. À propos des « êtres rencontrés dans ces régions de l'espace », elle se demande :

« Qui sont-ils ? Honnêtement, je dois dire que je l'ignore.

Des projections de mon propre esprit ? Sans doute est-ce le cas pour beaucoup d'entre eux, mais pas pour tous.

Des êtres habitant réellement ces dimensions et constitués de leur matérialité ? Peut-être.

Des projections de l'esprit d'autres personnes ? Peut-être aussi[24]... »

Ces incursions dans l'au-delà semblent bien parfois se dérouler en effet comme des rêves, simplement beaucoup plus cohérents, puisque accomplis en pleine conscience éveillée, mais où nos désirs, nos craintes, nos convictions, nos croyances, voire nos préjugés se projettent comme dans un rêve, mais en se transformant en réalité du monde astral, selon la matière correspondant à notre nouveau corps. D'où le caractère si fortement psychédélique et onirique de certains récits de grands voyageurs hors corps. Ce sont, pour une bonne part, des rêves devenus réalité. Les mondes visités et décrits existent bien, avec tous leurs détails, leur enseignement et leurs révélations, mais ils n'existent que pour ceux qui les ont créés ou pour ceux qui auraient envie, qui rêveraient de les y rejoindre[25].

Nous rejoignons là le problème des limites même de très grandes expériences. Je crois qu'en effet le célèbre mirâdj de Mahomet, son assomption céleste, se situe à ce niveau et dans cet univers-là. Henry Corbin a certainement raison de noter que ceux qui l'ont interprété de façon trop littéraliste, en pensant que le Prophète avait été enlevé au ciel avec son corps de chair, sont tombés dans des « invraisemblances et difficultés insurmontables ». Il a certainement raison aussi de refuser une interprétation trop faible, selon laquelle il s'agirait d'une « ascension purement mentale ». Le mirâdj ne serait plus qu'une allégorie. Mais, comme il le souligne :

« Les théosophes les plus profonds, disposant d'une ontologie du monde subtil, y ont vu une ascension à la fois *in mente* et *in corpore*, le corps en question étant, bien entendu, le corps spirituel subtil, seul apte à pénétrer dans les univers subtils du Malakût où ont lieu les événements visionnaires[26]. »

Saint Paul disait déjà :

« Je connais un homme en Christ qui, voici quatorze ans – était-ce dans son corps ? je ne sais. Était-ce hors de son corps ? je ne sais, Dieu le sait –, cet homme-là fut enlevé jusqu'au troisième ciel. Et je sais que cet homme – était-ce dans son corps ? était-ce sans son corps ? je ne sais, Dieu le sait –, cet homme fut enlevé jusqu'au paradis et entendit des paroles inexprimables qu'il n'est pas permis à l'homme de redire... » (saint Paul, deuxième épître aux Corinthiens XII, 2-4).

Sans doute est-ce le même problème pour beaucoup de visions, si authentiques soient-elles et quels que soient le prestige ou l'autorité de leurs bénéficiaires. Nous restons bien là dans notre sujet, car certaines d'entre elles, particulièrement célèbres, font partie de nos sources, et parmi les plus directes, puisqu'elles sont censées nous venir de l'au-delà.

C'est pourquoi, dans les grandes visions de la Vie et de la Passion du Christ, à côté de rapprochements très évidents, nous trouvons aussi des différences importantes. Même dans les visions de Thérèse Neumann, qui me paraissent les plus proches de ce qui a pu réellement se passer, on assiste parfois à ce processus de transposition symbolique. Pour nous, c'est un témoignage très important, où l'on peut saisir directement ce mécanisme à l'œuvre.

Les visions de Thérèse Neumann

Thérèse Neumann (1898-1962) était une simple fille de ferme, sans grande culture, incapable même, dans son état normal, de bien parler l'allemand. Elle ne connaissait que le dialecte de son pays natal. Or, elle a vu et vécu la Passion du Christ environ sept cents fois, voyant chaque fois les scènes en trois dimensions autour d'elle, et entendant les gens parler araméen. Elle pouvait répéter les mots entendus. Des professeurs d'université ont reconnu la correction des mots répétés. Les scènes se déroulaient toujours de façon absolument identique. Les variantes venaient seulement de ce qu'elle n'occupait pas toujours la même place dans le tableau et pouvait ainsi, d'une fois sur l'autre, entendre et voir des choses qu'elle n'avait pu entendre ni voir les fois précédentes.

Or, à deux reprises au moins, mais sans doute est-ce arrivé beaucoup plus souvent, la scène qu'elle voit et entend et qui se passe donc du temps du Christ, il y a près de deux mille ans, se transforme légèrement en fonction de la voyante du XXᵉ siècle.

La première fois, Thérèse se trouve sur un canapé dans sa chambre, et elle assiste à l'arrivée des Mages venus vénérer l'Enfant Jésus. La scène se passe pour elle loin de Bethléem et bien après la scène de la Nativité. Elle voit le Christ enfant courir vers les Mages et leur tendre les mains. Elle s'élance alors du canapé, traverse la chambre et bute sur son lit ; le visage rayonnant d'une joie extraordinaire, elle s'effondre sur son lit, sans connaissance. Elle expliquera plus tard, dans une sorte d'état second, que le Christ, l'ayant aperçue, lui a aussi tendu les mains ; elle s'est alors précipitée et, sentant dans sa main la petite main du Christ, toute chaude et bien de chair, elle s'est évanouie de bonheur [27].

Une autre fois, elle assiste à la Crucifixion et, pour un moment, le curé de sa paroisse, le père Naber, se trouve seul avec elle dans la pièce. Tout d'un coup, elle ouvre les yeux et le regarde un court instant avec tristesse. De la même façon, elle expliquera plus tard qu'elle l'a aperçu au pied de la croix. « Tu as regardé le Sauveur avec compassion et il t'a regardé avec bonté », lui dit-elle [28].

Donc, dans ces deux scènes, on saisit sur le vif et à l'œuvre le mécanisme de transformation du monde, vu en fonction du voyant et des circonstances de la vision.

Le même mécanisme ne joue pas nécessairement que pour des détails, comme pour les deux exemples ici rapportés. Dans bon nombre de cas, il doit intervenir massivement et continuellement, mais sans que nous ayons de points de repère pour l'identifier ni pour évaluer l'importance des modifications qu'il introduit.

Ainsi en est-il des célèbres visions de Swedenborg, source quasiment « incontournable » aujourd'hui de toute description de l'au-delà.

Un « Bouddha du Nord » : Swedenborg

Swedenborg (1688-1772) était le fils d'un évêque luthérien. Mais, plus qu'à la théologie, c'est d'abord aux mathématiques et aux sciences qu'il s'intéressa. C'était à vrai dire un véritable génie universel ; connaissant parfaitement le latin, le grec et plus tard l'hébreu ; capable de s'exprimer en anglais, en hollandais, en allemand, en italien ou en français aussi bien qu'en suédois, sa langue maternelle ; tenant avec talent les orgues de la cathédrale d'Upsal, il devint ingénieur et voyagea à travers toute l'Europe, où il se fit très estimer dans le monde scientifique par une série d'ouvrages sur les sujets les plus divers : mathématiques, astronomie, géologie, métallurgie, mécanique, économie, botanique, zoologie, etc.

Mais en 1743, alors qu'il a cinquante-cinq ans, changement complet. Le Christ lui apparaît, nous affirme-t-il, et le charge d'une mission :

« J'ai été appelé à une fonction sacrée par le Seigneur lui-même, qui s'est manifesté en personne devant moi son serviteur. Alors il m'a ouvert la vue pour que je voie dans le monde spirituel. Il m'a accordé de parler avec les esprits et les anges[29]... »

D'autres visions suivirent, en 1744 et 1745... et les expériences se multiplièrent :

« Depuis près de trente ans, par un privilège spécial du Seigneur, il m'a été donné d'être en même temps dans le monde spirituel et dans le monde naturel, de parler avec les esprits et les anges comme avec les hommes...

Je suis conduit en mon corps spirituel par le Seigneur dans le monde intermédiaire, dans les Enfers et dans les Cieux, mon corps physique restant au même lieu[30]. »

L'autorité de Swedenborg vient d'abord de son incontestable valeur scientifique et de sa rigueur. Ensuite, de la sincérité de son engagement, prouvée par toute sa vie. Enfin, plus récemment, de l'hommage que lui a rendu D.T. Suzuki, grand maître du bouddhisme zen, en traduisant quatre de ses ouvrages en japonais. Ce fut même, pratiquement, la première grande rencontre du maître japonais avec la spiritualité de l'Occident. La convergence d'Ibn Arabî, du zen et de Swedenborg, notre « Bouddha du Nord », comme l'appelait Suzuki, était ainsi presque officiellement reconnue par les meilleurs spécialistes[31].

Il avait certainement des dons de médium qui devinrent incontestables quand, en 1759, il décrivit à Göteborg l'incendie qui venait d'éclater à Stockholm, à quatre cents kilomètres à vol d'oiseau. Sa description fut si précise et si bien confirmée par les courriers du roi que l'histoire fit le tour de l'Europe.

Or, au risque de décevoir certains lecteurs, je n'en ferai qu'un usage très modéré. Autant je suis ravi qu'on le traduise, autant il fourmille de détails intéressants, autant je resterai toujours incertain de la valeur de ce qu'il nous raconte, tant je trouve chez lui d'erreurs grossières, de préjugés mesquins, parfois d'affirmations délirantes.

Quand il nous décrit comment les catholiques romains découvrent enfin, en arrivant au ciel, que c'est le Christ qu'il faut adorer et non le pape, et cela pendant plusieurs pages, sans trace décelable d'humour, je suis inquiet sur la valeur de l'ensemble [32]. De même quand il nous affirme tranquillement que les païens découvrent avec stupéfaction, pendant leur vie sur terre, que « les chrétiens vivent dans les adultères, les haines, les querelles, l'ivrognerie... », alors qu'eux-mêmes, les païens, ont « en horreur de tels vices, qui sont contre leurs principes religieux » [33], on peut se demander ce que signifie, chez un homme d'une telle culture, une telle naïveté.

Plus grave encore ; à l'en croire, lorsqu'il eut achevé son grand ouvrage *Vera religio christiana*, le Christ convoqua dans le monde spirituel tous les apôtres et les envoya parmi les trépassés répandre la bonne doctrine de Swedenborg [34]... Devant de telles balivernes, il y a bien de quoi être atterré !

Ce n'est certes pas à partir de récits semblables que j'essaie de construire une sorte de synthèse sur les grandes lignes de notre vie future. Ce qui ne veut pas dire que les expériences d'Emmanuel Swedenborg ne valent rien. Mais il faut apprendre à distinguer parmi tous ces témoignages, il faut comparer, interpréter... Ce que ce grand savant a vu n'était certainement, pour une grande part, que projection de son esprit. Là est le problème. Ses convictions, ses idées personnelles, ses aversions se transformaient en images animées et parlantes comme dans un rêve. Il rencontrait des gens, leur posait des questions, enregistrait dans sa mémoire des réponses, mais en fait, bien souvent, il ne rencontrait que lui-même, ou des gens partageant les mêmes goûts et les mêmes préventions, des gens « à son image ».

Nous avons une sorte de confirmation de ce mécanisme avec l'expérience intéressante menée par le professeur Ernest R. Hilgard, de l'université de Stanford. Ayant eu l'occasion de repérer que l'un de ses étudiants avait une imagination particulièrement développée, il le mit, par hypnose, en état de transe profonde. Il lui fit alors la suggestion suivante :

« Transportez-vous dans le lieu que je vais vous décrire. Accompagné de quelques amis, vous explorez une caverne qui vient d'être découverte. Vous l'avez déjà trouvée. Vous y êtes revenus avec l'équipement nécessaire, vous êtes maintenant prêts à l'explorer. Décrivez-moi ce que vous voyez autour de vous. »

Pendant les dix-sept minutes qui suivirent, l'étudiant raconta son aventure comme s'il l'avait vraiment vécue. Lui et ses compagnons avaient découvert cette grotte, par hasard, au cours d'un pique-nique ; ils avaient essayé sur-le-champ de voir jusqu'où elle allait ; sans y parvenir, faute de matériel ; mais, lors de leur seconde visite, ils avaient découvert une autre issue qui débouchait sur une vallée merveilleuse, etc.

Par contre-épreuve, Hilgard lui fit raconter une autre histoire, mais cette fois sans hypnose. Le récit resta intéressant, mais très inférieur. Surtout, le témoignage de l'étudiant lui-même fut significatif. Il avait parfaitement senti la différence entre les deux processus.

« Sous l'hypnose, dès que je crée le schéma de base, je n'ai plus à prendre d'initiative. L'histoire fonctionne toute seule... Dans l'état de veille, les choses semblent davantage construites. Je ne perçois pas ce que je décris éveillé de la manière dont je le fais sous hypnose. Par exemple, j'ai vraiment vu tout ce que j'ai décrit aujourd'hui [35]. »

Or, on retrouve exactement ce mécanisme, bien qu'à des degrés divers, chez bon nombre d'auteurs de littérature qui, à certains moments, sans être vraiment sous hypnose, se trouvaient dans une sorte d'état second. Ian Wilson, dans le même ouvrage, en donne plusieurs exemples, puisés dans la littérature anglaise.

Le cas le plus spectaculaire est celui d'un auteur de livres pour enfants, bien connu en France, Enid Blyton :

« Lorsque je commence un livre animé de ses personnages propres, je n'ai aucune idée de leur identité, des lieux où le récit va se dérouler, ni des aventures ou des événements qui vont survenir... Je ferme alors les yeux quelques instants, ma machine à écrire portative sur les genoux. Je vide mon esprit et j'attends. Je vois alors en imagination aussi clairement que si c'étaient de vrais enfants, mes personnages devant moi... L'histoire se développe dans mon esprit comme si j'y disposais d'un écran de projection privé. Les personnages vont et viennent, parlent, rient, chantent, participent à leurs aventures, se disputent, et ainsi de suite. Je vois et j'entends tout. Je le rédige avec ma machine à écrire... Je ne sais pas à l'avance ce que l'un d'entre eux va dire ou faire. J'ignore ce qui va se passer [36]. » C'est ainsi qu'Enid Blyton pouvait produire deux livres par mois !

Il semble donc assez vraisemblable que l'astral puisse être sérieusement encombré de diverses formes-pensées de toutes natures. Rien d'étonnant, donc, si l'on rencontre certains problèmes lors des E.H.C. (Expériences Hors du Corps). On peut y retrouver ses propres pensées, celles d'autres vivants sur terre ou même celles de trépassés qui ont bien le droit de fantasmer autant que nous. On comprend que nos chers amis de l'au-delà puissent avoir quelquefois un peu de peine à se retrouver dans ce flot d'informations.

C'est ce que nous confirme un soldat allemand, tombé en 1915 sur le front de l'Est, pendant la Première Guerre mondiale. Sigwart était né en 1884, à Munich. Dès l'âge de 8 ans, il composait des *lieder* et de petites pièces pour piano. Plus tard, il écrivit même un opéra qui fut monté avec succès six mois après sa mort, en pleine guerre. Profondément chrétien, mais marqué aussi par divers courants, le bouddhisme, les théosophes et les anthroposophes. Il était proche de Rudolf Steiner. Ses messages, reçus intuitivement par une de ses sœurs, s'échelonnent sur une période de trente-cinq ans. Il y décrit le combat gigantesque que se livrent dans l'au-delà les forces du bien et du mal en relation avec la guerre qui fait rage sur terre. Il confirme ainsi le témoignage de Pierre Monnier. Une grande partie de sa contribution à cette lutte spirituelle prend pour lui la forme de compositions musicales dont il attend une véritable résonance cosmique.

Or, vient une époque où cette sœur qui reçoit ses messages entreprend à son tour d'écrire des nouvelles et des romans. Sigwart l'avertit alors que cela gêne leur communication. « Tout cela, ce sont des êtres vivants (*Lebewesen*) que tu crées, et il m'est alors à peine possible de te parler[37]. » On peut d'ailleurs admettre que le même principe du pouvoir créateur de l'esprit joue, non seulement pour l'écrivain qui « crée » ses personnages et leur décor, mais aussi pour les innombrables lecteurs qui, par leur propre imagination, renforceront les fantasmes créés par l'auteur. On peut donc, lors de ces voyages en astral, rencontrer quantité d'êtres dont la réalité sera assez difficile à déterminer.

Cette difficulté apparaît nettement encore dans la tentative passionnante, entreprise par une petite équipe italienne, pour obtenir des preuves de la survie grâce à des E.H.C. bien contrôlées[38]. L'histoire est un peu compliquée ; aussi faut-il d'abord, pour la comprendre, en présenter brièvement les différents acteurs. La pièce se joue à quatre :

Giorgio di Simone, célèbre parapsychologue, coordonne toute l'opération. Il est en relation, depuis de nombreuses années, à travers des médiums, avec une entité de l'au-delà qui ne reste connue que sous le nom très mystérieux d'« Entité A » et dont il a publié et commenté les messages dans plusieurs volumes[39]. Mais c'est Renato Patelli qui en a eu l'idée. Renato, né à Turin en

1947, est sujet, assez fréquemment, à des dédoublements involontaires. Lors de ses E.H.C., il a essayé bien des fois de retrouver la maison de sa mère, ou un ami ou quelque connaissance. En comparant ensuite le récit de ce qu'il aurait pu voir et entendre avec leur témoignage, il espérait obtenir enfin la preuve qu'il avait bien quitté son corps et fait un authentique voyage en astral. Mais, en fait, il n'y arrivait jamais car, en quittant son corps, il se trouvait immédiatement projeté dans d'autres dimensions. Robert Monroe, lui, parvient à rester sur notre terre quand il le veut, nous l'avons vu. Il a cependant noté que notre second corps avait beaucoup de peine à y rester, un peu comme un ballon gonflé d'air que l'on voudrait maintenir au fond de l'eau. Notre corps spirituel semble vraiment fait pour d'autres niveaux d'existence.

Renato savait qu'une jeune femme médium que nous ne connaîtrons que sous le nom de C.M. avait une relation télépathique privilégiée avec un prêtre défunt nommé Giuseppe Zola. Ce prêtre l'avait beaucoup aidée dans son enfance et elle lui en conservait une grande reconnaissance. C'était un homme très réservé, un peu triste, très seul. Il avait été, entre autres, chargé d'enseigner le piano dans un institut qui dépendait de la paroisse Saint-Georges où il se trouvait.

L'idée vint à Renato, lorsqu'il quitterait son corps, d'essayer de rencontrer dans l'au-delà ce Giuseppe Zola, et qu'ils conviendraient ensemble d'un signe, d'un mot de reconnaissance. Renato devait alors écrire, par lettre recommandée, à G. di Simone, le récit de son voyage en astral ainsi que le mot ou le signe convenu. Lors du contact médiumnique suivant de C.M. avec Zola, celui-ci lui communiquerait le mot de reconnaissance, et G. di Simone n'aurait plus qu'à comparer les deux messages.

Comme on le voit, le système était un peu compliqué mais assez ingénieux. Il faut préciser que Renato n'avait jamais connu Zola et ne savait rien de lui, et que C.M., le médium, n'était jamais mise au courant de la façon dont les essais de Renato s'étaient déroulés. En fait, sur douze tentatives, trois semblent avoir réussi. Voici un résumé de la plus concluante, la cinquième :

Le 11 novembre 1981, à 23 h 15, Renato se met au lit. Quelques minutes plus tard, il ressent de très fortes vibrations, plus fortes que d'habitude. Il prend même peur, craint que sa dernière heure ne soit venue et lutte pendant quelque temps contre le phénomène. Puis, il s'abandonne. Tout alors se passe très bien. Il sort de son corps, tombe doucement sur le sol à côté de son lit et rebondit. Il se dirige alors vers la fenêtre et s'envole.

Au début, il survole d'abord les toits des maisons. Il pense alors intensément à Zola et, aussitôt les toits disparaissent. Il se sent entraîné, dans le noir, à une vitesse incroyable. Il sent même comme le frottement de l'air sur son corps. Il appelle à l'aide son guide spirituel, aperçoit peu à peu une zone plus claire. Il s'approche d'un immeuble, jusqu'à le heurter, mais sans se faire mal. Il note cependant lui-même : « Étrange, car les autres fois, j'avais traversé les murs ! »

Le long de la paroi, il trouve tout de même une fenêtre ouverte et entre dans une pièce où se trouve un homme en soutane. Au cours de sa première rencontre, Renato avait déjà découvert que ce Zola, sur terre, avait été prêtre. Il demande donc où se trouve Zola. L'autre lui répond qu'il est dans la maison, mais sans lui préciser où. Renato quitte la pièce et se retrouve dans un couloir éclairé. Plusieurs personnes, en soutane, y passent, l'air très affairé. Au fond du couloir, trois ou quatre « entités » discutent joyeusement. Renato va jusqu'à elles et leur demande où est Zola. « Je devais avoir l'air assez ridicule, car, après m'avoir dévisagé, elles se mirent à rire en m'indiquant une porte. »

Renato entre et voit, de dos, quelqu'un assis à un piano. Il ne faut pas oublier que Renato ne savait rien des leçons de piano données, de son vivant, par Zola. « Excusez-moi », dit Renato. Le personnage, en soutane, se retourne, se lève et va vers lui. Il avait le même visage, les mêmes cheveux, la même allure que le Zola rencontré la première fois. « Tu es Zola ? » demande Renato. – « Oui, je l'étais. » Renato éprouve en même temps une impression de bien-être. « Je suis Patelli, tu sais ? l'expérience programmée... » Zola semble réfléchir un moment, puis il a un beau sourire : « Patelli, tu es le bienvenu, viens... ». « Tu dis que tu es Zola et je peux bien te croire ; excuse-moi si je te demande de m'indiquer ce que sera notre signe de reconnaissance... »

Zola devint pensif et sérieux. Vu son embarras, rapporte Patelli, et comme je n'avais pas de temps à perdre, je tentai de l'aider : « Tu te rappelles ? l'église... – Ah ! pardon, l'église de l'institut Saint-Georges ! » Renato ignorait l'existence de cet institut mais il comprit alors que l'expérience, cette fois, avait vraiment réussi. Il tenta cependant de rapporter une preuve supplémentaire avec le fameux signe convenu. Zola se montra très réticent : « Non, c'est inutile... je raconterai à la jeune femme ma version de la rencontre. » Zola était donc bien au courant de l'expérience. Renato insista et proposa comme mot de reconnaissance : « L'eau du ciel. » La communication se fit par télépathie, sans émission d'aucun son. Renato est sûr d'avoir bien fait passer par sa pensée « l'eau », mais il est moins certain pour « du ciel ».

En fait, trois jours plus tard, le 14 novembre, C.M. captera, lors d'un contact médiumnique avec Zola, les mots « l'océan du ciel ». La différence est si faible que l'on peut ici conclure à un plein succès.

Renato, cependant, se posait sans cesse des questions sur l'identité de son interlocuteur. Il n'avait jamais rencontré Zola de son vivant sur terre. La reconnaissance était donc difficile. Mais, en réalité, le problème était plus complexe. La première fois que Renato avait rencontré Zola, en astral, celui-ci ne portait pas de soutane mais une simple croix sur le revers de son veston. La deuxième fois, le lieu était très différent, le visage semblait à peu près le même et le personnage ne portait ni soutane ni croix. La troisième fois, Renato eut encore l'impression de reconnaître le même Zola, mais le personnage était encore vêtu différemment et portait la barbe. La quatrième fois, l'entité reconnaissait bien avoir été prêtre et s'être appelée Zola, mais le visage était différent et comme marqué par la variole... Chaque fois, Zola semble avoir peine à reconnaître Renato, esquive sa requête pour obtenir un signe...

Tout cela confirme d'ailleurs mes impressions personnelles. Pour avoir déjà rencontré et interrogé un certain nombre de personnes qui prétendaient avoir eu des E.H.C., je suis convaincu que beaucoup d'entre elles se leurrent plus ou moins consciemment. Ces expériences existent, mais elles sont plus rares que certains voudraient le faire croire. On peut facilement les confondre avec toutes sortes de phénomènes qui n'impliquent pas une réelle sortie du corps. Enfin, même quand il s'agit vraiment d'Expériences Hors du Corps, ce que l'on rencontre ainsi en astral est souvent très délicat à interpréter, du fait de l'extraordinaire pouvoir de création de notre pensée.

3. Nos pensées sont des énergies vivantes

Nous avions déjà vu que nous pouvions, dans l'au-delà, créer par la pensée tout ce que nous voulions. Nous venons de voir, assez longuement, mais c'était une étape capitale, que notre pensée créait, même indépendamment de notre vouloir. Il nous faut montrer maintenant comment notre pensée, au sens large, notre conscience, nos désirs, nos craintes, nos haines sont déjà des créations. Par nos sentiments, nous créons sans cesse, et dès ce monde-ci, des forces, des courants d'ondes, des flux qui, une fois produits, vont continuer leur course indéfiniment, comme des ondes radio émises dans l'espace.

Pierre Monnier, l'officier français tombé pendant la Première Guerre mondiale, parlait à sa mère, par écriture automatique, de la forme que pouvaient prendre nos sentiments et nos pensées [40].

Il précise peu à peu :

« Je t'ai dit que vos pensées se prolongent en ondes vibrantes et animées, or ces effluves ont une composition analogue à celle de la matière, elle aussi vibrante et animée ; ils agissent et se comportent de la même façon, ils contiennent la vie immanente. De ceci résulte que vos pensées vivent et propagent la vie.

Il en est de même, je te l'ai dit, du regard... du rayon envoyé par vos yeux... ce rayon est vivant, physiologiquement vivant, si je puis dire [41]. »

Il y a non seulement vie, mais intelligence et volonté :

« En effet, si vous admettez que la pensée est cette énergie vivante qui se transporte et se transmet, il ne peut plus être question ici d'une force, mécanique ou servile du fait qu'elle serait dépourvue de volonté ; cette fois, ce sont des décisions prises par une volonté agissante, propulsive ou restrictive selon son libre choix, colorée par une opinion personnelle due à la réflexion [42]. »

Pierre Monnier explique à sa mère que les hommes sont des créatures vraiment extraordinaire, qui ont le pouvoir non seulement de faire naître d'autres âmes :

« [...] mais aussi des ''entités spirituelles'' (émanations de leurs forces psychiques), des ''énergies'', qui prennent un corps, et peuvent être bonnes ou perverses... Il vous est parfois donné de les apercevoir : lorsqu'elles naissent d'impulsions élevées et pures, elles vous apparaissent sous forme d'étoiles, de flammes, voire même de fantômes, subjectifs et passagers, mais elles peuvent aussi prendre l'aspect monstrueux de bêtes fantastiques, lorsqu'elles proviennent d'un sentiment vicieux ou bas. Ces ''larves'' dont les païens avaient fréquemment vérifié la positivité effrayante ne sont ni un rêve, ni une hallucination [43]... »

D'ailleurs, même les forces cosmiques sont douées de vie et :

« Par conséquent, elles ont une mission (bien difficile à vous prouver)... elles doivent la remplir, pour éviter des défaillances solidaires qui pourraient avoir une importance capitale. Rien pourtant ne les oblige à cette obéissance [44]... »

Roland de Jouvenel va tout à fait dans le même sens :

« Sachez que les idées ont leur vie propre et que si elles existent vraiment, elles sont comme des personnes qui cherchent les lieux et les sites où elles se trouvent le plus à l'aise, voilà pourquoi il y a en chacune d'elles une proportion de vagabondage et d'infidélité ; parfois cependant elles se trompent et vont par erreur se poser là où elles ne devraient pas, c'est alors que, prises de panique, elles reviennent à leur lieu d'origine [45]. [...] Il faut apprivoiser les idées... Pareilles à des personnes, elles ont une vie, et craignent d'être blessées, ou tuées par ceux qui seraient à même de les combattre [46]. »

L'affirmation la plus explicite et la plus complète se trouve peut-être dans une communication de Pierre Monnier reçue personnellement par Jean Prieur le 24 octobre 1968 :

« Satan ne peut être une personne, mais un égrégore du mal ayant de la conscience. C'est un centre de désagrégation, de destruction, un ventre intelligent. C'est pourquoi les hommes disent souvent qu'il existe comme personnalité ; on peut le considérer comme une personnalité ; il peut même en prendre la forme. Plusieurs esprits du mal peuvent revêtir cette forme vis-à-vis des hommes. C'est un égrégore humain. Ce sont des émanations du mental humain qui arrivent à condenser cette force ! Les hommes le créent, il n'a pas de vie concrète. Il n'y a que Dieu qui vit et peut créer. Il n'y a que Dieu qui vit. Satan a une vie éphémère que les hommes pourraient anéantir à l'instant même, si seulement ils voulaient penser dans la pensée de Dieu. Le mal ne durera pas toujours, tandis que Dieu existera éternellement [47]... »

Il l'avait dit d'ailleurs déjà, à plusieurs reprises, bien des années auparavant, dans les lettres qu'il inspirait à sa mère :

« "Le diable !... symbole", disent les esprits forts de votre siècle ! Oh ! non pas !... Satan est une entité spirituelle de haute puissance, que chacun de vos manquements fait vivre : le résidu de vos fautes est sa nourriture, et c'est votre péché qui l'alimente [48]. »

Ou encore, le 27 août 1922, cette formule, digne du curé d'Ars : « Libre, l'homme est coupable dans le péché, et chacun de ses péchés engendre un démon [49]. »

Reste qu'il y a vraiment des anges déchus, c'est-à-dire des êtres spirituels qui n'ont jamais été incarnés, ni sur terre ni sur une autre planète, et qui, dans le mystère de leur liberté, comme certains hommes, ont choisi la révolte contre Dieu, c'est-à-dire le refus d'aimer. Mais, de même que la distinction finit par être difficile, dans l'au-delà, entre les trépassés qui ont choisi le mal et les entités mauvaises produites par leurs pensées (et les nôtres), de même est-il difficile de distinguer entre les anges déchus et les entités produites par leur haine.

Ces anges existent. Les *Dialogues avec l'ange* en témoignent. Ils annoncent aussi que, tout étant achevé :

« Les démons deviennent de nouveau des anges. » Et que, même... « celui parmi nous, le "Porteur de Lumière", le tricheur, le rebelle, le serpent, sera racheté aussi. Personne n'habitera désormais l'enfer[50]. »

Le même mécanisme ne vaut pas uniquement pour les forces du mal. Nos bonnes pensées, notre amour peuvent aussi faire naître des entités lumineuses :

« Toutefois, il existe aussi des esprits admirables, des esprits lumineux, dont les vêtements blancs resplendissent comme la neige sous le soleil, et qui ne sont pas des anges, bien qu'ils n'aient jamais vécu dans la chair. Ils planent au-dessus des nations comme un élément protecteur, ils sont nés des grandes pensées qui ont germé dans le cœur et le cerveau des peuples.

... Dieu accorde le souffle de vie (je veux dire une âme) à cette "énergie" sortie de l'humanité. Elle devient, en vérité, une force indépendante, qui a pour personnalité celle de ses parents innombrables, et elle est chargée de veiller sur le lieu qui fut son berceau et sa patrie[51]... »

Que l'on pense à l'Ange du Portugal, « vu » par les enfants de Fatima.

Toutes ces entités, ces égrégores, finissent par former d'immenses armées, d'amour ou de haine. C'est alors, dans le monde invisible, une immense bataille. Cela nous est raconté en termes vraiment militaires, mais comme dans la Bible elle-même, non seulement par Pierre Monnier, ce qui de sa part est assez naturel, mais même par Paqui, ce qui est plus étonnant et par là-même encore plus révélateur.

Paqui Lamarque est une jeune fille morte prématurément, comme Pierre Monnier et Roland de Jouvenel. Mais ses messages ne furent captés ni par ses parents ni par son fiancé. Elle est morte à Arcachon en 1925, et pendant les deux années qui suivirent sa mort ce fut d'abord un ami qui perçut ses messages et les écrivit. Mais le plus curieux de cette histoire, c'est qu'à partir du 1er janvier 1928, ce fut une inconnue qui prit le relais :

« Au cours de l'été 1926, M. et Mme Godefroy, qui étaient en villégiature à Arcachon, se rendirent au cimetière afin de prier sur la tombe de leur jeune hôtelier qui venait de mourir. Ils furent attirés par une chapelle toute neuve, style 1925, qui dominait parmi les pins toutes les autres sépultures[52]. »

Impressionnée par le portrait de la jeune fille, par les textes qui l'entouraient, par les fleurs, par toute l'atmosphère de cette chapelle funéraire, Mme Godefroy chercha à faire la connaissance de la famille Lamarque. Une amitié se noua, au fil des séjours de plus en plus nombreux que la famille Godefroy fit à Arcachon, en partie pour des raisons de santé.

« Le 1er janvier 1928, à onze heures du soir, à l'hôtel où elle était descendue, Yvonne Godefroy, catholique pratiquante, qui ne s'était jamais occupée de spiritisme ou de littérature, ressentit l'urgence d'écrire ce que lui dictait une voix intérieure impérieuse et douce qui venait du monde invisible. Elle prit un crayon et se mit à tracer d'une très grande écriture penchée, qui n'avait aucun rapport avec la sienne, des mots qui venaient sans effort, sans rature, d'un seul jet, sous l'influence d'une sorte de musique émanant de son cœur[53]. »

Cela donna finalement six mille pages, dont quelques-unes seulement forment le recueil cité[54].

Le style peut en paraître un peu mièvre, comme souvent pour sainte Thérèse de Lisieux. Mais, comme pour la « petite Thérèse », il faut savoir lire au-delà. Voici donc, cependant, sur le sujet qui nous occupe, ce qu'elle dicta à Mme Godefroy :

« Toutes les pensées, bonnes ou mauvaises, forment des ondes qui s'en vont dans l'espace. Selon leur nature, elles se rejoignent, s'assemblent et constituent des légions qui se heurtent les unes contre les autres. Comme dans toutes les batailles, l'issue de la rencontre dépend du plus fort. Si l'élément mauvais triomphe de l'élément bon, c'est tout le mal qui retombe sur la terre. Au contraire, si c'est la force bienfaisante, le bonheur, la paix descendent sur les hommes.

Les sentiments de jalousie, de vengeance, d'orgueil, à plus forte raison de haine, créent des tourbillons qui expliquent ce qui se passe en ce moment sur la terre.... Peuplez de pensées pures, de rayons charitables les champs de bataille spirituels des troupes ailées[55]... »

De même Pierre Monnier :

« Les batailles formidables dont vous êtes témoins ne sont qu'une répercussion de celles qui se livrent entre les esprits. Je n'entends pas exclusivement les esprits des sphères extraterrestres... je parle aussi des esprits qui vivent dans la chair humaine... Les forces rivales et ennemies de l'Amour, qui avaient provoqué la bataille, s'organisaient et se comptaient.

Ces forces émanaient des régions invisibles aussi bien que des régions terrestres ; les unes et les autres se dressaient dans les deux camps. Chère maman, la victoire *doit appartenir* aux armées du Christ[56] ! »

Mais, comme le souligne bien Jean Prieur, c'est le langage même de l'Écriture[57].

L'ange des *Dialogues* ne dissimule rien de l'horreur de ce mystère aux juives qu'il prépare au sacrifice :

« Dure parole : la guerre est bonne.

Soyez attentifs !

La force qui manque son but, la dévastatrice, la destructrice ne s'arrêterait jamais

s'il n'y avait pas de faibles, s'il n'y avait pas de victimes pour l'absorber.

C'est le passé, il fallait que cela soit.

Le mal, l'acte engagé ne peut être redressé.

La victime absorbe les horreurs.

Le persécuteur trouve le persécuté et la mort est rassasiée.

[silence]

Votre voie est création, création par la Force Sainte,

cercle qui vient de Dieu, retourne à Dieu

dans l'ivresse créatrice.

Le faible sera glorifié.

L'Agneau ne sera plus égorgé sur l'autel.

Il fallait que soit la guerre.

Le calice amer se remplit déjà.

Ne tremblez pas !

Autant il est plein de l'amer,

Autant il est plein de la Boisson Divine,

de la Sérénité Éternelle[58]. »

Comprenons-le bien. L'ange ne veut pas dire qu'il aime la guerre en tant que telle, mais en tant qu'elle vide l'abcès du mal. Nous avons trop tendance à prendre l'effet pour la cause ou, tout au moins, à ne voir que l'effet. Quand il y a guerre, c'est en réalité que le mal règne dans le cœur des hommes déjà depuis long-temps. Si l'abcès n'était pas vidé, l'infection gagnerait peu à peu tout le corps. Ce serait encore pire. Une fois qu'on a laissé l'abcès se former, il faut bien le vider.

4. Notre conscience construit l'univers

Ce n'est pas le lieu de faire ici une comparaison détaillée entre ces messages et ces expériences, d'une part, et les nouvelles perspectives de la science d'aujourd'hui, de l'autre. Rappelons seulement que nombreux sont aujourd'hui les physiciens qui pensent qu'une certaine forme de conscience et même de liberté est déjà présente aux niveaux les plus infimes de la matière ; l'homme n'est plus le seul roseau pensant, comme le croyait Pascal. Certains pensent même qu'à chaque groupement correspond une sorte de conscience supérieure. C'est la théorie des « domaines » développée dans l'école dite de la gnose de Princeton [59]. À la quasi-conscience de la particule correspondrait une quasi-conscience englobante au niveau de l'atome, puis une autre, plus englobante, au niveau de la molécule, puis au niveau de l'organe, puis de l'ensemble du corps, puis... peut-être au niveau de chaque grand groupe comme ces « entités », reflets de la conscience collective des grandes villes ou de tout un pays, comme le prétendent nombre de messages de l'au-delà.

Mais d'autres rapprochements pourraient être faits où l'on retrouverait, à nouveau, convergence de tous ces messages avec les sciences modernes et avec les traditions religieuses.

J'ai déjà montré dans un précédent ouvrage [60] que toute une grande tradition, dans la Bible, puis chez les grands théologiens de l'Orient chrétien, chez les mystiques d'Occident et enfin chez plusieurs théologiens contemporains, interprétait l'Enfer, le Purgatoire et le Paradis comme étant, en dernière analyse, la façon dont chacun éprouverait Dieu lui-même, selon qu'il aurait refusé ou accepté d'aimer comme Dieu. Dieu serait, à la fois, Enfer, Purgatoire et Paradis pour chacun, selon le niveau spirituel qu'il aurait atteint.

Un autre grand courant religieux, plus connu, insistait parfois lourdement sur la description de quantités d'épreuves qui seraient bientôt notre sort, si nous n'étions pas sages. L'iconographie chrétienne, surtout en Occident, est particulièrement riche en ce domaine.

Or, il me semble que tous ces récits ou témoignages que nous venons de voir (et d'autres à venir dans les chapitres suivants), d'une part, et plusieurs hypothèses scientifiques « de pointe », de l'autre, peuvent nous aider à entrevoir la synthèse de ces deux courants. En effet, bon nombre de scientifiques commencent à concevoir que, sous les phénomènes physiques ou psychiques, se trouve une sorte de champ de forces indifférencié d'où surgissent dans une sorte d'interaction continuelle formes et consciences. Le Dieu de la Bible, déjà dans l'Ancien Testament, puis dans le Nouveau et dans toute la tradition chrétienne orientale ou chez les mystiques d'Occident (à l'inverse de celui de la scolastique médiévale latine), est essentiellement dynamique. Il rayonne sans cesse en énergies qui produisent et entretiennent ce champ de forces. Notre conscience, en réagissant sur ce champ de forces, le modèle selon ses angoisses, ses désirs, ses haines. Celui qui se ferme à l'Amour, source de toutes les énergies, se retrouve dans les ténèbres, la proie de ses cauchemars. Celui qui s'ouvre à l'Amour se retrouve dans la lumière, transfiguré par ces énergies, « de gloire en gloire », comme le dit saint Paul, jusqu'à devenir Dieu en Dieu, Dieu par participation, comme en témoigne toute la tradition mystique.

L'Ange le dit à sa façon dans les célèbres *Dialogues* :

« LA LUMIÈRE est la même que la lumière.

Seule l'intensité est différente [61]. »

La religion des anciens Égyptiens et de tant d'autres peuples n'était pas si absurde. Le symbole est encore plus profond qu'on ne le pense d'ordinaire, qui fait naître le Sauveur Dieu dans la nuit la plus interminable de l'année, au moment où la lumière va, à nouveau, commencer à croître.

On comprendra mieux aussi, à partir de tout ce qui précède, à quel point nous forgeons nous-même notre au-delà, sinon pour l'éternité, du moins pour les premières étapes.

« Le Royaume de Dieu est au-dedans de vous », (saint Luc XVII, 21).

Les appels à la conversion ne sont donc pas une façon de nous faire la morale, mais de nous rendre attentifs aux lois de l'évolution. Roland de Jouvenel nous en avertit :

« Tous les chemins de purification que les êtres n'auront pas parcourus ici-bas, ils les parcourront dans leur vie future. Ce n'est pas une loi de rigueur contre l'espèce humaine, non, c'est simplement une nécessité [62]. »

Cette « nécessité » pourrait cependant paraître injuste quand on sait à quel point nous dépendons des circonstances, non seulement pour nos chances matérielles et sociales, mais même, et plus encore peut-être, pour la formation de notre personnalité. Il faut donc ici répéter ce que nous affirment sans cesse tous ces grands messagers : seules peuvent nous retarder dans notre développement spirituel, dans l'au-delà, les fautes que nous aurons commises en pleine responsabilité et avec obstination,

« car tout autre empêchement est anéanti au nom de la justice divine [63]. »

Il reste que beaucoup, même en tenant compte de cette précision capitale qui change déjà tout le problème, seront malgré tout tentés de croire que si Dieu nous avait créés meilleurs nous ne pourrions faire que le bien, ou presque, et qu'ainsi il n'y aurait plus de problèmes.

C'est croire qu'un automate peut faire le bien, qu'un automate pourrait aimer. Mais, on le voit bien dans la science-fiction, quand un automate se met à aimer, c'est qu'il cesse d'être un automate. Alors il peut aussi haïr et faire le mal. Les androïdes, en partageant notre grandeur, commencent aussi à partager nos faiblesses.

Les vrais robots ne peuvent aimer. Ils ne peuvent non plus connaître le bonheur.

VII
L'exil dans les mondes du malheur

1. Dans les ténèbres extérieures

Donc, tout se passe à chaque instant sur fond de Dieu, sur le fond d'or des icônes qui, d'ailleurs, techniquement, s'appelle « la lumière ». Et, à chaque instant, c'est par interaction entre notre conscience et ce fond, ce champ de forces, produit et pénétré par Dieu, que le monde se forme. L'influence de notre conscience est, à chaque niveau, collective. C'est la somme des effluves de toutes les consciences humaines, au-delà du temps et de l'espace qui donne au monde sa forme actuelle ; avec des nuances possibles selon les époques ou les régions. D'ailleurs l'espace et le temps eux-mêmes, tels que nous les éprouvons, sont déjà produits par l'interaction de cette conscience collective et de ce champ de forces.

Mais, dans l'au-delà aussi, dans les nombreux pays d'outre-mort, chaque niveau d'existence est la résultante de cette interaction, selon les différents niveaux atteints par les consciences de ceux qui se rassemblent alors par affinité, par proximité spirituelle. Les projections des uns et des autres se rencontrent et aboutissent à l'émergence d'un nouveau monde commun, propre à ce groupe.

Chacun de ces mondes, chacune de ces nombreuses « demeures » sera plus ou moins transfiguré par la Lumière, selon le niveau spirituel de chacune de ces consciences collectives.

Mais il y a d'abord le niveau de ceux qui ne voient même plus la lumière. Et, perdant la lumière, ils semblent aussi perdre contact avec les autres hommes. Qui s'éloigne de Dieu s'éloigne de ses frères. (Comme toujours, il s'agit ici d'éloignement volontaire.)

Les égarés peuvent-ils être sauvés ?

Selon cette loi naturelle qui veut que chacun crée par projection son environnement, qui ne croit à rien, ne croit qu'au néant, se retrouve dans le néant. Sur cette terre, ces malheureux bénéficiaient, sans le savoir, du niveau de conscience collectif. Livrés à eux-mêmes, laissés au niveau spirituel qui est le leur, ils se retrouvent dans la nuit et la solitude. Le pire, c'est qu'alors ils sont même incapables de percevoir la présence des trépassés qui les ont aimés et viennent à leur secours. Voici un premier exemple, que j'emprunte à Jean Prieur[1] :

« Alexandra remarque chez un antiquaire de la rue du Bac une petite croix en plomb, sculptée au canif et incrustée de minuscules morceaux de verre. Elle la saisit, la retourne et voit gravées, toujours au canif, trois dates : 1916-1917-1918. Elle réalise alors que cette croix, si fruste, a été fabriquée avec des balles fondues par un soldat de cette époque. »

Elle l'achète mais n'ose la porter, l'enfouit d'abord dans un tiroir et quatre ans plus tard seulement, un peu honteuse, lui donne une place d'honneur, sur un meuble. Deux ou trois jours après, elle se sent mal à l'aise. Enfin, « un matin, au réveil, elle prit conscience d'une présence désespérée autour d'elle :

« C'était une masse de tristesse et d'accablement qui se déplaçait dans la pièce. Il y avait quelqu'un, quelqu'un que je sentais nettement, mais que je ne pouvais voir. »

Un dialogue télépathique s'engagea alors entre Alexandra et la présence :

« Qui êtes-vous ?

– C'est moi qui ai sculpté la croix. Je suis mort à la guerre de 14-18. Je suis seul… je suis seul…

– Mais, dans votre monde, personne n'est seul.

– Je vous dis que je ne vois personne. »

Alexandra est bouleversée par cette révélation :

« Comment ? Depuis tant d'années ? Vous n'avez pas encore trouvé votre chemin ?

– Je ne sais où aller. »

Toute la journée, Alexandra, fervente chrétienne orthodoxe, priera pour lui, malgré son travail. Le soir, le dialogue reprend :

« Vous ne pouvez pas demeurer seul plus longtemps. Appelez votre ange gardien !

– Mon ange gardien, connais pas.

– Je vais prier le mien et le vôtre pour qu'ils s'occupent de vous. »

Au bout de vingt minutes de prière, elle voit enfin un bras et une main de lumière, puis elle entend :

« Je viens le chercher ! Moi aussi, je suis mort à la guerre de 14 et je suis chargé de l'accueil des camarades. »

Au début, le malheureux ne voit encore rien. Alexandra lutte encore dans la prière. Puis elle sent que des entités nombreuses viennent, de l'au-delà, à la rencontre de l'attardé. Elle le sent « monter » avec ses camarades, vers ces zones mystérieuses où nous irons tous bientôt. Et c'est le grand soulagement pour Alexandra et la paix retrouvée.

Il semble d'ailleurs que dans les E.F.M. on puisse même voir ces égarés. Le docteur Moody rapporte plusieurs témoignages qui en font mention[2]. Les rescapés de la mort ont souvent, à un moment de leur aventure, rencontré ces êtres qu'ils nous décrivent comme « piégés », « inaptes à progresser dans l'au-delà parce que leur Dieu continue à demeurer de ce côté-ci », « esprits hébétés », « tristes, déprimés, traînant la savate comme des forçats à la chaîne... êtres absolument écrasés, sans espoir, ne sachant que faire, ni où se diriger, ni qui ils étaient, ni rien ». « Ils paraissaient n'avoir conscience de rien, pas plus du monde physique que du monde spirituel », « ils ne me voyaient pas, ils ne donnaient aucun signe de ce qu'ils aient eu conscience de ma présence ».

C'est bien pourquoi les trépassés plus évolués ne peuvent même pas les aider. Ces malheureux, prisonniers d'eux-mêmes, ne perçoivent pas les autres, ni par l'ouïe ni par la vue. Il semble que souvent nous soyons mieux placés, nous, vivant encore dans la chair, pour les aider. Mais ce n'est pas non plus si facile.

Beaucoup peuvent être ainsi bloqués par le souvenir d'une mort affreuse, nous explique Harold Sherman[3], ou par un regret intense, par un remords[4], ou encore du seul fait de ne pas avoir cru à la survie[5]. Nous avons vu que le malheureux soldat dégagé grâce à l'intervention d'Alexandra n'était pas tout à fait sans foi, puisqu'il s'était fabriqué une pauvre croix de plomb avec des balles fondues. Mais il n'avait certainement pas eu suffisamment la foi, il n'avait pas dû prier. Il savait pourtant qu'il était mort, mais il n'avait sûrement pas cru que la vie pouvait vraiment continuer.

Harold Sherman nous raconte une curieuse façon d'aider les trépassés attardés, encore rivés à la terre.

A.J. Plimpton était un homme désespéré après la mort de sa femme. Pour éviter le pire, il tenta de communiquer avec elle par l'intermédiaire d'un magnétophone. Il finit d'ailleurs par la joindre. Mais il obtint aussi quantité d'autres voix, qui l'appelaient à l'aide, ce qui lui était d'autant plus pénible qu'au bout de quelque temps il pouvait entendre les trépassés directement, par télépathie, sans plus avoir besoin de passer par un appareil.

Un jour, donc, qu'il se sentait particulièrement oppressé par tous ces appels auxquels il ne savait trop comment répondre, il pria intérieurement, intensément, pour obtenir quelque réponse de l'au-delà. À sa surprise, une voix grave et mesurée lui répondit :

« Ces gens ont besoin qu'on leur donne une direction pour les libérer des conditions où ils se trouvent. Dites-leur de répéter après vous : ''Je désire quitter cette région sombre et lugubre pour aller à la vingt-cinquième dimension qui est chaude, joyeuse, lumineuse et belle, et où des amis et des êtres chers m'attendent pour m'accueillir.''

— On m'a dit, reprit A.J. Plimpton, que ce qu'on appelle le premier niveau comportait vingt-cinq dimensions et que ces attardés se trouvent actuellement dans la seizième. Peuvent-ils atteindre la vingt-cinquième sans être guidés ?

— Je suggère, répondit la voix, que vous demandiez à votre neveu Jason (trépassé lui aussi) d'emmener ceux qui le désirent.

— Pouvez-vous me dire qui vous êtes ? demanda A.J. Plimpton.

— Ce n'est pas nécessaire, répondit la voix. Vous avez votre réponse. »

La suite du récit nous raconte comment Amour J. Plimpton, sur terre, avec l'aide de sa femme et de son neveu dans l'au-delà, put ainsi aider d'abord des centaines, puis des milliers de trépassés, à trépasser encore un peu plus, si l'on ose dire ; des premières couches de l'au-delà vers des zones plus sereines [6].

La maladie mentale comme possession : les découvertes du docteur Carl Wickland

Le docteur Carl Wickland, médecin psychiatre américain (1862-1937), fit au début de ce siècle à peu près la même découverte concernant les trépassés attardés. Mais il fut amené par les circonstances, et lui aussi avec l'aide de l'au-delà, à mettre au point un tout autre procédé pour les libérer.

C'est une histoire absolument fantastique, qui aurait dû entraîner une révolution considérable dans toutes les méthodes psychiatriques, quitte à l'adapter, la modifier, la diversifier. Mais, évidemment, elle implique que l'on admette la survie après la mort, et même la possibilité d'une communication entre le monde invisible et le nôtre. Pour le matérialisme étroitement borné de beaucoup de scientifiques (eux aussi un peu attardés), c'est beaucoup demander. L'obscurantisme scientifique, on le sait, n'a rien à envier à l'obscurantisme religieux.

Alors que le jeune Carl Wickland n'en était encore qu'au début de ses études en médecine, il fut amené à entreprendre la dissection d'une jambe qui avait appartenu à un homme d'environ soixante ans.

Vers cinq heures de l'après-midi, il revint chez lui. Il était à peine entré que sa femme se trouva mal. Elle disait qu'elle se sentait toute drôle et se balançait comme si elle allait tomber. Carl lui mit alors une main sur l'épaule, mais elle se redressa aussitôt, sous l'emprise d'une entité qui venait de s'emparer d'elle. Elle fit un geste menaçant et s'écria : « Qu'est-ce qui vous prend de me découper comme ça ? ». Je répondis, raconte Carl Wickland, que je n'avais pas conscience de découper qui que ce fût, mais l'esprit reprit avec colère : « Mais bien sûr que si ; vous découpez ma jambe ! » C'est alors que le jeune étudiant en médecine comprit que l'esprit de l'homme en question l'avait suivi chez lui et s'était emparé de sa femme. Il commença par installer sa femme dans un fauteuil et entreprit aussitôt la discussion. Mais l'esprit était furieux et protestait de se trouver ainsi manipulé. Carl lui fit remarquer qu'il avait bien le droit de toucher sa femme. « Votre femme ? De qui parlez-vous ? Je ne suis pas votre femme. Je suis un homme ! »

C'est ainsi que Carl Wickland découvrit encore une chose très importante : les esprits des trépassés malheureux peuvent s'emparer de nous sans aucune mauvaise intention, bien plus, sans même s'en apercevoir !

L'esprit finit par admettre la situation et se retira sans faire d'histoires. Mais le même phénomène se reproduisit une autre fois avec un Noir. Carl avait beau lui faire remarquer que le corps dans lequel il se trouvait maintenant ne pouvait être le sien puisque ce corps avait des mains blanches, l'esprit du Noir lui répondait que c'était normal puisqu'il travaillait dans la chaux ! Chauler était son métier[7] !

Les esprits évolués de l'au-delà proposèrent à Carl et à sa femme de les aider ainsi à libérer les trépassés rivés à la terre. Il s'agissait d'ailleurs en fait d'une double libération, car beaucoup de ces esprits attardés s'emparent, sans le savoir, de vivants, leur causant les pires ennuis, les conduisant souvent jusqu'à l'hôpital psychiatrique et à l'asile.

La femme de Carl était médium. L'opération consistait donc à amener l'esprit attardé à quitter le corps du malade mental et, avec l'aide d'esprits évolués, à s'incorporer dans le corps de sa femme. Le dialogue direct devenait alors possible entre Carl Wickland et l'esprit attardé, grâce au médium. Plusieurs séances étaient parfois nécessaires. Le médecin psychiatre remarqua bientôt que les esprits qui nous obsèdent ou nous possèdent ressentent beaucoup plus vivement que nous les douleurs de notre corps. Il en profita pour mettre au point un petit appareil très simple qui envoyait au malade mental des petites décharges électriques parfaitement inoffensives et indolores pour lui, mais intolérables pour l'esprit parasite qui l'habitait.

Il travailla ainsi, avec la collaboration de sa femme et celle de l'au-delà, pendant plus de trente ans, traitant plusieurs centaines, peut-être même plusieurs milliers de cas, libérant à chaque fois, en même temps, un trépassé malheureux et un vivant tout aussi malheureux. Il acquit ainsi, au cours d'une longue expérience, la conviction que la plupart des maladies mentales sont dues, en fait, à une possession. Il connut, comme dans l'Évangile, des cas où plusieurs esprits de trépassés infestaient la même personne.

Dans son ouvrage sur *La Vie après la mort terrestre*, le professeur Werner Schiebeler raconte comment il utilise une méthode assez semblable dans un groupe de prière comprenant plusieurs médiums. Il n'a pas même recours au petit appareil du docteur Wickland, pourtant déjà infiniment moins douloureux que les horribles électrochocs que l'on a si longtemps pratiqués, ou même que le Largactyl, qui provoquait des angoisses terribles.

Le professeur Schiebeler est un scientifique, docteur ès sciences. Il a derrière lui de longues années de recherche en électronique, puis une carrière de professeur à l'institut supérieur technique de Ravensburg-Weingarten. Avant même que ne paraisse son livre, j'étais allé le voir chez lui et il m'avait expliqué comment il procédait.

Il opère avec un petit groupe de huit à dix personnes parmi lesquelles deux ou trois sont médiums. Ceux-ci entrent dans un état de demi-transe.

« La conscience est alors momentanément abolie, mais le médium peut tout de même comprendre l'essentiel du message qu'il transmet. Dès le début de la demi-transe, il n'est plus en mesure de contrôler lui-même les paroles qu'il prononce. Il ne peut plus non plus chasser seul de son corps l'esprit qui s'est emparé de lui. Il se retrouve même parfois "prisonnier" contre son gré d'esprits indésirables. Le ton et la manière dont il s'exprime en état de demi-transe restent souvent largement identiques à la normale...

« Notre objectif est et reste d'obtenir des informations d'ordre général sur les conditions de vie dans un autre monde et d'éclairer sur leur situation des morts qui errent en pleine ignorance dans un univers intermédiaire. Il faut leur donner des conseils de nature religieuse qui leur permettront d'accéder au Royaume de Dieu et de poursuivre leurs efforts de progression intérieure et extérieure [8]. »

En fait, nous l'avons vu, beaucoup de trépassés n'ont même pas conscience de leur nouvelle condition. Dans cette zone intermédiaire où ils ont perdu tous leurs repères, il n'est pas rare qu'ils ne connaissent même plus leur identité. Nous avons d'ailleurs déjà sur terre un phénomène assez semblable dans certains lieux de passage où l'on ne rencontre plus que des personnes inconnues et également de passage. C'est ce que les psychologues appellent « le syndrome des gares », gares de chemin de fer ou aérogares où errent indéfiniment certaines personnes qui ne savent plus ni d'où elles viennent ni où elles vont, ni même qui elles sont.

Le professeur Schiebeler fait ainsi le point sur quelques cas « parmi une multitude de "cas analogues" ». Nous découvrons alors l'histoire d'un mélomane, mort en 1915, à l'âge de 15 ans.

« Après l'enterrement, dit-il, le cimetière s'est vidé. Tout le monde est parti et je me suis retrouvé tout seul. Je n'ai jamais pu rétablir le contact par la suite. De temps en temps, je vois bien des êtres dont je suppose qu'ils sont également morts. Mais nous ne parlons pas ensemble. Je n'ose pas les aborder, car ils ne me prêtent aucune attention. »

« Nous lui avons expliqué, raconte le professeur Schiebeler, qu'il y avait d'autres êtres de l'au-delà autour de lui ; seulement, il ne pouvait pas les voir, de même que nous ne pouvions pas le voir lui non plus. Il fallait d'abord que ses "yeux" s'ouvrent, au sens figuré. C'est pourquoi il devait prier Dieu de tout son cœur. Après l'avoir fait et avoir récité le *Notre-Père*, non sans quelque soutien de notre part, il nous a confié : "Je crois que je vois à présent un être derrière chacun de vous... Des silhouettes floues..."

« Il a repris sa prière : "Dieu, notre Père, écoute ma supplication, aide-moi et ouvre mes yeux pour que je puisse voir leurs yeux et leur bouche, afin qu'ils puissent parler avec moi si je les entends''. »

L'histoire finira bien, rassurez-vous. Le pauvre homme percevra l'aide spirituelle qui était déjà auprès de lui, depuis sa mort, mais qu'il n'était pas en état de reconnaître et de suivre[9].

Les autres cas rapportés sont assez semblables. Pour les trois premiers défunts, la délivrance est un peu compliquée par la présence d'esprits de l'au-delà dont les intentions ne sont pas très sûres. À chaque fois, le professeur Schiebeler et son groupe conseillent à l'esprit du trépassé égaré de ne pas suivre le guide spirituel qui s'offre à lui avant d'en avoir obtenu le serment qu'il reconnaît, au nom de Dieu, Jésus-Christ pour son Seigneur.

Mais, par ces méthodes peu communes, ce ne sont pas seulement des esprits malheureux de l'au-delà qui se trouvent délivrés, mais aussi les malades, qu'involontairement, ils habitaient. Nombre de « malades » qui ont repris, grâce à cette aide, leur vie normale, croupiraient sans cela au fond d'un hôpital psychiatrique, assommés de tranquillisants.

Voici qu'une fois de plus c'étaient, du moins pour une bonne part, les gens du Moyen Âge, les sorciers d'Afrique, qui avaient raison.

Le docteur Wickland et le professeur Schiebeler apportent tout de même quelque chose de nouveau et de capital, en soulignant tous deux qu'il est insuffisant, comme dans le rituel catholique romain des exorcismes, d'expulser les mauvais esprits, les démons. Ces mauvais esprits vont alors chercher une autre victime à investir. Il faut au contraire les éclairer et les convertir, leur redonner l'espoir en la miséricorde, en l'amour de Dieu ; les convaincre que, même pour eux, tout est encore possible.

W. Schiebeler signale au moins deux cas où ces « mauvais esprits » sont revenus leur dire que maintenant ils avaient compris et qu'ils avaient changé de camp. Ils luttaient maintenant pour la libération des hommes, morts et vivants, pour les esprits attardés, souvent à leur insu, dans des corps de chair, et pour leurs malheureuses victimes.

Mais, avec le témoignage du professeur Schiebeler, nous avons déjà changé un peu de registre, car les esprits qu'il a ainsi convertis savaient fort bien ce qu'ils faisaient. Ils se déclaraient au début au service de Lucifer, et chargés par lui de troubler le travail de ce groupe de prière. Aussi la lutte fut-elle longue. Dans l'un de ces deux cas, elle dura trois ans[10].

Spontanément, peut-être avec moins de méthode et de rigueur, de nombreux groupes de prière retrouvent un peu partout, comme aux premiers temps de l'Église, la force de la prière.

« Cette espèce-là ne peut sortir que par la prière » (saint Marc IX, 29), disait le Christ à ses disciples.

Cette prière-là pouvant d'ailleurs, même s'ils ne le savaient pas, servir à la libération du démon autant que du possédé.

Mais hélas ! pour quelques centaines, quelques milliers d'esprits libérés, des millions d'« âmes en peine » errent sans cesse à travers le monde, cherchant à retrouver le contact coûte que coûte avec ce qu'ils ont perdu.

2. La révolte des « âmes en peine »

Je ne donnerai pas trop de détails sur ce sujet, car il y faudrait, pour être un peu sérieux, tout un livre. Il en existe d'ailleurs plusieurs et je me contenterai souvent d'y renvoyer. Mais il était indispensable d'en parler. Nous voyons souvent l'action des « mauvais » esprits de notre seul point de vue de vivants. Il ne faut pourtant pas oublier que pour les trépassés aussi ces phénomènes existent, bien qu'ils voient les choses de l'autre côté. C'est même souvent un temps capital de leur évolution, une période cruciale, celle où ils vont faire la triste expérience de l'impasse totale de la haine et de l'égoïsme. Alors seulement, au terme de cette épreuve, aussi douloureuse pour eux que pour le possédé, ils pourront reprendre le chemin étroit et si long de la conversion.

Les composantes du mal

Il faudrait d'ailleurs, au moins théoriquement, pouvoir distinguer parmi les forces du mal plusieurs composantes. Les esprits (avec un corps spirituel, évidemment) des trépassés dont la vie a été gravement contraire à la loi universelle de l'amour. Les égrégores produits par leurs mauvaises pensées et leurs mauvais désirs avant leur mort, ou même après. Très probablement également, des entités décédées mais venant d'autres mondes, d'autres planètes. Enfin, les êtres qui n'ont jamais été incarnés, ni dans notre monde, ni dans aucun autre, ceux que l'on appelle traditionnellement les « anges », parmi lesquels certains, semble-t-il, sont tombés fascinés par leur propre beauté et sont restés prisonniers d'eux-mêmes, dans la haine de Dieu et des autres.

Dans la pratique, évidemment, cette distinction ne sera guère possible et d'ailleurs sans grande importance.

Voici tout d'abord un récit confirmant tout à fait les affirmations du docteur Wickland. C'est un épisode de l'extraordinaire aventure vécue par George Ritchie lors d'une E.F.M. On se rappelle que ce jeune soldat américain, décorporé à la suite d'une très forte fièvre, fut entraîné dans une sorte de voyage initiatique fantastique par l'Être de lumière, qui était pour lui, sans aucun doute possible, le Fils même de Dieu. Or, ils survolent ensemble une ville d'Amérique et, à un moment, l'Être de Lumière le fait entrer dans un bar crasseux :

« Une foule nombreuse, dont beaucoup de marins, était alignée sur trois rangs près du comptoir pendant que d'autres se pressaient dans les boxes en bois, le long des murs. Quelques-uns buvaient de la bière, mais la plupart s'enfilaient du whisky aussi vite que deux garçons en nage pouvaient en servir.

J'observai alors une chose frappante. Un certain nombre des hommes qui étaient au comptoir paraissaient incapables de porter la boisson à leurs lèvres. Je les voyais essayer d'empoigner sans discontinuer leur petit verre, leur main passant à travers l'épais comptoir de bois, à travers les bras et les corps des buveurs qui les entouraient.

Ces hommes n'avaient pas l'auréole de lumière qui enveloppait les autres.

Ce cocon de lumière paraissait donc être un attribut du corps physique seulement. »

Ceci confirme bien qu'il existe plusieurs sortes d'auras[11]. Le docteur Wickland explique que, dans leur nuit, les esprits égarés perçoivent cette lumière et qu'elle les attire[12].

La suite du récit de Georges Ritchie nous le décrit sur le vif :

« Je vis un jeune marin se lever en chancelant d'un tabouret, faire deux ou trois pas avant de s'écrouler. Deux de ses compagnons se penchèrent et commencèrent à le tirer hors de la cohue.

Mais ce n'est pas ce que je regardais. Je voyais avec stupéfaction s'ouvrir le cocon lumineux autour du marin inconscient. Cela commençait par la couronne de la tête et découvrait tout le visage et les épaules. Aussitôt, plus vite que je n'avais jamais vu quelqu'un se mouvoir, l'un des êtres désincarnés qui se tenaient tout près monta sur lui !... La seconde suivante – je n'y comprenais plus rien – la forme bondissante avait disparu...

Pendant une minute, j'avais vu distinctement deux individus, et, alors qu'ils tiraient le marin contre le mur, il n'y en avait plus qu'un. »

À deux reprises encore, notre voyageur fantastique va assister à la même scène [13].

Le docteur Wickland nous avertit, d'après son expérience de plus de trente ans, que la pureté de vie ou l'intelligence ne nous mettent pas à l'abri de telle mésaventure. La médiumnité latente, l'épuisement nerveux, les chocs psychologiques, même les simples troubles physiques quand ils affaiblissent la résistance de l'organisme en général, peuvent la favoriser [14].

La recette est donc simple : ne tombez jamais malade !

Mais il faudrait encore ajouter bien d'autres recommandations. Notamment en ce qui concerne toutes formes de communication avec l'au-delà !

Attention, nous sommes là sur un terrain très délicat. Les solutions simplistes sont les plus faciles. Nier tout danger en bloc, ou voir la supercherie ou l'action du diable partout.

L'incompréhension de l'Église

Le meilleur moyen de mettre le « troupeau » des fidèles à l'abri des faux mystiques, c'est d'arriver à anéantir tout mouvement mystique. Le meilleur moyen pour qu'il n'y ait plus de « farfelus » au sein des mouvements charismatiques, c'est d'arriver à supprimer peu à peu les mouvements charismatiques ou d'arriver à les récupérer, ce qui revient au même.

C'est ainsi que l'on a vu la hiérarchie catholique romaine arriver à mettre fin peu à peu aux courants mystiques de l'Europe du Nord, aux XIIIe et XIVe siècles, puis de l'Espagne, au XVIe siècle, enfin de la France, au XVIIe siècle, avec la condamnation de Fénelon. D'où la désertification spirituelle effrayante que nous connaissons aujourd'hui. D'où le succès des mouvements charismatiques. Quand Dieu ne peut plus passer par son Église, il la contourne !

Mais il est vrai que toute recherche de Dieu peut facilement dévier et a souvent, trop souvent, dévié. Le rôle de l'Église serait de signaler le danger et de donner, autant qu'il est possible, les critères nécessaires permettant, au moins aux âmes sincères, de l'éviter. L'Église l'a souvent fait. Mais la tentation de désherber totalement pour arracher l'ivraie revient toujours. Ce n'est pourtant pas la méthode conseillée par l'Évangile.

C'est le même problème, à mon avis, pour tout ce qui concerne les communications avec l'au-delà ou même, plus généralement, l'étude des phénomènes « paranormaux » ou « parapsychologiques ».

Certes, tout cela peut conduire à de véritables catastrophes, notamment chez les personnes à l'équilibre psychologique fragile, pourtant souvent particulièrement attirées par ce genre d'expériences. Également chez les personnes à la vie spirituelle insuffisante, ou mues par une simple et vaine curiosité, trop superficielle ou trop intéressée. Inversement, ces phénomènes peuvent être bénéfiques surtout, semble-t-il, si on ne cherche pas à les provoquer.

Ainsi pour le oui-dja, appelé aussi « planchette » et qui peut connaître différentes variantes : sur une planche d'assez grandes dimensions sont disposés les lettres de l'alphabet, les chiffres de 0 à 9 et « oui » et « non », plus quelques signes de ponctuation. Une petite « planchette » sur roulette ou un verre renversé est placé sur la planche. Deux ou trois personnes posent à peine un doigt sur la planchette ou le verre, qui va ainsi se déplacer de lettre en lettre, formant des textes.

Aux États-Unis, le couple d'Ed et Lorraine Warren est absolument persuadé que le oui-dja conduit presque toujours à la possession diabolique. Ils consacrent depuis des années leurs activités à aider des personnes infestées. Ils ont travaillé pour des prêtres et pour la police [15]. Ed Warren est un démonologue catholique réputé. Mais, dans le même ouvrage, un autre spécialiste exprime une opinion beaucoup plus nuancée. Barbara Honegger a travaillé longtemps pour les services de police de la Maison-Blanche, à Washington. Elle a poursuivi ensuite des études de parapsychologie expérimentale à l'université John F. Kennedy à Orinda, en Californie, où elle a obtenu son diplôme en 1981. Elle pense que nous pouvons ainsi, par le oui-dja, communiquer vraiment avec les trépassés, surtout avec des attardés du bas astral, et que nous pouvons ainsi les aider à évoluer. Elle considère que cela peut devenir une sorte de mission, mais indique aussi les précautions à prendre [16].

L'écriture automatique, dont nous avons déjà souvent parlé, peut, elle aussi, prendre des formes inquiétantes. D'abord, des formes spectaculaires : elle peut se faire à l'envers, entièrement ou en intervertissant seulement un mot sur deux ; elle peut atteindre des vitesses incroyables ; enfin, certaines personnes peuvent aussi écrire, des deux mains en même temps, deux textes différents [17]. Pis (ou « mieux » encore, si l'on aime le fantastique), de même que le oui-dja, la planchette ou le verre peuvent parfois continuer à désigner des lettres une fois qu'on les a lâchés[18], le crayon peut parfois continuer à écrire tout seul sans qu'on le tienne, c'est ce que l'on appelle l'« écriture directe[19]. »

Le plus grave est que l'écriture automatique, comme toute communication avec l'au-delà, peut conduire à la possession. Jean Prieur en donne un exemple[20]. Plus récemment encore, un correspondant du groupe de transcommunication du Luxembourg rapportait, entre autres, l'histoire d'une jeune écolière qui, faisant ses devoirs à la maison, constate avec surprise que son écriture changeait et qu'à travers ce qu'elle écrivait quelqu'un s'adressait à elle. À sa question intérieure sur l'identité de ce mystérieux correspondant, celui-ci lui fit écrire qu'il était son père. Comme les réponses suivantes étaient presque toutes exactes, elle prit peu à peu confiance, sans se douter que l'esprit en question ne faisait que puiser les réponses dans sa propre mémoire. Mais bientôt, quand elle voulait arrêter d'écrire, son bras était pris de crampes douloureuses qui ne cessaient que si elle se remettait à écrire. L'esprit ne la lâchait que lorsqu'elle tombait d'épuisement. La mère appela à l'aide un ami au courant de ces phénomènes. Celui-ci exigea de l'esprit qu'il écrivît le Notre Père. Le texte achevé, l'esprit remercia ceux qui l'avaient remis sur le bon chemin et l'enfant fut délivrée[21].

Comme on le voit, à chaque fois, aussi bien par l'intermédiaire d'un médium, comme avec le docteur Wickland ou le professeur Schiebeler, que par discussions à travers le oui-dja comme Barbara Honegger, ou ici, par l'écriture automatique, on retrouve cette double possibilité d'une possession grave, mais aussi d'une conversion des « mauvais » esprits.

Mais le même Jean Mohnen a tort de croire qu'à la différence de toutes les autres méthodes, la communication avec les trépassés par bande magnétique est garantie sans aucun danger. Les voix de l'au-delà ne peuvent être enregistrées, nous dit-il, « que grâce à des énergies cosmiques et se trouvent à presque 100 % sous le contrôle d'êtres de lumière[22] ». Le *presque* semble un peu optimiste. Beaucoup disent avoir enregistré des grossièretés, qui auront sans doute échappé au contrôle des êtres de lumière, mais aussi des menaces. Il y a plus grave encore. Souvent, l'enregistrement fréquent et prolongé développe les dons latents de médium. Le magnétophone devient alors peu à peu inutile, la communication se fait par une sorte de télépathie très puissante, où l'on entend réellement les voix. On les entend même parfois chanter. Sous un pseudonyme, une Allemande victime de ces esprits a raconté son martyre. Elle tomba bientôt aux mains des psychiatres et ne put échapper aux uns et aux autres que grâce à la prière [23]. Mme Simonet me signale un autre ouvrage d'un jeune Allemand se sentant littéralement « poursuivi par une meute » de mauvais esprits. Mais là aussi, une sorte de ministère auprès des trépassés attardés serait possible.

C'est pour toutes ces raisons que je trouve plusieurs ouvrages de « spécialistes » ecclésiastiques excessivement négatifs envers tous ces phénomènes. Il est vrai que l'abbé Schindelholz signale que souvent des possessions se sont produites à la suite de la fréquentation de séances spirites ou de pratiques occultes [24]. Il se peut aussi que certains guérisseurs ou radiesthésistes soient à l'origine de possessions. Maurice Ray en rapporte plusieurs exemples et renvoie à des dossiers beaucoup plus complets [25]. Mais on pourrait sans doute aussi soupçonner bien des médecins ou des psychologues. À l'inverse, il existe des guérisseurs, des magnétiseurs et des radiesthésistes qui sont des femmes et des hommes de Dieu. Je connais personnellement une magnétiseuse, Mme Héléna Charles, qui a résumé l'essentiel de son expérience dans un livre, et qui aura sa vie entière soulagé bien des souffrances [26]. Le révérend père Jean Jurion, radiesthésiste en même temps que prêtre catholique romain, raconte comment il fut conduit par une série de rencontres avec d'autres prêtres radiesthésistes, humbles ou renommés, à découvrir sa double vocation. Il n'a pas peine à rappeler tous les passages de l'Écriture où le Christ guérissait. Les apôtres et leurs successeurs en faisaient autant [27].

Alors, prudence et discernement, mais pas de refus absolu.

De même, je ne peux accepter les réserves du père Jean Vernette sur des communications comme les *Lettres de Pierre*, les ouvrages de Roland de Jouvenel ou même ceux de Jean Prieur. Je crois même que la critique n'est pas entièrement honnête. L'auteur fait comme si les reproches, souvent faits à l'Église par Jean Prieur, mais aussi par Pierre Monnier et, depuis, par bien d'autres, de ne plus assez croire à la vie éternelle ou d'en présenter trop souvent une vision ridicule, n'étaient pas justifiés. Il prétend, à l'inverse, qu'à lire ces auteurs et « à leur porter foi, on s'éloigne peu à peu du christianisme. Dieu y est étrangement lointain, Jésus-Sauveur n'apparaît guère [28]. »

Jean Prieur a signalé de nombreux ecclésiastiques, et non des moindres, qui n'étaient pas du tout du même avis. Pour ma part, étant aussi un peu théologien, je dois avouer que ce serait plutôt en lisant saint Augustin et saint Thomas d'Aquin, sans parler d'un très grand nombre de « théologiens » contemporains, que j'aurais pu perdre la foi. On aura déjà vu, au contraire, et on le verra bientôt encore davantage, tout ce que je dois à la lecture de ces grands « témoins de l'invisible », comme les appelle Jean Prieur. Ce que dit ici le père Vernette d'un Dieu « étrangement lointain », me paraît assez vrai et parfois même très juste de toute la littérature du courant spirite. Mais il ne faut pas tout confondre !

De même, il ne me paraît pas très honnête de mettre en avant les contradictions, très réelles, qui apparaissent entre beaucoup de ces messages de l'au-delà pour les rejeter tous en bloc. Que dire, alors, de nos théologiens et de nos exégètes ! Beaucoup de prêtres, d'ailleurs – nous l'avons vu – ont plutôt choisi d'aider ceux qui voulaient bien suivre leurs conseils à opérer le discernement nécessaire.

Je ne pense pas non plus qu'on puisse indéfiniment confondre toutes les situations et s'en tenir à la lettre des vieux interdits de l'Ancien Testament [29]. Mais dans ces textes figure aussi l'interdiction formelle de réaliser des images, même profanes, et *a fortiori* religieuses. Les protestants sont d'ailleurs restés fidèles, malgré l'avis de Luther, à ce deuxième degré de l'antique défense. Le « Yahvé » de l'Ancien Testament était aussi censé exiger des Hébreux qu'en entrant dans la Terre promise ils massacrent, sans exception, toute la population. Il ne semble tout de même pas qu'il ait aujourd'hui la même exigence. Alors, cessons de brandir quelques citations sorties de leur contexte. Les phénomènes sont là. Ils sont complexes. Essayons de réfléchir.

Saint Paul, pour sa part, voyait les choses autrement et mentionnait, parmi les dons de l'Esprit saint, le discernement des esprits [30].

D'ailleurs, nombreux sont les saints qui ont fait des guérisons et prédit l'avenir. Sainte Anna-Maria Taïgi (1769-1837) se vit conférer directement par le Christ le pouvoir de guérir, comme une mission. Elle procédait parfois par imposition des mains, mais le plus souvent indiquait la vraie cause du mal et le remède à prendre. Les guérisons dont nous avons le récit circonstancié sont innombrables. Elle avait aussi reçu un don de vision extraordinaire, à faire pâlir d'envie tous les gourous de l'Inde ou les lamas du Tibet. Elle voyait constamment près d'elle une sorte de boule de lumière, plusieurs fois plus brillante que le soleil mais dont l'éclat ne lui blessait pas la vue. La zone centrale formait un cercle entouré d'une couronne d'épines. Dans les rayons, au-delà de ce cercle, elle voyait l'ensemble de ce qu'elle pouvait désirer savoir : passé, présent, avenir, pour elle-même, le pape, Rome ou les pays les plus lointains. Tout lui apparaissait dans les moindres détails. Le clergé de Rome, pape et cardinaux en tête, sans compter de nombreux saints de l'époque, ne se faisait pas scrupule de la faire consulter.

Elle fut, il est vrai aussi, en butte à de très nombreuses tentations diaboliques, coups, charivaris, apparitions de bêtes fantastiques ; tentations contre la chasteté et même contre la foi [31].

La vie du curé d'Ars, qui guérissait et prédisait, fut pleine d'attaques démoniaques. Plus récemment, aussi, la vie de mère Yvonne-Aimée de Malestroit [32].

Il ne suffit donc pas, me semble-t-il, qu'il y ait dans la vie d'un guérisseur des manifestations « sataniques » pour que l'on puisse en déduire que ses guérisons sont contre la volonté de Dieu. Même chose pour un voyant. Ces attaques peuvent être parfois, au contraire, le signe qu'il agit bien pour le royaume de Dieu. Ceci semble confirmé par le fait que m'a signalé le père René Chénesseau, prêtre catholique, assumant entre autres le ministère d'exorciste : parmi les personnes attaquées par les forces du mal, beaucoup sont des hommes et des femmes de prière, parfois même profondément donnés à Dieu et presque mystiques. La sainteté attire les puissance du mal. Les vocations religieuses sont pour elles une véritable provocation.

Vous voyez donc qu'il est bien difficile de se mettre véritablement à l'abri. Le seul recours est la prière.

Soulignons tout de même le danger qu'il y a dans la recherche des pouvoirs qui fascinent tellement tant de nos contemporains. Autre chose est d'avoir reçu de Dieu des pouvoirs, comme des dons à faire fructifier, autre chose est de chercher à s'en emparer. Comme toujours, tout est affaire d'attitude intérieure.

C'est Roland de Jouvenel qui insiste précisément sur ce point, et ce n'est pas pour moi un paradoxe :

« Ton esprit est tout perturbé, dit-il à sa mère ; tu as subitement sur toi comme une grande tache.

Je ne veux pas que tu fasses de l'occultisme, je ne viendrai plus si tu t'égares à nouveau dans des expériences. Méfie-toi, ce domaine est rempli de forces maudites. Reste dans les zones pures, dans la foi. »

Un peu plus loin, il précise à sa mère :

« Je suis très content que tu aies enfin découvert le véritable sens de mes communications ; cela ne touche pas à l'occultisme, ni ne relève de la voyance [33]. »

3. Les étapes du retour à Dieu

George Ritchie, le jeune soldat américain qui fit un voyage extraordinaire hors de son corps, a contemplé plusieurs scènes qui pourraient correspondre aux premières étapes d'une sorte de Purgatoire, même si l'horreur du spectacle le faisait plutôt penser à l'Enfer.

Nous avons déjà vu ce Purgatoire des ivrognes où des trépassés essayaient en vain de s'emparer des verres des buveurs vivants. Nous nous étions alors intéressés à un autre aspect de la scène, à la façon dont certains trépassés arrivaient à s'infiltrer tout entiers, avec leur corps subtil, dans le corps de chair de marins ivres. Mais l'autre aspect n'est pas moins intéressant, celui de cette frustration atroce que ces trépassés se sont préparée eux-mêmes durant leur vie terrestre.

À un autre moment, George et l'Être de lumière voient successivement, dans différentes maisons, des trépassés qui suivent partout de pièce en pièce des vivants en leur répétant sans cesse la même phrase que, pourtant, personne n'entend : « Je regrette, papa, je ne savais pas le mal que cela ferait à maman. » « Je regrette, Nancy... » Chaque fois George sent que ces paroles soulèvent dans l'Être de lumière une immense vague de compassion. Alors George perçoit intérieurement l'explication :

« Ce sont des suicidés, enchaînés à chaque conséquence de leur acte [34]. »

Ailleurs encore, George a l'impression de se trouver brusquement devant :

« Un immense champ de bataille : partout des gens paraissaient engagés dans des combats mortels, se tordant, se frappant, s'étreignant... », C'était un corps à corps sans armes, « seulement des combats à mains nues, à pieds nus, avec les dents. Personne ne paraissait blessé. Il n'y avait ni sang ni corps étendus sur le sol. Le coup porté qui devait détruire l'adversaire le laissait dans le même état... De sorte qu'ils se jetaient les uns sur les autres dans une frénésie de rage impuissante ». La haine à l'état pur.

« Peut-être plus hideux encore que les morsures et les coups qu'ils échangeaient étaient les abus sexuels auxquels certains se livraient dans une pantomime fiévreuse. Tout autour de nous, on tentait en vain de se livrer à des perversions auxquelles je n'aurais jamais pensé. Il était impossible de dire si les cris de frustration qui nous parvenaient étaient des sons réels ou la traduction de pensées désespérées. »

Et George comprend très bien le mécanisme des scènes auxquelles il assiste :

« Tout ce que pensait chacun devenait immédiatement visible, même les idées les plus fugitives et les plus involontaires[35]. »

George perçoit aussi progressivement la présence d'êtres lumineux, et il comprend qu'aucun de ces malheureux n'est jamais abandonné.

Robert Monroe semble avoir aussi traversé ces zones pénibles, peuplées probablement, comme il le dit, à la fois de vivants endormis, de drogués et de décédés encore peu évolués :

« La motivation principale des habitants de cette région est la libération sexuelle sous toutes ses formes[36]. »

Albert Pauchard raconte (par écriture automatique) qu'après la joie de la délivrance et le plaisir des retrouvailles, chacun doit accomplir un certain parcours, assez différent d'un individu à l'autre. Pour sa part, il dut descendre par un sentier solitaire, dans une région assez obscure. Là, il fut d'abord curieusement assailli par des guêpes qui menaçaient de le piquer, mais sans le faire. Une « voix de tonnerre » retentit. Avec l'aide de cette voix et par intuition intérieure, il comprit que ces guêpes étaient toutes les critiques, les irritations qu'il avait subies dans sa vie sans les avoir chassées de son esprit assez vite. Mais il comprenait en même temps que s'il avait nourri ces pensées durant sa vie, ces guêpes maintenant l'auraient piqué.

Plus loin, il traverse une zone de solitude désolante : « Sous un nuage sombre qui descendait sur moi en pesant lourdement. » La voix intérieure, alors, lui dit : « Voilà toutes tes dépressions et tes découragements subis passivement[37] ! »

Après la mort tout est encore possible

Grâce à de tels textes, et à beaucoup d'autres qu'il est inutile de citer davantage, on saisit sur le vif ce processus de symbolisation qui prendra, nécessairement, des formes bien différentes selon chaque cas. Or, dans ce domaine aussi, nous sommes tous des cas particuliers.

Ce qui ressort de l'ensemble, quelles que soient les variantes, c'est la possibilité d'un progrès, d'un amendement, d'une transformation profonde, consentie et même désirée comme une libération.

Un des obstacles majeurs, pouvant retarder notre bonheur, semble être notre incapacité à pardonner. Parmi les messages étonnants reçus de l'au-delà par la veuve et la fille du colonel Gascoigne, en voici un qui illustre bien cette difficulté. Il s'agit d'un soldat norvégien, tué par les Allemands durant la dernière guerre mondiale :

« J'ai été descendu par les Allemands à Trondhjem. J'étais commerçant ; ils m'ont tiré. Je n'aime pas les Allemands. Je ne pourrai jamais les aimer ; et je suis maintenant ici par ma haine. Je n'arrive pas à m'en débarrasser. Leurs actes d'une cruauté gratuite me mettent encore tellement en colère quand j'y pense. Je suis miné par cette fureur, je ne peux m'en libérer. Je vous supplie de m'aider ; votre Père m'a mené à vous pour que je me rapproche de lui. Il me dit qu'il faut pardonner aux nazis, qu'ils ne savent pas ce qu'ils font, qu'ils sont comme des somnambules, et que tant que je ne leur pardonne pas, je ne peux pas me libérer et sortir de cette couche inférieure, si proche de la terre.

« Ici, tout ce qui vous arrive, vous le ressentez plus fortement, et nous exécrons de plus en plus la race allemande. Lorsqu'ils nous rejoignent dans le corps astral, ils nous semblent être de pires ennemis que pendant notre vie terrestre. C'est affreux, cette colère dont nous ne pouvons pas nous défaire. Donnez-moi la tranquillité et permettez-moi de dormir. Je veux dormir et oublier. Cela me permettrait d'avoir un jugement plus équitable et d'arriver à leur pardonner.

« Je comprends pourquoi le Christ a vite accordé son pardon à tout le monde avant de quitter la terre. Je vois pourquoi et combien cela est nécessaire, et avec l'aide de votre Père et de ce contact avec vous, je pourrais m'échapper [38]. »

Les messages reçus par les jeunes gens de Medjugorje insistent sans cesse sur la nécessité de ce pardon.

L'idéal, c'est, évidemment, d'arriver à pardonner dès ce monde-ci. Il s'agit là d'une véritable expérience spirituelle qui transforme profondément ceux qui y parviennent. George Ritchie, ce jeune soldat américain qui, lors de son entraînement militaire, a effectué une fantastique E.F.M., quelques années plus tard a rencontré quelqu'un transformé par cette expérience du pardon accordé. Il s'agissait d'un détenu d'un camp de concentration près de Wuppertal, en Allemagne, en 1945. Au milieu de prisonniers de toutes nationalités qui, bien souvent, se détestaient entre eux, il servait d'intermédiaire et de conciliateur avec une charité inlassable. G. Ritchie en était venu à penser tout naturellement qu'il avait sans doute moins eu à souffrir des horreurs de la guerre que beaucoup d'autres.

Lorsqu'il lui posa la question, il lui raconta cette histoire :

« Nous habitions le quartier juif de Varsovie, avec ma femme, nos deux filles et nos trois petits garçons. Quand les Allemands sont arrivés dans notre rue, ils ont fait aligner tout le monde contre un mur et ont ouvert le feu à la mitrailleuse. J'ai supplié qu'il me soit permis de mourir avec ma famille, mais comme je parlais allemand, je fus affecté à un groupe de travail. »

« Il fallait que je me décide tout de suite, reprit-il. Devais-je haïr les Allemands qui avaient fait cela ? C'était une solution facile. J'étais avocat et j'avais souvent vu dans mon métier ce que la haine pouvait produire dans l'esprit et dans le cœur des hommes. La haine venait juste à l'instant de tuer les six personnes qui comptaient le plus pour moi. J'ai alors décidé pour le restant de ma vie – qu'elle dure des jours ou des années – d'aimer toute personne que je viendrais à rencontrer[39]. »

Cette possibilité de progresser spirituellement ne concerne pas seulement les moins mauvais des trépassés. Il semble qu'à tous soit proposé le repentir, la conversion, le retour vers Dieu. On nous décrit alors des zones pestilentielles d'angoisse et de ténèbres où survivent des êtres prostrés, murés dans leur solitude. Même ceux-là ne sont pas abandonnés. Les anges ou les trépassés les plus évolués « descendent » jusqu'à eux et tentent inlassablement de se faire percevoir, d'éveiller l'attention des plus malheureux.

Là, on quitte nettement l'enseignement habituel des catéchismes catholiques romains. Personne n'est fixé définitivement, à sa mort, pour ou contre Dieu. Après la mort, tout est encore possible.

Mais, si l'on quitte ainsi les catéchismes, on rejoint l'Écriture. saint Pierre dit en toutes lettres qu'après sa mort le Christ :

« est allé prêcher même aux esprits en prison, aux rebelles d'autrefois, quand se prolongeait la patience de Dieu aux jours ou Noé construisait l'arche... » (saint Pierre, première épître III, 19-20).

Ainsi donc le Christ est allé « prêcher » à des morts qui étaient encore des « rebelles » au moment de leur mort. Sa prédication n'aurait évidemment aucun sens si elle ne pouvait plus avoir d'efficacité. La Descente du Christ aux Enfers n'est pas inscrite dans le Credo de Nicée-Constantinople, mais elle est mentionnée dans différents synodes vers 358-360 ; vers l'an 500, elle figure dans un célèbre texte, longtemps attribué à saint Athanase, et finalement elle se fixe vers l'an 950 dans le « Symbole des apôtres ». De nombreux conciles ont ensuite repris la formule. Il s'agit des Enfers et non de l'Enfer. Le terme n'a ici aucune connotation de damnation. Il s'agit simplement de lieux « inférieurs » que l'on se représentait généralement sous terre, comme les tombeaux. Cependant, il faut le reconnaître, les théologiens au cours des siècles n'ont guère tenu compte de ce texte capital que la plupart des chrétiens répètent plusieurs fois dans leur vie. Aujourd'hui encore, il embarrasse tout le monde.

Pourtant, les théologiens des premiers siècles le prenaient à la lettre. Ils pensaient qu'à leur mort chacun des apôtres avait fait de même, et depuis tous les grands saints. Or, Pierre Monnier, dans ses messages à sa mère, nous le confirme :

Dans les « Enfers », il est encore temps de se convertir et d'échapper à l'Enfer (cette fois au sens de damnation). Au-delà même de la mort, « l'Évangile est prêché aux coupables pour les arracher à l'empire du Mal, à l'Enfer[40]. »

Plus loin, Pierre Monnier est encore plus explicite :

« Je t'ai déjà expliqué ceci. Lorsque Pierre, l'apôtre, vous parle de la mission de son Maître spirituel « au séjour des morts », ce n'est pas là un mythe, comme le prétendent certains théologiens – prétention gratuite qui trouble la foi –, c'est la vision glorieuse de la Miséricorde de Dieu envers les pécheurs. Comme Jésus dépouillé de la chair, nous allons aussi, nous, ses missionnaires célestes, vers nos frères désolés ou coupables, et nous leur apprenons l'Évangile[41]… »

La grande icône de Pâques, dans les Églises orthodoxes, ce n'est pas le Christ sortant du tombeau mais la Descente du Christ aux Enfers, ou plus exactement dans l'Hadès, ce qui évite toute confusion, l'Hadès étant le lieu des morts : Le Christ foule aux pieds les portes brisées de l'Hadès et arrache aux tombeaux, en les tirant par la main, Adam et Ève. Derrière eux, attendant leur tour, une foule de personnages parmi lesquels on peut reconnaî-tre plusieurs saints de l'Ancien Testament. Mais il n'est pas interdit de voir aussi, dans la foule des anonymes, quelques-uns de ceux que le Christ vient de convertir, par sa prédication, selon l'épître de saint Pierre. Peut-être peut-on y voir quelques figures nous représentant nous-mêmes, dans la mesure où cette rencon-tre avec le Christ dans l'au-delà se renouvelle à chaque mort, au-delà du temps et de l'espace terrestres.

Pierre Monnier l'a bien compris ainsi :

« Lorsque Christ s'échappa vivant du tombeau, son esprit libéré visita les âmes, dans leur personnalité à venir : en effet, devant le Christ, toutes les âmes *étaient* présentes, puisque le pouvoir du temps avait cessé pour lui. Christ a regardé *chacune* de nos âmes, et Son regard a déposé en elles une richesse nouvelle : l'Amour [42]... »

VIII

La réincarnation : ultime épreuve de l'âme malheureuse

Qu'en est-il cependant des trépassés qui se sont le plus refusés à l'Amour ? Pierre Monnier nous affirme que Dieu leur accorde comme une seconde chance et leur permet de revenir sur terre. C'est la réincarnation.

Bien d'autres messagers ou pseudo-messagers l'affirment aussi, bien évidemment. Mais cela ne suffirait pas à me convaincre. J'accepte cette théorie parce que quelques-uns de ceux qui la soutiennent m'inspirent, pour toutes sortes de raisons, une confiance particulière. Pierre Monnier n'est pas le seul parmi ces messagers de confiance qui l'affirment, mais il est peut-être, parmi ceux qui ont ma confiance, celui qui a l'air le plus au courant du phénomène et qui accepte de nous donner le plus de détails. Beaucoup d'autres en disent encore bien davantage, mais il se trouve que, précisément, ils n'ont pas ma confiance.

Donc, selon lui, « effectivement, la réincarnation se produit parfois, mais bien moins fréquemment que ne le croient certains psychistes[1] », elle est « souvent conseillée, comme moyen plus rapide de faire l'évolution obligatoire à l'atteinte du bonheur vers lequel nous tendons tous et que nous ne connaîtrons que dans la fusion avec Dieu[2]. » Cependant, elle reste « pour ainsi dire toujours facultative[3] », ce qui implique que, parfois, elle ne l'est pas, ce qui nous est confirmé plus loin : « C'est une obligation exceptionnelle[4]. » D'ailleurs, même quand une âme comprend que son évolution pourrait être plus rapide en acceptant de se réincarner, elle y renonce souvent pour ne pas briser le lien d'amour avec ceux qu'elle a laissés sur terre[5]. La réincarnation se fait parfois par familles entières ou presque, les parents qui ont entraîné leurs enfants dans le malheur, par leur faute, demandant à pouvoir réparer celle-ci en redonnant naissance aux mêmes enfants, du moins à ceux qui n'ont pas su échapper à leur mauvaise influence[6].

Certains textes difficiles de l'Écriture sur la prédestination s'expliquent par ce phénomène de la réincarnation[7].

Enfin, la réincarnation est fréquente chez les animaux, particulièrement chez les chiens. Il y a même des cas très exceptionnels, « permis par Dieu dans des circonstances bien rares, et dans un but défini » où un animal s'est réincarné comme être humain[8].

Donc, sur la foi de tels messagers (pas seulement de Pierre Monnier), je crois qu'une certaine forme de réincarnation existe.

Inversement, je ne suis pas sûr que nous ayons jusqu'ici de preuves absolues de l'existence du phénomène. J'y crois quand même, mais sur le témoignage de ces messagers, non à cause de ces « preuves ». Puisque j'y crois malgré tout, je me considère comme dispensé de discuter, cas par cas, de la valeur de ces soi-disant preuves. Je préfère admettre d'emblée, sans discussion, que dans chacun de ces cas on est tombé sur un vrai cas.

Les deux problèmes qui restent cependant en discussion sont les suivants :

– Ces cas sont-ils vraiment exceptionnels comme l'affirme, par exemple, Pierre Monnier, ou est-ce au contraire la règle, pour tous les hommes, de revenir sur terre, et même plusieurs fois, comme d'autres messagers l'affirment, soutenus par de forts courants philosophiques et religieux ?

– En quoi consiste vraiment la réincarnation, quand elle a lieu ?

1. La réincarnation n'est qu'une exception

La forme de croyance en la réincarnation aujourd'hui la plus répandue voudrait qu'à la mort un certain Moi profond survécût, qui entrerait dans un autre corps pour mener une nouvelle vie, et ainsi s'enrichir de vie en vie ou se purifier de vie en vie, l'oubli des vies antérieures à chaque nouvelle naissance n'ayant pas trop d'importance, car, dans l'au-delà, notre conscience récupérerait chaque fois les vies antérieures et en ferait la synthèse.

Dans la tradition occidentale

On nous répète un peu partout, comme faits bien établis, que d'ailleurs les anciens Égyptiens y croyaient, les Juifs aussi dans l'Ancien Testament, le Christ et les premiers chrétiens de même, et que l'Église l'enseigna jusque vers le IIIᵉ ou VIᵉ siècle (là, les auteurs consultés diffèrent un peu et je vois bien pourquoi).

Or, je ne voudrais faire de peine à personne, je n'ai aucune envie d'empêcher qui que ce soit de croire qu'il a déjà « eu » douze vies et qu'il reviendra encore trois fois... Mais les faits sont les faits, et presque tout cela est faux ! La doctrine de la réincarnation est complètement inconnue de l'Égypte ancienne. Les seuls cas que l'on pourrait invoquer sont les mythes du renouveau de la nature, avec Osiris. Cependant l'historien grec Hérodote, qui avait visité l'Égypte, raconte que ses habitants croyaient à la métempsycose. Après la mort, l'âme humaine se réincarnait dans les animaux de la terre, des eaux et des airs, puis revenait dans un corps d'homme. Le cycle se faisait en trois mille ans.

Hérodote vivait au cinquième siècle avant Jésus-Christ et, dès le sixième siècle, le pays était passé sous domination perse. Il s'agit là de croyances tardives et probablement populaires. On n'en retrouve pas trace, semble-t-il, dans les grands textes religieux de l'Égypte classique, pas plus dans le célèbre Livre des morts que dans les autres textes qui nous sont parvenus[9].

Mais Clément d'Alexandrie, au deuxième siècle après Jésus-Christ, mentionne à son tour cette curieuse croyance des Égyptiens, sans la reprendre à son compte.

La réincarnation semble ignorée aussi bien de Sumer que de l'Assyro-Babylonie. Mais peut-être existait-elle, là aussi, comme croyance populaire, en dehors des grands textes littéraires.

Pour la Grèce, Diogène Laerce, au début du troisième siècle après Jésus-Christ, nous affirme que Pythagore, au sixième siècle avant Jésus-Christ, fut le premier à croire à la transmigration des âmes. Il pensait avoir vécu lui-même plusieurs fois et donnait même les noms qu'il avait portés dans ses vies antérieures. On sait que Platon n'y voyait lui-même qu'une croyance populaire, encore qu'il l'ait envisagée avec intérêt dans le célèbre « mythe » d'Er le Pamphylien dans la « République ». Le mythe de « l'Éternel Retour » comporte d'ailleurs, lui aussi, une certaine forme de réincarnation.

Les anciens Hébreux ne mentionnent jamais la possibilité de la réincarnation. Mais, du temps du Christ, la doctrine commençait à se faire jour. D'après Flavius Josèphe, les pharisiens croyaient à des supplices éternels pour les méchants et à la réincarnation pour les bons. Plus tard, dans la Kabbale, la réincarnation tiendra une place importante.

La réincarnation semble donc avoir lentement pénétré en Occident, mais tardivement, sous des formes très populaires et très marginales pendant plusieurs siècles.

Pour le Nouveau Testament, les deux textes toujours invoqués sont l'histoire de l'aveugle de naissance et l'attente du retour d'Élie. Examinons-les rapidement.

Dans le premier cas, les disciples du Christ lui demandent : « Rabbi, qui a péché pour qu'il soit né aveugle, lui ou ses parents ? » L'idée que le mal physique est lié au péché est fréquente dans l'Ancien Testament : « Dans le cas des infirmes de naissance, certains rabbins attribuaient la faute aux parents, d'autres à l'enfant lui-même, au cours de la gestation[10]. » Que l'on trouve l'idée intéressante ou stupide, là n'est pas la question. Il s'agit de savoir si les juifs, du temps du Christ, croyaient à la réincarnation. La connaissance de la littérature de ce temps nous oblige à dire : non. Ils préféraient recourir à cette hypothèse étrange.

Quant au Christ, il ne saisit pas du tout l'occasion de leur révéler la réincarnation. Il leur répond simplement que le problème est mal posé : « Ni lui, ni ses parents. » Pas de vie antérieure !

L'autre cas, toujours cité, ce sont les différents textes faisant allusion à l'annonce prophétique du retour d'Élie[11]. Mais c'est oublier que, pour les juifs, Élie n'était jamais mort. Il avait été emporté au ciel sur un char de feu et on s'attendait à ce qu'il revienne un jour, mais comme d'un long voyage, sans avoir à renaître ; ou encore comme ces personnages qui, en de nombreuses légendes, se réveillent au bout d'un siècle. Le Christ essaie de leur faire comprendre qu'Élie ne reviendra pas. Il a été remplacé par Jean-Baptiste, mais comme Mozart a remplacé Bach...

C'est d'ailleurs bien ainsi que les Juifs eux-mêmes essayaient de percer le mystère de la personne du Christ. Quand Jésus demande à ses disciples ce que les gens pensent de lui, ils lui répondent que certains le prennent pour Jean-Baptiste, d'autres pour Élie, d'autres pour un des anciens prophètes ressuscité[12]. Mais lorsque Jean-Baptiste est mort, le Christ avait déjà trente ans. C'est donc seulement après sa mort que l'esprit de Jean-Baptiste aurait pu envahir le Christ. Cela n'a rien à voir avec la réincarnation dont certains voudraient trouver la preuve dans le Nouveau Testament. Or, rien n'indique dans le texte que pour Élie ou « quelqu'un des anciens prophètes ressuscité » il s'agisse cette fois d'une véritable réincarnation. Le texte dit bien, au contraire, « ressuscité », ce qui est encore tout autre chose.

Ressusciter, c'est revenir à la vie sans avoir à renaître. Il me semble abusif à cet égard de citer comme preuves d'une certaine croyance en la réincarnation des textes où il est bien plutôt question de « résurrection », de « réveil » ou d'« apparition ». On peut de tout cela déduire, tout au plus, que les Juifs contemporains du Christ étaient prêts à admettre une certaine forme de réapparition de personnages célèbres du passé à différentes époques. Mais des personnages dont ni le rôle ni la personnalité n'auraient profondément changé, et qui ne reviendraient, très exceptionnellement, que pour des missions très précises et selon des modalités très variées. On est très loin dans cette perspective d'une quelconque loi systématique et générale de réincarnation.

L'Église n'a jamais enseigné la réincarnation, comme beaucoup le prétendent. Certains théologiens y ont cru, ce qui est fort différent. Au IIe siècle, saint Justin admettait plusieurs vies sur terre avant le ciel, les plus charnels pouvant se réincarner en bêtes. Mais, comme le note Geddes MacGregor[13], les premiers chrétiens ne pouvaient croire qu'à des vies antérieures sur terre, non à des vies futures, car pour eux ce monde était appelé à disparaître bientôt.

Les courants gnostiques croyaient à la réincarnation. Mais il ne sont pas l'Église. Tout leur enseignement est profondément différent.

Origène semble avoir admis une succession d'éons, c'est-à-dire une succession de mondes, chaque âme ne vivant qu'une seule fois dans chaque monde. Ce n'est pas nécessairement très différent de la montée de chaque âme de sphère en sphère. Les deux grands saints Grégoire, de Nysse et de Nazianze, au IVe siècle, connaissaient cette théorie de vies antérieures et s'y opposaient nettement[14].

Cependant, on reconnaît généralement qu'aucun texte de l'Église n'a jamais condamné formellement cette doctrine, et que, par conséquent, chacun peut y adhérer si bon lui semble[15].

Paradoxalement, ce sont les plus chauds partisans de la doctrine de la réincarnation qui sont arrivés à répandre l'idée que l'Église l'avait condamnée. En effet, les missionnaires de la réincarnation se heurtaient à un obstacle qui, pour les pays de tradition chrétienne, était très gênant. On leur objectait que ni la Bible ni l'Église n'en avaient jamais parlé. Un tel silence n'était-il pas déjà, en soi, une sorte de condamnation.

La contre-attaque se forma, peu à peu, en deux temps : si, la Bible en parle, mais à mots couverts, et l'Église elle-même l'a enseignée (nous avons vu, très brièvement, qu'il n'en est rien[16]).

Mais il est vrai que l'Église, très tôt, a condamné cette doctrine et c'est pourquoi elle n'en parle plus. Or, cette seconde affirmation est aussi fausse que la première. Mais elle avait l'immense avantage de faire glisser l'objection du silence de toute la révélation judéo-chrétienne, à laquelle se rattache plus ou moins tout l'Occident, sur une poignée d'hommes sectaires qui auraient troublé les eaux claires de la Révélation. C'est pourquoi ces deux contre-vérités ont tant de succès.

On doit à un journaliste anglais, licencié en histoire de l'université d'Oxford, et qui a déjà fait ses preuves en d'autres domaines, d'avoir retrouvé l'origine de cette diffusion : Ian Wilson [17].

Au cours d'une cure de bains sulfureux dans les Andes, Shirley MacLaine aurait fait la connaissance de partisans de la réincarnation dont elle aurait repris, sans vérifications, les allégations. Un certain David lui aurait ainsi affirmé :

« La théorie de la réincarnation existe bel et bien dans la Bible. Mais les scolies qui permettaient de l'interpréter furent supprimées par un concile œcuménique qui se tint à Constantinople vers 553 et que l'on appelle également le concile de Nicée. L'assemblée du concile vota le retrait de ces enseignements de manière à renforcer le contrôle exercé par l'Église. »

Comme le souligne Ian Wilson, aucun expert de l'histoire de l'Église ne pourra avaler cette invention de textes supprimés. Nous avons trop de textes antérieurs à ce concile de 553 et aucun ne contient ces fameuses scolies supprimées. L'auteur d'ailleurs confond tout. Nicée n'est pas Constantinople. Il y a eu deux conciles à Nicée, l'un en 325, l'autre en 787. Ni l'un ni l'autre ne se sont occupés, ni de près ni de loin, du problème de la réincarnation. Quant à la condamnation d'Origène en 553, Ian Wilson est bien d'accord pour reconnaître qu'elle ne vise pas vraiment la réincarnation [18].

Mais toutes ces inventions plaisent tellement qu'on n'a pas fini de les entendre et de les lire !

Dans la tradition orientale

Les tenants, souvent passionnés, de la théorie des incarnations nombreuses et obligatoires pour tous font souvent valoir aussi qu'ils rejoignent ainsi la croyance de centaines de millions d'hommes, pendant des siècles et à travers de grandes cultures.

À ce sujet, il faut tout de même savoir que la réincarnation est inconnue des Védas (1500 à 800 avant Jésus-Christ). Elle n'est pas non plus enseignée par Bouddha. Alain Daniélou, un des meilleurs spécialistes de l'Inde ancienne, pense que cette doctrine est née dans le jaïnisme, « qui l'a transmise au bouddhisme, puis à l'hindouisme moderne ». Le courant shivaïte y serait, jusqu'à aujourd'hui, resté réfractaire [19]. La doctrine en question apparaît cependant déjà, avec de fortes variantes de l'une à l'autre, dans certaines Oupanishads (700 à 500 avant Jésus-Christ).

Rappelons encore que Krishnamurti a toujours refusé de prendre nettement position sur ce problème. Enfin, pour ceux qui font grand cas de messages d'anciens adversaires de la réincarnation, maintenant décédés et enfin convertis à cette doctrine, signalons que, en sens opposé, un esprit qui se prétendait être celui de Mme Blavatsky s'est manifesté au docteur Carl Wickland pour lui dire qu'elle reconnaissait aujourd'hui son erreur et que la réincarnation n'existait pas [20].

D'après les informations parapsychologiques récentes

Quant aux voix de l'au-delà reçues sur bande magnétique, elles sont bien loin de trancher le débat. Mme Schäfer me le disait récemment, on reçoit tous les avis, depuis : « Bien sûr, la réincarnation existe ; tout le monde y passe », jusqu'à : « Mais c'est absurde ! ça n'existe pas », en passant par : « Je n'en sais rien. » En France, Mme Le Coënt a obtenu sur son magnétophone les mêmes réponses : c'est impossible ! – peut-être – ça existe, mais ce n'est pas obligatoire. En Allemagne, Hans Otto König a reçu l'affirmation qu'on pouvait dans l'au-delà passer d'un plan au plan supérieur sans avoir à revenir sur terre [21]. Si l'on quitte les enregistrements en direct de l'au-delà pour les autres moyens de communication avec les trépassés, les réponses ne sont guère plus concordantes.

Arthur Findlay, en interrogeant le médium John C. Sloan, avec lequel il travailla pendant douze ans et qu'il considérait comme le meilleur médium qu'il ait pu rencontrer, aussi bien en Angleterre qu'aux États-Unis, en vint naturellement à la question qui nous préoccupe : « Nous réincarnons-nous sur terre ? » Il obtint alors de l'au-delà, à travers le médium en transe profonde, la réponse suivante :

« C'est une question à laquelle il m'est difficile de répondre. Je ne connais personne à qui ce soit arrivé. Je suis arrivé ici il y a bien des années et il y a près de moi des gens qui ont vécu sur terre il y a maintenant des milliers d'années. C'est tout ce que je puis vous dire. Je n'en sais pas davantage [22]. »

Albert Pauchard, qui, déjà sur terre, croyait très fermement à la réincarnation, en est depuis sa mort plus que jamais persuadé. Cependant il reconnaît que dans l'au-delà où il se trouve il y a « des esprits tout à fait supérieurs » qui n'y croient pas du tout et qu'il n'arrive pas à convaincre[23].

C'est peut-être Alain Guillo qui a obtenu la réponse la plus profonde, par voix intérieure. Alain Guillo, c'est ce journaliste et photographe français qui a été prisonnier pendant neuf mois des geôles afghanes. Aventure extraordinaire qui s'est approfondie en aventure spirituelle comme toutes les vraies aventures.

N'ayant ni papier ni crayon, il essaya, dans sa cellule, d'écrire avec son index, en l'abandonnant à des forces inconnues. Et voilà que son doigt s'est mis à former des lettres qu'il pouvait reconnaître même dans la nuit, et les lettres formaient des mots, les mots des phrases. Une écriture intuitive de fortune. On dira que c'est son subconscient qui le rassurait. Mais il recevait des messages en français, en anglais, et même en arabe. C'est alors son compagnon de cellule qui déchiffre pour lui des versets du Coran.

Peu à peu l'écriture intuitive se transforme en voix, en multitude de voix, en conversations entières qu'il entend dans sa tête. C'est l'invasion de l'au-delà, la situation n'est plus tolérable. Alain Guillo fait quatre tentatives de suicide en fonçant, tête la première, contre les murs, contre des barres d'acier...

Or, un jour, les voix vont répondre à leur tour à cette question :

« Si tu crois en la réincarnation, elle existe. Si tu n'y crois pas, elle n'existe pas. Si tu crois en la prédestination, elle existe, si tu n'y crois pas, elle n'existe pas. Tout est en toi[24]... »

Les façons de se représenter les opérations préparatoires à un retour sur la terre sont d'ailleurs fort différentes d'un récit à l'autre, qu'il s'agisse de Georges Morrannier ou d'Albert Pauchard, pour des messages par écriture automatique, ou des descriptions psychédéliques rapportées par Anne et Daniel Meurois-Givaudan de voyages qu'ils auraient effectués hors du corps[25].

Dans ces derniers récits, l'influence de l'Inde est particulièrement forte. Alors que, d'ordinaire, les autres lésinent un peu en ne nous promettant guère plus de dix ou douze vies si nous arrivons à être particulièrement méchants et pas plus de sept si nous sommes gentils, eux y vont carrément :

« L'être humain ne dispose pas d'une seule et unique vie, mais d'une infinité de vies dont il lui appartient de tirer le meilleur parti[26]. »

Voilà qui devrait suffire, même pour les plus exigeants ! Mais Swedenborg aurait bien ri, lui qui n'y croyait pas du tout.

Expliquer les injustices apparentes de l'existence

Un autre argument revient tout le temps : une fois que l'on admet l'hypothèse de la réincarnation, quantité de mystères de l'existence s'expliquent. Les injustices qui nous paraissent si souvent révoltantes trouvent leur sens. On commence à deviner que ce n'est pas Dieu qui est injuste ni le destin aveugle, mais que chacun subit automatiquement l'effet de ses propres actes. Celui qui est pauvre a dû mal user de ses richesses dans sa vie précédente. Celui qui est infirme et souffre a dû être cruel...

Cependant, il ne s'agit pas vraiment de punition, mais de la transposition sur terre du mécanisme que nous venons de voir, mais dans l'au-delà. Le sens profond de cette loi du karma est de nous donner l'occasion d'exercer la vertu opposée au vice dans lequel nous sommes tombés dans la vie précédente. Il s'agit de nous mettre dans les conditions optimales pour que nous soyons amenés, si nous y mettons un peu de bonne volonté, à redresser en nous ce qui avait été faussé.

Toute cette construction intellectuelle a en sa faveur plusieurs avantages. Elle est simple à comprendre. Elle rend presque immédiatement la souffrance des autres beaucoup moins intolérable, et même la sienne propre. Tout s'explique du côté des causes et tout prend un sens pour l'avenir.

Malheureusement, comme beaucoup de constructions intellectuelles, celle-ci paraît un peu simple quand on commence à la confronter, dans le détail, à la réalité.

Si vraiment le sens profond de ce mécanisme vise notre progression morale et spirituelle, il ne peut être aussi simpliste, car les mêmes conditions pourront se révéler favorables ou catastrophiques pour notre évolution selon les différentes personnalités. L'un apprendra bien dans la pauvreté à se dépasser dans une générosité toujours plus grande. Un autre, dans la même condition, se repliera sur un égoïsme de plus en plus sordide. On l'a bien vu hélas ! dans les camps de prisonniers ou les camps de concentration. Moins de pauvreté conviendrait mieux à certains, du moins peut-être au début.

Certains, dans le désert affectif, dans le malheur, trouveront le déclic qui les fera progresser vers une charité universelle. D'autres ne pourront aimer à leur tour sans avoir d'abord reçu eux-mêmes un peu d'affection. Ils ne sont pas nécessairement, pour autant, foncièrement moins généreux que les premiers. Ils ont une autre sensibilité.

On peut évidemment admettre que cette adaptation nécessaire, bien qu'à notre insu, ait effectivement lieu. Mais alors, reconnaissons-le, le lien entre malheur et mauvaise conduite dans une vie antérieure s'estompe, et par là même la valeur explicative et justificative de la théorie à l'égard des effroyables inégalités que nous constatons tous les jours.

Il faut choisir. Ou bien la loi du karma s'applique de façon aveugle, automatique, et dans ce cas elle explique bien les apparentes injustices de l'existence, mais ses dégâts peuvent être terribles ; ou bien elle a valeur pédagogique, et alors elle ne peut plus donner l'explication de ces mêmes injustices, et l'argument que l'on invoquait en sa faveur tombe de lui-même.

L'Orient n'a jamais conçu le karma comme absolu

D'ailleurs, il faut bien le dire, ni en Inde ni au Tibet, la loi du karma n'a jamais été conçue de façon aussi absolue.

Dans le *Bardo Thödol*, on enseigne précisément comment échapper, au moment de la mort, au cycle des réincarnations. Il suffit d'atteindre l'illumination parfaite et, pour cela, il faut et il suffit de réaliser que tous les monstres que l'on voit ne sont que des projections de notre esprit. Comme on risquerait d'être pris un peu au dépourvu, plusieurs occasions successives nous sont offertes[27]. Si vous y arrivez, quoi que vous ayez fait, même les pires crimes, plus de réincarnation ! Vous échappez à votre Karma.

Mais nos amis tibétains ont découvert une autre méthode : le rite du *powa*, qui paraît-il fait merveille. On peut l'utiliser parallèlement à la lecture du *Bardo Thödol* près du mourant, ou même à la place de cette lecture. Comme on va le voir, cette méthode a au moins le mérite d'être sensiblement plus brève : il faut, par trois fois, crier près du mourant la syllabe « hick », mais sur un ton très particulier. Après quoi suit l'exclamation « phat », qu'il faut prononcer « péth ». Mais attention, ne prononcez ce péth après les hick que si vous êtes bien sûr que : « la mort est imminente et sans remède, car le phat suivant le hick cause inévitablement la mort ». Donc prudence ! Vous risqueriez les pires ennuis. Cette méthode provoque infailliblement « le jaillissement du namshés (ou l'âme) hors du sommet du crâne du mourant et la projection soudaine de ce namshés dans le paradis de la Grande Béatitude[28]. » Plus d'incarnation, plus de karma ! Le tour est joué. Mais attention, il faut apprendre pendant de très longues années, auprès d'un maître qualifié, à lancer ce « hick » avec l'intonation juste qui lui conférera son efficacité... (les cours ne doivent pas être tristes !).

En Inde, Çankara enseignait une technique assez voisine où l'on retrouve cette sortie par le sommet du crâne, comme d'ailleurs dans de nombreux récits d'E.F.M.

Çankara est le grand maître de la non-dualité absolue, l'Advaïta Vedanta, vers 700-750 de notre ère. Sa technique ne fait pas intervenir un aide. On doit la réaliser soi-même. Je vous propose sa méthode :

« Il y a cent et un canaux qui sortent du cœur de l'homme. L'un d'entre eux, appelé sushumnâ, est orienté vers le haut en direction de la fissure pariétale. Au moment de la mort, on doit maîtriser son esprit et le maintenir fermement fixé dans le cœur. Par ce canal, allant vers le haut, par l'intermédiaire du soleil, on atteint l'immortalité. »

On nous précise ailleurs que ce rayon qui nous conduit droit vers le soleil brille heureusement de nuit comme de jour[29]. Là encore, plus de karma !

Mais il y a plus déroutant encore, du moins pour nous Occidentaux, c'est ce qui, selon les croyances de l'Inde, patrie du karma, peut effectivement constituer notre karma. On apprend, au hasard des textes, qu'il a pu suffire à une salamandre de boire par hasard de l'eau demeurée dans les empreintes de pas d'un groupe de çrîvaishnava, pour se réincarner comme brahmane. Inversement d'ailleurs, un brahmane se trompant dans la récitation d'une formule sacrificielle peut se retrouver démon[30].

Dans la célèbre *Bhagavad Gîtâ,* on enseigne que la renaissance dépend totalement de la dernière pensée que l'on a eue en ce monde. C'est ainsi que le pauvre roi ascète Bharata perdit tout le fruit de son ascèse, au dernier moment, en se laissant trop fasciner par un jeune faon qu'il avait recueilli. Il renaquit en cervidé, conformément à l'objet de son dernier regard. À quoi tient notre destin !

Ramanuja (1017-1137), le grand maître de la non-dualité relative, réagira précisément contre cette interprétation un peu infantile de la loi du karma, en expliquant dans son commentaire de la Gîtâ que ce dernier regard ou cette dernière pensée dépendent, à leur tour, de tous les regards et de toutes les pensées de notre existence entière[31].

Finalement, pour Ramanuja, notre délivrance du cycle affreux des réincarnations successives ne dépend pas vraiment de la rectitude de nos actes ni de nos pensées, mais de l'amour gratuit de Dieu qui peut éteindre toutes nos dettes, et de notre union à Dieu dans l'amour, de la *bhakti*[32].

Là, on s'éloigne sans doute de la loi du karma, mais on se rapproche singulièrement de la tradition judéo-chrétienne.

Si j'ai rappelé des aspects, parfois assez secondaires, de grandes traditions religieuses, ce n'est pas pour les ridiculiser, ce qui est toujours un jeu assez facile, mais bien pour montrer que cette loi du karma, dont on veut aujourd'hui nous faire une règle absolue, n'a jamais vraiment été comprise ainsi dans les traditions dont nous l'avons reçue.

La loi du karma tue la pitié

Une autre difficulté de cet enchaînement rigoureux de cause à effet entre les vies antérieures et notre état présent, c'est que cette logique implacable aboutit à penser que tous les malheureux en cette vie ont été des méchants et même le sont encore, au moins à leur naissance. Puisqu'il ne s'agit pas de leur faire payer le mal qu'ils ont fait mais de les amener à se corriger, il faut bien de quelque manière, au moins au début de leur nouvelle vie, que cette correction n'ait pas encore été faite. Si un enfant naît infirme, c'est qu'il a quelque chose en lui de très grave à redresser. Les enfants naissant dans le malheur sont nécessairement, dans ce système, des méchants. Cette implication me paraît inévitable. Elle est dans la logique même de tout le système.

Or, elle est manifestement fausse. Les faits la contredisent.

La loi du karma interdit la pitié

Autre conséquence logique d'un tel mécanisme : si la loi du karma n'est pas une punition mais la conséquence directe de nos actes créant d'une vie sur l'autre les conditions les plus favorables à notre évolution, dans quelle mesure avons-nous le droit d'intervenir pour aider les autres à échapper au poids de leur karma ?

Le problème est très réel et on ne peut pas s'en tirer par un simple cri du cœur et une réaction de bons sens comme le fit, par exemple, Maguy Lebrun, d'après son propre récit. Maguy Lebrun est une femme extraordinaire qui a accompli avec son mari une œuvre magnifique. Elle est magnétiseuse, sous le contrôle de médecins de l'au-delà, à travers son mari, qui, lui, est un excellent médium. Rien de diabolique dans tout cela, je vous l'assure. Mais du fantastique, oui ! surtout par rapport à l'univers mental du Français moyen en cette fin de siècle. Jugez-en plutôt vous-même :

« Ce soir-là, veille du 1er mai, raconte-t-elle, nous nous étions couchés assez tôt, vers vingt et une heures, juste après que nos enfants avaient été mis au lit. Je lisais dans une revue un article particulièrement captivant et Daniel, mon mari, s'était rapidement endormi à mes côtés. Depuis quelques jours, il se plaignait d'une fatigue inhabituelle. C'est alors que je pris conscience de son agitation. Il gémissait dans son sommeil. Je me tournais vers lui pour tenter de le calmer ou m'enquérir de ce qu'il avait, lorsqu'il se mit à parler d'une voix inconnue, au timbre féminin : ''N'aie pas peur, Maguy, me dit cette voix claire. Ce n'est pas ton mari qui te parle mais un guide spirituel qui a choisi ce moyen pour communiquer, par son truchement, avec toi. Ton mari est un puissant médium et, dorénavant, je recourrai à lui pour te parler. Je vous propose de remplir une mission que vous êtes libres d'accepter ou de refuser'' [33]. »

Ce fut le début d'une vie magnifique, d'une aventure extraordinaire, remplie d'amour. Maguy et Daniel, en plus de leurs propres enfants, en adoptèrent quantité d'autres, en élevèrent pratiquement d'autres encore, une quarantaine en tout. Ils vont soigner, soulager, guérir ou consoler des milliers de gens, créer des cercles de prière un peu partout en France et à l'étranger. Car Maguy Lebrun accompagne toujours sa pratique du magnétisme par la prière et, le plus possible, par la prière en groupe. Elle aussi croit à la force créatrice de la pensée !

Mais il y eut un temps où Maguy Lebrun croyait profondément à la réincarnation systématique et pour tous, n'en voyant que les avantages [34]. Si on l'admet, tant de mystères semblent tellement, à première vue, s'éclairer !

Un jour donc, à Bruxelles, après une de ses conférences, un ami yogi lui demande si on a le droit, vu l'importance thérapeutique du karma, de l'alléger pour les autres. Elle lui répond : « Lorsqu'une personne très âgée porte deux valises et traverse la route encombrée, n'allons-nous pas l'aider ? » C'est sans doute le cri du cœur. Elle ajoute :

« Toute la charité de l'Évangile est là. Jésus n'est-il pas venu nous prêcher la charité et n'est-il pas mort pour nous racheter tous [35] ? »

C'est le simple bon sens ! Mais le bon sens chrétien.

Dans un livre que j'aime bien, même si je n'en partage pas la tendance générale, Marie-Pia Stanley, qui a bien senti le problème, cite un épisode semblable de la vie de Vivekananda : un dévot se montrait peu enclin à se préoccuper de l'horrible famine qui sévissait en Inde centrale. C'est que, disait-il, ce fléau était lié au karma des victimes : il n'avait donc pas à s'en mêler.

« Vivekananda rugit d'indignation. Il a le sang au visage, ses yeux lancent des éclairs. Il foudroie la dureté de cœur du pharisien. Et, se tournant vers ses disciples : ''Voilà comment notre pays est allé à la ruine ! À quels extrêmes est tombée cette doctrine du karma ! Sont-ils des hommes, ceux qui n'ont pas pitié de l'homme ?'' Tout son corps est secoué de fureur et de dégoût [36]. »

C'est qu'en effet, dans la logique du karma, personne, précisément, ne peut « racheter » personne. C'est nécessairement « chacun pour soi » ! La question du yogi ne peut être éliminée aussi rapidement. Ce n'est certainement pas par hasard que les peuples de l'Inde, si profondément religieux, n'ont jamais produit de mouvements caritatifs puissants. C'est que les inégalités et même le malheur apparaissent, selon ce système, pour une large part comme dans l'ordre des choses. Vis-à-vis de ceux qui souffrent, l'hindouisme et le bouddhisme prescrivent surtout la compassion, car elle est bénéfique à celui qui compatit. Ils prescrivent aussi, il est vrai, le renoncement, qui suffirait à réduire, pour beaucoup, bien des malheurs. Mais là encore, c'est essentiellement la perfection personnelle qui est visée, non l'assistance aux autres. Ce n'est évidemment pas que les Indiens aient moins de cœur que nous, en Occident. Mais c'est que toute leur vision du monde, de temps immémoriaux, conduit à un certain individualisme. On sait que la femme ou le mari que l'on aime seront inexorablement appelés, en d'autres vies, à partager d'autres amours. Toutes nos rencontres sont passagères. Il n'en restera même, pense l'Indien, aucun souvenir, ni en ce monde quand nous y reviendrons, ni même en l'autre pour l'éternité. La doctrine de la réincarnation exclut cette affirmation, constante dans les *Lettres de Pierre*, que Dieu ne sépare jamais ceux qui s'aiment.

Pendant que certains, en Occident, se laissent peu à peu convaincre par cette doctrine, d'autres en Orient découvrent peu à peu les perspectives chrétiennes. Voici ce qu'en dit un de ceux que le père Maupilier appelle les « hindous chrétiens », parce qu'ils se veulent fidèles aux deux traditions à la fois :

« La libération n'est pas en notre propre pouvoir. Aucun acte (karma), aucun exercice spirituel ne peuvent par eux-mêmes nous l'obtenir...

Quand Dieu est venu en forme d'homme ce n'était pas dans

un but futile, mais pour apporter à l'homme la libération (mukti) des conséquences du karma. Dieu a fait tout ce qui était nécessaire pour délivrer l'homme des entraves du karma, et pour le réintégrer, le réunir avec Lui dans les liens de l'Amour[37]... »

Une seule vie ne peut suffire à notre évolution

C'est un des arguments les plus souvent développés en faveur de la thèse de la réincarnation : une seule vie sur terre est beaucoup trop courte, beaucoup trop dépendante d'heureux ou malheureux hasards pour que notre éternité puisse être décidée ainsi. Ce serait même, de la part de Dieu, malhonnête que d'avoir mis en place un tel système.

Ainsi, par exemple, la thèse de Geddes MacGregor dont j'ai, à plusieurs reprises, utilisé l'étude[38]. C'est même, en fait, l'argument principal de l'auteur, la partie historique n'étant là que pour montrer que les chrétiens, finalement, sont libres d'adhérer ou non à cette croyance.

Malheureusement on découvre très vite que la pétition de l'auteur en faveur de la réincarnation repose essentiellement sur des thèses théologiques particulièrement étroites et sur une ignorance totale de phénomènes paranormaux pourtant aujourd'hui bien connus.

Pour l'auteur, il n'y a pas de salut possible sans une foi explicite dans le Christ. D'où il ressort, bien évidemment, que tous les non-chrétiens, c'est-à-dire une proportion impressionnante des hommes, ne peuvent être sauvés en cette vie. Cela vaut, de même, pour les enfants morts en bas âge[39].

Par ailleurs, l'auteur ne tient aucun compte, aussi incroyable que cela puisse paraître pour quelqu'un qui s'attaque à un tel sujet, de toutes les découvertes faites depuis un siècle sur la survie. Il se montre totalement incapable, ce qui est bien son droit, de croire à l'existence d'une matière qui serait encore non détectée par tous nos instruments, et donc à l'existence réelle de corps glorieux menant une vraie vie dans un vrai monde aussi réel que le nôtre. Il ne lui vient jamais à l'idée qu'un talent, dont le développement est brusquement interrompu en ce monde par la mort, puisse se déployer avec autant et même plus de bonheur dans un autre. Pour lui, la foi chrétienne, et plus particulièrement catholique, est que les morts dorment en paix en attendant la résurrection[40]. Évidemment, on ne saurait espérer de grands progrès spirituels d'un tel sommeil. Mais, au lieu de remettre en cause cette déformation populaire, il préfère tenter d'introduire et d'acclimater dans le christianisme l'idée de la réincarnation.

À cette attitude je vois, entre autres, plus particulièrement deux causes : l'ignorance de la distinction capitale entre sainteté et perfection à laquelle j'ai déjà, à plusieurs reprises, fait allusion. Dieu exige de nous la sainteté, non la perfection. La sainteté consiste à tendre au maximum de ses possibilités à la perfection, non à l'atteindre. Dieu ne demande à chacun que ce qu'il pouvait réellement donner, non ce qui, vu les circonstances, lui était en fait impossible ; les circonstances comprenant le bagage héréditaire, les drames de l'enfance, les influences que l'on n'a pas choisies, etc. La seconde chance à laquelle Pierre Monnier fait référence quand il admet que la réincarnation existe me semble se situer en dehors de ces considérations. C'est une véritable seconde chance, accordée à quelqu'un qui avait déjà reçu, lors de sa première vie, les moyens réels de se sauver.

La seconde raison de ce plaidoyer en faveur de la réincarnation, c'est l'incapacité totale d'imaginer une autre forme de vie que celle que nous connaissons. Pour bien des gens, un corps que nous ne pouvons pas voir avec nos yeux de chair, de vivants, ne peut être un vrai corps. Un corps qui n'a plus besoin de manger pour subsister et qui ne peut plus « faire l'amour » n'a plus aucun intérêt. Les joies « supérieures » dont on leur parle n'ont pour eux aucun attrait.

D'autres, au contraire, seraient plutôt déçus de découvrir que les premières étapes en l'autre monde ressemblent tant à celui-ci. Nous vivons tous ensemble, sur cette terre, mais déjà, secrètement, nous n'appartenons pas aux mêmes mondes...

Curieusement, bien rares sont ceux qui avouent courageusement qu'ils auraient bien envie de pouvoir revenir sur terre. Presque tout le monde sent bien qu'il vaut mieux avoir l'air de s'y résigner.

Je ne crois guère à ces résignations.

Signalons enfin que, pour le docteur Carl Wickland, cette conviction en la possibilité de se réincarner en entretient souvent chez les trépassés le désir, et que cela peut non seulement retarder leur propre évolution spirituelle dans l'au-delà, mais conduire à de véritables possessions, notamment chez des enfants. Il en a eu plusieurs fois la preuve en transférant ces esprits réincarnés ainsi dans un vivant, du corps de ces enfants dans le corps de sa femme médium. Le dialogue, ainsi rendu possible, lui permettait de libérer à la fois le trépassé qui s'était fourvoyé et l'enfant infesté, sans le savoir, par cet esprit attardé[41]. Le danger est d'autant plus grand qu'il semble bien que, une fois que l'esprit attardé a réussi à s'infiltrer dans l'aura d'un enfant pour vivre avec lui dans le même corps, il ne sache plus comment en sortir. C'est du moins ce qui ressort des expériences du docteur Wickland et de déclarations que lui ont faites les esprits d'anciens théosophes qui regrettaient amèrement d'avoir cru à la réincarnation [42].

Avis aux innombrables missionnaires de la réincarnation. Les choses ne sont peut-être pas aussi simples qu'ils le croient !

2. Ce que signifie la réincarnation

Je suis certain que pour la plupart de mes lecteurs, cette question semble tout à fait superflue. Les choses sont évidentes et ma question annonce seulement, pour eux, que je suis décidé à couper les cheveux en quatre.

Les conceptions occidentales

Dans l'Occident moderne, la notion de réincarnation qui tend à s'imposer est qu'une seule et même personne connaît plusieurs vies successives. À chaque fois, elle reçoit, ou peut-être même choisit, un corps nouveau, avec un nouveau lot de dons et de talents, mais aussi de handicaps ou de points faibles, de nouveaux goûts, de nouvelles aversions, bien sûr aussi de nouveaux parents, peut-être une nouvelle langue maternelle, un nouveau sexe, une nouvelle race.

Mais, si l'on suit l'enseignement oriental du karma, il faut bien que les tendances mauvaises à redresser apparaissent de quelque façon. C'est ce que semble effectivement suggérer un cas rapporté par Maguy Lebrun et qu'elle signale même comme le premier qui l'amena à méditer sur ce mystère possible de la réincarnation.

On lui confie la petite Mady :

« deux ans, couverte d'ichtyose, le corps entier criblé de véritables écailles, comme celles d'un poisson. Son état était très grave... Elle dormait environ quatre heures par nuit.

Malgré tous les soins, l'état ne s'améliorait pas ; de plus, c'était un véritable petit monstre de laideur, insupportable, "teigneuse". Il était impossible de la laisser au contact d'autres enfants de son âge : elle les griffait, les mordait et hurlait sans cesse. Il m'était très difficile d'aimer cette enfant, moi qui les adore, tant je sentais de méchanceté en elle.

Je réfléchis à ce cas particulier et me dis – simple hypothèse : peut-être a-t-elle fait beaucoup de mal dans sa dernière vie ; peut-être a-t-elle torturé des hommes !... Je crois que ce fut ma première réflexion profonde sur la thèse des renaissances. La première fois que je prenais conscience d'un lien de cause à effet et que là se trouvait peut-être la raison de certaines maladies inexpliquées, inexplicables, chez les petits enfants[43]. »

Là, nous sommes pleinement dans la logique du karma. Nous avons le lien de cause à effet et la réapparition de la cause (la méchanceté), que l'effet (la souffrance et la maladie) a précisément pour but d'aider à corriger.

Mais que dire des cas, il en existe tout de même, où l'enfant qui souffre est en même temps gentil, doux, généreux et affectueux, ou au contraire, où l'enfant teigneux jouit d'une insolente santé, de dons exceptionnels et de parents fortunés ? Il en existe aussi !

Là, le mystère reste entier.

Maguy Lebrun elle-même l'a bien compris. Dans un autre ouvrage, elle le reconnaît :

« Quand j'ai découvert la réincarnation, j'ai été, comme beaucoup, enthousiasmée, convaincue. Mais j'ai, depuis quatre ans, reçu tant de confidences extravagantes ou tragiques que je ne suis plus du tout certaine que ce soit aussi simple ni même qu'on ait compris, le plus souvent, ce que la théorie de la réincarnation recouvrait[44]. »

Notons que l'Occident a par ailleurs tendance à développer, sans en être vraiment conscient, une autre logique de la réincarnation qui n'a plus rien à voir avec celle du karma. C'est l'idée de l'enrichissement progressif de la personnalité. Dans ce nouveau système, on vous expliquera qu'il faut obligatoirement, au cours des diverses existences, avoir été au moins une fois homme et une fois femme, mais aussi pauvre et riche, intellectuel et manuel[45]...

L'objection majeure, qui se présente tout de suite à l'esprit et qui est que nous n'avons normalement aucun souvenir de nos vies antérieures, est levée par l'affirmation que, dans l'au-delà, nous récupérons la mémoire de nos différentes personnalités successives et que, déjà dans ce monde-ci, notre subconscient, lui, sait et se trouve déjà enrichi de l'expérience de toutes nos vies antérieures.

Les conceptions orientales

Tout ceci est, en fait, très différent des conceptions de l'Extrême-Orient. Il y a toujours eu quelques écoles bouddhistes et brahmaniques réfractaires à l'idée même de réincarnation [46], notamment le shivaïsme [47]. Cependant, il est vrai que la tendance populaire, aussi bien en Inde qu'au Tibet ou en Chine, nourrit l'espoir et la croyance en une certaine permanence du « moi », de corps en corps et de vie en vie, encouragée en cela par la célèbre formule de la *Bhagavad Gîtâ* qui compare le passage d'un corps à l'autre à un changement de vêtements :

« Tout comme l'on jette les vêtements usagés

Pour en revêtir de neufs,

Ainsi l'âme incarnée jette-t-elle les corps usés

Pour en revêtir de nouveaux. »

Cependant, dès que l'on s'adresse aux maîtres, on s'aperçoit qu'il s'agit de tout autre chose. Pour le bouddhisme, il n'est pas question d'enrichir le Moi mais de réaliser qu'il n'est qu'une illusion qu'il faut arriver à dissiper aussi totalement que possible.

Au terme, dans l'expérience du Satori, c'est-à-dire de ce qui correspond à peu près, en bouddhisme zen, à ce que nous appelons l'extase, l'union avec la réalité fondamentale de l'univers doit être si totale qu'elle doit devenir inconsciente, car la conscience de l'union introduirait encore une dualité [48]. Rien n'est plus contraire à tout l'esprit du bouddhisme que cette idée d'une exaltation du Moi, typiquement occidentale. Toute la purification de vie en vie consiste précisément à le dépouiller de tout, jusqu'à le faire s'évanouir.

Pour le bouddhisme tibétain, les choses se présentent assez différemment. D'abord on y recourt constamment à la distinction en l'homme de trois éléments : l'esprit, le verbe et la forme matérielle. Après la mort d'un individu, ces trois éléments peuvent se réincarner séparément, chacun en une personne différente :

« Ainsi, nous entendons dire que ''l'esprit'' d'un lama défunt est représenté par tel tulkou, tandis que deux autres lamas incarnent, respectivement, son ''verbe'' et son ''corps'' [49]. »

Mais, en réalité, le morcellement de notre conscience va beaucoup plus loin. Déjà en cette vie-ci :

« Tous les yoguins tibétains déclarent... que des parties de notre personnalité consciente peuvent vivre, à la fois, dans différents mondes, y expérimentant simultanément divers modes d'existence [50]. »

Cela correspondrait peut-être, d'ailleurs, à l'expérience faite et racontée par Jeanne Guesné de vivre simultanément au moins un court instant en trois endroits et en trois époques différentes.

Finalement, pour les Tibétains instruits, ce n'est pas notre Moi qui se réincarne en un autre corps mais bien plutôt nos énergies, nos pensées, nos perceptions, nos sensations même :

« L'énergie de diverses natures, engendrée par notre activité mentale, se mêle au flot d'énergie engendré par toutes les activités à l'œuvre dans l'univers et se déverse dans ce réservoir des consciences, d'où elles sortiront de nouveau, en tant que ''mémoires'', propensions qui susciteront de nouveaux courants de force, de nouvelles activités[51]. »

« Quelques-uns avancent des vues portant sur la possibilité – voire même la probabilité – de la réincarnation des pensées, s'effectuant par la naissance d'individus directement animés par le genre de pensées de défunts ou de contemporains. Ce serait à peu près ce que les Tibétains disent qu'il se passe dans le cas des lamas tulkous. Ceux que les étrangers dénomment improprement des ''bouddhas vivants''. Le dalaï-lama étant le plus notable de ce genre de réincarnation[52]. »

Un ermite tibétain conclut ainsi :

« Il ne faut donc pas dire : ''J'ai été Tsong Khapa'' ou ''J'ai été Srong bstan Gampo'', mais l'on peut penser : telle perception, telle sensation, telle prise de connaissance que je ressens actuellement ont pu être éprouvées par l'une ou par l'autre de ces personnalités[53]... »

Les conclusions d'Alexandra David-Neel rejoignent d'ailleurs celles de quantité de spécialistes de l'Inde ou du Tibet, qu'ils soient occidentaux ou originaires eux-mêmes de ces pays. Dans son ouvrage sur le problème de la réincarnation, le professeur Filippo Liverziani en cite toute une série. Je ne reprendrai ici qu'un de ces textes, de Radhakrishnan :

« Dans le bouddhisme, il n'y a rien qui ressemble à une transmigration de l'âme, c'est-à-dire au passage d'un individu de vie en vie. Quand un homme meurt, son organisme physique, qui constitue le fondement matériel du psychique, se dissout et, ainsi, la vie psychique aussi prend fin. Ce n'est pas celui qui est mort qui renaît, mais un autre homme. Il n'y a pas d'âme qui puisse migrer : c'est seulement le caractère qui continue. »

Finalement, ce n'est pas l'âme individuelle qui se réincarne, mais le karma :

« La tendance dominante du bouddhisme est de faire du karma l'élément qui survit [54]. »

On voit que la différence est considérable ! Cela n'empêche évidemment pas chacun de croire ce qu'il voudra, mais quand on nous dit qu'en acceptant la réincarnation à l'occidentale on ne fait que rejoindre la sagesse millénaire et l'expérience des grandes traditions religieuses de l'Inde, c'est faux ! Il faut le reconnaître.

On retrouve d'ailleurs une conception très voisine chez la plupart des peuples d'Afrique noire. Voici quelques citations de l'étude menée conjointement par Louis-Vincent Thomas et René Luneau :

« Rappelons que le ''moi'' négro-africain peut intégrer des éléments étrangers : ancêtre réincarné ; participation à l'être d'une personne appartenant à une ethnie autre mais associée soit par le pacte de sang, soit par l'alliance cathartique : c'est ainsi qu'il y a du Bozo dans tout Dogon (Mali) et réciproquement. Inversement, il arrive que des ''parcelles'' fondamentales du moi soient localisées à titre définitif ou temporaire en dehors des limites ''visibles'' de la personne [55]. »

Remarquez la diversité des cas, bien exprimée par le texte très nuancé (''définitif ou temporaire''). De même dans la citation suivante :

« La réincarnation présente, nous l'avons déjà souligné, deux modalités. Avec la première (réincarnation réelle), on assiste à la fixation partielle ou totale d'un ou plusieurs principes appartenant au défunt (âmes, force vitale, esprit) soit sur un nouveau-né de la famille, soit sur une pluralité de nouveau-nés ; dans cette éventualité et par voie de conséquence, un même sujet détient, dans son être, une diversité de parcelles ontologiques qui le relient aux engendreurs, à un défunt de la famille, aux ancêtres du clan... Avec la seconde (réincarnation symbolique), on ne parlera guère que de ressemblance, de participation au flux vital, de liens étroits de dépendance ou de parrainage [56]. »

Dois-je préciser que nous n'avons aucune raison de mépriser en Afrique noire ce que nous admirerions chez les Tibétains ?

Nous ne sommes pas loin ici des théories de René Guénon. À notre mort, certains éléments secondaires de notre personnalité pourraient se dissocier et aller s'agglutiner à une nouvelle personnalité.

Le professeur Filippo Liverziani, qui a enseigné à l'Université pontificale grégorienne, et à la faculté de théologie « Marianum », à Rome, reprend, pour une part, cette hypothèse. Ce seraient un peu les débris du « vieil homme », dont nous devons bien nous dépouiller peu à peu si nous voulons évoluer, qui se recycleraient, comme les différents éléments chimiques de notre corps retournent à la nature pour lui permettre de recomposer d'autres corps[57].

Nous retrouvons là les « coques » qui seraient peut-être à l'origine des images reçues sur son téléviseur par Silvia Gessi. Annie Besant, comme René Guénon, admettait que c'était peut-être bien avec ces coques que l'on communiquait lors des réunions spirites. Mais cela supposerait qu'elles puissent disposer d'une certaine autonomie, d'une quasi-personnalité. Ce n'est peut-être pas impossible, si l'on se rappelle ce que nous avons vu déjà de la vie de nos pensées et de leur formation possible en égrégores. Cela constituerait donc encore une possibilité de plus. Nous avions déjà les ondes rémanentes, il y aurait donc aussi des débris secondaires de trépassés et, enfin, d'authentiques dialogues avec des trépassés vivant actuellement dans l'au-delà.

Le professeur Liverziani affine même un peu son hypothèse : la distinction entre la possession par un défunt ou par une coque astrale devrait normalement se manifester peu à peu. La coque ayant tendance à se déliter de plus en plus au fil des années, le phénomène perturbateur devrait s'affaiblir progressivement jusqu'à disparaître complètement. Ce mécanisme correspondrait assez bien à ce que l'on peut constater chez bon nombre d'adolescents. Le désir de certains trépassés de se réincarner, en essayant même de choisir leur nouvelle famille, pourrait peut-être alors diriger leur coque résiduelle vers un nouveau vivant à venir.

J'avoue que cette hypothèse des coques astrales ne me séduit pas complètement. Il me semble qu'elle repose sur trop peu d'indices, et, de toute façon, pourrait mieux correspondre aux phénomènes dits de « régression » dans des vies antérieures qu'aux communications que nous avons généralement aujourd'hui avec l'au-delà. Les dialogues obtenus font constamment référence à des événements postérieurs au décès de nos chers disparus. Ils nous voient, nous entendent, savent ce que nous faisons. Mais l'un n'exclut pas l'autre. Le professeur Liverziani ne rejette d'ailleurs pas non plus l'obsession pure et simple d'un vivant par un défunt[58]. De toute façon, la nuance est faible et importe finalement assez peu pour ce qui concerne les phénomènes de réincarnation. Qu'il s'agisse de la personnalité plus ou moins complète du défunt, dans les deux cas il y a un phénomène d'obsession qui constitue, comme le souligne Liverziani, une sorte de partage du karma très proche de la notion chrétienne de « Communion des saints ». [59]

Vers une conception nouvelle

Il me semble donc que toutes ces conceptions tibétaines, africaines ou théosophiques sont assez convergentes et correspondent tout à fait à ce que le père Biondi appelle d'un joli mot des « parasitages », au sens de parasitages d'ondes radio. Je crois tout à fait, comme lui, que dans la très grande majorité des cas ces « souvenirs » de vies antérieures ne sont rien d'autre que des phénomènes de très forte télépathie, à la limite de la possession.

On retrouve là aussi cette rémanence des ondes émises par nos pensées et nos sentiments et même tous nos actes, dont parlent souvent les messagers de l'au-delà, Pierre Monnier, Paqui, Roland de Jouvenel...

Mais, nous dira-t-on, tous ces innombrables cas que l'on connaît maintenant, où quelqu'un se trouvant en Égypte tout à coup reconnaît les lieux et peut lire les hiéroglyphes sans les avoir jamais étudiés, ces enfants qui refusent leur prénom et prétendent avoir vécu ailleurs, en des maisons et des villes que l'on peut retrouver et dans des familles dont ils partagent vraiment les souvenirs, comment prétendre qu'il ne s'agit pas là d'authentiques souvenirs de vies antérieures ?

Ces souvenirs sont authentiques, je l'admets ; et il s'agit bien de vies antérieures, mais rien ne m'oblige à croire qu'il s'agisse bien de la même personne.

Swedenborg raconte à plusieurs reprises, dans ses visions, que les esprits qui viennent nous rendre visite, sans que nous percevions leur présence, s'identifient tellement à la personne vivante près de laquelle ils se trouvent qu'ils finissent par se prendre réellement pour cette personne :

« En effet, ils entrent en possession de la mémoire de l'incarné, celui-ci étant néanmoins laissé à lui-même [60]. »

Le phénomène peut se produire dans les deux sens. L'assimilation peut se faire de vivant à trépassé ou de trépassé à vivant.

C'est bien ce qu'explique un esprit qui se présente comme Mme Blavatsky à travers un médium qui est la femme du docteur Carl Wickland :

« Les souvenirs de ''vies antérieures'' sont produits par des esprits qui créent de telles pensées et représentent la vie qu'ils ont vécue. Un esprit vous imprègne avec les expériences de sa vie et celles-ci s'implantent dans votre esprit comme si elles

étaient vôtres. Vous croyez alors vous rappeler votre passé...
Ils communiquent avec vous par impressions et leur passé
devient comme un panorama. Vous le sentez et vous vivez le
passé de ces esprits et vous commettez l'erreur de prendre ça
pour le souvenir d'incarnations antérieures...

La Réincarnation n'existe pas.

Je ne voulais pas le croire. Ils me disaient ici, dans le monde
des esprits, que je ne pouvais pas me réincarner. J'ai essayé,
essayé de revenir pour devenir quelqu'un d'autre, mais je ne
pouvais pas. Nous ne pouvons pas nous réincarner. Nous
avançons, nous ne revenons pas en arrière [61]. »

Wickland était un précurseur. Pour lui, beaucoup de malades
mentaux étaient en réalité parasités par un ou même plusieurs
esprits de trépassés. D'autres médecins et des psychiatres sont
arrivés à peu près à la même conclusion en étudiant des cas
pénibles ou heureux de personnalité multiple.

Scott Rogo, auquel nous devons l'étude des appels téléphoniques de l'au-delà, a rassemblé un bon nombre de ces cas dans un
autre ouvrage. Il y a des cas heureux. Frédéric Thompson,
ouvrier métallurgiste, rencontre par hasard au cours d'une partie
de chasse, le long des côtes du Connecticut, un peintre devant son
chevalet. Des années plus tard, il sent poindre en lui une furieuse
envie de peindre. Il a même, dans sa tête, comme des flashes de
paysages à peindre. Au bout d'un an il découvre à New York une
exposition des œuvres de Gifford, le peintre qu'il avait un jour
rencontré. Il découvre alors qu'il a peint les mêmes tableaux et
que Gifford est mort depuis un an [62].

Une autre fois c'est une lectrice de magazine dénuée de talent
littéraire qui un beau jour se fait envahir, douloureusement
d'ailleurs, par un ancien écrivain de renom qui voudrait achever
son œuvre.

Une autre fois encore une jeune fille sans ressources va devenir
cantatrice grâce à l'aide de l'au-delà.

Chaque fois des psychiatres s'intéressent au cas et, souvent
avec l'aide de médiums, parviennent à vérifier l'intervention de
l'au-delà. Scott Rogo nous raconte par quelles méthodes ils
arrivent à s'assurer que les médiums ne soupçonnent rien de ce
que l'on attend d'eux.

Mais d'autres cas sont évidemment plus pénibles et parfois
terriblement compliqués.

Depuis 1953, des études en Italie ont montré que ces cas de
personnalité multiple pouvaient aller jusqu'à de véritables différences physiologiques. Depuis 1970, des recherches en ce sens

aux États-Unis l'ont confirmé : telle femme qui, habituellement, ne perçoit pas les couleurs se met à les distinguer chaque fois qu'elle est envahie par une personnalité secondaire. Telle autre, diabétique, n'aura pas besoin de la même dose d'insuline selon la personnalité qui la contrôle. Une autre personne devra changer de lunettes chaque fois qu'elle change de personnalité. Les uns seront gauchers ou droitiers selon les jours. D'autres sujets à des allergies différentes.

Un groupe de Californie a étudié les réactions aux anesthésiants lors des cas de personnalité multiple. Le cas le plus spectaculaire est celui d'un malade mental qui devait être opéré. L'anesthésie n'a évité la souffrance de l'opération qu'à quelques-unes des personnalités qui l'habitaient. Les autres se sont plaintes d'avoir souffert. Elles pouvaient d'ailleurs décrire toute l'opération. Elles n'étaient donc pas endormies. Le même malade devant être réopéré, on consulta toutes ses personnalités et elles choisirent elles-mêmes laquelle d'entre elles recevrait l'anesthésiant pour toutes.

Au Brésil, à Porto Alegre, un hôpital emploie depuis 1934 des médiums et des magnétiseurs, en liaison bien sûr avec tout le reste de l'hôpital.

Je cite longuement ces cas extrêmes parce que je crois qu'en réalité nous ne sommes jamais seuls. Nous sommes toujours en relation avec des esprits de défunts, ou de vivants, ou peut-être même de l'avenir. Notre moi est toujours en relation avec d'autres moi.

C'est ce que n'a pas compris Harald Wiesendanger [63]. Il réfute tous ces exemples en quelques lignes. Pour lui, s'il s'agit d'esprits de défunts qui viennent s'emparer de vivants, ce sont des cas de « possession », au sens habituel du terme, et il ne peut donc être question que de crises brèves et spectaculaires relevant de l'exorcisme. On ne peut plus, dès lors, comprendre que des expériences de « régressions » dans des vies antérieures, menées à des années d'intervalle et avec différents thérapeutes, puissent faire remonter les mêmes « souvenirs ». Ou alors, dit-il, il faudrait admettre que chaque fois que l'on tente une expérience de régression, le même esprit du même défunt reviendrait s'emparer de la même personne pour la posséder un court instant, le temps de la régression.

L'hypothèse qui m'intéresse est évidemment tout autre. Je crois que les cas un peu spectaculaires et très ponctuels que nous venons de voir ne font que révéler un phénomène à peu près constant et général. Nous aurons, à plusieurs reprises, l'occasion d'y revenir.

Cette assimilation d'autres vies, avec le phénomène psychologique d'identification qui en résulte, peut aller même beaucoup plus loin. Le docteur tchèque Stanislav Grof a poursuivi aux États-Unis avec Joan Halifax, les études qu'il avait d'abord entreprises à Prague sur l'utilisation thérapeutique du L.S.D. Il fut amené à essayer peu à peu cette nouvelle méthode pour tenter de soulager la souffrance de cancéreux rebelles à tous les analgésiques connus. Il s'agissait d'injections de doses assez fortes au cours de séances qui duraient plusieurs heures, parfois même une journée entière, après une minutieuse préparation médicale et psychologique du patient. Pendant toute la durée de la séance, le malade restait en contact avec le corps médical et était invité, autant qu'il lui était possible, à rendre compte au fur et à mesure de tout ce qu'il éprouvait.

C'est ainsi qu'à chaque fois des phénomènes d'identification se produisaient. Par exemple, une jeune femme a l'impression d'accoucher, elle est alors la mère, puis l'enfant, puis toutes les mères ayant enfanté et tous les enfants jamais nés. L'identification alors s'élargit peu à peu à tous ceux qui ont souffert et, en même temps, s'individualise :

« Elle était avec eux et en même temps elle était ''eux'', connaissant l'extase de cette union dans l'angoisse. Dans l'une d'elles, elle était une jeune Africaine parcourant avec ses compagnons des plaines brûlées, desséchées par le soleil. À la fin de cette séquence, elle fut tuée par une lance qui la frappa dans le dos, pénétrant très profondément. Elle perdit conscience et mourut. Ensuite, elle mit au monde un enfant dans l'Angleterre médiévale. Plus tard, elle fut oiseau évoluant dans le ciel qui, frappé par une flèche, tomba au sol avec une aile brisée. Finalement, toutes ces séquences de mort et de naissance convergèrent vers une synthèse puissante : elle devint la mère de tous les hommes jamais tués dans toutes les guerres du monde [64]. »

Patrice Van Eersel nous rapporte d'autres identifications ainsi vécues par des patients traités par le docteur Grof. Souvenir d'avoir été spermatozoïde, ovule ; souvenir d'une boulangère de Prague, d'une vie au Tibet. Identification à toute une tribu à la fois, avec description précise de ses mœurs, de ses rituels, de ses arts. Après coup, on pourra vérifier l'existence de cette tribu dont, auparavant, le malade ignorait même le nom.

« Souvenir d'avoir été un animal. Une plante. Une forêt.

Souvenir lumineux d'avoir été une cellule végétale avec des impressions troublantes de pertinence sur la fonction chlorophyllienne, les rythmes des chloroplastes ou des mitochondries. Souvenir d'avoir été rivière, falaise, montagne. Feu. Astre. Souvenir d'avoir été l'univers entier [65]. »

Patrice van Eersel rapporte l'expérience de quelqu'un qui, sans L.S.D. mais au cours d'une E.F.M., a vécu quelque chose de semblable :

« Tandis qu'une infinité de paysages féeriques se déployaient devant lui, il se rendit compte qu'il *était* ces paysages, qu'il *était* cet épicéa géant, qu'il *était* le vent, qu'il *était* cette rivière d'argent et chacun des poissons qui y frétillaient [66]... »

Finalement, « dans les expériences transpersonnelles, un individu peut vivre n'importe quelle constituante de l'univers sous sa forme actuelle ou passée [67] ».

Les poètes et les mystiques atteignent souvent cette conscience transpersonnelle. Djalâl ud-Dîn Rûmî, qui était les deux, prétendait que nous avions d'abord été minéral, puis végétal, animal, et enfin homme et que nous serions bientôt ange et même [68]...

Mais, me dira-t-on encore, quand l'enfant porte des plaies ou des marques, il s'agit bien certainement d'une véritable réincarnation du même enfant ! Pas nécessairement. Les impressions psychologiques fortes peuvent faire apparaître instantanément leurs marques sur le corps lui-même. Le psychisme de l'enfant mort, victime d'un accident ou d'un meurtre, peut très bien venir impressionner celui de l'enfant en gestation. Des plaies analogues à celles de l'enfant mort se formeront sur le corps de l'enfant à naître.

C'est ainsi, par exemple, que Pauline McKay, amenée par régression hypnotique à revivre la mort par pendaison d'une certaine Kitty Jay, présenta « une marque de corde très pâle sur son cou » qu'elle ne portait pas auparavant [69]. C'est le mécanisme même des stigmates comme on peut le constater dans le cas extraordinaire d'Élisabeth K., jeune paysanne allemande, qui avait été engagée comme domestique chez un psychiatre, le docteur Alfred Lechler. « Le Vendredi saint de 1932, elle assista à une discussion sur la crucifixion illustrée d'images et en revint en se plaignant de douleurs aux mains et aux pieds. Lechler eut alors l'idée de la mettre sous hypnose et lui suggéra qu'elle sentait de vrais clous enfoncés dans sa chair. Le lendemain, la pauvre fille présentait de vrais stigmates, rouges et gonflés. Au cours d'expériences ultérieures, sans hypnose, Lechler demanda à Élisabeth de bien regarder des photographies de Thérèse Neumann, la stigmatisée allemande, et notamment les larmes sanglantes et abondantes qui coulaient de ses yeux en les imaginant comme siennes. Au bout de quelques heures, des larmes de sang coulaient sur les joues d'Élisabeth. Sur simple commandement du docteur, elles s'arrêtèrent aussitôt [70].

Mais le phénomène ne se limite pas aux souffrances de la Passion du Christ. Anne-Catherine Emmerich, par exemple, grande mystique allemande stigmatisée, morte en 1824, était sujette à d'autres phénomènes psychosomatiques du même ordre. Ayant pendant plusieurs jours, au cours d'une douloureuse extase, arraché des orties symboliques du jardin de l'Église, elle se retrouva un matin les mains couvertes de cloques comme en auraient provoquées de vraies orties [71].

Plus proche encore du mécanisme qui nous intéresse, cette expérience réalisée sous hypnose par le docteur Janet, à la Salpêtrière. Une femme, qui croyait n'avoir jamais vu de l'œil gauche, ramenée sous hypnose à l'âge de six ans, retrouvait le parfait usage de ses deux yeux [72].

Dans ces études innombrables sur le problème de la réincarnation, presque tout le monde aujourd'hui s'appuie, pour une bonne part, sur les dossiers impressionnants réunis par Ian Stevenson au cours d'enquêtes menées à travers le monde pendant plus de vingt ans. Tout le monde loue la rigueur scientifique de son travail. Cependant Ian Wilson, journaliste mais de formation universitaire en histoire, a repris quelques-unes de ces enquêtes. L'impression que j'en retire, c'est que le travail de Stevenson a inspiré confiance plus par l'abondance de la documentation, le soin de la présentation, que par la véritable rigueur. Il me semble que tout cela serait à reprendre. En tout cas le jugement de Ian Wilson est très sévère. J'ai parlé aussi de tout cela avec le professeur Louis Bélanger, qui enseigne l'étude des phénomènes paranormaux à la faculté de théologie de l'université de Montréal. Il a vu certaines de ces photos de Stevenson, censées prouver la ressemblance de certaines marques corporelles avec des plaies, et il les a trouvées bien pâles et peu convaincantes. Comme pour Ian Wilson, Stevenson a refusé de lui communiquer les documents en question. Je me contenterai d'une seule citation de Ian Wilson :

« En 1974, le docteur Ian Stevenson, avec le luxe de précisions dont il est coutumier, publia le cas d'une femme qui, soumise à régression par son mari, un médecin américain, aurait adopté la personnalité masculine d'un certain Jensen Jacoby, qui s'exprimait en suédois du XVIIᵉ siècle. Dissimulant l'identité du médecin et de son épouse sous des initiales codées, Stevenson déclara avoir procédé à cinq vérifications différentes de la véracité du témoignage sans rien déceler d'anormal. Une seule enquête me permit tout à la fois d'identifier le médecin en question et de découvrir des éléments si surprenants que je sommai le docteur Stevenson de s'expliquer. En guise de réponse, Stevenson m'adjura de ne rien révéler de ce que j'avais appris sur ce cas, de peur de bouleverser l'épouse du médecin, qui venait de perdre son mari. Les avocats de la veuve ne tardèrent pas à se manifester : ils m'écrivirent que le docteur Stevenson avait publié le cas de leur cliente sans que celle-ci, qui n'en était d'ailleurs pas informée, y eût consenti. Par égard pour une femme si soucieuse de préserver sa vie privée, je me contenterai de dire que ce cas ne valait pas un clou[73]. »

Bien sûr, une exception est toujours possible. On lira cependant dans l'ouvrage de Ian Wilson d'autres cas intéressants. Ceci nous ramène à toutes ces prétendues remontées aux vies antérieures par l'hypnose et qui ne sont bien souvent que de simples projections et, plus rarement sans doute, la captation d'autres vies, passées, contemporaines ou même à venir, mais les vies d'autres personnes.

Quand Patrick Drouot, grand spécialiste des régressions, raconte qu'en 1984 il a discuté avec la prêtresse qu'il a été il y a des millénaires et que, d'ailleurs, elle lui a donné de bons conseils, il est évident qu'il n'y a que ces deux hypothèses : ou cette prêtresse est une simple projection, ce que je crois, ou bien elle continue à vivre quelque part, hors du temps et de l'espace, mais elle est donc une autre personne, elle n'est pas lui[74].

Quand on peut, après coup, retrouver des documents confirmant ce que l'hypnotisé a vu, mais qu'il ne pouvait pas connaître, il y a de fortes chances pour qu'il s'agisse d'une vraie vie, mais probablement vécue par quelqu'un d'autre. Lorsque des gens, nés en ce monde avec le cordon ombilical autour du cou, se voient mourir, dans des vies antérieures, pendus ou étranglés, je n'y vois pas, comme Patrick Drouot, l'étrange répétition du même schéma d'une vie sur l'autre, mais une simple projection[75]. D'autres, beaucoup plus compétents que moi en la matière, se montrent aussi beaucoup plus sévères et dénoncent vigoureusement dans ces méthodes l'exploitation de la crédulité des naïfs[76].

Je crois, comme je l'ai dit, à l'existence de vraies réincarnations, mais je crois non seulement qu'elles sont relativement rares mais aussi impossibles à détecter.

À propos de toutes ces prétendues remontées à des vies antérieures par l'hypnose, Maguy Lebrun raconte elle-même qu'ayant répondu aux boniments d'un hypnotiseur par un scepticisme absolu, celui-ci, devenu cramoisi et regardant ses chaussures, finit par avouer : « Il faut bien gagner sa vie et ça leur fait tellement plaisir[77] !... »

Tout à fait dans la même ligne, je reprendrai les remarques de Jean Prieur :

« La réincarnation flatte l'ego des personnes qui se sentent frustrées par une vie prosaïque. On a toujours vécu à Rome, en Grèce, en Égypte, aux Indes, au Tibet (pays bien connus et sur lesquels on a toujours quelques idées), et jamais en Choresmie, en Atropatène, en Arachosie, pays bien réels mais connus des seuls érudits. On a toujours été Florentin et jamais Massagète, on a été Aragonais et jamais Chérusque. Or les Massagètes et les Chérusques ont bel et bien existé. Pourquoi ne se réincarneraient-ils pas[78] ? »

Une des grandes raisons de ma réticence à admettre une réincarnation obligatoire et généralisée, c'est aussi que nos mystiques chrétiens n'en parlent jamais. On aura bien vu, je l'espère, que j'admettais pleinement la valeur de toutes sortes de messages et de messagers. Mais il me semble qu'il faut quand même essayer de les situer chacun à leur place, afin d'évaluer ce que l'on peut raisonnablement attendre de chacun d'eux. Or, aucun des grands mystiques chrétiens n'en parle jamais, aucun des grands mystiques musulmans, et l'on a vu comment il fallait entendre en réalité la réincarnation des Indiens et des Tibétains.

Parmi les mystiques chrétiens, je pense en particulier à tous ceux, officiellement reconnus par l'Église ou non, qui ont eu ou ont encore des relations constantes avec les « âmes du Purgatoire », c'est-à-dire, en un autre vocabulaire mais c'est exactement la même chose, avec les esprits attardés du « bas astral » (un jargon en vaut bien un autre, et, n'était sa tonalité affective désastreuse pour la plupart de nos contemporains, l'expression de « purgatoire » serait plutôt plus exacte). Je mentionnerai brièvement, entre bien d'autres, Marie-Anne Lindmayr, la mystique allemande dont nous avons déjà rapporté les récits sur sa sortie hors de son corps[79], Margarete Schäffner, morte en 1949[80], et plus récemment encore, puisque je crois qu'elle vit toujours, Maria Simma, en Autriche, dans le Vorarlberg[81].

Je suis obligé, malheureusement, dans chacun de ces cas, de souligner que je n'accorde pas du tout la même valeur aux notes

ou commentaires des présentateurs qu'aux témoignages eux-
mêmes !

Maria Simma reçoit ainsi quantité de messages de l'au-delà à
transmettre à des vivants qu'elle ne connaît pas. Les détails
matériels de ces messages ont été vérifiés des centaines de fois. Ils
étaient toujours exacts.

Le karma partagé : la « communion des saints »

J'ai une autre raison de penser que l'interprétation du père
Biondi ou de Jean Prieur, par des « parasitages », est la bonne.
C'est la conception mystique chrétienne de l'unité profonde de
tous les hommes dans le Christ.

Je crois, avec certains théologiens et certains exégètes, mais
contre beaucoup d'autres, contre la quasi-totalité des théologiens
d'Occident, mais avec toute la tradition des chrétiens d'Orient,
que lorsque saint Paul dit : « Vous êtes le corps du Christ », il faut
le prendre à la lettre. Saint Paul finit même par aller plus loin.
Dans l'hymne célèbre de l'épître aux Colossiens, sa perspective
visionnaire s'étend à tout l'univers :

« Car c'est en Lui (le Christ, Fils de Dieu) qu'ont été créées
toutes choses, dans les cieux et sur la terre, les visibles et les
invisibles, Trônes, Seigneuries, Principautés, Puissances ; tout
a été créé par lui et pour lui. Il est avant toutes choses et tout
subsiste en lui... » (saint Paul, épitre aux Colossiens I, 16-17).

J'ai essayé de montrer que ce mystère, la foi de l'Église
primitive et des Églises orthodoxes encore aujourd'hui, nos
mystiques d'Occident l'avaient souvent vécu dans leur chair et en
avaient témoigné [82]. D'où ces innombrables transferts où, tout
comme le Christ, un simple chrétien, et certainement n'importe
quel homme de bonne volonté, même non baptisé, peut prendre
sur lui et vaincre en lui-même l'épreuve d'un autre.

Ce n'est plus alors la dure loi du Karma telle qu'on la trouve
exprimée, lucidement, dans le Dhammapada :

« Par soi-même seul, le mal est fait
Par soi-même on est disgracié
Par soi-même, le mal est défait
Par soi-même, seul, on est purifié
Pureté ou impureté appartiennent à chacun
Nul ne peut en purifier un autre [83]. »

C'est au contraire la loi de l'amour, le partage de l'épreuve et
de la souffrance, où, mystérieusement mais réellement, chacun
est appelé à purifier en lui un peu du Karma d'un autre.

C'est ce que Râmakrishna avait compris sans doute, puisqu'il demanda un jour à un futur disciple, encore rebelle, une *procuration* pour accomplir à sa place les prières dont il avait besoin pour sa conversion [84]. Mais Râmakrishna avait lu et médité les Évangiles.

Je me contenterai ici d'un seul exemple de ce mécanisme infiniment mystérieux. Il s'agit d'un des plus grands mystiques de notre temps : Robert de Langeac. L'abbé Delage, de son vrai nom, fut professeur de dogme au grand séminaire de Limoges pendant plus de vingt ans. Malgré tous ses efforts pour rester inaperçu, quelque chose de son expérience spirituelle a fini par filtrer à travers de rares confidences. Il lui arriva ainsi de laisser échapper celle-ci : « On ne prie tout à fait bien que dans l'extase. » Or, cela lui arrivait très souvent, nous dit-on :

« On l'a vu comme paralysé, les yeux fermés, le bras levé au milieu d'une absolution. Une très longue attente, puis, recueilli et ne s'étonnant de rien, il poursuivait... Une fois, insistant sur l'extrême pureté exigée pour l'union divine totale : ''Comment voulez-vous ?...'' sa parole s'embarrasse et, après plus d'une demi-heure d'attente, il reprit la phrase inachevée : ''... que le Bon Dieu s'unisse à une âme qui n'est pas purifiée ?'' Mais son silence en disait plus que de longs discours. On avait frôlé la sainteté, la transcendance de Dieu [85]. »

Qu'on ne s'y trompe pas, il ne s'agit pas là de mise en scène comme avec certains faux mystiques. Il faut, pour s'en convaincre, lire toute la petite préface anonyme dont j'ai extrait ces deux citations. Mais voyons maintenant quelques-uns des textes qui m'intéressent ici. Il faudra toujours prendre les mots dans toute leur force.

À quelqu'un qui lui avait demandé de l'aider à apprendre à aimer, il écrivait :

« Je suis prévenu au-dedans, semble-t-il, de vos moindres efforts. Je reçois aussitôt la permission de prier et je m'en sers. Il y a là comme un petit mystère. Je crois que je dois vous le dire pour vous encourager. » Ailleurs, l'idée se précise : « Comme il faut L'adorer, L'aimer, L'écouter ce divin Esprit ! comme il faut Lui obéir ! Puis, quand on est divinisé, on divinise à son tour avec Lui et par Lui. Comme cela est mystérieux. Comme cela est vrai, profond ; j'ose ajouter : enivrant. On habite avec Lui dans l'âme à béatifier. On y travaille avec une paix et une joie du ciel. L'instrument et celui qui l'emploie ne font qu'un ; et il faut bien qu'ils soient l'un et l'autre de quelque façon là où ils opèrent. Vont-ils à l'âme ou l'âme vient-elle à eux d'une certaine façon et comme à pied d'œuvre ? Je ne sais pas. Plutôt peut-être la seconde manière[86]... »

On aura sans doute remarqué qu'il ne s'agit pas non plus d'un salut octroyé de l'extérieur. Voici qui est peut-être encore plus explicite :

« Il me semble que mon âme dans son fond est comme le lieu de rencontre d'autres âmes – parfois connues, parfois inconnues – avec le Bon Dieu. C'est là qu'Il s'unit à elles. Pourquoi ? Comment ? Je ne le sais pas. Souvent, je sais le fait par une vue intérieure qui est pure connaissance. Mais il m'arrive aussi, quand Jésus le veut, de communier à sa joie d'Époux. Que se passe-t-il dans l'âme que Jésus s'unit en moi ? Y a-t-il harmonie entre ce qu'elle éprouve et ce que je constate au fond de mon cœur spirituel[87] ? »

Cette harmonisation ou contamination est ailleurs encore exprimée plus consciemment :

« Quand la tentation reviendra, demandez au Bon Dieu d'enfermer votre volonté dans la mienne. » Ou encore : « Votre volonté est enveloppée dans la mienne comme l'enfant dans le sein de sa mère[88].

C'est bien là, je le crois, le vrai « mécanisme » de la Rédemption. Mais il s'agit de toute une tradition ignorée par les Églises d'Occident. Seuls les mystiques, par leur expérience, la retrouvent en tâtonnant.

Étant tous incorporés au Christ, nous sommes tous comme emboîtés les uns dans les autres, et même tout l'univers entier avec nous, immergé dans ce même corps du Christ, au-delà du temps et de l'espace. Quoi d'étonnant alors si les souvenirs ou même les stigmates de l'un ou de l'autre affleurent parfois à la surface de notre conscience ou même de notre corps ?

C'est là tout le mystère de la « communion des saints », mystère fantastique, tellement fantastique que nos pauvres Églises d'Occident n'osent pas trop y croire et, tout en gardant pieusement le mot, l'ont pratiquement vidé de tout contenu.

Ce sont maintenant des scientifiques qui, parfois, retrouvent cette intuition. Ainsi David Bohm, professeur au Birbeck College de Londres : comme, au cours d'un séminaire, il utilisait l'analogie de l'hologramme pour essayer de mieux comprendre l'univers, l'un de ses auditeurs, voyant très bien les dernières conséquences de ces théories, sonde jusqu'où va la pensée du maître :

« Votre proposition, là, si je comprends bien, c'est que votre pensée fait partie de ma propre conscience, et devient donc une partie de ma pensée, ce qui change ma pensée, ou la modifie. » Et David Bohm simplement de compléter : « Et vice versa [89]. »

Je ne prétendrai pas que, dans cette perspective, tout soit résolu. Il reste bien des interrogations, bien des scandales devant la souffrance et bien des énigmes. Ne serait-ce que la question qui ne peut manquer de ressurgir : qu'advient-il de ceux qui, au cours d'une seconde vie, se refusent toujours à entrer dans la voie de l'amour ?

Dans les *Dialogues avec l'ange,* il nous est dit qu'il n'y a pas d'enfer, que même Lucifer, le « porteur de lumière », sera racheté, lui aussi [90]. Pierre Monnier, Roland de Jouvenel et d'autres insistent plutôt sur la conviction que Dieu ne peut forcer aucune liberté. Ils nous affirment qu'alors la dernière miséricorde dont Dieu puisse user envers ceux qui refusent obstinément d'aimer, c'est de les laisser retourner au néant. C'est, nous disent-ils, la *seconde mort,* dont parlent à plusieurs reprises les Écritures [91].

Une seule chose est sûre : l'amour de Dieu.

L'inconnue n'est pas de ce côté-là, mais du côté de notre liberté.

IX

Le retour dans les mondes du bonheur

1. Les forces du bonheur nous assistent

N ous allons retrouver, en fait, les mêmes composantes pour le Bien que pour le Mal. Parmi les messages que nous avons reçus de l'au-delà, un très grand nombre emploient le terme d'*ange* pour désigner les trépassés évolués, surtout s'ils sont déjà en état de nous aider. À plusieurs reprises, les auteurs de ces messages s'en expliquent clairement. Il n'y a donc aucun doute à ce sujet. Certains précisent que ce mot n'a, chez eux, jamais d'autre sens, car ils ne connaissent pas, dans l'au-delà, d'« anges » au sens habituel du mot. Cependant, les grands messagers que je considère comme les plus sûrs, parce que je les crois plus avancés dans leur évolution, affirment qu'il existe aussi des êtres spirituels qui n'ont jamais vécu sur notre planète, ni sur aucune autre ; qui n'ont jamais été « incarnés » au niveau où se situe notre matière ; ce qui ne veut pas dire nécessairement qu'ils n'aient absolument aucun corps, mais plutôt que dès leur création, ils vivaient dans un corps de gloire, formé d'une autre matière que nos corps de chair.

À ces deux catégories, il faut évidemment ajouter les êtres issus d'autres planètes, d'autres mondes habités. À partir d'un certain niveau d'évolution dans l'au-delà, toutes les consciences créées capables d'aimer se rejoignent et il faudrait compléter le célèbre texte de saint Paul : non seulement il n'y aura plus ni Juifs ni Grecs, mais il n'y aura plus ni Terriens, ni « Martiens »...

Enfin, parallèlement aux égrégores, forces de Mal émises par nos mauvaises pensées et nos mauvais sentiments, il y a des forces de Bien, des forces d'amour, effluves sortis de nos cœurs et auxquels Dieu prête vie. Voici ce qu'en dit Pierre Monnier :

« Toutefois, il existe aussi des esprits admirables, des esprits lumineux, dont les vêtements blancs resplendissent comme la

277

neige sous le soleil, et qui ne sont pas des anges, bien qu'ils n'aient jamais vécu dans la chair. Ils planent au-dessus des nations, comme un élément protecteur ; ils sont nés des grandes pensées qui ont germé dans le cœur et le cerveau des peuples. Ce qui est consolant et beau, chère maman, c'est que "les parfums des âmes", qui ont acquis une vie indépendante et durable, sont, le plus souvent, ces entités royalement pures dont je te parle ; ceci prouve, malgré tout, la prédominance du Bien sur l'Iniquité. Dieu accorde le souffle de vie (je veux dire une âme) à cette "énergie" sortie de l'humanité. Elle devient, en vérité, une force indépendante, qui a pour personnalité celle de ses parents innombrables, et elle est chargée de veiller sur le lieu qui fut son berceau et sa patrie [1]... »

Leur action sur terre

Toutes ces forces nous entourent sans doute beaucoup plus constamment que nous ne pourrions le croire, car, comme le dit Alain Tessier, le jeune garçon d'ascenseur qui s'était tué en moto :

« Les non-incarnés sont beaucoup plus nombreux par le fait qu'il y a plus de morts que de vivants, et qu'en plus il y a des esprits qui n'ont jamais été incarnés et ne le seront pas [2]. »

Nous sommes probablement soumis constamment à leur influence. Celle des « bons » esprits équilibrant celle des « méchants ». Cette influence semble même s'exercer dans quantité de formes d'activité. Certains prétendent que nous ne pouvons faire de découverte scientifique, sur notre terre, que lorsqu'elle a été d'abord faite dans l'au-delà. Ce qui expliquerait peut-être que, très souvent, la même découverte soit faite presque au même moment par des équipes de chercheurs complètement indépendantes. La découverte une fois faite dans l'au-delà, « ils » essaient de nous la communiquer, et comme ce n'est pas si facile ils font cet essai auprès de plusieurs équipes de même niveau à la fois. C'est peut-être ce mécanisme qui expliquerait que George Ritchie, le jeune soldat américain qui explora l'au-delà en compagnie du Christ, ait visité déjà en 1943, un centre atomique qui ne devait être construit sur terre qu'en 1952. Mais, avec le Christ, le centre qu'il avait vu était peuplé de chercheurs dégageant une « paix souveraine », presque comme dans un monastère [3].

D'innombrables œuvres d'art sont peut-être plus l'œuvre de trépassés anonymes (du moins pour nous, en ce monde) que des artistes qui leur ont dû leur célébrité. William Blake n'hésitait pas à dire de certains de ses poèmes qu'il n'en était pas vraiment l'auteur, qu'il n'avait fait que les transcrire, comme sous la dictée. C'est le mécanisme de l'inspiration non seulement des poètes, mais sans doute aussi des écrivains sacrés. Depuis que je connais ces phénomènes, toutes les explications embarrassées de tant de philosophes ou de théologiens à propos de l'Inspiration de la Bible me paraissent bien dépassées, et c'est leur rationalisme qui maintenant me fait sourire. Les innombrables représentations d'un ange soufflant à l'oreille de l'écrivain inspiré ne sont pas aussi naïves qu'on le croit généralement. Le « démon » de Socrate est à comprendre ainsi, et sans doute aussi la dictée du Coran.

C'est probablement par l'action des invisibles que nous avons parfois des enfants prodiges, capables de composer de la musique à quatre ou cinq ans, comme Mozart ou Saint-Saëns. Même leur virtuosité précoce au piano pourrait s'expliquer ainsi. Rosemary Brown explique que certains compositeurs, aujourd'hui dans l'au-delà, pour lui montrer comment il faut interpréter les œuvres nouvelles qu'ils lui dictent, enfilent ses mains comme des gants et leur prêtent une virtuosité dont elles sont habituellement bien incapables. C'est sans doute par le même procédé que Victorien Sardou, écrivain et médium, devint aussi médium graveur, capable sans aucun apprentissage de réaliser, du premier coup, une œuvre achevée[4]. De même encore, le peintre médium brésilien Luiz Gasparetto que l'on vit, à la télévision, exécuter en direct en quelques minutes ou secondes des dessins et des peintures de styles fort différents, parfois même les yeux fermés.

Mais s'il y a des cas spectaculaires, qui restent exceptionnels, en réalité, de façon beaucoup plus discrète, le même processus est constant. Alain Tessier, enfant de l'Assistance publique, sans grande instruction, l'explique très bien :

« L'homme est ainsi fait que tout son subconscient – ou ce qu'il appelle comme ça – est plongé dans la pensée des autres et nous le recevons (dans l'au-delà) comme il nous reçoit. Il n'y a pas d'autonomie, tout se tient, avec des ''centres'' qui sont des *moi* et des *je* plongés dans un bain d'esprit comme dans un liquide, si on veut[5]... »

Ailleurs, le même Alain emploie une autre comparaison, peut-être plus simple, pour nous aider à comprendre cette interférence continuelle entre leur influence et notre liberté :

« Comme s'entremêlent parfois des fils provenant de pelotes de laine de couleurs différentes. »

Il précise encore :

« Pour vous (les vivants) qui ne distinguez pas ces « couleurs », il est presque impossible de séparer ces fils les uns des autres ; mais pour nous (les désincarnés), c'est plus facile parce que nous voyons les couleurs et nous savons bien ce qui vient de nous[6]. »

C'est bien encore la même idée que Roland de Jouvenel exprimait ainsi : « Il y a des défunts qui restent si profondément imbriqués à la vie des vivants qu'ils ne font plus qu'un avec eux[7]. » Ou encore : « Man, il existe une véritable possession des vivants par ceux qu'on appelle morts. Bien des êtres sont comme habités par leurs disparus[8]. »

Roland de Jouvenel exprime ici cette osmose entre vivants et trépassés de façon un peu négative ; et il est vrai, nous l'avons déjà vu, que ce peut être le cas. Mais, en fait, il semble bien que ce soit un peu par le même mécanisme que les communications par « écriture automatique ou intuitive » puissent se produire. C'est ce que semble dire Arnaud Gourvennec, d'abord pour la façon dont il inspirera sa mère dans la composition de la brève biographie qu'elle lui a consacrée, mais aussi pour expliquer ses communications avec son père. Il fait d'ailleurs, au passage, une distinction entre médiumnité et télépathie qui ne fait qu'insister davantage encore sur cette véritable symbiose entre les vivants des deux mondes :

« J'ai besoin que vous pensiez à moi, comment dire ? positivement ! C'est sûr que j'ai besoin du livre de Mamoune. Je viendrai en elle pour qu'elle exprime ce que je ressentais quand j'étais avec vous avec mon corps...

« ... Papa, je suis avec toi en relation moins médiumnique que tu le crois.

« C'est plutôt de la télépathie, c'est là ta *force*. Nous pouvons penser *ensemble*.

« Tu penses facilement et au même moment ce que je pense[9]. »

Mais il semble que, par la suite, le processus de la communication ait encore évolué. Cette osmose connaît comme des sortes de va-et-vient. Arnaud dira ainsi un jour à son père :

« À travers toi, je peux voir des lieux et des êtres, et surtout Mamoune que je vois comme tu la vois toi-même quand tu l'aimes. Nos visions se confondent alors[10]. »

Si cette assistance des invisibles nous est déjà assurée pour nos recherches scientifiques ou nos créations artistiques, elle l'est encore bien plus, évidemment, pour des œuvres à caractère plus directement caritatif ou spirituel.

Déjà, on l'avait vu, Liszt et ses amis ne cherchent pas seulement, à travers Rosemary Brown, à nous faire connaître leurs dernières créations, mais surtout à faire comprendre aux hommes que cette vie a un sens parce qu'elle est éternelle et que de cette première étape dépend toute la suite de notre évolution.

Dans la même intention le docteur Eisenbeiss a eu l'idée très originale d'organiser un tournoi d'échecs entre un champion vivant (encore) sur terre et un champion célèbre, vivant aujourd'hui dans l'au-delà. Le professeur Schiebeler nous raconte ainsi comment est organisée la partie entre Kortchnoï et le grand joueur hongrois Géza Maroczy, mort en 1951 [11].

La partie a commencé en 1985 et, en août 1991, elle n'était toujours pas terminée. Un médium sert d'intermédiaire. Il s'agit d'un musicien et compositeur allemand, du nom de Robert Rollans. Le docteur Eisenbeiss nous assure que ce médium ignore tout des échecs. Il n'est même pas capable de disposer correctement les pièces du jeu. Le 13 septembre 1987, la *Sonntags Zeitung* de Zurich publiait le commentaire suivant de Zortchnoï :

« J'ai commencé par gagner un pion et j'ai pensé que la partie allait être vite finie. C'est surtout dans la phase d'ouverture que se sont révélées les faiblesses de Maroczy. Il a un jeu démodé. Mais je dois avouer que mes derniers coups n'étaient pas très convaincants non plus. Je ne suis plus aussi sûr à présent de remporter la partie. Maroczy a compensé entre-temps ses erreurs initiales par l'adresse de son jeu final. C'est à la phase terminale que l'on reconnaît la qualité d'un joueur : mon adversaire joue très bien [12]. »

Le 25 septembre 1992, je me trouvais à Cologne dans des studios de télévision pour l'enregistrement d'une émission sur la vie après la mort. Le professeur Eisenbeiss et Kortchnoï montraient sur le plateau comment fonctionnait la partie. J'ai pu ainsi me rendre compte qu'il n'y avait plus beaucoup de pièces sur l'échiquier. Mais la partie n'était pas encore finie !

Et voici maintenant ce qui nous intéresse le plus, les raisons profondes qui ont poussé Maroczy à accepter ce match :

« J'ai été et je reste à la disposition de cette étrange entreprise de partie d'échecs pour deux raisons.

« Premièrement, parce que je voudrais moi aussi faire quelque chose pour aider l'humanité vivant sur la terre afin qu'elle croie enfin que la mort n'est pas la fin de tout, mais que l'esprit se détache du corps charnel et monte vers nous, dans le nouveau monde d'en haut, où la vie de l'individu continue de se manifester dans une dimension nouvelle et inconnue.

« Deuxièmement, parce que je suis un patriote hongrois [13]... »

Il semble même que ce soit vraiment dans le plan de Dieu qu'un certain nombre de défunts, toujours plus nombreux, puissent communiquer directement avec nous, pour nous prouver que la vie continue, sans interruption, à travers la mort. C'est du moins ce qu'affirme énergiquement un jeune étudiant italien que son père finit par arriver à contacter à travers divers médiums.

Andrea était le cadet de six enfants dans une famille très catholique de Trieste. Quelques jours avant son dernier examen de droit, il était parti avec sa voiture pour se détendre un peu.

Son père raconte :

« Il partit le mardi 9 juin 1981, vers dix heures, en me disant qu'il serait de retour le samedi ou au plus tard le dimanche suivant, soit le 14 juin. Il téléphona à sa mère le lendemain matin, vers dix heures, ... Dès ce moment, nous n'avons plus reçu aucune nouvelle de lui [14]. »

C'est par une de ses clientes que le père, avocat, est mis en relation avec une médium de Trieste qui veut garder l'anonymat et à laquelle il donne le pseudonyme d'Anita [15].

C'est ainsi que les parents d'Andrea apprirent que leur fils avait été assassiné et que son corps se trouvait dans le lit du Pô, à un endroit où le fleuve traverse un grand parc, et ils le retrouvèrent.

Mais ce qui nous intéresse ici, c'est le sens donné par le fils lui-même à son passage dans l'au-delà. « Vois-tu, écrit-il ainsi à son père, par l'intermédiaire de Mme Anita, la promesse de récupération de mon corps qui m'a été faite par la Lumière Infinie n'était valable que pour prouver au monde que la vie dans l'au-delà existe ; mais je ne suis pas le seul à être assigné à ce but. Nous devons ensemble, beaucoup d'autres et moi-même, fournir cette preuve [16]. » Et, un peu plus tard, il insiste :

« Papa si je comprends bien, tu ne sais pas encore en quoi consiste ma "mission" : il faut faire savoir au monde entier qu'un au-delà existe, parce que c'est seulement grâce à cette conviction que l'humanité reviendrait à la foi et vivrait en paix, en l'honneur de la Lumière Infinie [17]. »

J'ajouterai seulement un petit détail anecdotique. Le crayon de Mme Anita n'écrit pas de gauche à droite, sur une ligne horizontale, mais de haut en bas, sur une ligne verticale, de telle sorte qu'il faut ensuite tourner la feuille de 90 degrés pour pouvoir la lire. De plus, bien que la médium ne soit pas gauchère, c'est avec la main gauche qu'elle écrit, et sans tenir le crayon. Celui-ci est simplement appuyé sur la paume de sa main et il y adhère tout en restant libre de se mouvoir pour former les lettres. On peut d'ailleurs, dans le livre, voir une photo de détail de la position de la main. Depuis, trois mères italiennes qui avaient perdu aussi un enfant, se sont mises à recevoir des messages selon la même technique invraisemblable [18].

Beaucoup de jeunes passés dans l'au-delà semblent avoir reçu ou choisi cette mission de nous aider à retrouver le vrai sens de cette vie sur terre, en parfaite harmonie avec la volonté divine. On en trouvera de nombreux exemples dans un petit livre admirable où sont rassemblés plusieurs cas d'enfants morts prématurément et qui sont arrivés à communiquer avec leurs parents par tous les moyens possibles, à travers des médiums, l'écriture automatique, les enregistrements sur magnétophone, des phénomènes d'apports, etc.

Voici donc le message de l'un d'eux, Claudio Desiderio, pour sa mère, message reçu et transmis par une femme médium :

« Maman, depuis que je suis arrivé dans cette merveilleuse existence, toute spirituelle, je me sens un privilégié. Sur la terre, les hommes ignorent la beauté qu'on trouve ici quand on a fermé les yeux du corps.

« Oh ! ma maman ! Comme le règne de Dieu est merveilleux ! Quelle joie immense que de jouir de la grandeur du Créé ! Oui, je suis mort très jeune, mais c'était déjà écrit. J'étais déjà destiné à une courte vie terrestre parce qu'autre chose m'attendait ici.

« Je suis sur le point de devenir un Esprit Guide, et le jour n'est pas loin où je reviendrai parmi les hommes pour guider un autre jeune qui aura besoin d'être incité au bien et d'avoir à ses côtés, même s'il est invisible, quelqu'un qui l'aide à s'élever plus haut, qui pénètre son âme et le guide [19]. »

Voici un autre exemple, emprunté au même ouvrage. Il s'agit d'un garçon mort dans un accident de moto, à vingt-huit ans, alors qu'il emmenait sa fiancée faire une promenade. Le père s'était mis à écrire à Enzo, son fils mort, tous les jours, comme s'il ne s'était agi que d'un voyage lointain. « Peut-être, dit-il lui-même, avec mes lettres si confiantes, ai-je déclenché quelque chose, peut-être ont-elles été une sorte de provocation, dans le bon sens naturellement... » Toujours est-il qu'un an plus tard, alors que ses parents participaient à une rencontre des Focolarini, groupe religieux bien connu en Italie, ils se trouvent « par hasard » assis à côté d'une femme, médium, qui leur dit avoir reçu quelques jours auparavant des appels d'un certain Enzo dont elle ne connaissait rien. Ce sera le début de toute une série de communications, non seulement pour ses parents mais parfois pour des tiers, comme dans ce message où il explique à un prêtre le but poursuivi.

« Mon seul intérêt est le bien des âmes qui, à travers cette lecture pourront retrouver la sérénité et l'espoir de revoir un jour leurs êtres chers tous vivants en Dieu et savoir que la mort n'est pas la fin de la vie mais le début de celle qui constitue la vie véritable pour tout être humain qui naît au monde.

« Réussir à donner à qui souffre du désespoir de la perte d'un être cher un peu de lumière et un peu de joie, c'est là le seul but pour lequel Dieu a permis ces contacts, ainsi, bien sûr, que pour la consolation de mes très chers parents[20]. »

Qu'on ne s'y trompe pas, l'action de nos défunts auprès de nous est parfaitement efficace, même si nous ne la soupçonnons pas. Lorsque les parents d'Enzo sont victimes d'un cambriolage, ils reçoivent immédiatement après le message suivant :

« Mes chers, il ne m'a vraiment pas été possible d'éviter ce désagrément, ma pensée n'a pas pénétré dans les esprits sataniques de ceux qui vous ont fait du mal. Je me trouvais sur place, mais je ne pouvais rien faire parce que l'inspiration du bien ne peut pas pénétrer dans ces esprits. Ce qui m'a été possible, je l'ai fait en les portant à se contenter de ce qui était le plus voyant. Puis je vous ai aidés en vous empêchant de désespérer et en vous donnant la force de surmonter l'impact du premier moment[21]. »

Les chirurgiens de l'invisible

D'autres s'occupent de soulager directement notre souffrance. Je pense ici, notamment, aux différents médecins de l'au-delà. Beaucoup s'emploient à réparer les corps glorieux de ceux qui arrivent de l'autre côté. Mais certains, tel le docteur William Lang, comprennent vite qu'au fond les hôpitaux de l'au-delà sont bien suffisamment pourvus en personnel médical hautement qualifié, et qu'ils seraient encore plus utiles en acceptant de revenir, d'une certaine façon, en ce monde, mais en nous apportant tout le bénéfice des méthodes apprises dans l'outre-mort.

Le meilleur témoignage sur ce phénomène fantastique est sans doute celui de J. Bernard Hutton, journaliste de métier qui, ayant été ainsi soigné et guéri en 1963 par le docteur William Lang, décédé en 1937, entreprit, avec l'autorisation du défunt docteur, une longue enquête sur le phénomène[22]. Tous les malades dont il rapporte le témoignage ont accepté qu'il donne leur vrai nom et leur vrai lieu de résidence, condition d'autant plus nécessaire pour la crédibilité de ses exposés que nous sommes là vraiment en plein fantastique, en plein surréalisme.

À l'automne 1963, J. Bernard Hutton était atteint de poliomyélite sans paralysie. Douleurs dans les bras et les cuisses, vertiges. Puis il commença à devenir aveugle. C'est à peine si, à dix mètres, il pouvait distinguer la présence de quelqu'un. Il ne percevait qu'une sorte de contour imprécis. Il commençait aussi, parfois, à connaître des signes de vision double. Un matin, sa femme découvrit dans une revue ésotérique un article sur un *guérisseur par l'esprit* qui accomplissait des opérations extraordinaires sur les yeux, à Aylesbury. Après bien des hésitations, il finit par accepter de prendre rendez-vous et se fit conduire par sa femme au lieu indiqué.

Après quelques minutes passées dans la salle d'attente, on vient le chercher en lui annonçant : « Monsieur Hutton, le docteur Lang, va vous recevoir. » Oui, en 1963, le docteur Lang ! Mort en 1937 !

Il se trouve alors devant un homme en blanc, aux yeux parfaitement clos, qui l'appelle « jeune homme », avec une voix ferme et claire mais trahissant un âge avancé. De près, il distingue même de profondes rides creusant son visage. Les yeux toujours fermés, l'homme en blanc lui affirme qu'il est le docteur Lang. Puis il le fait asseoir et, d'autorité, lui enlève ses lunettes en s'excusant, les passe en connaisseur devant ses yeux clos et s'exclame : « Oh ! mon cher, moins dix-huit dioptries ! » C'était bien cela !

Le « docteur Lang » glisse les lunettes dans sa poche et palpe doucement les yeux de son client avec ses pouces. Au bout d'une minute ou deux, il se redresse en déclarant : « On a dû vous inciser les deux yeux quand vous étiez enfant. Du beau travail ! » Stupeur ! C'était tellement vieux et tellement oublié que Bernard Hutton n'en avait même jamais parlé à sa femme.

Le « docteur » lui palpe alors de nouveau doucement les yeux en égrenant toute une série de termes techniques, puis lui demande : « Vous êtes gêné par une vision double, jeune homme, ou est-ce que je me trompe ? » Encore exact. « Mais il y a quelque chose d'autre que vos yeux qui ne va pas. Laissez-moi vous examiner rapidement. » Alors, sans le faire allonger, sans le faire dévêtir, le « docteur Lang » palpe son client doucement à travers ses vêtements : « Bon, déclare-t-il enfin, le virus responsable de votre maladie que les médecins estiment être une poliomyélite de type non paralytique a disparu. Mais vous avez quelque chose de très sérieux, une hépatite virale, qui bouleverse le fonctionnement de votre foie... » Or, trois personnes seulement savaient que Bernard Hutton était malade : son médecin traitant, sa femme et lui-même !

Le « docteur Lang » lui explique alors : « Chacun de nous a deux corps, voyez-vous, un corps physique et un corps subtil. Et c'est sur votre corps subtil que je vais opérer maintenant. J'espère parvenir à produire un effet correspondant sur votre corps physique. Ne vous inquiétez pas non plus si vous m'entendez parler, dire des noms ou réclamer des instruments. Je serai assisté pendant l'opération par mon fils, Basil[23], et un certain nombre de collègues que vous ne verrez pas parce qu'ils n'ont plus, eux aussi, qu'un corps subtil. Mais vous ne souffrirez pas. Maintenant, je vais vous demander de vous allonger là, sur ce divan. »

Allongé, toujours vêtu, Bernard Hutton, les yeux grands ouverts, assiste alors à une scène extraordinaire. L'homme en blanc, toujours les yeux clos, se penche sur lui et, juste au-dessus de ses yeux ouverts, à lui, le journaliste, se met à faire toute une série de gestes très précis, semblant serrer ou écarter les doigts, prendre des instruments invisibles, tout en accompagnant ses gestes de commentaires. Le patient, d'abord pris de fou rire, se calme vite. Il sent comme des incisions pratiquées sur ses yeux, alors que l'homme en blanc ne le touche pas. Ce n'est pas douloureux, juste une sensation, comme sous anesthésie locale. Puis, nouvelle opération à la hauteur du foie. Nouvelle sensation de coupure, puis de suture.

Alors le miracle se produit, Bernard Hutton d'abord ne voit plus rien du tout, mais, alors qu'il attend dans sa voiture sa femme et ses enfants partis faire quelque course, peu à peu sa vue revient !

Depuis, il peut lire, écrire et conduire lui-même sa voiture normalement. Il a pu reprendre son travail et, bouleversé par cette incroyable aventure, s'est mis en tête de réunir toute la documentation possible sur le cas du docteur Lang, ancien ophtalmologiste réputé de Londres, continuant à soigner et guérir par l'intermédiaire d'un médium, humble et dévoué, ancien pompier de son état, George Chapman.

Cette action médicale de nos chers trépassés peut d'ailleurs prendre des formes très différentes. Les célèbres guérisseurs philippins ne sont pas tous des charlatans, comme certains ont voulu nous le faire croire. Je connais personnellement des gens qui sont allés sur place et ont pu filmer eux-mêmes leurs interventions. Le film montre bien qu'il n'y a aucun truquage. On pourra d'ailleurs s'en convaincre en lisant les livres du docteur Janine Fontaine[24], dont la compétence médicale n'est guère contestable. Les Philippins, eux, touchent directement les parties malades et y enfoncent profondément les doigts, extrayant souvent du corps, sans aucune incision et sans aucune cicatrice, des matières étranges, une sorte de plasma.

D'autres nous aident à travers des médiums, comme pour Maguy Lebrun et son mari Daniel. Au Brésil, la médecine spirite semble même très couramment pratiquée, et là encore avec une grande variété de formes[25]. C'est probablement encore une aide de l'au-delà qui intervient, même si elle n'est pas toujours perçue du côté du vivant, dans les recherches de maladies et de traitements par radiesthésie[26].

Mais, outre ces débordantes activités en notre faveur que l'on arrive parfois, comme dans les cas que je viens d'évoquer, à détecter, il y a certainement une autre forme, d'ordinaire plus discrète, mais sans doute aussi plus constante et plus généralisée. Beaucoup de trépassés sont affectés à notre assistance spirituelle. Ils veillent discrètement sur nous, intervenant parfois même dans des événements matériels, dans la mesure où ceux-ci peuvent avoir sur nous une incidence spirituelle. Mais cette action leur est souvent difficile, nous disent-ils, et leur demande un long travail. Nous leur devons notamment beaucoup de nos rencontres « providentielles ». Assistance discrète de notre liberté aussi. Parfois, plusieurs trépassés veillent ensemble sur le même vivant terrestre. Parfois aussi un « ange » leur est adjoint, un « ange gardien ».

2. L'ange gardien et la vie antérieure

Certains mystiques ont eu ce privilège de voir parfois, ou même régulièrement, leur « ange gardien ». Ainsi, parmi beaucoup d'autres, Mechtilde Thaller (1869-1919), dont le chevalier Friedrich von Lama[27] nous a transmis les communications. Les descriptions des diverses catégories d'anges sont magnifiques. Mais, plus particulièrement, elle voyait presque tous les jours son ange gardien, en recevait des enseignements, des encouragements, des messages à transmettre... Cependant, les descriptions elles-mêmes trahissent très évidemment, me semble-t-il, une part considérable de symbolisation spontanée et inconsciente.

Si l'on étudie de près les indications éparses fournies dans les célèbres *Dialogues avec l'ange*, on est amené à concevoir une intimité extraordinaire entre l'ange gardien de chacun et son protégé. Gitta Mallasz, recevant par la bouche de Hanna les messages de son ange, le reconnaît immédiatement comme son « maître intérieur ». Elle a le sentiment très net de l'avoir vraiment connu, mais n'arrive pas à faire remonter de son subconscient un souvenir précis. Elle reste « au bord du souvenir [28] ». Gitta pressent peu à peu ce mystère et commence même à l'exprimer. Elle finit par dire à son ange : « Donc, je suis toi. » Sourire de l'ange, à travers Hanna, et réponse : « Pas encore. » Une autre fois l'ange lui dit encore : « Tu es mon pareil plus dense » ou aussi : « Si tu crois que je suis toi – je le serai. » Enfin, plus explicite encore :

« Avant la naissance – l'ancienne –, mère et enfant font un. Si l'enfant naît – ils se séparent en deux.

Nous sommes deux. – Lorsque nous naîtrons, nous deviendrons un. »

Leurs sorts d'ailleurs sont liés : « Ou nous périssons avec vous, ou nous nous purifions avec vous [29]. »

Nous rejoignons là le thème très ancien de la fravarti des Iraniens. On sait qu'en fait cette notion d'ange nous vient de l'ancienne Perse, à travers l'Assyro-Babylonie et l'Ancien Testament hébreu. Ce qui n'exclut pas que d'autres cultures aient développé les mêmes croyances tout à fait indépendamment, les phénomènes sous-jacents à cette croyance étant universels. La fravarti est une sorte de contrepartie céleste de ce que nous sommes, notre jumeau, notre alter ego. À l'origine, même les anges avaient aussi leur fravarti. Mais l'ange des *Dialogues* ne dit-il pas que le Séraphin est à l'ange ce que l'ange est pour nous [30] ? Cependant, la tradition mazdéenne développe surtout le thème à propos de tout être entré dans la matière. Henry Corbin a esquissé une poursuite du thème, aussi bien à travers le récit biblique de Tobie, où l'influence perse n'est contestée par personne, qu'à travers la gnose mandéenne, le manichéisme, les commentaires de Plotin sur certains textes de Platon et même certaines Oupanishads [31].

Swedenborg, qui prétend pouvoir se rendre dans l'autre monde, pratiquement autant qu'il le veut, raconte qu'il va ainsi très souvent discuter avec le double, « l'image » céleste de gens qui seraient trop difficiles à atteindre sur terre [32].

Il me semble qu'il faut rapprocher tout cela de ce que Liszt, le compositeur, expliquait à Rosemary Brown à propos de la réincarnation. À vrai dire, ce qu'il dit ne me paraît pas toujours très clair, même si on passe de la traduction française, souvent assez approximative, au texte anglais original. Il semble parfois se contredire. Ce qui n'empêche pas que ce texte me paraît très important :

« La réincarnation, telle qu'elle est généralement comprise, n'existe pas... Sur terre, vous vous considérez comme des êtres complets. Mais, en fait, il n'y a qu'une partie de vous qui se manifeste par l'intermédiaire du corps physique et du cerveau. Le reste demeure en esprit mais est relié et ne forme qu'un tout avec vous... Il m'expliqua alors comment la même personne ne revient jamais deux fois sur terre. Et il exposa en détail pourquoi la chose était impossible. »

Mais il reconnaît aussi qu'il n'y a pas de règle générale :

« Il y a une infinité de possibilités et aucun principe catégorique. »

« Liszt me dit aussi que nous ne formions pas réellement une « unité ». Chaque personne est une âme avec de nombreux aspects, et un jour il me l'expliqua en termes scientifiques :

''Pensez à un atome, dit-il. Celui-ci est composé de protons et de neutrons qui, tous, servent à composer le noyau entouré par les électrons. Voilà à quoi ressemble l'âme. Ces parties séparées sont maintenues ensemble dans le noyau. Mais chaque partie peut être isolée, et ce sont les parties isolées du noyau de l'âme, pour ainsi dire, qui peuvent se manifester dans votre monde, sous la forme de diverses personnalités''[33]. »

Peut-être faudrait-il ici faire intervenir de nouveau la théorie des « domaines » de la gnose de Princeton, que nous avons déjà évoquée ? Au-dessus de la quasi-conscience de la particule, il y a la quasi-conscience de l'atome, puis, au-dessus encore, la quasi-conscience de la molécule, puis la quasi-conscience de l'organe, enfin notre conscience dominant l'ensemble, faisant tant bien que mal la synthèse de toutes nos tendances inscrites dans nos gènes et harmonisant le fonctionnement des différentes zones de notre cerveau. Mais peut-être y a-t-il au-dessus de nous une surconscience, composant une unité un peu plus vaste et plus riche dont nous ne sommes qu'un élément ?

Arthur Koestler a développé la même idée avec un autre vocabulaire. Il appelle « holon » ces unités qui sont constituées de parties et qui forment, à leur tour, avec d'autres holons de même niveau, d'autres unités ou holons d'un niveau supérieur. Il appelle ces hiérarchies par emboîtement gigogne des « holarchies[34] ». Rupert Sheldrake préfère, quant à lui, l'expression « unité morphique[35] ».

C'est peut-être à cela que correspondrait l'étrange expérience de Robert Monroe dans ce qu'il appelle le Lieu III, un monde parallèle au nôtre, moins évolué, semble-t-il, où il rencontra un autre lui-même avec lequel il se fondait par une sorte de possession chaque fois qu'il se rendait là-bas[36]. Nous retrouvons là, peut-être, les fameux « doubles » dont parle Swejen Salter à mes amis du Luxembourg. De même, peut-être aussi, l'expérience que nous avons déjà rapportée de Jeanne Guesné de vivre un court instant deux et une autre fois trois vies en même temps, en des lieux et à des époques différents.

Tout cela semblerait confirmé par Alain Guillo, le journaliste français prisonnier pendant neuf mois à Kaboul dont nous avons déjà parlé. Les phénomènes paranormaux qui l'avaient soutenu pendant sa captivité n'ont pas cessé avec sa libération, bien au contraire ! Sa communication avec l'au-delà continue, tout particulièrement avec sa mère. Ces messages constituent la première partie d'un nouveau livre[37].

Sa mère, née en Indochine, avait une double ascendance, catholique et française du côté de son père, bouddhique et japonaise du côté de sa mère. Elle raconte à son fils, Alain, sa surprise en arrivant dans l'au-delà, après sa mort, de retrouver ses parents, grands-parents, des amis morts avant elle, et même bien des gens qu'elle ne connaissait pas :

« J'ai retrouvé ma mère, mon père, et une quantité de gens que je ne connaissais pas, que je pensais ne pas connaître. Certains avaient partagé tout ou une partie de mon existence. Ils étaient moi, j'étais eux, et je ne le savais pas[38]. »

Elle comprend alors qu'ils ont continué de vivre à travers elle ; avec elle ils ont aimé, ils ont haï, ils ont évolué.

« Ici les gens, enfin des âmes, t'attendent pour partager ton butin... Et, dans le fond, il est juste qu'elles bénéficient de la récolte, car elles t'ont aidé à l'engranger. Tu reviens ''d'en bas'', tu étais leur réincarnation, où donc se trouve leur profit[39] ? »

Nous ne sommes jamais seuls, nous dit-elle : « En deçà de l'Esprit, avec une majuscule, dont l'influence, en général, est diffuse, se trouvent les ''accompagnateurs'', les anges gardiens qui revivent au travers de toi, engrangeant grâce à toi l'expérience qui leur fait défaut[40]. » Elle découvre ainsi qu'elle a été leur « réincarnation ». Mais elle emploie aussi bien le mot dans le sens inverse, et elle a certainement raison de le faire puisque aussi bien à un niveau profond le temps ne joue plus.

« J'avais en moi du neuf, petite âme issue de la matière

terrestre... et du vieux, mes ''réincarnations'', ces âmes qui, avant moi, ont vécu et sont devenues moi-même[41]. »

Elle comprend aussi que ses conflits intérieurs venaient souvent de la présence, en elle, de ses ancêtres qui n'étaient pas encore arrivés à la pleine harmonie. Arrivés dans l'au-delà, elle a décidé avec eux de refaire un tour sur terre : « Bons pour un autre tour de service, en quelque sorte, une autre réincarnation[42]. » Et, pour ce faire, ils se sont « intégrés » à l'âme d'Alain. Il est devenu, à son tour, leur « réincarnation » : « Nous nous sommes vite intégrés à la petite équipe qui t'a pris en charge dès ta naissance. Ce n'était pas difficile, ils étaient ''des nôtres[43]''. » « Moi, je vis avec toi depuis bientôt quarante-cinq ans, intégrée à ton âme, silencieuse et impuissante bien souvent, sauf quand tu ouvres ton cœur[44]. »

Nous formons ainsi, par affinité, des groupes qu'elle appelle des « sur-moi ». « Il en est du sur-moi comme des associations humaines. Avec un but, une volonté commune et une bonne cohésion, voilà une entité efficace. Ajoutes-y le nombre, c'est une entité puissante, ou une entité de puissance, comme tu le dis parfois. ... Certains peuvent te quitter, d'autres prendre le train en route. Ceux qui restent, même s'il y a désaccord, le font par amour, l'affinité forte qui permet d'encaisser tout le reste[45]. »

Dans un langage un peu différent, ce n'est pas très loin, au fond, de ce que dit le dalaï-lama de la réincarnation des bouddhas, c'est-à-dire de ceux qui reviennent sur terre, non plus pour achever leur propre purification, mais par pure compassion, pour aider ceux qui sont encore prisonniers du cycle des réincarnations. La réincarnation de ces bouddhas, explique-t-il, « intervient chaque fois que les conditions sont appropriées, ce qui n'implique pas qu'ils quittent leur état de nirvâna. Un peu comme sur la terre, on voit la lune se refléter dans les lacs tranquilles ou dans la mer, quand les conditions s'y prêtent, sans qu'elle abandonne sa course dans le firmament. De même que la lune se reflète au même instant en de multiples endroits, un bouddha peut se réincarner simultanément dans plusieurs corps différents[46] ».

Rupert Sheldrake, à travers ses propres catégories, semble être aussi sur la même piste quand il émet l'hypothèse que les souvenirs de vies antérieures pourraient provenir d'une « résonance morphique » avec d'autres personnes, décédées. « Les personnes convaincues de la réalité des souvenirs de vies antérieures expliquent souvent ces derniers en termes de réincarnation ou de renaissance. L'hypothèse de la causalité formative suggère une perspective différente : une personne peut, pour l'une ou l'autre raison, se brancher, par résonance morphique, sur le champ d'un tiers ayant vécu dans le passé[47]. »

Nous avons aujourd'hui, semble-t-il, une certaine confirmation de cette façon de concevoir la réincarnation qui nous vient directement de l'au-delà. On se souvient de Manfred Boden. Le jour même de son enterrement à Baden-Baden, le 29 mars 1990, il se manifestait sur l'ordinateur d'Adolf Homes, à Rivenich. Ce n'étaient que quelques phrases. Je ne cite ici que celles qui concernent notre sujet, en les traduisant aussi fidèlement que possible. « Passé, présent et avenir sont logiquement reliés entre eux. Je cherche l'expérience, car mon cycle de réincarnation est terminé. » Quelques jours plus tard, le 4 avril, il faisait parvenir, toujours sur ordinateur, quelques indications supplémentaires : « J'ai participé à de nombreuses incarnations. L'avant-dernière était féminine. Je n'ai pas besoin du cycle suivant... » Il ne dit pas purement et simplement qu'il s'est réincarné de nombreuses fois, mais qu'il a « participé » ou « pris part » à de nombreuses réincarnations. Ce n'est pas du tout la même chose. Un peu plus loin il ajoute : « Par la réincarnation nous aidons, à notre façon, à la transformation de votre monde... Le concept de karma est beaucoup plus compliqué que ce que vous croyez. » Il semble donc bien, à travers ces quelques mots un peu trop concis, qu'il y ait comme deux plans : celui de « notre » monde, et un autre plan à partir duquel, mais sans le quitter, nos trépassés nous aident en utilisant le mécanisme de la réincarnation[48].

C'est une sorte d'« osmose » entre vivants sur terre et vivants dans l'au-delà, phénomène parfaitement normal si l'on admet la conception mystique chrétienne de l'unité profonde de tous les hommes dans le Christ.

C'est peut-être là la vérité profonde de toute la pensée indienne sur la relativité du Moi et son dépassement nécessaire. Mais sans qu'il y ait pour autant, à aucun moment, disparition de ce Moi dans cette surconscience. Les égrégores, issus de nos pensées, bonnes ou mauvaises, sont d'ailleurs déjà au moins une des formes possibles de ces surconsciences, et leur existence trouble si peu la nôtre, du moins, précisément, au niveau conscient, que nous avons plutôt du mal à nous convaincre de leur existence.

L'unité suggérée, dans les *Dialogues avec l'ange*, entre l'ange et son protégé va d'ailleurs plus loin. Les textes le montrent bien. La même unité règne entre tous les anges :

« Nous sommes entièrement distincts, distincts et tout de

même UN. Combien vous êtes, vous aussi, différents pour SA Gloire, mais combien vous êtes UN [49]. »

Puis, au-delà encore, puisqu'il y a aussi unité entre chaque ange et son protégé et entre chaque Séraphin et son ange, c'est l'unité profonde de toute la création sur fond de Dieu, sur le fond d'or des icônes, dans la lumière qui est toujours la même, mais adaptée à chaque niveau d'être, à chaque « domaine ».

Peut-être dans cette perspective, l'ange gardien est-il une partie de nous-même, non incarnée. Ou peut-être formons-nous avec lui une sorte de tandem, peut-être même avec d'autres éléments encore, quelque passager clandestin malencontreusement embarqué à notre insu lors de quelque accident ou maladie, ou par quelque décret mystérieux de la Providence nous chargeant de participer à sa rédemption, tous concourant à l'émergence d'une conscience supérieure qui pourtant ne supprime ni la nôtre ni notre liberté ? Mais plus profondément encore, de toute façon, il y a cette unité sous-jacente de toutes choses en Dieu, et, pour les chrétiens, plus précisément, de toutes choses dans le Christ incarné.

Les communications de quantité d'esprits annonçant ainsi leur réincarnation prochaine ou confirmant, par voie de médium à incorporation, qu'elle vient de se réaliser, comme on en peut lire dans les témoignages de Maguy Lebrun, de Janine Fontaine et de tant d'autres, me paraissent en réalité s'expliquer bien mieux par cette extrême complexité de l'être humain.

Devant celui qui souffre, je ne me dirai pas, même avec compassion : « Il paie pour ses erreurs précédentes. » Gitta Mallasz a bien senti qu'il y avait « dans ce raisonnement quelque chose de faux [50]. » Mais je me dirai : « Peut-être porte-t-il pour moi ce que je n'ai pas su porter, parce que je ne suis pas assez généreux. »

L'humanité forme un tout. C'est tout l'ensemble qui doit être sauvé, qui doit être ramené à Dieu, qui doit apprendre à aimer. Ce que l'un de nous n'aura pas suffisamment purifié dans sa vie, un autre devra l'assumer et le purifier, pour lui, pour les autres, pour que d'autres n'aient pas à reprendre à leur tour la tâche inachevée. Mais dans cette vaste entreprise nous ne sommes jamais seuls. De l'au-delà, d'autres parties de nous-mêmes, d'autres entités dont nous achevons le travail ou la mission nous assistent sans cesse.

Je relève dans l'ouvrage de Maguy Lebrun un de ces messages de l'au-delà qui semble plus particulièrement le suggérer. Il s'agit d'Antoine [51]. Son « esprit » se manifeste à sa mère au cours d'une réunion de prière, avant sa naissance même. Puis une seconde fois, alors qu'il vient de naître et qu'on doit d'urgence le mettre en réanimation. Enfin, une troisième fois, au moment de Noël. Or, dans ce troisième discours, il commence par parler comme quelqu'un qui revient bien personnellement sur terre :

« Comme il est difficile, douloureux, d'aborder sur cette terre oubliée depuis des siècles ! Je te retrouve, terre de mes lointaines incarnations passées, avec émotion... »

Mais vers la fin du discours, du même discours (c'est donc bien la même entité qui parle), il parle beaucoup plus comme quelqu'un qui confie le nouvel enfant à ses parents :

« Ma mission est terminée, je dois reprendre ma course sur le chemin illimité. Dans mon cœur, la petite flamme bercera ma peine, je vous laisse une âme très chère dans un berceau enrubanné. Il est beau, il est serein, il est confiant d'un destin librement choisi et enfin accepté... »

Ce dernier texte m'amène d'ailleurs à évoquer rapidement un autre problème. Si je crois que la réincarnation, comme on se l'imagine habituellement aujourd'hui en Occident, n'existe guère, je crois, d'après de très nombreux témoignages de l'au-delà parmi ceux qui ont ma confiance, qu'une certaine forme de préexistence existe, au moins en ce sens que chacun, avant de venir en ce monde, a une brève mais claire vision des grandes lignes de la vie qui lui est proposée, comme une sorte de canevas sur lequel sa liberté va broder. Cette brève vision et ce choix ne se produisent d'ailleurs probablement pas vraiment « avant » de naître, mais sur un autre plan d'existence, au-delà du temps et de l'espace de notre monde. De telle sorte qu'il serait pratiquement tout aussi vrai (et en même temps tout aussi faux) de dire que ce choix s'effectue après notre vie sur terre. Il s'effectue à un niveau où notre conscience échappe au temps et à l'espace.

Le zoroastrisme, qui ignorait la réincarnation, connaissait cette préexistence [52]. Je pense que là aussi, comme pour les anges, ce n'est pas une simple élucubration mais que certaines expériences sont sous-jacentes. Roland de Jouvenel, de l'au-delà, reconnaît ce rôle très particulier de l'Iran ancien (préislamique) : « L'Iran, dit-il, est un des berceaux du modèle initial [53]. »

3. Vers la lumière

Les trépassés déjà sur la voie de l'amour, nous l'avons vu, vont continuer à y progresser, pour une bonne part, par leur dévouement à notre service. Mais, tandis qu'ils consacrent une grande partie de leur activité à nous aider, ils peuvent aussi être aidés à leur tour et de bien des manières. D'abord par des guides spirituels plus avancés qu'eux, venant des sphères supérieures à la leur et se mettant à leur service comme ceux-ci se mettent au nôtre. Ensuite, par des anges, guides spirituels qui n'ont jamais vécu sur terre et qui semblent hors du système de l'ange gardien. D'ailleurs Mechtilde Thaller, la mystique allemande qui voyait sans cesse son ange gardien, reçut en plus l'assistance d'un « archange » qu'elle avait aussi le privilège de voir.

Toute cette hiérarchie descendante correspond d'ailleurs parfaitement à la *Hiérarchie céleste*, entrevue par saint Denys, le pseudo-aréopagite, au ve siècle [54]. La *Hiérarchie ecclésiastique* (autre ouvrage du même auteur) étant conçue comme à l'image de la céleste (du moins dans l'idéal !). Le gros problème était alors de savoir, non pas d'inventer a priori mais bien de savoir, si, dans les faits, toute remontée de nous vers Dieu devait aussi passer par tous ces intermédiaires. Les textes de saint Denys étaient, sur ce sujet, moins clairs. Ce n'est pas un problème d'intellectuels. La prière devient quasiment impossible si elle n'atteint pas directement Dieu. Or, je crois qu'Endre von Ivanka l'a bien montré, pour saint Denys il faut bien distinguer la voie de l'enseignement, ou « illumination », de la voie de l'amour, où les êtres situés au dernier échelon sont néanmoins en relation directe avec Dieu [55].

Dans les *Dialogues avec l'ange*, l'ange prétend que c'est lui qui transmet chacune de nos pensées, mais il semble bien que cet ange, très particulier, soit comme une partie de nous-mêmes [56]. La solution semble bien donnée par Alain Tessier, le jeune garçon de l'Assistance publique, qui rejoint tout à fait saint Denys, du moins pour la pensée :

« ALAIN. – Prie, comme nous te l'avons déjà dit cent fois.

Profite des occasions. Demande à Dieu de venir en toi... Dieu se met à la portée de celui qui prie.

JULIEN. – Ou bien il envoie des émissaires qui Le représentent ?

ALAIN. – Tu te débines encore ! Non : je te dis Dieu, c'est Dieu. Il fait ça lui-même, car Il le peut, même si tu ne comprends pas [57]. »

Précisons seulement qu'en réalité, comme le dirait saint Denys, Dieu n'a pas à beaucoup se déplacer, car il est déjà au plus profond du cœur de chacune de ses créatures.

Nous pouvons, nous aussi, aider puissamment à l'évolution des trépassés. Par la prière, par nos pensées chargées d'amour. Tous le disent. Ils sentent immédiatement que nous pensons à eux. Reprenons le dialogue entre Julien et Alain Tessier :

« JULIEN. – Si je prie pour toi, est-ce que cela t'aide ?

ALAIN. – Certainement. Tu l'as déjà fait, et cela me donne des joies...

JULIEN. – J'aimerais t'aider de toutes mes forces. Je prie pour toi, Alain, tu le mérites, et je voudrais que Dieu te le fasse sentir.

ALAIN. – Oui, tu m'aides en disant cela, c'est immédiat et merveilleux. Continue [58]. »

Voici d'autres précisions qui viennent de Michel, le fils de Belline, voyant célèbre. Rappelons que Michel était, avant sa mort, non pratiquant et que, longtemps révolté contre toute idée de Dieu, il n'avait commencé à évoluer qu'après la mort de son grand-père et sous l'influence très nette de celui-ci :

« MICHEL. – Toute prière jaillit en petites lumières de couleurs différentes qui en indiquent la provenance. Imagine qu'il y a du bleu argent au cimetière, du rose dans la prière intérieure, du rose et or dans un temple [59]...

BELLINE. – Les prières aident-elles à ton élévation ?

MICHEL. – La prière est lumière, voilà pourquoi certains d'entre nous ont besoin de prières... Toute clarté apporte la paix ; elle est joie et chaque prière la provoque ; je la vois petite et rose pour les familiers, plus grande et rose pour les proches. C'est l'intensité de la flamme qui en révèle la source, familiale ou amicale...

BELLINE. – Et pourtant, tu étais incroyant...

MICHEL. – J'ai une place dans la maison de lumière. Elle sera meilleure un jour.

BELLINE. – Cette évolution viendra de toi ? de nous ?

MICHEL. – De papa, surtout.

BELLINE. – Pourquoi moi ?

MICHEL. – Parce que, grâce à toi, des gens prieront pour moi. »

Notons encore que Pierre Monnier confirme abondamment cette efficacité de toute prière pour les morts, ce qui n'est pourtant pas conforme à son protestantisme d'origine. Mais remarquons aussi que cette efficacité ne semble pas correspondre au fonctionnement que l'on met en avant très souvent, trop souvent, dans l'Église catholique, où la prière est représentée comme une supplication qui finit par fléchir le cœur de Dieu. Il s'agit ici, bien plutôt, d'un simple cas particulier de l'efficacité de toute onde de pensée en général.

Un des signes très importants de l'évolution du trépassé sera la transformation de ses relations avec autrui, et notamment, me semble-t-il, de ses relations d'amour. Pour ceux que la perversité ne retient pas dans les zones affreuses entrevues par George Ritchie dans son voyage hors corps avec le Christ, la sexualité disparaît, mais non l'amour.

L'amour s'exprimera alors de façon fort différente et beaucoup plus profonde, sans qu'il y ait plus de possession exclusive, ce qui n'exclut cependant pas des relations privilégiées, et sans distinction de sexe, puisque dans ces relations, précisément, le sexe ne jouera plus aucun rôle. Voici ce que Rosemary Brown, d'après ses conversations sur ce sujet avec nos grands compositeurs de l'au-delà, ou même d'après l'observation directe de leur comportement, croit pouvoir nous en dire :

« En fait, les êtres désincarnés semblent n'avoir aucun sens de la sexualité, ni le moindre intérêt pour ce sujet. Après la mort, le côté terrestre de notre être est abandonné. L'amour s'exprime de façon beaucoup plus complète et heureuse, sous d'autres aspects, devenant quelque chose d'une grande beauté, permettant une harmonie parfaite entre les êtres qui s'aiment. Parce que toutes les barrières physiques ont disparu, l'âme qui aime une autre âme peut se joindre à celle-ci en toute unicité [60]. »

Un peu plus loin, revenant sur ce sujet, elle précise :

« Dans l'autre monde, il n'y a pas de mariage comme nous le connaissons ici. Si l'on a de nombreux amis du même sexe dans cet autre monde, c'est considéré comme parfaitement normal. Si l'on a, par contre, de nombreux amis du sexe opposé, c'est également accepté. Ce sont des rapports d'amitié d'une espèce différente [61]. »

Il me semble que nous avons déjà une description se rapprochant de cette union non sexuelle dans les expériences faites par Robert Monroe hors de son corps. Il lui semble même que c'est l'union sexuelle telle que nous la connaissons en ce monde qui n'est qu'une pâle imitation, dégénérée, de ce qu'il a pu connaître lors de ses expériences de dédoublement, avec ce qu'il appelle d'un terme très empirique, son « corps second ». Dans cette union :

« Les deux partenaires se fondent véritablement, pas uniquement à un niveau superficiel ou en un ou deux endroits spécifiques du corps mais sur un plan général, atome pour atome, à travers l'ensemble du corps second. Un bref échange d'électrons entre les partenaires advient. Vous atteignez à un moment un état d'extase insupportable et l'instant suivant vous connaissez une tranquillité, une plénitude parfaite, puis tout est terminé [62]. »

Mais certaines expériences privilégiées, même en ce corps de chair, ou peut-être déjà dans notre corps de gloire, à travers et malgré ce corps de chair, nous laissent encore mieux entrevoir ce que peut être l'échange amoureux entre trépassés très évolués. J'emprunte le premier témoignage, encore une fois, à Alain Tessier et à Julien. C'est Julien qui raconte :

« J'éprouvai brusquement la sensation de la présence physique d'Alain ; non pas une présence extérieure à moi-même, mais intérieure. Il n'y a pas de mots pour exprimer ce phénomène. Une sorte de flot prenant fugitivement possession de tout mon être. Cela dura une dizaine de secondes, pendant lesquelles je dus cesser d'écrire. À la fois heureux et vaguement inquiet, j'interrogeai dès que je le pus :

Alain, qu'est-ce que je viens de ressentir exactement ?

Alain : Je suis venu me mêler à toi. C'est cela, l'amour de Dieu, que tu as senti [63]... »

Belline, après la mort de son fils et les quelques communications bouleversantes qu'il avait péniblement obtenues, essaya de rassembler d'autres témoignages semblables. C'est ainsi que George Langelaan, journaliste et écrivain, lui raconta comment il avait conclu avec son père une sorte de pacte selon lequel le premier trépassé donnerait à l'autre, si possible, un signe convenu : déplacer une pièce sur un échiquier. Après la mort de son père, il attendit, en vain. Mais autre chose se produisit, tout à fait inattendu, que je lui laisse conter :

« Environ un mois plus tard, alors que je marchais dans la foule rue Montmartre, une rue que j'avais très souvent empruntée en compagnie de mon père, j'eus tout à coup la formidable impression qu'il venait d'entrer en moi, un peu comme un homme se glisse dans un pardessus confortable [64]... »

C'est une sorte de possession, mais heureuse ; un contact d'âme à âme, ou de corps de gloire à corps de gloire, ceux-ci finissant par perdre toute forme. C'est la transparence totale, la communion parfaite.

Le retour vers Dieu, c'est évidemment aussi la grande réconciliation, la fin de toutes les luttes fratricides. Je ne résiste pas, à ce propos, au plaisir de vous rapporter une vision grandiose qui nous vient de l'au-delà.

Nous avons déjà évoqué brièvement les messages de Sigwart, ce jeune soldat allemand, passionné de musique, et qui continuait ses compositions, une fois passé dans l'au-delà. Quelques années plus tard, Dagmar, une de ses sœurs, l'a rejoint dans l'autre monde et nous avons d'elle aussi quelques messages très beaux et assez différents de ceux de son frère, dont, précisément, cette description extraordinaire d'une cérémonie de l'au-delà :

« Ce que je dois te raconter et t'annoncer demande tant d'attention, car ici, dans nos mondes, quelque chose de la plus haute importance s'est produit.

« Aujourd'hui, c'était une fête très sainte et bouleversante. Les combattants de toutes les nations ont vécu une consécration. En rangs innombrables ils sont arrivés, une procession sans commencement ni fin. C'était impressionnant. Tous, ils avaient les yeux fermés, comme des aveugles, et tous leurs sens étaient tournés vers l'intérieur.

« Je les ai vus passer, sans un mot, et pourtant j'entendais la mélodie de chaque âme qui résonnait en sons intérieurs saisissants.

« Tous savaient qu'ils allaient au-devant d'un événement important, aussi leur mélodie était-elle pour tous plus ou moins accordée à l'idée d'attente. Les mots me manquent pour exprimer correctement ce que nous éprouvions. C'était si impressionnant que quelqu'un encore dans son enveloppe charnelle en aurait probablement été expulsé par la violence de ce qu'il aurait vécu. Mais nous, grâce à notre organisme plus subtil, nous pouvons supporter de tels bouleversements.

« Écoute donc : ces milliers d'hommes s'avançaient sans un mot vers un but qu'ils pressentaient mais qu'ils ne pouvaient pas voir, même avec les yeux de l'esprit. C'était comme un aimant qui les attirait, tous, dans la même direction. Puis ce fut le silence. Ces milliers d'hommes étaient arrivés au but.

« Ce n'est que très lentement que je remarquai comme leur corps spirituel s'illuminait lentement par le haut. Ils devinrent comme des chandeliers au sommet desquels une lueur commençait à grandir. Cela devenait de plus en plus lumineux jusqu'à ce que, finalement, on vit une flamme sur la tête de chacun d'eux. Certains brillaient d'un éclat aveuglant, d'autres moins vivement, mais tous avaient une lumière qui enflammait leur tête.

« Cela devint si lumineux que cette force de lumière devait finir par disparaître.

« Nous tous qui assistions à cet événement, nous nous demandions avec une vive impatience ce qui allait maintenant se passer.

« Alors nous sentîmes qu'un énorme verbe créateur commençait à se former – cela grandit, grandit, nous pénétra, chaque partie de nous-même, jusqu'à ce que nous eussions l'impression d'être en ce verbe créateur comme s'il nous avait formés. C'était comme si chacun d'entre nous se trouvait de nouveau créé, tant était grande la puissance de ce mot qui nous traversait en se gonflant toujours davantage.

« Tous tombèrent à genoux et chacune de ces milliers d'âmes se mit à résonner.

« Tout était Lumière, Parole et Mélodie.

« Il n'y a aucun moyen de décrire, même de loin, ce que nous éprouvâmes lorsque, d'abord, ce "mot" comme force créatrice nous pénétra dans tout notre être, puis lorsqu'il devint perceptible et que nous pûmes en percevoir le contenu, le comprendre.

« Les flammes brillaient sur les hommes à genoux, sur les combattants courbés vers le sol, et la parole créatrice rugissait à travers leurs rangs comme un ouragan vivifiant. J'éprouvais là l'événement le plus puissant auquel il me fut jamais donné d'assister.

« Comment dois-je décrire ce qui alors se produisit en nous : Notre Christ se donna à chacun d'entre nous dans une immense communion.

« Alors tous recouvrirent la vue. Leurs yeux spirituels s'ouvrirent et ils contemplèrent le Christ ! Et ils reconnurent celui qui s'était donné à eux.

« Cela déchaîna une vague spontanée d'amour, du plus profond respect, d'indicible reconnaissance, et cette vague roulait comme le ressac d'un mascaret cosmique jusqu'à votre terre et brisait la sombre couche qui, en ce moment, emprisonne la terre comme une carapace. De grandes fissures apparurent et la lumière se répandit à l'intérieur vers vous ! Cela aurait dû vous éblouir si l'épaisseur de votre corps n'avait pas constitué un mur de protection.

« La sombre couche est percée.

« Un immense *Alleluia* retentit de toutes les gorges et ce chant de louange parvint jusqu'à votre terre. Ces millions de combattants ont alors éprouvé le Christ, ils purent le recevoir consciemment en eux et c'est une expérience tellement puissante qu'elle aura des effets encore durant beaucoup de leurs incarnations futures.

« Tous sont devenus chrétiens, combattants de la Lumière, car le Christ les a convaincus et, généreux ou non, l'amour du Christ, qui tout pardonne, les a purifiés. Maintenant, nous aussi, nous avons compris le grand secret de cette guerre :

« Les combattants des batailles du monde ont été consacrés combattans du Christ !

« Qui a eu, parmi vous, le privilège d'apprendre ce que j'ai eu la grâce de vous communiquer doit le garder au plus profond de son cœur et l'y laisser fructifier. Alors, la grande geste d'amour de notre Christ pourra, sur terre aussi, allumer des flammes sur la tête et dans le cœur des hommes. Alors, vous célébrerez avec nous la grande Communion des armées qui est devenue en même temps une grande Pentecôte.

« Je vous tends la main pour notre route commune.

« Votre Dagmar [65]. »

X

L'union à Dieu : ultime expérience de l'âme bienheureuse

D ès le début cependant, dès l'instant du passage dans l'au-delà, l'essentiel du bonheur ressenti ne réside ni dans la splendeur de la nature (et pourtant elle est extraordinaire, tous le disent), ni dans la variété ou la richesse des demeures humaines (et pourtant beaucoup parlent de villes de lumière, comme dans les contes les plus merveilleux et comme dans les Écritures), ni dans l'extraordinaire liberté que donne cette maîtrise du temps et de l'espace (et pourtant ils ont tous l'air, surtout au début, de bien en profiter), ni dans cette possibilité d'aller, sans soucis matériels obsédants, comme en ce monde, puiser aux sources mêmes de la connaissance, ni même dans la paix et l'harmonie des rapports humains, enfin débarrassés, du moins peu à peu, de plus en plus, de tout égoïsme, de toute vanité, de tout ce qui les rend en ce monde toujours si difficiles et si fragiles.

Non ! Tout cela joue, bien sûr, mais tout cela n'est que le surcroît. L'essentiel de ce bonheur, c'est l'expérience de Dieu.

1. Dieu éprouvé comme énergie

Tout d'abord, Dieu est éprouvé comme un rayonnement d'énergies, vivifiantes, bienfaisantes, par lesquelles Il nous régénère sans cesse. Voici le témoignage d'un rescapé de la mort, rapporté par J.-C. Hampe :

« Depuis ce temps-là, Dieu représente pour moi une source fondamentale d'énergies, inépuisable, intemporelle, elle rayonne sans cesse en énergies, absorbe aussi de l'énergie dans une pulsation continuelle... Elle est l'harmonie parfaite... différents mondes se forment à partir des différentes vibrations, les fréquences font les différences. C'est pourquoi différents mondes peuvent exister en même temps, au même endroit [1]... »

Pierre Monnier, de l'au-delà où il est parvenu, nous dit la même chose :

« Il y a en toutes choses des parcelles de Dieu (que vous pourriez appeler plus correctement des ''énergies'')... Les énergies divines répandues dans la création sont en réalité l'''influence'' de Dieu, qui s'exerce en vie, en pensées, en individualité [2]... »

Pour J.-C. Hampe, son faux mourant s'est exprimé dans « les catégories de la philosophie orientale » tant il est vrai que cette représentation de Dieu ne correspond guère à celle diffusée en fait par le christianisme occidental, catholique ou protestant, fortement marqué par le Dieu « acte pur » d'Aristote. Je sais que j'ai le don d'exaspérer beaucoup de théologiens occidentaux quand je dénonce le statisme du Dieu d'Aristote et de saint Thomas d'Aquin. Mais je ne peux tout de même pas considérer comme très dynamique un Dieu qui, pour ne subir aucune influence, a déjà définitivement tout décidé de mes rapports avec lui. C'est la prédestination. Si ce Dieu est dynamique, son dynamisme est tout de même bien figé !

Le Dieu chrétien, on s'en doute, n'a rien à voir avec celui de saint Thomas d'Aquin, c'est-à-dire d'Aristote. C'est un Dieu dynamique autant que celui de la pensée orientale. Là, les grandes religions se retrouvent tout à fait. Ce sont les *énergies incréées* de la théologie patristique, puis byzantine et enfin orthodoxe moderne. Elles sont exprimées dans les icônes par le fin rayonnement doré de l'assiste qui s'oppose au fond doré de l'icône comme les *énergies incréées* à l'*essence* de Dieu. Dieu en tant qu'il se communique (les énergies, l'assiste), et Dieu en tant que source fondamentale, inépuisable (l'essence). C'est toute la théologie des chrétiens d'Orient des origines à nos jours. Et voilà que l'on retrouve cette distinction dans le témoignage de Pierre Monnier ! Mais, bien sûr, avec son propre vocabulaire :

« Dieu vous a donné ''Son influence'', ce courant impondérable qui va de Son ''noyau dynamique'' jusqu'aux hommes. Ce que j'appelle de ce mot barbare, appelez-le, pour mieux comprendre la production d'amour, ''un cœur'', le cœur de Dieu, foyer brûlant et lumineux, qui anime tout l'Univers [3]. »

Dans l'Égypte ancienne, un autre « berceau du modèle initial » pour reprendre l'expression de Roland de Jouvenel à propos de l'Iran, très souvent on représente le disque solaire. De très longs rayons en partent qui se terminent par des mains. Dieu nous caresse le visage tout en restant au fond du firmament, Immanence et Transcendance sont déjà exprimées là.

Mais le bouddhisme, dans sa forme zen, ne suivrait pas jusqu'à l'idée de cœur, rayonnant d'amour. Le bouddhisme du Bouddha ne comporte d'ailleurs déjà pas la notion d'un Dieu personnel. Un champ de forces, d'énergies vivifiantes, à l'origine de toutes choses, oui ; énergies bienfaisantes même, en ce que, effectivement, elles nous font du bien, encore que cette notion de « bien » soit déjà assez étrangère au Zen. Mais en tout cas sans qu'il y ait, derrière ces énergies bienfaisantes, aucune intention de faire du bien. Champ d'énergies.

2. Dieu éprouvé comme Amour

Pendant une longue période de ses lettres, Pierre Monnier va en faire un leitmotiv, la conclusion systématique de presque toutes ses lettres : « car l'amour, c'est Dieu ! », « or, l'amour, c'est Dieu », « car Dieu c'est l'amour »[4]... Mais, bien évidemment, une telle conclusion ne se justifie chaque fois que par tout le développement qui précède.

Cette expérience d'amour est d'ailleurs très souvent liée à celle de la lumière. Dieu est éprouvé, à la fois et indissociablement, semble-t-il, comme amour et comme lumière. C'est bien ce que disait saint Jean l'Évangéliste dans ses épîtres : « Dieu est amour », et « Dieu est lumière. »

On se rappelle certainement les témoignages de tous les rescapés de la mort, racontant qu'ils se sont sentis « submergés », « écrasés » d'amour. Le docteur Moody en a rapporté de nombreux exemples. On en trouverait quantité d'autres dans l'ouvrage de J.-C. Hampe[5]. Rappelez-vous aussi l'histoire de Tom Sawyer le mécano garagiste qui, en racontant son aventure, fondait en larmes toutes les deux ou trois phrases.

L'amour éprouvé dans la prière

On commence là à rejoindre l'expérience des grands mystiques, chrétiens ou non chrétiens. Mais parmi les messages de l'au-delà, je voudrais signaler ici quelques très beaux textes de Verro. Ce n'est pas que tout me plaise dans ces messages. Ils sont d'un « réincarnationisme » lancinant. Ils présentent parfois des formules théologiques très floues ou étranges (du moins pour moi, évidemment). Mais ils trahissent une expérience de Dieu que je crois tout à fait authentique et profonde. Il y a là quelques-uns des plus beaux textes que je connaisse sur la prière.

Il s'agit encore d'un phénomène d'écriture automatique. Un homme qui aurait tout pour être heureux, une femme aimante et aimée, deux garçons beaux et joyeux, une maison, une situation, est peu à peu aspiré, happé par l'angoisse inexpliquée, la dépression nerveuse :

« Mon cerveau malade grandit chaque obstacle, et fait une montagne d'une taupinière ; le plus petit ennui m'obsède et me mine, je n'ai plus la force de vivre[6]. »

Médecins, neurologues, enfin guérisseurs, rien n'y fait.

Un beau matin sa femme le force à se lever, l'entraîne au salon, fait brûler un petit bâton d'encens dans un vase, met sur le tourne-disque, ou plutôt le « pick-up », comme on disait alors, un disque d'orgue et lui tient un long discours très décidé où elle lui explique qu'elle croit à un secours possible de l'au-delà. Cela existe, c'est possible, et ils en ont tellement besoin : « Nous allons hurler vers le Ciel, pour qu'il nous entende... » Et alors, elle prend une plume en main, un grand frisson la parcourt et, le regard fixe, le visage sans expression, elle se met à écrire : « Devant votre détresse, Je viens à votre appel et vous autorise à me questionner. »

C'est le début d'une lente remontée des Enfers ! Nous sommes en mars 1955. Les messages dureront jusqu'en octobre. Malheureusement, ensuite, Verro croit bien faire en laissant la place à une sorte de mage de pacotille qui se fait appeler « saint Germain », et les dernières pages sombrent dans un ésotérisme caricatural au goût oriental prononcé comme il y en a tant de variantes sur le marché[7]. Encore une fois, l'au-delà n'est, dans ses débuts, que le prolongement de ce monde-ci. C'est bien pourquoi d'ailleurs je ne vois aucune raison, dans les cas ordinaires, de revenir sur terre pour continuer à évoluer. Les mages et les gourous doivent traîner dans l'au-delà un peu partout comme en ce monde-ci, en quête de clientèle. La même recherche de la Vérité continue, avec les mêmes tâtonnements. Mais précisément, comme en ce monde-ci, même quand sur le plan intellectuel les premières trouvailles sont encore bien encombrées de scories, d'erreurs ou de demi-vérités, dans l'ordre de l'amour, le niveau atteint peut être bien plus élevé. De nombreux « hérétiques » ont pu être de grands saints. Négligeant donc la paille, voyons ici les perles : l'expérience spirituelle de Verro :

« Il faut évidemment méditer, mais vous pouvez méditer des

années et ne rien ressentir. Il faut, Je crois, avant tout, aimer, car c'est l'Amour qui est la Voie Royale qui conduit au Divin. Il faut aimer et oublier tout le reste dans cet Amour. Il faut laisser de côté tout ce qui n'est pas l'adoration mystique et incompréhensible que vous laisse justement sentir et percevoir le Divin en vous. Il faut sentir cet Amour vibrer jusqu'à ce que la Joie vous innonde, vous identifier à cette Joie et à cet Amour, à tel point que vous ne soyez plus qu'Amour et Joie, et qu'Amour et Joie soient vous-mêmes [8]. »

Disons-le tout de suite, mais à mon avis tout le contexte le prouve, il ne s'agit pas là du tout, oh ! mais pas du tout, d'une exaltation sentimentale encore lourde et passionnelle à la manière de nos amours humaines. Il s'agit d'une joie qui est donnée au-delà d'un dépouillement complet :

« [...] c'est un élan irraisonné intuitif auquel le cerveau ne participe pas, car le cerveau humain ne peut jamais aimer ce qui n'a pas de forme ni de nom, et c'est pourquoi, pour les âmes moins âgées, il y a encore besoin d'un Dieu sous forme humaine avec des particularités physiques afin qu'Il leur soit compréhensible. »

Le Christ est bien venu sur terre, mais Il n'y est pas resté. Nous n'avons plus que son souvenir. Le texte ajoute :

« Ce n'est qu'aux âmes déjà bien avancées qu'est donné d'aimer l'Impersonnel et l'Incréé [9]. »

Le terme d'« impersonnel » me semble moins exact, mais comme souvent pour les gens qui n'ont pas de formation philosophique ou théologique rigoureuse, il ne désigne comme ici que l'aspect physique habituel d'une personne avec un corps (le contexte le montre clairement). Mais, en rigueur de termes, on ne peut aimer vraiment une force impersonnelle.

« Une prière bien faite ne comporte pas de mots répétés ou appris, mais un élan d'adoration et de ferveur si intense que la vie terrestre s'éloigne et disparaît [10]... »

« La prière est un pur élan de foi et d'amour de la créature envers son Créateur... Ce ne sont pas les mots qui font une prière bien faite, mais l'élan d'adoration et d'amour.

Tu peux seulement dire : ''Mon dieu, vous êtes là et je vous aime''. Si tout ton être vibre en prononçant cette phrase, tu auras fait une belle prière [11]. »

J'ajouterai que tout ceci est en plein accord avec tous nos mystiques d'Orient ou d'Occident, chrétiens ou non chrétiens, dès lors qu'il y a cette relation d'amour avec un Dieu personnel.

Pour être plus complet et tout à fait honnête, je dois ajouter que la contradiction est complète avec la quasi-totalité des *traités d'oraison* qui traînent dans les séminaires et les noviciats chrétiens d'Occident et qui maintiennent systématiquement les « fidèles » dans des formes inférieures de prière [12].

J'insiste encore. L'expérience de l'amour implique une relation personnelle. Je peux bien « aimer » la chaleur, la lumière, la vie. Cela veut seulement dire que je recherche le soleil ou la chaleur de l'âtre, que je jouis de la lumière et de la vie. Je peux sentir une force impersonnelle, la ressentir même comme bienfaisante, indispensable ou agréable. Mais je n'ai pas de relation d'amour avec la chaleur, la lumière ou la vie.

Dans l'expérience des faux mourants, il y a bien l'aspect cosmique cher à la pensée orientale. Mais il y a aussi l'amour. Je reprends le récit de Tom Sawyer, le mécano qui, après son accident, se mettra à dévorer des volumes de mécanique quantique en ayant l'impression d'y retrouver des souvenirs de l'au-delà. Dans cette expérience fantastique il y a souvent aussi une impression de dilatation du moi qui peut aller, comme le dit un autre, jusqu'à s'identifier avec des paysages entiers. « Il se rendit compte qu'il *était* ces paysages, qu'il *était* cet épicéa géant, qu'il *était* le vent, qu'il *était* cette rivière d'argent et chacun des poissons qui y frétillaient. »

Mais il y a l'amour. Reprenons un peu le récit de Tom Sawyer :
« D'abord comme une étoile, un point à l'horizon. Puis comme un soleil. Un soleil énorme, un gigantesque soleil dont la clarté faramineuse ne le gênait pourtant pas. Au contraire, c'était un plaisir de le regarder. Plus il approchait de cette lumière blanc et or, plus il avait la sensation d'en reconnaître la nature. Comme si un très vieux souvenir caché au tréfonds de sa mémoire s'éveillait, embrasant peu à peu tout le champ de sa conscience. C'était proprement délicieux, car... c'était un souvenir d'amour. D'ailleurs – était-ce possible ? – cette lumière étrange elle-même semblait exclusivement composée d'amour. La susbtance ''amour pur'', voilà maintenant tout ce qu'il percevait du monde [13]... »

Une lumière qui est amour. Tout saint Jean est là ; et l'expérience de tous les mystiques. La substance « amour pur ». L'aspect personnel vient cependant aussi, mais indirectement exprimé, par référence à son amour pour sa femme et ses enfants. Il n'en est pas moins très explicitement personnel :
« Mais l'essentiel, dit Tom Sawyer, dans un sourire embarrassé, est impossible à dire avec des mots.

— Pourquoi donc ? demande un jeune journaliste de la télévision de Rochester.

— Parce que c'est quelque chose que nous ne connaissons pas, d'ordinaire dans la vie.

— Mais vous parliez d'amour, rétorque l'autre, ça, on connaît !

— Voyez-vous, dit Tom, je suis amoureux de ma femme et j'ai deux gosses que j'adore. Eh bien, tout cet amour pris au maximum de son intensité, et même si j'y ajoute tout l'amour que j'ai éprouvé dans ma vie, cela ne constitue pas un pourcentage chiffrable de l'amour que j'ai ressenti en présence de la lumière. Un amour total, infini [14]. »

Tous les mystiques le disent. En ce monde cette expérience ne peut être que brève. Notre corps n'y résisterait pas.

À ce stade-là (j'insiste lourdement, je le sais), on quitte les philosophes ou les religions qui n'ont pas su trouver ou développer la notion de personne ; ou qui l'ont trop confondue avec l'individu, l'Ego, source de tous les morcellements et de toutes les divisions. Les religions de l'impersonnel connaîtront la paix intérieure, la sérénité, l'harmonie avec les forces de la nature. Elles ne peuvent, par elles-mêmes, conduire à cette expérience de l'amour.

Jusqu'ici je pouvais m'appuyer sur tous les messages de l'au-delà que je connais. Surtout, évidemment, sur ceux qui partent de cette expérience directe de l'amour de Dieu. Mais même les autres « messages » plus douteux, où la part d'intervention du récepteur devient prépondérante, tous se croient au moins obligés de parler de Dieu comme amour, même si le ton trahit bien que le discours ne correspond à aucune expérience personnelle.

Nous avions donc l'accord de tous les messages de l'au-delà et celui de la plupart des grandes religions, des grandes religions monothéistes (le judaïsme, le christianisme et l'islam), mais aussi de l'hindouisme, de certains courants bouddhistes, de toutes les religions animistes...

Pour les témoignages de l'au-delà que je présente maintenant, nous n'avons plus, bien évidemment, que l'accord des religions chrétiennes.

Nous n'aurons plus, non plus, l'unanimité des messages, bien que la quasi-totalité d'entre eux proviennent de notre Occident, autrefois chrétien.

Je n'ai nullement l'intention, pas plus ici qu'ailleurs, d'empêcher qui que ce soit de croire ce qu'il veut. Je reconnais à l'avance qu'ici encore plus qu'ailleurs la part de jugement personnel sera grande et toujours discutable. Cela dit, le lecteur aura comme d'habitude toutes les références nécessaires pour se reporter aux textes et juger par lui-même.

3. Le Christ éprouvé comme Dieu

Contre la divinité du Christ.

Premier exemple : textes reçus par transcommunication, les messages du « technicien » :

Le n° 1/1992 d'*INFOnews,* la revue du Cercle d'études sur la transcommunication du Luxembourg, comporte un dossier assez important sur l'enseignement philosophique et religieux du « technicien », cette entité mystérieuse qui dit n'avoir jamais été incarnée, ni sur notre Terre ni sur aucun autre monde.

Pour lui, le Christ « fait partie des entités particulièrement élevées qui sont en relation directe avec le Principe que les hommes appellent Dieu. » Comme, à ce niveau, il n'y a plus aucune hiérarchie, le « technicien » se trouve tout naturellement en lien étroit avec lui. Le but que s'était fixé Yeshua ben Yussuf (Jésus, fils de Joseph) en s'incarnant sur terre était de rendre le monde des esprits plus accessible à l'homme. Le rôle de ses souffrances serait d'attirer notre attention sur son enseignement et de le rendre plus crédible. Le « technicien » se demandait, nous dit Maggy Harsch-Fischbach, jusqu'à quel point des hommes pouvaient avoir besoin de la souffrance d'une entité supérieure incarnée pour se convaincre de l'importance de sa mission. La plupart des grandes religions ont d'ailleurs été fondées, elles aussi, par des entités venues de sphères supérieures s'incarner parmi nous. Après sa mort, le Christ a aussitôt quitté les sphères humaines pour accéder à des niveaux supérieurs. Il en fut de même pour Mahomet et Bouddha [15].

Je ne suis pas du tout d'accord, le lecteur s'en doute ; et mes amis Harsch-Fischbach le savent bien. Ils ont d'ailleurs toujours veillé à ce que, dans les congrès où nous nous trouvions ensemble, je puisse également exprimer mes convictions afin qu'il n'y ait aucune confusion dans l'esprit des auditeurs. Ce fut encore le cas au congrès international de São Paulo.

De mon côté, je comprends très bien aussi que, pour des chercheurs qui ont, depuis des années, des contacts quasi constants avec ces entités de l'au-delà, et qui ont pu, tant de fois, se convaincre de leur bonne volonté et de la justesse de leurs informations, je comprends que, pour eux, ces messages soient crédibles. Je crois que le lecteur a peine à imaginer ce que peuvent représenter, psychologiquement, ces années de contact avec les mêmes entités à travers le voile. Il y a là toute une expérience de vie commune, de difficultés et de joies partagées. Je comprends, j'essaie de comprendre tout cela.

Pourtant, je ne peux pas m'empêcher de penser que si toutes ces entités fondatrices de religions étaient vraiment si supérieures elles se seraient d'abord mises d'accord entre elles avant d'intervenir chez nous. Cela nous aurait évité bien des ennuis ! Et cela ne devait pas leur être bien difficile, puisque, entre elles, il n'y a pas de hiérarchie.

Ni Mahomet ni Bouddha n'ont eu besoin de souffrir comme le Christ pour que les hommes accordent foi à leur enseignement. Le mystère des souffrances du Christ est pour moi à aller chercher ailleurs [16].

Enfin – surtout peut-être –, il y a aujourd'hui tant et tant de ces messages venus « directement » de l'au-delà, souvent accompagnés de signes pour les crédibiliser, souvent reçus à travers des contacts multiples étalés sur des années. Je l'ai déjà dit, et j'ai déjà dit pour quelles raisons, je ne crois pas qu'on puisse privilégier un mode de communication comme s'il était automatiquement plus sûr que les autres. C'est en raison du contenu des messages que je leur accorde plus ou moins de confiance. Et là, quand on connaît un peu les écrits et la vie de tant de saints, qui ont reçu tant de signes, eux aussi, qui ne pouvaient venir que de l'au-delà, à travers tant de siècles et à travers tant de cultures, les opinions du « technicien » me semblent devoir être mises à leur juste place.

Je ne peux manquer aussi de me rappeler l'avertissement de Roland de Jouvenel nous annonçant que nous pourrions bientôt capter les ondes de l'au-delà, mais seulement d'une zone encore « incommensurablement éloignée du Royaume ». « Les études dirigées vers ce plan ne peuvent en rien être une profanation envers le Divin, car les rayons célestes ne pénètrent guère plus en ces régions que dans le vôtre. Les êtres qui y circulent n'ont de plus que vous-mêmes qu'un sens : le sixième [17]. » Peut-être pourrons-nous, un jour, par cette même technique, atteindre des niveaux plus élevés. Je crois que, pour le moment, ce n'est pas encore le cas.

Mais je dois redire aussi, brièvement, que pour moi les messages du « technicien » viennent bien de l'au-delà, qu'ils nous apportent, avec d'autres, la preuve de l'existence de ces autres mondes qui nous attendent, qu'ils nous parlent de Dieu et qu'ils nous confirment que la plus haute valeur est l'amour. C'est déjà, dans notre monde d'incroyance, absolument fantastique !

Deuxième exemple : textes reçus par écriture intuitive, les messages de Jeanne Morrannier :

Il faut signaler parmi les messages largement répandus aujourd'hui ceux de Mme Jeanne Morrannier. Le sixième volume, *L'Univers spirituel*, vient de sortir, il y a une association Georges-Morrannier, une lettre, un prix... Pour Georges, le jeune assistant de faculté qui s'était suicidé, et pour les nombreux amis qu'il a retrouvés ou qu'il s'est faits dans l'au-delà, le Christ n'est qu'un prophète, un initié parmi une longue série, au même titre que Confucius, Bouddha ou Mahomet.

Il n'est pas question, ici, de discuter de telles opinions, encore que mettre sur le même plan le Christ et Mahomet m'ait toujours choqué. Mahomet était certainement un médium, mais un homme très sensuel et sanguinaire... On me dira que Saint Louis aussi a fait la guerre. Mais aucun chrétien ne le mettrait sur le même niveau que le Christ.

Le seul point que je voudrais évoquer ici, c'est le poids que l'on prétend donner à cette opinion, comme émanant de gens beaucoup mieux placés que nous pour en juger, non seulement du fait que maintenant ils sont dans l'au-delà, mais à un degré très avancé de leur évolution, dans la cinquième sphère, ce qui dans leur système, correspond à l'avant-dernier degré.

Or, j'ai déjà expliqué ailleurs pourquoi, à mon avis, ils n'en étaient qu'au tout début de leur évolution dans l'au-delà, parmi ceux qui ne décollent même pas encore de la terre. Le sixième volume le confirme encore. De plus, ici, je constate que Georges Morrannier, même dans la cinquième sphère, bénéficiant d'instructeurs venus de la sixième, continue à croire que le Dieu des grandes religions est anthropomorphe. Sa grande découverte est que Dieu n'a pas de bras ni de jambes. Qu'il ait pu imaginer, même sur terre, que le Dieu juif avait un corps, ou le Dieu de l'islam, religions où toute image est interdite ! Que, même dans la cinquième sphère, il n'ait toujours pas ouvert un catéchisme ! « Dieu est un pur esprit. » C'était en tête de tous les catéchismes ! Que, maintenant encore, il puisse croire que le Dieu de saint Jean de la Croix, de Maître Eckhart, d'Al Hallâj avait un corps, les bras m'en tombent [18] !

Qu'un prêtre ne croie plus maintenant, dans l'au-delà, à la divinité du Christ, pour moi c'est triste mais c'est son droit. Mais que le même tienne mordicus à la messe en latin et au célibat des prêtres... alors j'ai compris[19]. Je leur souhaite une rapide évolution.

Il y a, de nos jours, une véritable invasion de ce genre de littérature. Mes activités m'ont attiré une quantité de manuscrits de ce genre. Beaucoup de ces textes sont censés venir directement de l'au-delà. Ils nous ont été transmis par des médiums sincères, qui ne semblent chercher ni l'argent ni la gloire.

En Italie, les messages et les études sur les messages du fameux « Cerchio Firenze 77 » font plus de dix volumes. Les dialogues avec la mystérieuse entité « A » ont déjà donné lieu à quatre livres. Le « Cerchio Esseno », à Rome, a déjà plus de dix ans d'activité. Il doit son nom au premier correspondant particulier du groupe dans l'au-delà, qui n'était autre qu'un Essénien ayant vécu du temps du Christ (dit-il). Mais il y en a encore d'autres, le « Cerchio medianico Kappa », etc.

Tous ces textes présentent une assez grande unité d'enseignement et même de ton, comme le note Paola Giovetti dans la préface qu'elle a écrite pour l'un de ces volumes. Cette harmonie, comme elle le souligne, n'a pas été du tout recherchée par les membres de ces groupes, mais semble bien plutôt voulue par les auteurs des messages[20].

Le lecteur pourra voir dans ces similitudes ou ces convergences la preuve que ces amis de l'au-delà nous transmettent bien la Vérité. D'autant que, dans une large mesure, cette convergence s'étend aux textes des théosophes du siècle passé ou de la gnose antique.

Pour ma part, je serais plutôt tenté de croire que ce sont précisément ces mêmes théosophes qui continuent aujourd'hui à diffuser leurs doctrines, mais maintenant avec toute l'autorité que leur confère leur statut de trépassés. Pourtant, toute cette littérature, malgré sa noblesse de ton et son élévation de pensée ne me satisfait guère. On en reste à un Dieu de philosophes, à un principe abstrait. Le problème du mal n'y est pas vu dans toute sa profondeur. On ne nous propose pour en sortir que les ressources d'une certaine sagesse.

Le moindre témoignage d'un rescapé de la mort a tout de suite une tout autre allure, une intensité inimitable, et l'Amour de Dieu pour nous y devient une rencontre personnelle qui bouleverse définitivement toute la vie d'un seul coup. Ils n'ont pourtant fait qu'entrevoir l'au-delà un bien court instant, souvent durant quelques secondes seulement. Alors que toutes ces entités qui se donnent volontiers à nous comme « supérieures » sont censées y résider depuis longtemps, parfois – à les en croire – depuis toujours.

À tous ces témoignages, si concordants soient-ils, j'en préfère d'autres, tout aussi nombreux, tout aussi concordants, qui présentent une autre synthèse où Jésus-Christ est vraiment Dieu fait homme pour que l'homme devienne Dieu.

Troisième exemple : les récits de voyage « en astral » d'Anne et Daniel Meurois-Givaudan :

Une autre variante de cet abandon fait aujourd'hui assez de bruit. Il ne s'agit plus cette fois de messages reçus par écriture automatique, mais de voyages *en astral*, hors du corps, en état de dédoublement. Anne et Daniel Meurois-Givaudan ayant découvert, sans l'avoir cherchée, cette fantastique possibilité (comme Robert Monroe, comme Jeanne Guesné), ils ont entrepris ainsi de rejoindre les fameuses chroniques akashiques, ou chroniques d'Akasha. L'Akasha, c'est la Mémoire de l'Univers :

> « Un gigantesque ''film magnétoscopique'' mis en place par la Nature elle-même et capable de nous révéler dans certaines conditions la ''mémoire du passé''... La lecture des Annales akashiques suppose, par ailleurs, une autorisation de la part des êtres spirituels qui en ont la garde. Ces derniers s'assurent de la pureté d'intention des ''voyageurs'' et de leurs capacités d'assimilation[21]... »

C'est un vrai plaisir de les entendre, en conférence, expliquer que d'autres, ils le savent, ont vu des choses différentes, mais parce qu'ils étaient, spirituellement, moins évolués qu'eux. Ils font comprendre, avec beaucoup d'humilité, qu'ayant atteint un niveau bien supérieur à celui de tous les mystiques, on leur a montré, à eux, ce qu'on ne peut pas montrer aux autres. Le plus drôle, c'est que « ça prend ». Tout au moins auprès d'un certain public.

En fait, il s'agirait ici d'ondes rémanentes comme celles que le père Ernetti de Venise essaie de capter avec son chronoviseur (le décor oriental en moins).

Là, vous apprendrez comment Jésus, de douze à trente ans, fut élevé et « initié » dans la communauté essénienne du mont Carmel, emmené par deux mages de la Fraternité en Inde, au Tibet, puis en Perse, en Grèce et finalement en Égypte. C'est alors qu'au cœur de la Grande Pyramide l'esprit de Kristos descendit en Jésus. Vous apprendrez encore que le Christ n'est pas vraiment mort en croix et comment, après l'avoir dérobé dans le tombeau, on put le soigner et le guérir. Il put alors reprendre en secret son enseignement au mont Carmel jusqu'à un âge avancé.

À sa mort, son corps de lumière s'éleva lentement au-dessus du mont. Son corps de chair, incorrompu, fut gardé précieusement plusieurs siècles encore au monastère de la communauté, avant d'être transporté un jour plus à l'est.

Tout ce conte initiatique repose en grande partie sur des traditions conservées en Afghanistan et en Inde, surtout au Cachemire, où l'on retrouve des noms de lieux, des monuments et peut-être des textes se rapportant à un certain prophète Yeshou, Issô. Frédéric Rossif avait filmé quelques-uns de ces lieux, avec les commentaires de Claude Darget. Ces théories avaient déjà été soutenues par Andréas Faber Kaiser dans un ouvrage intitulé *Jésus est mort au Cachemire*. Plus récemment, un jeune Allemand a entrepris des recherches sur les lieux, et essayé d'étayer cette hypothèse par tous les moyens[22]. Malheureusement, ces démonstrations fourmillent à chaque instant d'erreurs ou de suppositions. Il pense que le récit du Déluge contenu dans les Védas est le plus ancien du monde, alors que les traditions sumériennes sont bien antérieures. Il croit que les traces du corps du Christ sur le suaire de Turin peuvent provenir du corps, encore vivant, transpirant sous l'effet de la fièvre. Un tel processus, par écoulement, aurait déposé une sorte de liquide coloré. Or, les dernières analyses l'ont bien montré, il n'y a aucun produit colorant sur le suaire, à part les taches de sang. Les différences de couleur du tissu qui font apparaître la forme du corps proviennent d'une simple dessication de deux ou trois fibres par fil de lin. Mais il n'y a aucun pigment colorant, ni artificiel (peinture), ni naturel (écoulement)[23].

C'est bien d'ailleurs ce qui fait que le mystère de ce suaire reste entier, après les résultats publiés de l'analyse au carbone 14. Tant que l'on n'aura pas résolu ce problème, et beaucoup d'autres encore, la thèse de l'authenticité restera, me semble-t-il, la plus probable. C'est bien d'ailleurs ce qu'ont soutenu de nombreux scientifiques au Congrès international de sindonologie[24] qui s'est tenu à Paris les 7 et 8 septembre 1989. Si, comme beaucoup le pensent, le corps du Christ est vraiment passé dans ce suaire de l'état de matière correspondant à notre monde à un nouvel état de matière glorifiée, alors il est bien possible que ce corps, en laissant sur le linge son empreinte, ait aussi faussé complètement le processus d'élimination du carbone 14[25].

Ajoutons que tous ces récits sur la soi-disant vraie vie du Christ présentent de nombreuses variantes. Ainsi, une des grandes sources évoquées par ce jeune Allemand est l'Évangile du Verseau, rédigé ou plutôt reçu par Levi H. Dowling à la fin du siècle dernier. En profonde transe, Dowling reçut ainsi, lui aussi, révélation des fameuses chroniques d'Akasha. Mais, malheureusement pour cette thèse, les différences sont importantes : là, c'est un prince de l'Orissa, Ravanna, qui trouva le Christ enseignant dans le Temple à l'âge de douze ans et l'emmena en Inde ; là aussi, le Christ n'est pas mort en croix, mais après sa guérison il a emmené sa mère vers l'Orient et il est allé mourir au Cachemire.

Ce ne sont d'ailleurs pas les seules versions de la vie de Jésus d'après les fameuses chroniques. Il y en a bien d'autres. Ainsi, Wellesley Tudor Pole, en Angleterre, a eu lui aussi accès aux chroniques akashiques. W. Tudor Pole fut d'abord un industriel, puis un grand voyageur, notamment au Proche-Orient, enfin un étudiant en archéologie en Égypte, en Palestine, en Turquie et au Sahara. Mais il eut toujours aussi des préoccupations spirituelles, s'intéressa aux phénomènes de guérison par les médecines parallèles et reçut des messages par écriture automatique. On lui doit notamment l'étonnant petit recueil intitulé *Private Dowding*, où il nous rapporte les messages reçus d'un soldat anglais tué en août 1916 dans le nord de la France. Il fut introduit par un ami auprès de Mme Simone Saint-Clair, passionnée elle aussi de toutes les communications avec l'au-delà[26], et elle le mit en relation avec Rosamond Lehmann, dont elle a traduit un ouvrage en français.

W. Tudor Pole, autour des années 1958-1962, eut une série de flashes. Une voix intérieure lui assura qu'il n'était pas dans l'illusion et, dans l'avant-propos, un lord anglais nous affirme qu'il s'agit bien là des Chroniques akashiques[27].

Seulement cette fois, la version est encore assez différente. De dix-huit à vingt-neuf ans, Jésus ne fait que visiter des centres esséniens. Les récits de voyage en Inde seraient apocryphes. Mais il naviguait très souvent avec son oncle, Joseph d'Arimathie, et finalement W.T.P. n'exclut pas qu'il put ainsi un jour atteindre l'Angleterre. Mais, dans l'ensemble, Jésus passa bien sa jeunesse à Nazareth, et il mourut bel et bien sur la croix.

Mais, grâce à une équipe brésilienne, vous pouvez si vous le voulez connaître enfin la vraie vie du Christ ; pas les fausses vraies, comme toutes celles dont je viens de vous parler, mais la vraiment vraie. En effet, grâce à un médium, ces Brésiliens sont en contact direct avec Ramatis. Vous savez, Ramatis, le célèbre philosophe égyptien qui vivait du temps du Christ et qui d'ailleurs l'a bien connu ainsi que ses apôtres. Vous ne le connaissiez pas ? Eh ! bien, moi non plus.

Il est pourtant passionnant parce que figurez-vous que cet Égyptien, lui aussi, peut compléter ses propres souvenirs en recourant aux vraies archives akashiques. Or, cet Égyptien n'a jamais entendu parler de voyage du Christ en Égypte, ni dans d'autres pays d'ailleurs. C'est en Palestine qu'il a rencontré le Christ. Pour lui le Christ n'est pas Dieu mais l'incarnation d'une entité sidérale de très haut niveau. À part cela on croirait lire une version nouvelle des Évangiles apocryphes, pleins de merveilleux, mais assortie de considérations ésotériques[28].

Je ne voudrais pas cependant être injuste envers ce texte. Il est souvent très beau, plein de respect et d'amour pour le Christ même s'il ne le reconnaît pas comme Dieu. Dans l'ensemble, il reste même très traditionnel. Pour Ramatis le Christ est bien né d'une vierge, il est bien mort sur la croix et c'est bien le sauveur du monde. Le récit de la Passion est même très beau – comme souvent dans toute cette littérature. Avec un peu de talent et d'imagination, ce n'est pas si difficile.

Que conclure de tout cela ? Certains récits sont-ils plus ou moins akashiques que d'autres ? Y a-t-il des interférences dans l'Akasha ? Des mauvais esprits qui ont brouillé les archives, pardon, les ondes ?

Il convient sans doute de distinguer nettement deux plans. Celui des faits et celui des interprétations ou des inventions.

Pour les faits, l'existence de ces lieux avec leurs noms et leurs monuments, l'existence même de documents écrits ne paraît guère contestable. Des recherches rigoureuses seraient hautement souhaitables. Cependant, dans l'état actuel des connaissances, l'origine de cette tradition ne semble déjà pas faire tant de mystère. On sait qu'en 486 les Églises de l'Empire perse adoptent définitivement la théologie dite « nestorienne ». Cette façon de comprendre le mystère du Christ tendait à séparer en lui les deux natures, humaine et divine. Au IXᵉ siècle, les maîtres de cette Église finissent par admettre dans le Christ deux personnes, l'une divine, l'autre humaine.

Or, cette Église nestorienne s'est répandue à travers le Kurdistan et l'Asie centrale jusqu'en Chine, en Inde et même jusqu'à l'île de Ceylan. Ses missionnaires auront probablement créé de nouveaux sanctuaires, un peu comme on a reconstitué, en certains lieux de pèlerinage, un chemin de croix avec un calvaire ou une « grotte de Lourdes ».

Il y a quelques années, un chercheur isolé avait essayé, par la même méthode de l'étude des noms de lieux, de prouver que la Terre promise des Juifs dans l'Ancien Testament n'était pas la

Palestine mais le Yémen. La démonstration n'a pas convaincu le monde savant.

En ce qui concerne les interprétations, extrapolations ou inventions, la vérité, c'est que notre monde (même ceux qui donnent dans l'ésotérisme) n'est guère prêt à comprendre, comme le père Charles de Foucauld, les dix-huit années de silence du Christ à Nazareth. Il lui faudrait le sens de la contemplation. Il ne l'a pas. Et, à partir du moment où l'on est convaincu que le Christ n'était pas Dieu venu sur terre, on va tout naturellement chercher à expliquer l'apparition extraordinaire de son message. On va lui chercher des professeurs, des gourous. Le dernier hommage des incroyants est de reconnaître que son enseignement et sa vie reprennent et dépassent tout ce que notre humanité avait produit de mieux en sagesse. Même dans les messages innombrables reçus par la célèbre médium Pauline Decroix, on retrouve cette prétention à donner au Christ des Maîtres. Avec, comme chaque fois, des variantes. L'imagination est d'une richesse infinie. Là, dans un de ces « messages », on nous explique que l'esprit de Dieu ne s'emparait de Jésus que par période de trois ans ! Là, le Maître des Maîtres qui veillera tout particulièrement sur nous pendant la nouvelle ère du Verseau ne sera pas le saint Germain de Verro, mais notre Père Houg-Kang. C'est une bonne idée... Cela changera un peu de l'Inde [29].

Il y a en ce moment un formidable consensus dans les milieux ésotériques pour nous annoncer des bouleversements considérables avec l'avènement de l'ère du Verseau. Entendez par là la disparition des grandes religions traditionnelles, qui vont enfin faire place à de nouveaux maîtres. Mais le consensus s'arrête là. Car après, je peux vous assurer qu'on ne manquera pas de nouveaux maîtres ! Malheureusement, si j'en juge d'après les quelques « bonnes feuilles » que j'ai pu jusqu'ici en lire, je ne suis pas très sûr que nous gagnions au change.

Ce qui me fait beaucoup de peine, c'est que dans tous ces voyages initiatiques attribués au Christ on oublie toujours les Aztèques et les Incas. Pourtant, « en astral », les voyages ne coûtent pas très cher ! Et certains n'ont pas hésité à faire voyager le Christ beaucoup plus loin, qui le font allègrement enlever par des extraterrestres pour mieux assurer sa formation...

Sans aller jusque-là, certains chercheurs très sérieux, spécialisés dans les ovnis, n'hésitent pas aujourd'hui à évoquer les extraterrestres pour expliquer la vie du Christ et même la plupart des phénomènes d'apparitions et de lumière, non seulement dans le judéo-christianisme mais aussi bien dans toutes les grandes traditions religieuses [30].

Je veux bien que l'on appelle systématiquement tous les « anges » des « extraterrestres ». Si ce n'est qu'une question de vocabulaire, cela ne me gêne pas ! Mais il faudra alors distinguer plusieurs types d'extraterrestres. Penser que toutes les apparitions, même lumineuses, d'« anges » ou de « saints », chrétiens ou non, sont liées à des ovnis, à des engins fabriqués, quelle que soit leur matière et quelles que soient leurs performances, me paraît absolument grotesque. Une telle attitude ne s'explique que par, d'un côté, la passion des ovnis et, de l'autre, une méconnaissance totale des phénomènes proprement religieux, mais aussi des E.F.M., des E.H.C. et de quantité d'autres possibilités...

On juge d'ailleurs un arbre à ses fruits. Les « contactés » par des extraterrestres sont parfois fascinés, subjugués par leur rencontre ; parfois aussi horrifiés, profondément traumatisés. Mais jamais cette rencontre ne les amène à une conversion d'ordre spirituel. L'« expérience aux frontières de la mort », qui comporte souvent une rencontre avec un être de lumière, aboutit très souvent à un bouleversement d'ordre spirituel.

C'est ce que n'a pas suffisamment senti Salvador Freixedo, ancien jésuite, grand spécialiste des extraterrestres, qui voit dans tous les phénomènes mystiques paranormaux l'œuvre d'entités mystérieuses qui feraient écran entre Dieu et les hommes et utiliseraient nos croyances pour nous faire réaliser leurs propres buts. Toutes sortes de messages reçus de l'au-delà tendent bien à confirmer l'existence de ces extraterrestres et même parfois leur présence parmi nous, mais ils sont loin de leur accorder une telle importance [31].

Je crois aux ovnis. Je crois à l'existence d'extraterrestres. Mais il faudra apprendre, là encore, à ne pas tout mélanger systématiquement et à distinguer selon les cas.

Pour la divinité du Christ

Au risque d'être fastidieux, je commencerai par donner une sorte de liste chronologique de tous les grands messagers qui confirment pleinement la divinité du Christ, au sens fort où l'entendent les grandes Églises chrétiennes. Il ne s'agit pas là d'essayer de convaincre qui que ce soit, mais de faire un peu le point sur un problème capital. À chacun ensuite d'aller voir, de comparer les textes, de faire plus ou moins confiance aux uns ou aux autres selon sa sensibilité. Voici donc, parmi ceux que je connais, une liste provisoire :

BERTHA – par miss Mortley décédée en 1934 ;

PIERRE MONNIER – textes du 5/8/1918 au 9/1/1937 ;

GITTA MALLASZ – *Dialogues avec l'ange,* textes du 25/6/1943 au 24/11/1944 ;

PAQUI – *Entretiens célestes,* textes de 1925 à 1947 ;

MARIE-LOUISE MORTON – textes de 1940 à 1956 ;

MARIA VALTORTA – qui commence à être très connue en France. Elle a reçu par écriture automatique environ quinze mille pages de cahiers. Ses écrits en italien sur la vie du Christ s'intitulent assez clairement *Le Poème de l'Homme-Dieu*[32], textes de 1944 à 1947. Leur traduction française, parue en Italie, couvre dix volumes ;

Les *Entretiens avec l'ami* – textes de 1955 à 1957 ;

ROLAND DE JOUVENEL – textes du 23/10/1946 au 16/2/1969 ;

ALAIN TESSIER – textes de 1972 à 1973 ;

ROSEMARY BROWN – dictées musicales à partir de 1964. Rencontre avec l'évêque de Southwark en 1970 et *Immortals at my Elbow,* paru en 1974 ;

Une religieuse anonyme, écrivant aussi par écriture automatique et dont les textes sont publiés avec imprimatur et nihil obstat. Ceux que je connais vont de 1967 à 1974[33].

De nos jours encore GERDA JOHST en Allemagne, dont deux volumes ont déjà été publiés.

VASSULA RYDEN, dont les premiers messages datent de 1985, et BÉNÉDICTE, qui reçut sa première communication en 1988[34]. ARNAUD GOURVENNEC, textes de 1989-1990, dont les messages continuent aujourd'hui encore, en 1992. Je dois dire que, jusqu'ici, je me retrouve tout à fait dans sa théologie. Il n'hésite pas à reconnaître l'action de Dieu à travers toutes les religions, et, en même temps, il maintient sans équivoque la divinité du Christ et son rôle unique :

> « Sans spiritualité, pas de statut, pas de vie éternelle à la fin des temps, car s'il y a plusieurs chemins vers la spiritualité et s'ils peuvent passer par des religions différentes, il n'y a jamais formation définitive d'un corps spirituel évoluant dans des niveaux élevés de pensée et d'action sans élévation de l'esprit[35]. »

À propos de l'islam, il communique ce message à son père :

« Si tu veux "t'évader" du christianisme, tourne-toi vers le Coran, source d'une véritable religion proche de notre foi mais très souvent dévoyée, depuis qu'elle existe, aussi bien par les chrétiens que par les musulmans eux-mêmes[36]. » Dans un message plus récent, il précise : « Mahomet est un inspiré d'En-haut qui aurait dû rejoindre Christ et ne l'a pas fait. C'est un destin spirituel puissant mais inachevé[37]. »

Ailleurs, il reconnaît aussi une certaine valeur au bouddhisme, mais en signale, avec une lucidité rare, les limites :

« Sache encore que Bouddha fut inspiré[38]. » Pourtant, il dé-nonce l'usage que l'on fait, trop souvent, de son enseignement, le réduisant à des « techniques dites spirituelles » pour atténuer ou même supprimer la souffrance. « C'est ainsi que sont utilisées les religions orientales, le bouddhisme, par exemple. »

« Pourquoi ces religions-là ? Parce qu'elles s'y prêtent et sont, de ce fait, ingurgitées comme de l'Aspro effervescent qui enlève les maux de tête en faisant des bulles !

« Comment peut-on vouloir trouver la sérénité intérieure, la sagesse supérieure, en éradiquant toute souffrance physique, morale et spirituelle, et cependant vivre l'amour partagé ? Aimer, c'est aider ; aimer, c'est partager. Partager quoi ? Tout, et entre autres, la souffrance ! Christ, qu'a-t-il fait ! Il a porté notre croix en la sienne[39]. »

En effet toute la différence est là : le Bouddha est venu nous montrer comment échapper à la souffrance, enseignement qui se heurtera toujours, nécessairement, à un certain échec. Le Christ est venu porter notre souffrance avec nous, pour nous libérer de l'intérieur[40]. C'est pourquoi, pour Arnaud dans l'au-delà, il n'y a aucun doute. Jésus est bien « Dieu fait homme ». « Jésus, malgré sa part d'humanité, n'est pas une personne humaine. Il est Dieu[41]. »

Mais Jean Prieur en connaît d'autres et fait très justement remarquer que certains, pendant leur vie terrestre, n'avaient pas accordé beaucoup d'importance au Christ. Ils ne le découvrent vraiment qu'après leur mort. Ainsi par exemple Christopher, dont les messages furent reçus par sa mère Ruth Mary Tristram (1886-1950) :

« Le Christ signifie bien plus pour moi que je ne croyais... Il est notre Tête, notre Couronne et notre Vie. Il est la force avec laquelle nous combattons. Le Christ est notre vie-même... »

Ou encore ce texte d'un messager anonyme, cité par Denis Saurat et que je recopie chez Jean Prieur[42] :

« La prière, toute prière véritable, va au centre, à Dieu, au Christ... Toute prière va au Christ, toute aide vient du Christ... Le Christ est le centre de l'Espace aussi bien que du Temps. » Mais il faudrait y joindre encore les témoignages de tous les mystiques chrétiens de ces derniers temps ayant reçu des révélations par processus paranormaux. Si j'admets fort bien que leurs messages et les phénomènes qui les accompagnaient relèvent du paranormal, je pense aussi que tous ceux qui veulent s'intéresser sérieusement et honnêtement au paranormal doivent à leur tour prendre en compte leurs témoignages au même titre que les autres, et notamment ceux des stigmatisés qui ont revécu dans leur chair la Passion du Christ. Citons parmi les plus récents :

MARIE-JULIE JAHENNY (morte en 1941) ;
ANNA-MARIA GOEBEL (morte en 1941) ;
BERTHE PETIT, en 1943 ;
LUCIA MANGANO, en 1946 ;
YVONNE-AIMÉE DE MALESTROIT, en 1951 ;
EDWIGE CARBONI, en 1952 ;
ALEXANDRINA MARIA DA COSTA, en 1955 ;
SŒUR ELENA AIELLO, en 1961 ;
THÉRÈSE NEUMANN, en 1962 ;
BARBARA BRÜTSCH, en 1966 ;
ADRIENNE VON SPEYR, en 1967 ;
PADRE PIO, en 1968 ;
AUGUSTIN HIEBER, en 1968 ;
TERESA MUSCO, en 1976 ;
MARIA BORDINI, en 1978 ;
MARTHE ROBIN, en 1981 ;
SYMPHOROSE CHOPIN, en 1983.

D'autres vivent encore aujourd'hui, comme, par exemple Myrna à Soufanieh (Damas)[43] ou Natuzza Evolo[44].

Je pense d'ailleurs, qu'ici comme bien souvent, le cas des mystiques n'est pas aussi exceptionnel qu'on le croit généralement. Ils nous offrent seulement, montré jusqu'à l'évidence, le spectacle de ce qui se passe en chacun de nous.

Je crois que les « stigmatisés » sont vraiment associés à la Passion du Christ, « en direct », si j'ose dire, par-delà le temps et l'espace. Il ne s'agit pas du tout d'une simple reproduction en dehors du Christ et après coup, mais d'une réelle, quoique mystérieuse, participation à sa Passion même. C'est bien pourquoi, lorsque le stigmatisé vit la Passion du Christ, il peut arriver, par exemple, que le sang coulant des plaies de ses pieds s'écoule vers la pointe des pieds, alors même que le stigmatisé se trouve allongé sur un lit et que le sang devrait donc, normalement, couler vers les talons.

Mais je crois que le signe qui nous est donné à travers les mystiques est valable pour tous. Chaque mort, et même chaque souffrance, est vécue avec le Christ et le Christ souffrant en Palestine il y a deux mille ans.

C'est ainsi que Jean-Pierre Liegibel, spontanément, a vécu une partie de son E.F.M. À la suite d'une opération de l'abdomen et d'une couture sans doute insuffisante, il provoque, en éternuant, une éviscération sur une longueur de trente centimètres. Et voici qu'un peu plus tard, se retrouvant intubé de tous côtés et solidement ficelé, incapable de bouger et de parler, sa femme, devinant la soif qui ajoute à ses tourments, lui presse sur la bouche une compresse humide. Aussitôt, dans sa souffrance extrême, c'est comme un déclic.

« Ils sont fous. Ils ne vont quand même pas oser me faire la même chose qu'à Lui. Je ne le mérite pas. Lui, il est là, en croix. Je le vois. Un centurion humecte ses lèvres d'une éponge vinaigrée. Je ressens la même amertume à ma bouche...

« Je m'éveille dans un lieu clos, lumineux. Lumière apaisante. Les murs sont taillés dans la craie. Je suis allongé à terre. Près de moi, un drap blanc, abandonné. Conscience de ma mort. Je suis mort. En paix. Connaissance immédiate : je suis au Tombeau... »

Et, un peu plus loin, J.-P. Liegibel nous propose lui-même la conclusion de cette expérience : « Peut-être qu'à l'heure de la mort, chacun d'entre nous revit son Agonie [45]. »

C'est sans doute la même vérité, plus ou moins consciente, qui est à l'origine, par exemple, des « rêves » où Mme Edda Sartori voyait son fils tenir la place du Christ à sa Passion. Libre à chacun, bien évidemment, de n'y voir que la projection d'un subconscient nourri de christianisme. Mais, si le mystère du Christ est bien ce que je pense, ce mécanisme psychologique de projection pourrait correspondre à la réalité.

Son fils, Enrico, avait essayé d'arracher quelques anciens camarades de classe à la drogue. Malheureusement, c'est lui qui, peu à peu, tomba dans l'engrenage mortel. Ce fut alors, avec l'aide constante de sa mère, une lutte épuisante qui dura des années. Mais au moment où, après bien des rechutes, il semblait devoir s'en sortir définitivement, ses compagnons d'esclavage changèrent de tactique et se mirent à lui soutirer de l'argent, toujours davantage et toujours plus souvent. Quand il essaya de refuser, ce furent les menaces, puis, finalement, l'agression. On retrouva son corps, au petit matin, le 15 octobre 1985, le long du muret d'un jardin public. Mort par surdose. Mais on ne sut jamais vraiment s'il se l'était administrée lui-même.

Un an après sa « mort », Edda Sartori commença à recevoir des

messages de son fils par écriture automatique. D'autres phénomènes se produisirent aussi ; quelques rares apparitions fugitives,
et surtout des rêves intenses, des songes qu'elle a soigneusement
notés.

« Le 26 octobre 1987, rêve : je vois le Saint Suaire ; à la place
du visage du Christ, c'est celui d'Enrico, endormi. »

« Le 16 octobre 1988, rêve : je vois Enrico mourant sur la
Croix. Je pleure et je prie Dieu de me prendre à sa place. Mes
larmes sont désespérées. Je me réveille ainsi. »

Une autre fois, loin de la date anniversaire de sa mort, elle le
voit en rêve, à moitié nu, avec des vêtements ensanglantés. Ce
n'est qu'au réveil qu'elle réalise que le jour de Pâques approche[46].

D'ailleurs, si certains actuellement en Occident pensent que
pour découvrir l'Inde il faut abandonner la divinité du Christ,
d'autres, en Inde, pensent bien rester fidèles à leur tradition en
reconnaissant le Christ comme Dieu. Ce sont, notamment, ceux
qui se nomment eux-mêmes les « hindous-chrétiens ». Je me
restreindrai, ici, aux exemples comportant une communication
directe avec l'au-delà, sous forme souvent de visions, d'apparitions, parfois même, on le verra, d'expérience hors du corps.

Voici tout d'abord le récit de Sundar Singh, le Sadhu, né de
mère hindoue et de père sikh en 1889 ; il s'agit d'une vision
survenue le 18 décembre 1904.

(Il vient de jeter au feu un exemplaire de l'Évangile) :

« Selon mes idées de ce temps-là, j'avais fait une bonne
action en brûlant l'Évangile ; et pourtant l'inquiétude de mon
cœur avait grandi, et pendant deux jours je fus vraiment
misérable. Le troisième jour, quand je sentis que je ne pouvais
supporter cela plus longtemps, je me levai à trois heures du
matin, je pris un bain, et je fis cette prière à Dieu que s'il ne
voulait pas se révéler à moi, et me montrer le chemin du salut,
et mettre fin au tourment de mon âme, j'étais fermement
résolu, si cette prière restait sans réponse, à m'en aller avant le
jour sur la ligne de chemin de fer et à placer ma tête sur le rail
au moment de l'arrivée d'un train.

Je demeurai en prière jusqu'à environ quatre heures et
demie, je restais en attente et je m'attendais à voir Krishna ou
Bouddha, ou quelque autre avatar de la religion hindoue. Ils
n'apparurent pas, mais une lumière se mit à briller dans la
chambre. J'ouvris la porte pour voir d'où elle venait, mais tout
était sombre à l'extérieur. Je rentrai, la lumière croissait en
intensité, elle prit la forme d'un globe de lumière au-dessus du

sol, et dans cette lumière alors apparut non la forme que j'attendais, mais le Christ vivant que j'avais estimé mort. De toute l'éternité je n'oublierai jamais sa face glorieuse et aimante, ni les quelques mots qu'il prononça : "Pourquoi me persécutes-tu ? Vois, je suis mort sur la croix pour toi et pour tout l'univers." Ces mots furent gravés dans mon cœur comme par la foudre, et je tombai sur le sol devant Lui. Mon cœur était rempli d'une joie et d'une paix inexprimables, et ma vie entière fut entièrement changée. Alors mourut le vieux Sundar Singh et un nouveau Sundar Singh naquit pour servir le Christ vivant [47]. »

Voici un autre témoignage donné par Dhanjibhai Fakirbhai (mort en 1967) dans sa Khristopanishad :

« Alors que j'étais au collège, je m'intéressais profondément à la religion et à Dieu. Un jour où je me promenais les yeux bien ouverts sur une route, le soleil du matin surgit à ma vue derrière quelques maisons et en même temps que cette lumière soudaine une voix dit en mon cœur : "Tu cherches Dieu ? Jésus est Dieu." Ces paroles entrèrent en moi comme une intense conviction et une intense lumière. Depuis ce moment Jésus est Dieu pour moi, jamais je n'ai renié cette révélation et je n'ai jamais eu besoin d'un autre Dieu.

Jésus, étant Dieu incarné, c'est-à-dire Dieu manifesté en forme humaine, n'est pas une abstraction...

Il n'est pas seulement *en* nous (au sens où nous pensons que nôtre âme est en nous) mais Jésus est *avec* nous, un compagnon, un ami, un frère et un maître d'enseignement, visible et invisible, pour nous il est personnel. Même s'il est immanent dans la nature et dans le cosmos et aussi transcendant, il est avec nous une personne, un homme réel. Il n'est pas Cela ; Il est Lui, non pas un symbole de Pouvoir ou de Loi et d'Ordre, ou un Non-Connu, mais pour nous, il est personnel. Personne n'a jamais vu Dieu ; Jésus Le révèle, Le manifeste et met Dieu en contact avec nous. Il dit : "Qui m'a vu a vu Dieu."... Jésus n'est pas seulement une manifestation extérieure, il est aussi un Habitant intime en nous... Quand quelqu'un a fait l'expérience de Jésus comme Habitant en lui, il est convaincu que Jésus est Dieu Lui-même, Dieu et rien d'autre, et que Dieu est Jésus [48]... »

Voici encore le témoignage de Kandiswami Chetti (1867-1943). Devenu chrétien, il refusa le baptême et ne voulut appartenir à aucune Église. Mais il fut membre de l'International Fellowship,

Association pour une meilleure compréhension entre les religions, nous dit le père Maupilier. Ce texte est très important, car il montre comment un Indien a pu sentir le caractère unique de l'Incarnation :

« C'est vrai, je crois en Christ comme au Sauveur des hommes. Quand je le dis, cela ne signifie pas qu'il est pour moi l'un des *nombreux* sauveurs que Dieu est dit avoir envoyés au monde à plusieurs reprises. Je sais trop bien qu'en ce pays la seule façon, croit-on, de vaincre et de contrecarrer l'enseignement chrétien est non pas de le contredire – car ce serait aller à rebours, comme on dit, de ce qu'il y a de plus haut dans l'homme – mais de lui dérober son caractère distinctif et la force qui lui vient de son caractère distinctif, et de représenter Christ comme l'un des nombreux avatars ou manifestations ou envoyés de Dieu, que les Hindous n'auraient aucune objection à recevoir comme tels – mais à toute revendication d'une place spéciale et unique dans l'économie de l'univers on aurait obligation de résister comme, ni plus ni moins, à une trahison de son pays et de sa civilisation particulière.

À mon avis, l'idée de *nombreux* dépouille de sa beauté particulière et de son efficacité Dieu se faisant chair. Dieu ne se révèle-t-il pas à chaque moment de nos vies dans la nature, dans sa réconfortante providence, dans les grands hommes qu'il fait se lever comme chefs, dans les événements qui déterminent le cours de l'avenir pour les individus aussi bien que pour les communautés et dans le grand mouvement de l'histoire ? Pourquoi, alors, crèverait-il l'écran derrière lequel il agit et agit avec tant de continuité et de puissance si ce n'était dans le dessein de se révéler lui-même non pas à l'intellectualité de l'homme mais à son cœur opiniâtre ? Et répéter le procédé ne le place-t-il pas dans la sphère des manifestations ordinaires, qui, bien qu'interpellant l'intellect, achoppent à convertir le cœur[49] ? »

Mais il faudrait pouvoir citer quantité d'autres textes de ce livre, notamment pour notre sujet, comment Sundar Singh fit un jour l'expérience d'un voyage hors de son corps jusqu'au troisième ciel et comprit que c'était là l'expérience qu'avait faite avant lui saint Paul[50].

On pourrait être tenté de croire que de telles manifestations du Christ appartiennent au passé. Mais il n'en est rien. Il y a quelques années à peine, en 1974, dans l'île de Java, le Christ est apparu à un jeune musulman. Pourtant, peu de mois auparavant, discutant avec un de ses anciens professeurs de collège devenu chrétien, il lui avait démontré que le Christ ne pouvait être Dieu. Mais voici son propre récit :

« Plusieurs mois se passèrent sans que je revoie M. Kotamsi (son professeur). Un jour où je disais la prière du soir, alors que je tenais mon Coran sur les genoux, je vis tout à coup une sorte de lumière, une vive lumière ! Je vis un être de lumière ayant une forme humaine. Il était très beau, à peu près du même âge que mon âge actuel, c'est-à-dire environ trente-quatre ans. Ses cheveux étaient châtains, il portait une tunique blanche. Il ne ressemblait pas à un Javanais. Sur sa poitrine il y avait une sorte de lumière. Je ne comprenais pas ce qui m'arrivait. Et les lèvres de cet homme ne remuaient pas et cependant je sentais qu'il me parlait. Je ne pouvais pas entendre sa voix, mais je savais qu'il me parlait... Il dit en javanais : ''Si tu veux être sauvé, suis-moi !'' Je pouvais répondre, mais dans mon cœur seulement car je ne pouvais remuer les lèvres : ''Qui êtes-vous ?'' ''Je suis Jésus.'' Et peu à peu la lumière diminua et disparut. »

Ainsi commença la conversion de ce jeune Javanais qui, depuis, est devenu le premier prêtre de l'Église orthodoxe à Java. D'autres aujourd'hui sont devenus chrétiens orthodoxes à sa suite et quelques-uns s'apprêtent même, comme lui, à devenir prêtres[51].

Il est probable qu'avec les années la répartition géographique des religions s'estompera. Chacun aura de plus en plus les moyens matériels de s'informer réellement et rejoindra le courant de pensée correspondant à son cœur et à son niveau spirituel. Beaucoup ont abandonné ou abandonneront la foi en la divinité du Christ parce qu'ils n'en ont pas vraiment vécu. Elle n'a jamais été pour eux qu'enseignement très théorique et plutôt bizarre, une sorte de mythologie attardée. Mais pour ceux qui auront, ne serait-ce qu'un instant, compris le degré d'amour pour l'homme que l'Incarnation de Dieu implique, il ne sera plus jamais question d'abandonner un tel trésor.

Or donc, dans la ligne que je suis, j'ai trouvé dans tous ces grands « témoins de l'invisible » de nombreuses confirmations de ma foi (contre bien des « théologiens »).

Tout d'abord, l'affirmation répétée que nous pouvons pleinement faire confiance aux Évangiles :

« Relisez les Évangiles, nourrissez-en vos âmes. C'est le vrai livre de vie, les paroles, les actes mêmes de Jésus transcrits par ses Apôtres[52]... »

« Pour l'homme qui croit à la vérité des récits évangéliques dans leur sens merveilleux, rien de ce qui touche au surnaturel ne devrait le surprendre[53]. »

Avec, parfois des précisions :

« En effet, il est vrai que l'Évangile de Jean fut écrit en partie par ses disciples, mais, comme je te l'ai dit, la *lettre* n'est rien, tout réside dans l'*esprit*. Or, l'esprit qui remplit l'Évangile selon Jean est, en vérité, la conception spirituelle de Jean, le meilleur ami du Christ, celui qui, par l'intuition de la plus chaste tendresse, avait le mieux pénétré l'âme surnaturelle du Messie... Si vous reconnaissez que Christ fut l'incarnation de l'Amour intrinsèque et extrinsèque de Dieu, le témoignage de Jean prendra à vos yeux sa véritable signification[54]... »

Cependant, la Révélation de Dieu est progressive. Les prophètes ont mieux compris les menaces que la miséricorde[55].

L'épître aux Hébreux est donnée comme l'œuvre de Silas, disciple de saint Paul. C'est en effet une des hypothèses formulées depuis longtemps par les exégètes[56].

Inutile de dire que les grandes données de la vie du Christ sont pleinement confirmées : sa divinité, sa conception virginale[57], sa Résurrection et le tombeau vide[58]. Excellente théologie de la Transfiguration, de la Descente aux Enfers, de l'Ascension... On trouve même parfois des précisions inattendues : pour Pierre Monnier, il est vrai qu'Élie et Enoch sont passés dans l'au-delà, *montés au ciel* comme le dit la Tradition, sans passer par la mort, et avec leur corps. C'est par le même processus que le corps du Christ, après sa mort et sa résurrection, est entré dans la gloire :

« Tous ces faits vous semblent invraisemblables, symboliques, dirai-je... Il n'en est rien ; et quelques êtres, dont la pureté avait sanctifié la chair, furent rappelés par Dieu dans les mêmes conditions... parfois connues, d'autres fois ignorées, parce que les témoins n'avaient pas été dignes de cette clairvoyance spéciale[59]. »

Donc une doctrine très ferme et très fidèle à la Tradition, mais en même temps conception universelle très large de la Rédemption. Dieu n'exige de l'homme que l'amour, rien d'autre :

« Avec quelle dureté les hommes refusent aux hommes le droit de penser !... Savez-vous si tel martyr d'une foi qui n'est pas la vôtre n'héritera pas de la Vie éternelle aussi bien que vous ?...

Me comprends-tu, chère Maman ?... *Il sera beaucoup redemandé à ceux qui ont tant reçu*. Mais les autres, qui dans un élan de charité renoncent à leur famille et à leur maison, pour se consacrer passionnément à la conquête de la société – au nom de leur propre utopie peut-être, mais toutefois dans un but exclusivement altruiste –, seront invités à la table du festin... Dieu seul pèse dans la balance de la justice le grain de vos moissons [60]. »

Ce texte date de 1921. Ce qui est aujourd'hui évident à (presque) tous les chrétiens était bien loin de l'être à cette époque-là. Il y a vingt ans, je faisais encore scandale dans les Grands Séminaires en enseignant cela aux futurs prêtres.

D'où, aussi, l'extrême sévérité de Pierre pour l'Église (ce qui ralentit peut-être un peu la diffusion de ses écrits dans les milieux ecclésiastiques...) :

« L'Église telle que les hommes cherchent si obstinément à la maintenir, avec ses petitesses, son orgueil et son obscurantisme traditionnel, ne subsistera point, parce que l'Église sous cette forme n'est pas l'œuvre de Dieu. Mais la Lumière... Christ, sur qui l'Église a jeté un voile de pourpre et d'or qui l'obscurcit et l'étouffe, la Lumière issue de Dieu, est inaltérable... elle sera victorieuse... l'Église a trahi ses fondateurs... je dis mal... l'Église a trahi son Maître [61]... »

J'ai résumé tout ceci essentiellement à partir des *Lettres de Pierre*, parce que c'est, je crois, l'auteur le plus détaillé et le plus complet, mais bien des éléments de tout cela se retrouvent chez les autres grands auteurs de cette littérature, notamment dans les *Dialogues avec l'ange*.

Je voudrais ici, plus particulièrement, évoquer quelques points précis où ces témoignages privilégiés de l'au-delà confirment des expériences mystiques ou des traditions théologiques controversées. Je vois d'ailleurs dans cet accord une sorte de confirmation mutuelle.

Le Christ se manifeste conformément à chaque niveau

Pierre Monnier le dit à plusieurs reprises. De même qu'Il s'est manifesté parmi nous en prenant une chair comme la nôtre, de même, à chaque degré de l'évolution après la mort, on le retrouve et le perçoit selon le même degré de spiritualisation et de gloire que l'on a soi-même atteint, non selon la gloire que le Christ possède en Lui-même :

« Je te l'ai dit une fois, c'est ainsi que nous apparaît notre Sauveur, de plus en plus rapproché de son état spirituel glorieux, à mesure que notre évolution nous permet de le voir sous cet aspect ; mais Il reste cependant accessible toujours

329

aux facultés nouvelles des esprits qui habitent telle ou telle "demeure" dans le royaume des Cieux[62]. »

À propos de la célébration de la fête de Noël, au Ciel, il explique à sa mère :

« Il (le Christ) se rend encore visible sous sa forme spirituelle qui rappelle Sa figure humaine, comme il en est des nôtres ; plus les sphères sont spiritualisées, plus cette ressemblance se spiritualise... Nous voyons le Fils unique ressemblant à nous, avec notre degré de dématérialisation, si je puis dire ; Il se rapproche ainsi volontairement de nous. Mais nous ne sommes pas les seuls qui ayons ce privilège, et si la terre était moins sceptique... je veux dire, si vous aviez *la foi*, vous verriez souvent Jésus au milieu de vous[63]. »

Ailleurs encore, il explique que seuls les humains célèbrent au Ciel les grandes fêtes liturgiques correspondant à la vie du Christ :

« Les autres races qui peuplent l'univers ne les célèbrent pas comme nous. »

Il sait cependant par ses maîtres que le Christ s'est aussi manifesté dans ces autres mondes :

« Mais nous ignorons encore comment la manifestation messianique se produisit chez ces frères, inconnus et inconnaissables pour nous aussi longtemps que notre esprit n'est pas arrivé au développement spirituel ad hoc[64]. »

Cette ampleur de vue me paraît très proche de celle que l'on trouvait dans le courant de pensée sous la mouvance d'Origène. On y affirmait que le Fils, Verbe de Dieu, s'était fait Chérubin pour les chérubins, Séraphin pour les séraphins et ainsi de suite pour toutes les puissances des cieux[65].

La même idée se trouvait d'ailleurs dans toute une série de textes judéo-chrétiens, mais avec une autre intention. On la retrouve cependant même chez saint Grégoire de Nysse[66].

L'emploi que les gnostiques ont fait de cette idée explique sa condamnation, mais, reprise selon l'intention primitive d'Origène, elle m'a toujours semblé très probable et très belle.

Le Christ, plus « éprouvé » que vu

Ces témoignages sur ce point précis ont pour moi une très grande importance, car ils me paraissent très liés à une vieille querelle théologique que je pense pouvoir résumer ainsi, sans fausser le problème : au terme de notre évolution spirituelle dans l'au-delà, ne ferons-nous que *voir* Dieu, en restant extérieur à Lui (théologie traditionnelle en Occident), ou serons-nous réellement *participants de la nature divine,* comme nous le promettait saint Pierre, (deuxième épître I, 4) [67], comme l'enseignent depuis les origines les Églises d'Orient et comme l'ont éprouvé tous les mystiques, chrétiens ou non chrétiens (même catholiques romains, malgré la théologie officielle).

J'accorde donc une très grande importance à des témoignages comme celui d'Alain Tessier, notre jeune garçon d'ascenseur :

« Il (le Christ) est au-dessus de nous, et nous le prions. Il est merveilleux à voir, même de loin. On espère s'en rapprocher un jour, il faut de la patience et beaucoup travailler dans son sens pour pouvoir être à ses côtés. Mais il a des regards qui vous pénètrent, c'est fantastique et impossible à décrire. Nous le servons avec joie et espérons monter vers lui. Il est blanc, brillant, mais *c'est une image.* Nous le sentons fortement en nous plus que nous ne le voyons. Nos corps s'imprègnent de lui et ce sont les meilleurs moments. Pas tout le temps, ce serait trop beau. Marie aussi, c'est du même ordre [68]... »

J'avoue qu'entre Alain Tessier et saint Thomas d'Aquin, je n'hésite pas !

Même témoignage encore chez Pierre Monnier :

« Je te l'ai dit : nous vivons ici dans la vision constante et bénie de notre Maître bien-aimé... Mais n'ai-je pas ajouté ces mots : ''Déjà nous ne savons plus si nous *voyons,* ou si nous éprouvons le Christ.'' [69] »

« Vous verrez le Rédempteur qui vous a sauvés « tel qu'Il est »... Plus rien ne pourra vous enlever la joie que l'Amour de Dieu vous dispense... ni celle de l'amour que vous offrez à Dieu ! Jésus *est* cette joie... Jésus *est* la paix, la Lumière, la miséricorde... Jésus *est* l'Amour ! ''Alors, demanderez-vous peut-être, devons-nous donc renoncer à l'espérance bénie de la contemplation de l'Agneau de Dieu ?'' Non certes ! parce que *la contemplation de l'Amour n'est pas autre chose que le sentiment ineffable d'aimer Dieu.* Voir ?... Éprouver ?... Voir ? quand ce ne sont plus les yeux de la chair qui regardent... Éprouver ? quand ce ne sont plus les sens matériels qui s'émeuvent... Ne discernez-vous pas que rien n'est plus proche de ce soupir spirituel qui ne saurait s'exprimer, mais qui entre en contact intime avec Dieu [70] ? »

Il ne s'agit pas là de satisfaction intellectuelle, qu'on ne s'y trompe pas. Il ne s'agit pas du triomphe d'un système sur un autre. Il n'y a non plus aucun orgueil à vouloir devenir « Dieu par participation », comme le dit saint Jean de la Croix. C'est une question d'amour. Celui qui l'a éprouvé comprend.

4. Unis et un avec Dieu

Voici qu'au terme de notre itinéraire dans l'au-delà, nous en arrivons à une expérience qui semble à nouveau absolument universelle, destinée à tous les hommes de bonne volonté, quelles que soient leurs convictions philosophiques ou religieuses : L'union à Dieu et à l'Univers. Et voici que cette double expérience se présence sous deux aspects qui peuvent, à première vue, paraître contradictoires. Je me réfère ici aux témoignages des rescapés des Expériences aux Frontières de la Mort qui rejoignent ceux de nombreux mystiques, chrétiens et non-chrétiens.

Dans ces deux types d'expériences, les témoins ont eu l'impression très forte, à la fois, d'être « unis à Dieu », ce qui implique qu'ils s'en sentaient encore distincts, et de ne plus « faire qu'un avec Dieu », d'être une partie de Dieu, ce qui, logiquement, voudrait dire qu'ils ne s'en distinguaient plus. On retrouve le même paradoxe à propos de la relation à l'Univers. Il est d'ailleurs souvent difficile de distinguer vraiment, dans tous ces témoignages, entre l'union à Dieu et l'union à l'Univers. L'Univers est éprouvé comme empli de Dieu et Dieu comme omniprésent à l'Univers.

Il faut prendre tous ces textes en donnant aux mots toute leur force. Ils pourront parfois, peut-être, sembler excessifs, exaltés, et le lecteur non averti pourrait être tenté de n'y voir que des métaphores poétiques. C'est ce qu'ont fait beaucoup de théologiens, souvent plus philosophes que théologiens, par excès de rationalisme, en Occident. C'est ce que l'on risquerait de faire aujourd'hui pour des raisons opposées, tant nous sommes abreuvés de fausse mystique mièvre et douceâtre, au nom du « Nouvel Âge » et autres Shamballah.

Margot Grey, en Angleterre, après avoir connu elle-même une E.F.M., entreprit une longue enquête auprès de rescapés comme elle. Elle rapporte que beaucoup de ceux qu'elle a interrogés parlaient d'une « présence » qu'ils avaient sentie près d'eux. Et souvent ils prétendaient qu'ils étaient conscients d'avoir une relation très spéciale avec cette présence qui était parfois comprise comme étant Dieu et était parfois ressentie comme le *moi* supérieur de l'individu. Très souvent les deux étaient perçus comme n'étant qu'un seul et même être *(to be one and the same)* et les témoins soulignaient fréquemment qu'il n'y avait, en réalité, aucune séparation de Dieu. L'un des témoins disait : « Je pense que c'est ce que Jésus voulait dire quand il affirmait : Moi et mon Père, nous sommes un[71]. »

Voici donc quelques-uns de ces témoignages ; on y remarquera l'identité constante entre Dieu, la Lumière et l'Amour (comme chez saint Jean l'Évangéliste).

« Je ne faisais qu'un avec la pure lumière et l'amour. J'étais un avec Dieu et en même temps un avec tout. »

« J'étais soudain dans la lumière et c'était beau ! Je n'avais aucun sentiment d'identité distincte. J'étais dans la lumière et un avec elle. »

« J'entrai dans l'arc de pur amour doré et de lumière. Cette radiation d'amour me pénétra et aussitôt je faisais partie d'elle et elle faisait partie de moi. »

« Je me sentis remplie d'allégresse et je sentis que je ne faisais qu'un avec toutes choses[72]. »

Je me rappelle très bien qu'au 1er congrès international d'IANDS[73] en août 1990, à Washington, Mrs. Kimberly Clark Sharp disait de même : « J'appelais cette Lumière ''Dieu'' ; j'étais réellement avec mon créateur. » Tom Sawyer, dont nous avons déjà vu le témoignage à propos de l'amour de Dieu, ajoutait, dans le très beau film d'Anik Doussau[74] : « Je me fondais dans cette lumière. » Sullivan, après avoir étudié cette expérience et ses effets, aussi bien chez les rescapés de la dernière guerre mondiale que chez ceux de la guerre du Viêt-nam expliquait dans le même film : « Après avoir rencontré Dieu, après n'avoir fait qu'un avec la Lumière, ils ne peuvent plus tuer. »

Barbara Harris, rescapée d'un véritable martyre a connu cependant aussi cette joie fantastique : « Dieu, à la fois, était avec elle et faisait partie d'elle. Elle était avec Dieu et, à la fois, faisait partie de Dieu[75]. »

Élisabeth B. exprime de façon étonnante cette tension entre les deux aspects d'unité et de distinction : « Et alors survint la grande Lumière, une Lumière blanche rayonnante, éblouissante dans sa force non terrestre. Elle pénétrait tout mon être et me fit parvenir à une extase sublime, indescriptible, à ne plus faire totalement qu'un seul être avec l'essence divine (*Ein vollkommenes Eins-sein mit der göttlichen Essenz*). Je me tenais face à face devant la conscience de Dieu qui pénétrait toutes choses, devant la conscience du Cosmos[76]... »

Joe Geraci, au printemps 1977, « venait de rentrer chez lui après avoir subi une opération à l'hôpital. Tout à coup, un soir, il eut une forte hémorragie et on dut le ramener d'urgence à l'hôpital où, à ce qu'on lui a affirmé plus tard, il est resté cliniquement mort durant deux à trois minutes. » C'est probablement à ce moment-là qu'il eut son E.F.M. : « On ne peut pas l'exprimer avec des mots. La lumière devient vous et vous devenez la lumière ; je pourrais dire : ''J'étais paix, j'étais amour.'' J'étais l'éclat de la lumière. Elle faisait partie de moi... C'était évident, à mes yeux. Vous êtes connaissance totale, et tout fait partie de vous ; c'est... c'est si beau. C'était l'éternité. C'est comme si j'avais toujours été là et que je doive y rester toujours, comme si mon existence sur terre ne représentait qu'un bref instant[77]. »

Phyllis Atwater, non seulement rescapée de la mort, mais auteur de recherches importantes sur ce sujet, finit par faire elle-même le rapprochement avec les mystiques. Elle nous dit qu'elle se retrouve tout à fait dans les paroles de Ruysbroeck l'Admirable : « Dieu, au plus profond de nous-même, reçoit Dieu venant vers nous ; c'est Dieu contemplant Dieu[78]. » Une telle réflexion recouvre nécessairement la même expérience. Il y a encore la distinction entre Dieu et nous, mais il y a aussi une autre façon d'exprimer l'unité absolue puisque, finalement, il n'y a plus que Dieu.

Mais, ce qu'elle apprécie tant chez ce grand mystique flamand du XIVe siècle, elle aurait pu le trouver chez n'importe quel autre mystique, chrétien ou non[79].

Voici, à titre d'exemple, le cas d'une mystique contemporaine. Il s'agit de Vassula Ryden. Grecque, née de parents grecs en 1942, mais en Égypte. En 1966, elle épouse un étudiant suédois qui, à partir de 1968, va travailler pour la F.A.O. dans différents pays d'Afrique anglophone et, finalement, au Bangladesh, avant de se fixer à Genève. Théoriquement de religion orthodoxe, elle ne pratiquait pas du tout, même aux grandes fêtes. Elle a été mannequin à Dacca, a fait de la peinture, mené une vie mondaine pendant trente ans. Un beau jour, en 1985, une force s'empare d'elle et l'oblige à écrire. Cette force se nomme : c'est Daniel, son ange gardien. Pendant trois mois cet « ange » va assumer sa direction. Puis ce sera, affirme-t-elle, directement le Christ. Au-delà de cette histoire personnelle, voici l'épisode qui nous intéresse : Le « Christ » lui a appris à vivre continuellement avec le sentiment de sa présence. Elle ne doit même plus penser à elle-même au singulier, comme si elle était seule, mais toujours au pluriel (le Christ et elle). Un jour, dans l'autobus, elle vient de prendre un billet et pense qu'au fond elle vient ainsi de prendre un seul billet pour deux. Mais elle sent aussitôt le Christ protester en elle : « On est un, on est un seul. »

Racontant cet épisode au père Laurentin, excellent théologien et grand spécialiste des mystiques, celui-ci réagit aussitôt et demande : « Unis *ou* un ? » Vassula, qui ignore tout des problèmes théologiques sous-jacents, répond alors avec une justesse admirable : « Unis *et* un. » En bonne théologie catholique romaine le « un » est aussitôt soupçonné de panthéisme, panchristisme, etc. D'où la question du père Laurentin. Mais ici la réponse est parfaitement correcte, le « unis » correspondant à la distinction des personnes qui est préservée, le « un » correspondant à l'union dans l'être. C'est là sans doute que les mystiques chrétiens sont mieux armés que les autres pour rendre compte de ce qu'ils vivent puisque, pour eux, l'union à Dieu dont ils font l'expérience a son modèle même, son prototype dans le mystère de la Trinité : trois personnes, parfaitement distinctes, subsistant dans un seul et unique être. D'ailleurs, nous l'avons vu, l'un des morts provisoires interrogés par Margot Grey avait fait lui-même le rapprochement : « Je pense, disait-il, que c'est ce que Jésus voulait dire quand il affirmait : ''Moi et mon Père, nous sommes un''. » Saint Jean de la Croix a fait le même rapprochement, notamment dans deux textes célèbres, son commentaire du « Cantique spirituel » et celui de « La vive flamme d'amour ». Citons les mots essentiels de ce deuxième passage : « Ainsi donc, il se forme alors entre Dieu et l'âme un amour réciproque qui correspond à leur union par le mariage spirituel ; car les biens de l'un et de l'autre, qui constituent la divine essence, sont possédés librement par chacun d'eux, à raison de la donation libre qu'ils se sont faite réciproquement ; ils les possèdent en commun depuis le jour où ils se sont dit ce que le Fils de Dieu a dit à son Père, comme l'affirme saint Jean : ''Tout ce qui est à moi est à Toi, et tout ce qui est à Toi est à moi.'' [80] »

5. Notre divinisation : un processus sans fin

Là encore, il s'agit d'une idée chère aux mystiques et à la Tradition des Églises d'Orient. Les créatures que nous sommes n'en auront jamais fini de se remplir de l'Incréé, les êtres finis que nous sommes de se gorger de l'Infini. L'Orient chrétien a un mot pour cela, tiré d'un texte de saint Paul, c'est l'*épectase*, le fait d'être toujours tendu en avant.

Voici un texte de saint Grégoire de Nysse dont nous verrons ensuite un extraordinaire équivalent dans les *Dialogues avec l'ange*. Il s'agit d'un commentaire mystique du *Cantique des*

Cantiques. L'âme est à la recherche de son Bien-Aimé. Ne l'ayant pas trouvé sur terre, elle entreprend d'aller le chercher au ciel. Elle va de Principautés en Dominations, de Trônes en Puissances :

« Elle parcourt dans sa quête le monde angélique tout entier et, comme elle ne trouve pas parmi les biens qu'elle rencontre celui qu'elle cherche, elle se dit à part elle : "Est-ce qu'eux, du moins, peuvent saisir celui que j'aime ?" Mais eux se taisent à cette question et par ce silence lui font connaître que celui qu'elle cherche est à eux-mêmes inaccessible[81]. »

Or, ce récit inventé par saint Grégoire de Nysse, mais d'après son intuition de mystique, bien évidemment, s'est pratiquement réalisé mot pour mot, à Budapest en 1943, entre Gitta Mallasz et son ange, lui parlant par la bouche d'Hanna. Comme toujours, le texte essaie de rendre par des artifices de typographie l'intensité des différents mots, et le texte est souvent interrompu, entre parenthèses, par les gestes ou les impressions et sentiments qui accompagnaient le dialogue :

« GITTA. – Tu as dit : "Nous sommes nombreux ?" Qui ?
– Le Chœur.
(Je sens derrière ce mot une insaisissable unité contenant une multitude en relation parfaite.
Avec un mouvement de la main vers le haut et à voix basse) :
– Nous chantons... SA GLOIRE.
(C'est la première fois de ma vie que je ressens ce que pourrait être une vraie adoration, alors je demande tout bas) :
GITTA. – LE vois-tu toujours ?...
(D'un geste je me suis arrêtée, comme si j'avais demandé quelque chose de défendu) :
– Tu ne sais pas ce que tu as demandé.
(Très long silence)
– Demande quelque chose d'autre[82] ! »

Cela correspond certainement à quelque chose de très profond. Dans ses enregistrements de voix de l'au-delà, le professeur Sinesio Darnell explique qu'il avait constitué avec d'autres groupes en Espagne tout un questionnaire. Les questions étaient identiques, mais, pour être plus sûrs de pouvoir juger de la pertinence de la réponse, elles étaient chaque fois posées dans un ordre différent. Pour nous donner un échantillon de ce travail il ne nous donne pas toutes les réponses en détail mais, pour chaque question, la réponse la plus fréquente. Or, à la question : « Voyez-vous Dieu ? » la réponse la plus fréquente était : « Quelle question[83] ! »

De façon moins tragique, Pierre Monnier explique à sa mère que, contrairement à ce qu'enseigne généralement l'Église (en Occident), le progrès en Dieu ne finira jamais. Il va d'abord, en bon Occidental, exprimer notre union à Dieu en terme de « ressemblance », mais que l'on ne s'y trompe pas. D'ailleurs, le terme d'« homogénéité » vient vite corriger ce que le premier mot avait d'insuffisant :

« Si je te dis ceci, c'est pour calmer ton inquiétude et ton souci que notre si douce communion puisse retarder pour moi le perfectionnement qui est notre travail *éternel*. Tu seras surprise de l'adjectif que j'ai choisi et tu penseras que l'Église elle-même annonce un terme à notre recherche du bien, toujours plus ardente ; ce terme, elle le nomme : le salut. Mais l'Esprit saint, l'Instructeur divin, n'a *pas annoncé* par l'Évangile cet aboutissement. L'humanité et je dirai même tous les fils créés de l'Unique Incréé ont pour objectif la perfection égale à celle de leur Père. Cette perfection restera-t-elle éternellement incommensurable, avec la perfection que les créatures sont capables de réaliser ? Non, sans doute, car il n'y a pas incompatibilité entre le Père et ses enfants, formés à sa ressemblance ; mais il nous est dit ici que cette ressemblance ne pouvant devenir une similarité absolue, le travail dans l'effort de rapprochement, de plus en plus intime, ne connaîtra pas de fin – pas même à l'heure recherchée, désirée, l'heure dont l'attente est notre constante Lumière, l'heure de notre union avec Dieu. Voilà qui te semblera en contradiction, car l'union pourrait-elle se faire sans la parfaite homogénéité avec Dieu ? Il en est ainsi ; bien des fois je te l'ai dit : tout en réalisant cette union que le Christ avait annoncée à ses disciples, la personnalité totale de chacun des esprits persistera dans l'Éternité. Or, c'est à travers cette personnalité distincte des âmes recueillies en Dieu que l'œuvre de perfectionnement des créatures se poursuivra.

Cette perspective te paraîtra-t-elle décourageante, chère Mienne ? Ah ! non, bien au contraire ! Elle est pour nous, ici, le stimulant puissant qui remplit de nos aspirations les plus ineffables notre existence céleste. Pour nous tous, *c'est le sens de l'Être*[84]. »

Cela aussi saint Grégoire de Nysse, au IVe siècle, le disait : « Et nous irons de commencements en commencements par des commencements qui n'auront pas de fin[85]. »

Conclusion

Au terme de cet ouvrage, le souhait que j'exprimais dans mon introduction a peut-être été réalisé : votre vie a changé. Si tel est le cas, mon livre aura rempli sa fonction. Il m'importe plus en effet d'avoir contribué à ouvrir vos cœurs à l'éternité que d'avoir écrit un essai, aussi brillant soit-il, qui se serait ajouté à ceux, nombreux, qui, une fois leur lecture achevée, ne parlent plus à l'âme.

Vous êtes peut-être devenu autre. Si tel est le cas, les deux textes qui suivent doivent alors être lus par vous non comme de simples anecdotes exemplaires et édifiantes mais comme le récit de la plus brûlante des expériences, celle de l'Amour devenu une source jaillissante au fond de votre cœur.

À la lecture de ces deux textes, cette parcelle divine que nous recelons en chacun de nous doit être réveillée. Si tel n'est pas le cas, n'accusez pas trop vite l'auteur. Le début du livre n'est pas si loin... Nul ne vous interdit de retourner à la case départ...

Voici d'abord le récit d'un Français qui avait réussi à gagner la confiance du célèbre émir Abd el-Kader et à partager son intimité (hélas ! pour mieux le trahir).

« Je me réveillai bien avant dans la nuit ; j'ouvris les yeux et je me sentis réconforté. La mèche fumeuse d'une lampe arabe éclairait à peine la vaste tente de l'émir. Il était debout, à trois pas de moi ; il me croyait endormi. Ses deux bras, dressés à la hauteur de la tête, relevaient de chaque côté son burnous et son haïk d'un blanc laiteux qui retombaient en plis superbes. Ses beaux yeux bleus, bordés de cils noirs, étaient relevés, ses lèvres légèrement entrouvertes semblaient encore réciter une prière et pourtant elles étaient immobiles ; il était arrivé à un état extatique. Ses aspirations vers le ciel étaient telles qu'il semblait ne plus toucher terre... c'est ainsi que devaient prier les grands saints du christianisme [1]. »

Pour vérifier si vous comprenez réellement le second texte, essayez de prier, ne serait-ce que dix minutes. Hélas, l'ennui vous gagnera bien vite. Surtout de cette prière-là, seul, sans texte à réciter, sans rien qui occupe les sens et l'intelligence. Tel n'est pas le cas de ce père Isaac, moine du mont Athos au début de ce siècle, qui des nuits entières s'abreuve aux sources de l'Amour. J'aurais pu prendre saint François d'Assise ou le curé d'Ars ou n'importe quel saint. Ce serait la même chose :

« Une nuit, le père Lazare se leva pour aller de la cabane des Saints Apôtres à Karyès. Le père Modeste était malade et il le fallait. C'était en juin et il faisait très chaud. La soirée était baignée par la lune. Il était à peine sorti et s'était avancé seulement de quelques pas, lorsqu'il tomba tout près du chemin sur un spectacle unique. Quelqu'un était là, à genoux, les mains levées, au milieu du calme infini de la nuit et du silence de la nature, et il priait. C'était le père Isaac[2]. »

Notes

Chapitre I

1. *Sprechfunk mit Verstorbenen. Communication radio avec des morts*, Éditions Hermann Bauer, Fribourg-en-Brisgau, 1967.
2. Voir sur tout ceci Hans Bender, *Verborgene Wirklicheit*, Serie Piper, Munich et Zurich, 1985, pp. 76-89.
3. Jean Prieur, *L'Aura et le Corps immortel*, Lanore et Sorlot 1983, p. 164.
4. Otto Reichl Verlag, Remagen ; traduit en anglais, *Breakthrough : an amazing experiment on electronic communication with the dead* (*Percée : une stupéfiante expérience de communication électronique avec les morts*).
5. J'emprunte tous ces détails au premier ouvrage qui faisait un peu l'historique de la découverte de ce phénomène : Hildegard Schäfer, *Stimmen aus einer anderen Welt*, Éditions Hermann Bauer, Fribourg-en-Brisgau, 1983, pp. 65-66.
6. *Cf.* John G. Fuller, *The Ghost of 29 Megacycles*, Signet Book, New American Library, 1986.
7. *The Dead Are Alive*, Ballantine Books 1987 ; 1ʳᵉ éd. en 1981.
8. Le père Ernetti a eu l'extrême amabilité, par la suite, de me faire parvenir les interviews qu'il avait données à la revue *Astra* sur cet extraordinaire événement. Je cite ici d'après le nº de juin 1990, p. 90-91. Le lecteur aura remarqué que la raison principale pour laquelle le Saint-Père refuse d'assimiler ce message à du « spiritisme » n'est pas que l'initiative en est venue de l'au-delà, mais qu'il échappait nécessairement à toute suggestion de la part du récepteur.
9. *Cf.* Schäfer, p. 272.
10. *Op. cit.*, p. 166.
11. Jean Prieur, *Op. cit.*, p. 166.
12. En France, une revue se consacre à ces phénomènes : *Parasciences Transcommunications*, Agnières B.P. 18, 80290 Poix-de-Picardie, ainsi qu'une association : « Infinitude », 86 route de Boulard, 78125 Raizeux.
13. Sur tout ceci, voir Schäfer, *op. cit.*, p. 305.
14. Voir « Rassegna di studi psichici », Anno 3, nº 1, p. 57.
15. Jean Vernette : *Peut-on communiquer avec l'au-delà ?*, Centurion, 1990, p. 58.
16. *Op. cit.*, p. 64.
17. *Cf.* Schäfer, *op. cit.*, p. 64.
18. *Op. cit.*, p. 110.
19. *Cf.* Jean Prieur, *op. cit.*, pp. 171-180.
20. Belline, *La Troisième Oreille*, Robert Laffont 1972, pp. 18-19.
21. Hildegard Schäfer, *Brücke zwischen Diesseits und Jenseits*, Hermann Bauer Verlag 1989, p. 104 ; trad. fr. *Théorie et pratique de la transcommunication*, collection « La vie et au-delà », Robert Laffont, novembre 1992.
22. *Les morts ont donné signe de vie*, Fayard, édition de poche 1976, pp. 29-30.
23. *Cf.* Harold Sherman, *The Dead Are Alive*, Ballantine Books 1987, pp. 39-40 ; 1ʳᵉ édition en 1981.
24. *Cf.* T. Patterson, *100 Years of Spirit Photography*, Regency Press, Londres, 1965.
25. Mario Rebecchi à Fermo, d'après Conte Mancini, aurait reçu des images dès 1980, mais ses images publier. *Cf.* C.E.T.L. nº 02/88 p. 19, et de même Raffaela Gremese à Udine, *cf.* C.E.T.L., *ibid.*
26. *Die Parastimme*, nº 3, août 1986, pp. 19-20.
27. *Bilder aus dem Reich der Toten*, Knaur, R.T.L. Édition 1987.
28. *Op. cit.*, p. 264.

29. *Op. cit.*, p. 272-274.
30. *Ibid.*, p. 5.
31. *Cf.* John G. Fuller, *op. cit.*, pp. 203-206.
32. Marcello Bacci, *Il mistero delle voci dall' aldilà*, Edizioni mediterranee 1985.
33. Alessandro Papo : *Il mistero dell'anfora parlante*, Edizioni Mediterranee, 1992.
34. *Cf.* Hildegard Schäfer, *Brücke zwischen Diesseits und Jenseits*, pp. 249-251.
35. Hildegard Schäfer : *Brücke zwischen Diesseits und Jenseits*, Bauer Verlag, 1989, p. 249 et 251 ; trad. fr. : collection « La vie et au-delà », Robert Laffont, 1992.
36. Raffaella Gremese e Renata Capria D'Aronco : *Le nostre esperienze con le « immagini-video » presunte paranormali : metodologie e risultati* dans l'ouvrage collectif : *L'altra realtà*, Edizioni Mediterranee, 1990, p. 103-111.
37. *Parasciences Transcommunication*, n° 10, p. 24-26, et n° 11, p. 37.
38. Sinesio Darnell, *El misterio de la psicofonia*, Ediciones Fausí 1987.
39. N° 424, du 18 juin 1990.
40. Monique Simonet : *À l'écoute de l'invisible*, 2ᵉ édition, F. Lanore et F. Sorlot, 1988 ; *Images et messages de l'au-delà*, Éditions du Rocher, 1991 ; *Porte ouverte sur l'éternité*, Éditions du Rocher, 1993.
41. *Cf.* Sarah Wilson Estep, *Voices of Eternity*, Ballantine Books 1988, pp. 49, 126-129, 141 et 148-150.
42. *Unlimited Horizons*, vol. 5, n° 2, été 1987.
43. *Cf.* aussi S.W. Estep, *op. cit.*, pp. 162-163.
44. *Cf.* Sinesio Darnell, *El misterio de la psicofonia*, pp. 51-52.
45. *Ibid.*, pp. 115-120.
46. Marcello Bacci, *Il mistero delle voci dall' aldilà*, p. 62.
47. Monique Simonet, *À l'écoute de l'invisible*, Sorlot et Lanore 1988, pp. 126-127.
48. Marcello Bacci, *op. cit.*, p. 15.
49. Marcello Bacci, *op. cit.*, p. 87.
50. Sinesio Darnell, *op. cit.*, pp. 144 et 174-175.
51. François Brune : *Über einige Probleme*, dans *Info-news* (le bulletin du Cercle d'études sur la transcommunication du Luxembourg), n° 2 de 1990, p. 24-25.
52. N° 1, 1990, pour les images et dans les n°ˢ 2 et 3 pour les textes. Voir aussi l'excellente étude du Dr Vladimir Delavre dans la même revue, n° 4, p. 21-24.
53. *Théorie et pratique de la transcommunication, un pont entre notre monde et l'au-delà*, collection « La vie et au-delà », Robert Laffont, novembre 1992.
54. Ernst Senkowski, *op. cit.*, p. 51.
55. Monique Simonet : *Porte ouverte sur l'éternité*, Éd. du Rocher, 1993.
56. Silvia Gessi : *Voci e pensieri dall'aldilà*, Hermes Edizioni, 1989, p. 13.
57. Voir, par exemple, le n° 2/ 1990 d'*Info-news* (le bulletin du Cercle d'études sur la transcommunication du Luxembourg), p. 28.
58. *Info-news*, n° 1/ 1992, p. 13 ; voir aussi l'image paranormale d'Erich Jungmann, adulte, alors qu'il était décédé à l'âge d'un an et sa ressemblance incontestable avec son frère Herbert. *Ibid.*, p. 14-16.
59. Paola Giovetti : *Il cammino della speranza*, Edizioni Mediterranee, 1992, p. 117 et encart photographique.
60. Le Bulletin du Luxembourg n'étant pas accessible à tous, je cite ici d'après la citation faite par Mme Schäfer : « Brücke zwischen Diesseits ind Jenseits », Bauer Verlag, 1989, p. 110. La traduction française est prévue fin 1992, chez Robert Laffont. C'est elle que j'utilise déjà.
61. *Ibid.*, p. 119.
62. Bulletin du CETL de décembre 1989.
63. *Cf.* l'ouvrage *Magie, Madonnen und Mirakel, Unglaubliche Geschichten aus Italien* ; Rainer Holbe et Elmar Gruber, Knaur, R.T.L. Édition 1987, pp. 229-236.
64. *Lettres de Pierre*, tome I, pp. 387-388.
65. *Lettres de Pierre*, tome I, pp. 394-396, 425-426.
66. *Cf.* Louis Pauwels et Guy Breton, *Nouvelles Histoires extraordinaires*, Albin Michel 1982, pp. 131-141.
67. *Op. cit.*, p. 137.
68. *Ibid.*, p. 141.
69. On trouvera le récit complet dans *Histoires Fantastiques*, Louis Pauwels et Guy Breton, Albin Michel 1983, pp. 49-57.
70. Tome IV, p. 173.
71. Tome I, p. 323.
72. Je cite d'après une note de Jean Prieur dans l'ouvrage de Marcelle de Jouvenel, *Comme un secret, comme une flamme*, Sorlot et Lanore 1989, pp. 73-74.

73. *Images et messages de l'au-delà*, Éditions du Rocher, 1991, p. 71-72.

74. Monique Simonet : *Porte ouverte sur l'éternité*, Éd. du Rocher, 1993 ; voir aussi *Parasciences* n° 8.

75. S. Ralph Harlow, *A Life after Death*, Double Day, New York, 1961.

76. D. Scott Rogo et Raymond Bayless, *Phone Calls from the Dead*, Prentice Hall 1979, Englewood Cliffs, New Jersey.

77. *Op. cit.*, pp. 14-15.

78. *Op. cit.*, pp. 68-70.

79. *Op. cit.*, pp. 110-112.

80. *Op. cit.*, pp. 106-107.

81. Theo Locher et Maggy Harsch, *Jenseitskontakte mit technischen Mitteln gibt es*, S.V.P.P., Biel/ Bern et C.E.T.L., Luxembourg, 1989, pp. 22-26.

82. Rainer Holbe, *Botschaften aus einer anderen Dimension*, R.T.L. et Knaur, Munich, 1988, pp. 17-67.

83. Ken Webster, *The Vertical Plane*, Grafton Books, Londres, 1989. On trouvera un résumé dans plusieurs des ouvrages signalés, mais voir surtout : Ernst Senkowski, *Instrumentelle Transkommunikation*, R.G. Fischer 1989, pp. 279-293.

Chapitre II

1. Eckart Wiesenhütter, *Blick nach drüben, Selbsterfahrungen im Sterben* ; Gütersloher Verlagshaus 1974.

2. Georges Barbarin : *Le Livre de la mort douce*, 1re éd. en 1937, 2e éd. Dangles, 1984, p. 133.

3. *Ibid.*, p. 137.

4. *Ibid.*, p. 99.

5. *Ibid.*, p. 197.

6. Raymond Moody, *La Vie après la vie. Lumières nouvelles sur la vie après la vie*, Robert Laffont 1977-1978.
Michaël Sabom, *Souvenirs de la mort*, Robert Laffont 1983. Kenneth Ring, *Sur les frontières de la vie*, Robert Laffont 1982. Georges Ritchie, *Retour de l'au-delà*, Robert Laffont 1986. Karlis Osis et Erlendur Haraldsson, *Ce qu'ils ont vu... au seuil de la mort*, éditions du Rocher 1977.

7. *Out of the Body Experiences*, Ballantine, New York, 1968. K. Ring, *op. cit.*, p. 252.

8. Greenhouse H.B., *The Astral Journey*, Avon, New York, 1974, p. 26, cité par Kenneth Ring : *Sur la frontière de la vie*, Robert Laffont 1982, p. 253.

9. University Books, New York, 1970.

10. *Op. cit.*, pp. 253-254.

11. Le lecteur aura sans doute fait le lien entre ce récit et certains dessins de William Blake où l'on voit, au-dessus du corps allongé, son double flotter à l'horizontale, à faible distance et commençant à s'en détacher.

12. *Cf.* Moody, *op. cit.* I, pp. 54-55.

13. *Cf.* Marie-Anne Lindmayr, *Mes relations avec les âmes du Purgatoire*, éditions Christiana, Stein am Rhein, 1974, pp. 17-18.

14. *Cf.* George Ritchie, *Retour de l'au-delà*, Robert Laffont 1986, pp. 49-50.

15. *Les morts ont donné signe de vie*, édition de poche, Fayard 1976.

16. *Op. cit.*, p. 178.

17. Le *Bardo Thödol*, *Livre des morts tibétains*, Librairie d'Amérique et d'Orient, Maisonneuve 1977, p. 139 ; même idée, pp. 86, 138...

18. *Cf.* Louis Pauwels et Guy Breton, *Nouvelles Histoires extraordinaires*, Albin Michel 1982, pp. 119-120.

19. On trouvera plus de détails dans les introductions de cette réimpression, dues à Jean Prieur. Voir également, du même auteur, les chapitres consacrés à Pierre Monnier dans *Les Témoins de l'invisible* et *La nuit devient lumière*.

20. *Lettres de Pierre*, tome I, pp. 3-4.

21. *Lettres de Pierre*, tome IV, p. 364.

22. *Lettres de Pierre*, tome II, p. 238.

23. *Cf.* Osis et Haraldsson, *op. cit.*, pp. 230-231 et 268.

24. Nicole Gourvennec : *Mon petit Icare*, Académie européenne du livre, 1991, p. 7.

25. *Ibid.*, p. 77.

26. Arnaud Gourvennec : *Vers le soleil de Dieu*, F. Lanore et F. Sorlot, 1992, p. 30-31.

27. Belline, *La Troisième Oreille*, Robert Laffont 1972, pp. 109-110.

28. Marcelle de Jouvenel, *Au seuil du Royaume*, Lanore 1981, p. 32.

29. *Cf.* Élisabeth Kübler-Ross, *La Mort et l'Enfant*, éditions du Tricorne, Genève, 1986, pp. 33-40, 111-122.
30. *Op. cit.*, pp. 115-117.
31. *Ibid.*, p. 47.
32. Il y a cependant un autre mot en grec démotique.

Chapitre III

1. *Cf.* M.-P. Stanley, *Christianisme et Réincarnation vers la réconciliation*, L'Or du Temps, 1989.
2. Ézéchiel, chapitre 37.
3. *Lettres de Pierre*, tome IV, p. 344 ; même idée, tome III, pp. 130 et 379.
4. *Cf. op. cit.*, p. 136.
5. *Cf.* Moody, *La Vie après la vie*, p. 71.
6. *Lettres de Pierre*, exemple : tome II, p. 319.
7. *Sterben ist doch ganz anders, Erfahrungen mit dem eigenen Tod*, Kreuz Verlag, Stuttgart, Berlin, 1977, p. 102.
8. *Lettres de Pierre*, tome II, pp. 175 et 318.
9. *De l'âme et de la résurrection*, P.G. XLVI, 108 (dossier réuni par le père Georges Habra, *La Mort et l'Au-delà*, p. 110).
10. On trouvera le récit complet de cette manifestation extraordinaire dans le livre de Jean Prieur : *Les morts ont donné signe de vie*, F. Lanore et F. Sorlot.
11. *Wir überleben den Tod*, Herderbücherei 1983, n⁰ 1088, pp. 58-61.
12. Cette affaire fut relatée par John G. Fuller en 1976 : *The Ghost of Flight 401*. Un scénario et le film qui a eu l'immense succès que l'on connaît en furent tirés.
13. *Lettres de Pierre*, tome II, p. 320-321.
14. Nicole Dron, citée par Monique Simonet dans : *Porte ouverte sur l'éternité*, Éd. du Rocher, 1993.
15. Textes cités par S. Morenz, *La Religion égyptienne*, Payot 1962, p. 265.
16. Pour tout ceci voir Jean Prieur, *Les Tablettes d'or*, F. Lanore 1979.
17. Jean Prieur, *op. cit.*, p. 263.
18. *Au diapason du ciel*, Lanore 1981, p. 94.
19. *Quand les sources chantent*, Lanore 1978, p. 31.
20. *Ibid.*, p. 196-197.
21. *La Douloureuse Passion de Notre-Seigneur Jésus-Christ*, Téqui 1922, p. 230.
22. *Au seuil du royaume*, Lanore 1981, p. 236. Voir aussi Aimé Michel, *Métanoia, phénomènes physiques et mysticisme*, Albin Michel 1986, pp. 212-240 ; Herbert Thurston, *Les Phénomènes physiques du mysticisme*, Rocher 1986, pp. 9-45.
23. Abbé Schindelholz, *Exorcisme, un prêtre parle : petite anthologie de la possession aujourd'hui*, éditions Pierre Marcel Favre, Lausanne 1983, pp. 77-78.
24. *Figures contemporaines de la Sainte Montagne*, fascicule 5, 1981, en grec, pp. 41-44.
25. Sinesio Darnell, *Tiempo, espacio y parapsicología*, Ediciones Decálogo 1989, p. 130.
26. René Laurentin, *Un amour extraordinaire : Yvonne-Aimée de Malestroit*, OEIL, 1985, p. 168, et récit plus détaillé dans René Laurentin et Dr P. Mahéo, *Bilocations de mère Yvonne-Aimée*, OEIL, 1990, pp. 52-57.
27. René Laurentin et Dr P. Mahéo : *Bilocations de mère Yvonne-Aimée*, OEIL, 1990, p. 29-30.
28. *Cf.* P. Thomas Villanova Wegener, *Anna-Katharina Emmerich, Das innere und äussere Leben der gottseligen Dienerin Gottes*, Paul Pattloch Verlag 1972, pp. 179-181.
29. *Cf.* lady Cecil Kerr, *Theresa-Helena Higginson*, Desclée de Brouwer 1935, pp. 204, 269, 280-281 et surtout 401-410.
30. N'ayant pas réussi à me procurer cette étude, je la cite à travers les extraits qu'en a publiés le père Giovanni Martinetti dans son ouvrage : *La vita fuori del corpo*, Editrice Elle Di Ci, 1989, p. 227-261.
31. Joachim Boufflet : *Encyclopédie des phénomènes extraordinaires dans la vie mystique*, Introduction du père René Laurentin, Éd. F.-X. de Guibert (OEIL), tome I, 1992, p. 202-208.
32. *Op. cit.*, p. 202.
33. *Op. cit.*, p. 231-232.
34. *Ibid.*, p. 235.
35. *Vous... mes amis*, Lethielleux 1953, p. 136.

36. Très beau récit semblable où la rencontre en songe se prolonge en écriture intuitive, chez Belline, *La Troisième Oreille*, pp. 155-159.

37. *Cf.* Moody, *La Vie après la vie*, pp. 122-123.

38. Johannes Steiner, *Thérèse Neumann, la stigmatisée de Konnersreuth*, éditions Meddens 1963, pp. 90-91 et 89.

39. *Au seuil du Royaume, op. cit.*, p. 99.

40. *Ibid.*, p. 258.

41. *Lettres de Pierre*, tome I, p. 310.

42. *Lettres de Pierre*, tome II, pp. 317-318.

43. Rosemary Brown, *En communication avec l'au-delà*, collection « J'ai Lu » 1974. La dernière édition anglaise est préfacée par l'évêque de Southwark. Mrs. Brown relate leur rencontre dans *Immortals at my Elbow*, Bachman and Turner, Londres, 1974.

44. *En communication avec l'au-delà*, pp. 110 et 109.

45. F. Amiot : *Évangiles apocryphes*, Arthème Fayard, 1952, p. 84, 85 et 87.

46. Aurelio de Santos Otero : *Los Evangelios apocrifos*, B.A.C., 1979, p. 313.

47. Hymne XV, cité par Jeanne Villette dans *La Résurrection du Christ dans l'art chrétien du IIe au VIIe siècle*, Henri Laurens, Paris, 1957, p. 68-69.

48. *Lettres de Pierre*, tome IV, p. 144.

49. Anathématisme repris d'ailleurs à peu près dans les mêmes termes à l'occasion du concile de Constantinople de 553.

50. Pour tout ceci et le paragraphe suivant, voir Antoine Guillaumont, *Les « Kephalaia gnostica » d'Evagre le Pontique*, Le Seuil 1962.

51. *Cf.* Guillaumont, *op. cit.*, p. 143, note 74.

52. Guillaumont, *op. cit.*, pp. 114-116.

Chapitre IV

1. *La Vie après la vie*, p. 74.

2. *Cf.* Louis Pauwels et Guy Breton, *Nouvelles Histoires extraordinaires*, pp. 112-113.

3. *La Mort et l'Enfant*, pp. 173-174.

4. *Phénomènes psychiques au moment de la mort*, traduction française, éditions de la Bibliothèque de philosophie spiritualiste 1923.

5. *Ce qu'ils ont vu... au seuil de la mort*, éditions du Rocher 1982.

6. *Op. cit.*, pp. 124, 192-193 et 146.

7. *La crisi della morte*, Armenia Editore 1976, pp. 264-265.

8. Louis Pauwels et Guy Breton, *Nouvelles Histoires extraordinaires*, pp. 126-127.

9. *Op. cit.*, p. 71.

10. *La Vie après la vie*, p. 78-79.

11. *Ibid.*, pp. 82-83.

12. Patrice Van Eersel, *La Source noire*, Grasset 1986, pp. 196-197.

13. *Op. cit.*, p. 82.

14. George Ritchie, *Retour de l'au-delà*, pp. 64-66.

15. Melvin Morse : *Des enfants dans la lumière de l''au-delà*, collection « La vie et au-delà », Robert Laffont, 1990, p. 152-153.

16. *Ibid.*, p. 154-158.

17. *Ibid.*, p. 181.

18. *Ibid.*, p. 236.

19. Melvin Morse et Paul Perry : *Transformed by the light*.

20. *Cf.* Moody, *La Vie après la vie*, pp. 85-86.

21. *Op. cit.*, pp. 66-68.

22. *Op. cit.*, p. 75. Comme George Ritchie, la victime de cet accident a fait le récit complet de son aventure : Stefan von Jankovitch, *La Mort, ma plus belle expérience*, Au Signal, Lausanne 1988.

23. *Op. cit.*, pp. 69-74.

24. Moody, *Lumières nouvelles sur la vie après la vie*, p. 132.

25. Moody, *La Vie après la vie*, p. 87.

26. *Cf.* J.C. Hampe, *op. cit.*, p. 76.

27. Moody, *Lumières nouvelles sur la vie après la vie*, p. 17.

28. Arnaud Gourvennec : *Vers le soleil de Dieu*, 1992, p. 27-28.

29. Silvia Gessi : *Voci e pensieri dall'aldilà*, Hermes Edizioni, 1989, p. 49.

30. Moody, *Lumières nouvelles sur la vie après la vie*, p. 72.

31. Moody, *Lumières nouvelles sur la vie après la vie*, p. 73.

32. *Lettres de Pierre*, tome III, pp. 28-29.

33. *Ibid.*, tome II, p. 122.
34. Moody, *La Vie après la vie*, p. 88.
35. *Cf.* aussi Phyllis M.H. Atwater, *Coming Back to Life*, Dodd, Mead and Company, New York, 1988, p. 37.
36. Barbara Harris et Lionel C. Bascom, *Full Circle, the Near-Death Experience and Beyond*, Pocket Books, New York, 1990, p. 26.
37. *Lettres de Pierre*, tome III, p. 105.
38. *Lettres de Pierre*, tome III, pp. 88-89.
39. *Lettres de Pierre*, tome III, pp. 412-413.
40. Moody, *La Vie après la vie*, pp. 50-51.
41. *Death-Bed Visions*, Methuen, Londres, 1926 nouvelle édition : The Aquarian Press, 1986 ; cité par Osis et Haraldsson, *op. cit.*, p. 39-40.
42. *The Ministry of Angels*, The Citadel Press, Secaucus, N.J., p. 7. 1959.
43. D'après un texte cité par W. Schiebeler, *op. cit.*, p. 49.
44. *La Vie après la vie*, pp. 101-102.
45. *Cf.* K. Ring, *op. cit.*, p. 268.
46. *Lettres de Pierre*, tome II, p. 375.
47. Belline, *La Troisième Oreille*, pp. 155-158. Jean Prieur, *Les Tablettes d'or*, p. 219, rapporte une histoire assez semblable survenue à Mme de Jouvenel avec son fils Roland.
48. Pauwels et Breton, *Nouvelles Histoires extraordinaires*, p. 116.
49. *Ibid.*, p. 113.
50. *Ibid.*, p. 117.
51. *Lettres de Pierre*, tome I, pp. 201-202.
52. Paru dans *La Vie spirituelle*, en juillet 1931. Depuis, le texte grec intégral a été publié et traduit dans *Les Sources chrétiennes*.
53. *Lettres de Pierre*, tome IV, p. 271.
54. *Lettres de Pierre*, tome VI, p. 372-373.
55. Sur tous ces personnages célèbres voir Jean Prieur, *L'Europe des médiums et des initiés*, Perrin 1987.
56. *L'Autre Monde, ses possibilités infinies, ses sphères de beauté et de joie*, éditions Amour et Vie 1979, pp. 263-264.
57. *Où et comment retrouverons-nous nos disparus*, Astra 1981, pp. 92-93.
58. *Quand les sources chantent*, p. 150.

Chapitre V

1. *Au seuil de la vérité*, la Pensée universelle 1978. *Après cette vie*, 1983. *La mort est un réveil*, 1980. *La Science et l'Esprit*, 1983. *La Totalité du réel*, 1986, « l'Univers spirituel », Sorlot et Lanore, 1988.
2. *Lettres de Pierre*, tome V, p. 470.
3. *Dialogues avec l'ange*, 1976. *Les dialogues tels que je les ai vécus*, 1984. *Les Dialogues, ou l'Enfant né sans parents*, 1986, *Les Dialogues ou le Saut dans l'inconnu*, 1989 Aubier Montaigne.
4. Message reçu le 13 juillet 1987.
5. *Op. cit.*, p. 191, voir aussi pp. 189, 216, 264.
6. Sinesio Darnell, *El misterio...*, *op. cit.*, pp. 143-144.
7. Marcello Bacci, *op. cit.*, pp. 39-53.
8. *Op. cit.*, p. 85 et 108.
9. *Op. cit.*, p. 136.
10. *Op. cit.*, p. 6.
11. Ebon, *Dialogues avec les morts ?* Fayard 1971, pp. 87-104.
12. *Op. cit.*, p. 100.
13. Paulo Rossi Severino e Equipe AME-SP : *A vida triunfa*, Editora FE, São Paulo, 1990, p. 13-14.
14. Carlos Augusto Perandréa : *A psicografia à luz da grafoscopia*, Editora FE, São Paulo, 1991.
15. *Op. cit.*, p. 282.
16. *Journal of the Society for Psychical Research*, Londres 1906-1938. Voir aussi J.G. Piddington, *A Series of Concordant Automatisms*, Proceedings of the Society for Psychical Research, Part. LVII, vol. XXII, 1908, pp. 19-417.
17. *Au seuil du royaume*, pp. 87-88.
18. Georges Morrannier, tome III, pp. 37-53-54.
19. Roland de Jouvenel, tome II, pp. 131-138.

20. James Jeans, cité par Michel Cazenave dans l'ouvrage collectif *La Synchronicité, l'Âme et la Science ; existe-t-il un ordre causal ?* Poiésis 1985, p. 62.

21. *Ibid.*, p. 163.

22. *Op. cit.*, p. 139 et 156.

23. Parue sous le titre *Le Christ en vous*, Astra 1978.

24. François Brune, *Pour que l'homme devienne Dieu*, pp. 158-170.

25. *Le Christ en vous*, p. 105.

26. *Ibid.*, p. 108.

27. *Ibid.*, p. 109.

28. *Ibid.*, p. 111.

29. Louis Pauwels et Guy Breton, *Nouvelles Histoires extraordinaires*, pp. 120-123.

30. Traduit d'après une version grecque parue à Athènes en 1924.

31. *Au diapason du ciel*, p. 139-140.

32. *Quand les sources chantent*, p. 137.

33. *Ibid.*, p. 60.

34. *Ibid.*, p. 84.

35. *Op. cit.*, p. 89.

36. *Op. cit.*, pp. 91-92.

37. Détails empruntés à son premier ouvrage, *Journeys Out of the Body*, Anchor Press/Doubleday 1977, qui ne furent pas repris dans la traduction française : *Le Voyage hors du corps*, éditions Garancière 1986.

38. *Cf.* Patrice Van Eersel, *La Source noire*, Grasset 1986, pp. 269-277.

39. *Op. cit.*, pp. 63-64.

40. *Le Grand Passage*, le Courrier du livre 1978, pp. 132-133.

41. *You Live after Death*, Creative Age Press, New York, 1950.

42. *You Live after Death* Creative Age Press, New York, 1950.

43. *The Dead Are Alive*, p. 161.

44. *Op. cit.*, pp. 88-89.

45. Georges Morrannier, tome I, p. 43.

46. *Ibid.*, p. 33.

47. *Ibid.*, pp. 150-151.

48. *Ibid.*, p. 141.

49. *Ibid.*, p. 150.

50. *Op. cit.*, pp. 60-61.

51. *Ibid.*, p. 26.

52. Georges Morrannier, tome II, *Après cette vie*, p. 161.

53. *Ibid.*

54. Georges Morrannier, tome V, *La Totalité du réel*, p. 205.

55. *Op. cit.*, p. 196.

56. *Op. cit.*, p. 56.

57. *Lettres de Pierre*, tome I, pp. 185-186.

58. Henry Corbin, *L'Imagination créatrice dans le soufisme d'Ibn Arabi*, Flammarion 1958, pp. 141, 147, 271-272.

59. *Op. cit.*, p. 38. *Cf.*, p. 38, autre épisode semblable où la forme subtile créée par la prière semble même intervenir cette fois dans ce monde-ci.

60. Mohyiddin Ibn Arabi, *L'Alchimie du bonheur parfait*, L'île verte, Berg International 1981, pp. 126 et 131.

61. *Cf.* D.T. Suzuki : *Essais sur le bouddhisme zen*, troisième série, Albin Michel 1972, pp. 71-72. *Cf.* Henry Corbin, *op. cit.*, p. 272 note 169 et p. 275 note 200.

62. Albert Pauchard, *Op. cit.*, p. 284.

63. Paul Misraki, *L'Expérience de l'après-vie*, Robert Laffont 1974, pp. 101-102.

64. *Ibid.*, p. 190.

65. Roland à sa mère, tome I, *Au diapason du ciel*, p. 184.

66. *Ibid.*, p. 155.

67. *Op. cit.*, p. 114-115.

68. *À l'écoute de l'invisible*, Sorlot et Lanore 1988, p. 43.

69. *Op. cit.*, pp. 210-213 (en changeant parfois l'ordre des paragraphes).

Chapitre VI

1. Roland de Jouvenel, tome V, *La Seconde Vie*, pp. 127-129.

2. *Ibid.*, p. 27. Mais Roland de Jouvenel y revient sans cesse : pp. 46, 83, 104, 106, 148-149, 163-164.

3. *Op. cit.*, pp. 183-184, 197.

4. *Ibid.*, p. 184-185.

5. *Ibid.*, p. 85.

6. *La Science face aux confins de la connaissance*, le Colloque de Venise, éditions du Félin 1987.

7. *Le Grand Passage, Op. cit.*, p. 17.

8. *Op. cit.*, p. 51.

9. *Op. cit.*, pp. 124-125 ; pour la valeur symbolique des Buveuses de sang, voir p. 113 note 1.

10. Henry Corbin, *L'Imagination créatrice...*, pp. 166-176 ; citation pp. 170-173.

11. Emir Abd el-Kader, *Écrits spirituels*, Le Seuil 1982, p. 102.

12. Jean-Robert Pasche, *Les Rêves ou la connaissance intérieure*, Buchet-Chastel 1987, p. 53.

13. Christian Genest, *ABC des rêves*, Jacques Grancher 1986, p. 102.

14. Helmut Hark, *Träume vom Tod*, Kreuz Verlag 1987, pp. 68-82.

15. *Op. cit.*, pp. 201-202.

16. *Milarepa, ses méfaits, ses épreuves, ses illuminations*, Fayard 1971, p. 200.

17. Hélène Renard, *L'Après-vie*, Philippe Lebaud 1985, p. 172.

18. *Op. cit.*, p. 71.

19. *Op. cit.*, p. 179.

20. Alexandra David-Neel, *Immortalité et réincarnation*, éditions du Rocher 1978, pp. 116-125.

21. *Op. cit.*, pp. 179-181.

22. *Op. cit.*, p. 93.

23. *L'Interprétation des contes de fées*, La Fontaine de pierre, 1978. Repris par Dervy-Livres en 1987.

24. *Op. cit.*, p. 32.

25. *Cf.* notamment les récits d'Anne et Daniel Meurois-Givaudan : *Récits d'un voyageur de l'astral, Terre d'émeraude, De mémoire d'Essénien, Le Voyage à Shambhalla*, éditions Arista.

26. Henry Corbin, *Le Paradoxe du monothéisme*, L'Herne 1981, pp. 167 et 168.

27. *Visionen der Therese Neumann*, tome I, Schell und Steiner 1974, p. 123.

28. *Ibid.*, p. 222.

29. Jean Prieur, *Swedenborg, biographie, anthologie*, Sorlot et Lanore 1983, p. 30.

30. Traduction de Jean Prieur, *Les Visions de Swedenborg*, texte du 29 janvier 1772 ; Sorlot et Lanore 1984, p. 14.

31. Henry Corbin, *L'Imagination créatrice...*, p. 275 note 200.

32. Jean Prieur, *Les Visions de Swedenborg*, pp. 93-96.

33. *Ibid.*, p. 199.

34. *Ibid.*, p. 37.

35. Ernest R. Hilgard : *Divided Consciousness*, John Wiley, New York, 1977, p. 196-198 ; cité par Ian Wilson : *Super-Moi*, Éd. Tsuru, 1990, p. 35-38.

36. Ian Wilson : *Super-Moi, op. cit.*, p. 27-28.

37. *Brücke über den Strom*, herausgegeben von F. Herbert Hillringhaus, Novalis Verlag, Schaffhouse, 2ᵉ édition 1985, p. 127.

38. Giorgio di Simone : *Esperienze fuori del corpo*, Edizioni Mediterranee, 1988, p. 99-168.

39. Giorgio di Simone : *Rapporto dalla dimensione X, Dialoghi con la dimensione X, Il Cristo vero*, Edizioni Mediterranee.

40. *Lettres de Pierre*, tome I, p. 323.

41. *Lettres de Pierre*, tome II, p. 235.

42. *Lettres de Pierre*, tome III, pp. 128-129.

43. *Lettres de Pierre*, tome II, p. 426.

44. *Ibid.*, tome II, p. 393.

45. Roland de Jouvenel, tome IV, *En absolue fidélité*, p. 54.

46. *Ibid.*, p. 107.

47. Jean Prieur, *Les Témoins de l'invisible*, Livre de poche 1972, pp. 304 et 307.

48. *Lettres de Pierre*, tome III, p. 298.

49. *Ibid.*, tome IV, p. 241.

50. *Op. cit.*, pp. 228 et 263.

51. *Lettres de Pierre*, tome II, p. 426-427.

52. *Cf.* la préface de Jean Prieur aux *Entretiens célestes* de Paqui, Sorlot et Lanore 1984.

53. *Ibid.*, p. IX.

54. Un autre recueil, paru sous le nom de *Missel de Paqui*, contient les messages reçus par son premier correspondant terrestre jusqu'en 1927, puis, de nouveau, de 1939 à 1945.
55. *Op. cit.*, pp. 216-217.
56. *Lettres de Pierre*, tome III, pp. 112-113.
57. Jean Prieur, *Les Témoins de l'invisible*, p. 301.
58. *Op. cit.*, pp. 274-275.
59. Raymond Ruyer, *La Gnose de Princeton*, Fayard 1974.
60. *Pour que l'homme devienne Dieu*, Ymca Press, pp. 355-370.
61. *Op. cit.*, p. 40.
62. *Au diapason du ciel*, p. 99.
63. *Lettres de Pierre*, tome IV, p. 221.

Chapitre VII

1. *Les morts ont donné signe de vie*, pp. 169-172.
2. *Lumières nouvelles sur la vie après la vie*, pp. 54-59.
3. *The Dead Are Alive*, pp. 119-122, 123-127.
4. *Ibid.*, pp. 135-140.
5. *Ibid.*, pp. 29-31.
6. Harold Sherman, *op. cit.*, pp. 28-31.
7. Carl Wickland, *Thirty Years among the Dead*, ouvrage publié par l'Institut national de psychologie de Los Angeles en 1924, réédité par la Newcastle Publishing Company en 1974, pp. 30-31.
8. Werner Schiebeler : *La Vie après la mort terrestre*, collection « La vie et au-delà », Robert Laffont, 1992, p. 70-71.
9. *Ibid.*, p. 71-76.
10. Werner Schiebeler, *Besessenheit und Exorcismus, Wahn oder Wirklichkeit*, Ravensburg 1985.
11. Jean Prieur, *L'Aura et le corps immortel*, Sorlot et Lanore 1983.
12. *Op. cit.*, p. 16.
13. Georges Ritchie, *op. cit.*, pp. 80-82.
14. *Op. cit.*, p. 17.
15. Stoker Hunt, *OUIJA, the Most Dangerous Game*, Harper and Row 1985, pp. 69-78.
16. *Ibid.*, pp. 132-138.
17. *Ibid.*, pp. 16 et 130.
18. *Ibid.*, p. 149.
19. Werner Schiebeler, *op. cit.*, p. 113.
20. *Les morts ont donné signe de vie*, pp. 204-210.
21. Jean Mohnen dans le bulletin du C.E.T.L. 1987, n° 4 pp. 7-8.
22. *Ibid.*, p. 9.
23. Hildegard Gesbert, *Prüfet die Geister*, Viersen.
24. *Op. cit.*, pp. 95, 99-100, 116.
25. Maurice Ray, *L'Occultisme à la lumière du Christ*, Ligue pour la lecture de la Bible, Lausanne, 1982.
26. Héléna Charles, *Votre guérison par le magnétisme*.
27. R.P. Jean Jurion, *Journal d'un hors-la-loi, un prêtre parmi les guérisseurs*, 1976.
28. Jean Vernette, *Occultisme, magie, envoûtements*, Salvator 1986, p. 89.
29. S'il faut rassurer certains lecteurs, je les connais aussi. Voici la liste des plus importants : Deutéronome 18 (10-11), Lévitique 19 (31), 20 (6 et 27), I Samuel 28 (3-25), Isaïe 8 (19) ; Galates 5 (20-21) condamne la « magie », encore que, semble-t-il, Moïse, en son temps, ne s'en soit pas privé ; mais, de toute façon, ce n'est pas la même chose.
30. I Corinthiens 12 (4-10).
31. Sur la vie de cette simple mère de famille et pauvre couturière, voir Albert Bessières, *La Bienheureuse Anna-Maria Taïgi*, Résiac 1977.
32. René Laurentin, *Un amour extraordinaire : Yvonne-Aimée de Malestroit*, OEIL 1985. Voir aussi ses *Écrits spirituels* et ses *Prédictions*.
33. *Au diapason du ciel*, pp. 43, 58.
34. *Op. cit.*, pp. 78-79.
35. *Op. cit.*, pp. 86-87.
36. *Op. cit.*, pp. 86.
37. *Op. cit.*, pp. 21-24.
38. Louis Pauwels et Guy Breton : *Nouvelles histoires extraordinaires*, Albin Michel, 1982, p. 115.

39. George Ritchie : *Retour de l'au-delà*, Éditions Robert Laffont, 1986, p. 159-160.
40. *Lettres de Pierre*, tome IV, p. 423. Voir aussi p. 325.
41. *Lettres de Pierre*, tome VI, p. 352 texte du 3 septembre 1930.
42. *Lettres de Pierre*, tome II, p. 455. Les mots soulignés le sont dans le texte.

Chapitre VIII

1. *Lettres de Pierre*, tome I, p. 144.
2. *Lettres de Pierre*, tome I, p. 205.
3. *Lettres de Pierre*, tome III, p. 26.
4. *Lettres de Pierre*, tome III, p. 439.
5. *Lettres de Pierre*, tome III, p. 26.
6. *Lettres de Pierre*, tome I, pp. 72-73.
7. *Lettres de Pierre*, tome I, p. 145.
8. *Lettres de Pierre*, tome II, p. 45.
9. Voir, par exemple, Fernand Schwarz : *Initiation aux livres des morts égyptiens*, Albin Michel, collection « Spiritualités vivantes », 1988.
10. Nouveau Testament, édition de la T.O.B. à propos de Jean, chapitre IX, verset 2.
11. Malachie, chapitre III, verset 23, repris dans les Évangiles par Matthieu XI, 14 ; Marc IX, 11, Jean I, 21.
12. Saint Luc, chapitre IX, versets 18-19.
13. Geddes MacGregor, *Reincarnation in Christianity*, Wheaton, États-Unis, 1978.
14. Antoine Guillaumont, *Les Kephalaia gnostica d'Évagre le Pontique*, éditions du Seuil 1962, p. 50 note 12, où l'on trouvera citations et références.
15. MacGregor, *op. cit.*, pp. 15 et 26, note 1.
16. Inutile de m'écrire pour me signaler tel ou tel texte de l'Écriture. Je connais tous ceux que l'on peut invoquer. Ils sont bien connus depuis longtemps, de tous les spécialistes.
17. Ian Wilson, *Expériences vécues de la survie après la mort*, l'Âge du Verseau-Belfond 1988.
18. *Op. cit.*, pp. 74-76.
19. Alain Daniélou, *La Fantaisie des dieux et l'Aventure humaine d'après la tradition shivaïte*, éditions du Rocher 1985, pp. 124-125.
20. Carl Wickland, *op. cit.*, pp. 351-352. Affirmation confirmée par un autre esprit, *ibid.*, pp. 334-336.
21. Rainer Holbe, *Botschaften aus einer anderen Dimension*, R.T.L.-Knaur, Munich, 1988, p. 73.
22. Séance du 4 décembre 1923.
23. *Op. cit.*, pp. 234 et 144.
24. Alain Guillo, *Un grain dans la machine, une évasion spirituelle des prisons de Kaboul*, Robert Laffont 1989, p. 183.
25. *Terre d'émeraude, témoignages d'outre-corps*, éditions Arista 1983, pp. 68-91.
26. *Op. cit.*, p. 69.
27. *Op. cit.*, nombreux passages ; par exemple : p. 113, note 1 ; p. 115 ; p. 117 ; pp. 124-255.
28. Alexandra David-Neel, *Immortalité et réincarnation*, éditions du Rocher 1978, p. 96.
29. Paul Martin-Dubost, *Çankara et le Vedanta*, Le Seuil 1973, pp. 65 et 79.
30. Anne-Marie Esnoul, *Ramanuja et la mystique vishnouite*, Le Seuil 1974, pp. 70-72.
31. *Ibid.*, p. 135.
32. *Ibid.*, pp. 121-122.
33. Maguy Lebrun, *Médecins du ciel, médecins de la terre*, Robert Laffont 1987, p. 23.
34. C'était bien là notre seul point de désaccord, d'ailleurs très amical. Elle continue toujours à admettre, tout comme moi-même, la possibilité de cas de réincarnation, mais elle n'y voit plus une loi générale. Je crois bien que, maintenant, nous sommes profondément d'accord ; sur ce point aussi.
35. *Op. cit.*, p. 287.
36. Marie-Pia Stanley citant Romain Rolland dans *Christianisme et réincarnation, vers la réconciliation*, l'Or du Temps 1989, pp. 191-192.
37. Textes de Dhanjibhai Fakirbhai, mort en 1967, cités par le père Maurice Maupilier dans *Les Mystiques hindous chrétiens*, O.E.I.L. 1985, pp. 220 et 219.

38. *Reincarnation in Christianity, a new vision of the role of rebirth in Christian Thought.*

39. *Op. cit.*, pp. 119-120.

40. *Ibid.*, pp. 143-147.

41. *Cf. op. cit.*, pp. 333-340.

42. *Op. cit.*, pp. 333-341 et suivantes.

43. *Op. cit.*, pp. 273-274.

44. Maguy Lebrun : *L'Amour en partage*, Robert Laffont, 1991, p. 175-176.

45. Par exemple, les ouvrages de Jeanne Morrannier et les messages de son fils Georges.

46. Robert Linssen, *Le Zen*, Marabout Université, éditions Gérard 1969, p. 137.

47. Alain Daniélou, *Op. cit.*, p. 125.

48. Robert Linssen, *Op. cit.*, p. 162.

49. Alexandra David-Néel, *Immortalité et réincarnation*, p. 89.

50. *Ibid.*, p. 102.

51. *Ibid.*, pp. 89-90.

52. *Ibid.*, pp. 127-128.

53. *Ibid.*, p. 185. Aussi, p. 187, le témoignage d'un Indien.

54. Filippo Liverziani : *La reincarnazione e i suoi fenomeni*, Edizioni Mediterranee, 1988, p. 8 et 11.

55. Louis-Vincent Thomas et René Luneau, *La Terre africaine et ses religions*, Librairie Larousse 1975, p. 28.

56. *Ibid.*, pp. 97-98.

57. Filippo Liverziani : *La reincarnazione e i suoi fenomeni*, Edizioni Mediterranee, 1988, p. 98-116.

58. Par exemple, voir *op. cit.*, p. 134.

59. *Op. cit.*, p. 116, 158.

60. Jean Prieur, *Les Visions de Swedenborg*, pp. 19, 20, 22...

61. Carl Wickland, *op. cit.*, p. 352.

62. D. Scott Rogo, *The Infinite Boundary*, Dodd, Mead et Company, New York, 1987, pp. 13-51 et 268-276.

63. Harald Wiesendanger : *Zurück in frühere Leben, Möglichkeiten der Reinkarnationstherapie*, Kösel, 1991, p. 144-145.

64. Stanislav Grof et Joan Halifax, *La Rencontre de l'homme avec la mort*, éditions du Rocher 1982, p. 112.

65. Patrice Van Eersel, *La Source noire*, p. 185.

66. *Ibid.*, p. 196.

67. S. Grof et J. Halifax, *op. cit.*, p. 79.

68. Eva de Vitray Meyerovich, *Mystique et poésie en Islam, Djalâl ud-Dîn Rûmî et l'ordre des Derviches tourneurs*, DDB 1972, pp. 273-274.

69. Ian Wilson : *Super-Moi, l'inconnu qui m'habite*, Éd. Tsuru, 1990, p. 122-123.

70. *Ibid.*, p. 128-130.

71. *La Douloureuse Passion de N.S. Jésus-Christ d'après les méditations d'Anne-Catherine Emmerich*, Téqui 1922, pp. 40-41.

72. André Dumas, *La Science de l'âme*, Dervy-Livres 1973-1980, p. 448.

73. Ian Wilson, *Expériences vécues de la survie après la mort, op. cit.*, p. 74.

74. Patrick Drouot, *Nous sommes tous immortels*, Le Rocher 1987-1988, p. 38.

75. Patrick Drouot, *Des vies antérieures aux vies futures*, Le Rocher 1989, p. 31.

76. Louis-Vincent Thomas : « À propos de Patrick Drouot, un règlement de compte ». Bulletin de IANDS France n° 7, mai 1989, p. 12.

77. *Op. cit.*, p. 120.

78. Préface au livre de Marie-Pia Stanley, *Christianisme et réincarnation, vers la réconciliation*, l'Or du temps 1989, p. 9.

79. *Mes relations avec les âmes du Purgatoire*, éditions Christiana 1974.

80. Grabinski-Oster, *Fegfeuer-Visionen der begnadeten Margarete Schäffner von Gerlachsheim (Baden)*, Verlag M. Schröder, Eupen, Belgique.

81. Maria Simma, *Les âmes du purgatoire m'ont dit...*, éditions Christiana.

82. *Pour que l'homme devienne Dieu*, sans référence possible, car c'est l'essentiel de tout l'ouvrage.

83. Cité par D.T. Suzuki dans *Essais sur le bouddhisme zen*, tome II, p. 274.

84. Solange Lemaître, *Râmakrishna et la vitalité de l'hindouisme*, Le Seuil 1966, p. 150.

85. Robert de Langeac : *Vous... mes amis*, Lethielleux, 1953, p. 47-48.

86. *Ibid.*, p. 49-50.

87. *Ibid.*, p. 53.
88. *Ibid.*, p. 28.
89. David Bohm : *La Danse de l'esprit*, Éditions Seveyrat, 1989, p. 129-130. Rupert Sheldrake fait explicitement le rapprochement avec la doctrine chrétienne de la Communion des saints. (*La Mémoire de l'Univers*, Éd. du Rocher, 1988, p. 261.)
90. *Op. cit.*, p. 263.
91. *Lettres de Pierre*, tome I, pp. 68, 96, 173 ; tome II, p. 119 ; tome III, p. 279 ; tome IV, pp. 28, 370, etc.

Chapitre IX

1. *Lettres de Pierre*, tome II, pp. 426-427.
2. Paul Misraki, *op. cit.*, p. 188.
3. George Ritchie, *op. cit.*, pp. 94-95, 165-167.
4. Jean Prieur, *L'Europe des médiums et des initiés*, Perrin 1987, pp. 22-23.
5. Paul Misraki, *op. cit.*, p. 188.
6. *Ibid.*, pp. 231-232.
7. *En absolue fidélité*, nouvelle édition avec le texte authentique rétabli par Jean Prieur, Éd. F. Lanore et F. Sorlot, 1988, p. 185.
8. *Comme un secret, comme une flamme*, Éd. F. Lanore et F. Sorlot, 1989, p. 170-171.
9. Arnaud Gourvennec : *Vers le soleil de Dieu*, F. Lanore et F. Sorlot, 1992, p. 26.
10. *Ibid.*, p. 181.
11. Werner Schiebeler : *La Vie après la mort terrestre*, collection « La Vie et au-delà », Robert Laffont, 1992, p. 25-37.
12. *Op. cit.*, p. 31.
13. *Ibid.*, p. 35-36.
14. Lino Sardos Albertini, *L'Au-delà existe*, Filipacchi, 1991, p. 25.
15. *Ibid.*, p. 28.
16. *Ibid.*, p. 157.
17. *Ibid.*, p. 169. Un deuxième volume rassemble les témoignages d'une multitude de personnes de tous âges et de toutes conditions sociales qui ont été aidées par Andrea : *Au-delà de la foi*, Filipacchi, 1992 ; enfin, il existe maintenant une fondation Andrea Sardos Albertini qui a publié un troisième ouvrage : *Prove e indizi dell'aldilà*, Rizzoli, 1991.
18. Paola Giovetti : *Il cammino della speranza*, Edizioni Mediterranee, 1992, p. 121-122, 125 et 127.
19. Paola Giovetti : *Messages d'espérance*, collection « La Vie et au-delà », Robert Laffont, 1992, p. 187.
20. *Ibid.*, p. 90.
21. *Ibid.*, p. 91.
22. J. Bernard Hutton, *Il nous guérit avec ses mains*, Fayard 1973.
23. Ancien chirurgien lui aussi, mais décédé peu avant son père, d'une pneumonie.
24. Janine Fontaine, *Médecin des trois corps*, Robert Laffont 1980, et *La Médecine du corps énergétique*, Robert Laffont 1983.
25. Janine Fontaine, *Notre quatrième monde*, Robert Laffont 1987.
26. *Cf.* les ouvrages du père Jean Jurion, prêtre et guérisseur.
27. Chevalier Friedrich von Lama, *Les Anges*, éditions Christiana 1976.
28. *Dialogues avec l'ange*, pp. 17-18.
29. *Ibid.*, pp. 32, 56, 106, 120, 191.
30. *Ibid.*, p. 178.
31. Henry Corbin, *L'Homme de lumière dans le soufisme iranien*, éditions Présence 1971, pp. 50-62.
32. Jean Prieur, *Les Visions de Swedenborg*, p. 29.
33. Rosemary Brown, *En communication avec l'au-delà*, pp. 110-112, ou *Unfinished Symphonies*, Corgi Books 1984, pp. 108-109.
34. Arthur Koestler : *L'Étreinte du crapaud*, Calmann-Lévy, 1967, p. 385.
35. Rupert Sheldrake : *Une nouvelle science de la vie*, Éd. du Rocher, 1985, p. 73, ou encore : *La Mémoire de l'Univers*, Éd. du Rocher, 1988, p. 104.
36. Robert Monroe, *op. cit.* pp. 104-109.
37. Alain Guillo : *À l'adresse de ceux qui cherchent*, collection « La Vie et au-delà », Robert Laffont, 1991.
38. *Op. cit.*, p. 37.
39. *Ibid.*, p. 43.

40. Alain Guillo : *À l'adresse de ceux qui cherchent*, Calmann-Lévy, 1967, p. 385.
41. *Ibid.*, p. 46.
42. *Ibid.*, p. 50.
43. *Ibid.*
44. *Ibid.*
45. *Ibid.*, p. 46-47.
46. « Tenzin Gyatso, 14ᵒ dalaï-lama », Éditions Olizane, Genève, p. 41 ; cité par Vicki Mackensie dans : *L'Enfant lama*, Robert Laffont, 1991, p. 211.
47. Rupert Sheldrake : *La Mémoire de l'Univers*, Éd. du Rocher, 1988, p. 224.
48. « INFO » nᵒ 21, de la Tonbandstimmenforschung, Darmstadt, juin 1990.
49. *Op. cit.*, p. 137.
50. *Les Dialogues ou l'enfant né sans parents*, Aubier 1986, p. 39.
51. *Op. cit.*, pp. 300-306.
52. Jean Prieur, *Zarathoustra, homme de lumière*, Robert Laffont 1982, p. 136 note 1
53. Tome V, *La Seconde Vie*, p. 70.
54. *Cf.* Le Cerf, collection « Sources chrétiennes », nᵒ 58.
55. *Cf.* références dans mon livre : *Pour que l'homme devienne Dieu*, p. 563.
56. *Op. cit.*, pp. 48, 144.
57. Paul Misraki, *L'Expérience de l'après-vie*, p. 173.
58. *Op. cit.*, p. 182.
59. Au sens d'édifice religieux. Belline, *La Troisième Oreille, op. cit.*, pp. 130-131.
60. Rosemary Brown, *op. cit.*, p. 130.
61. *Ibid.*, p. 156.
62. *Op. cit.*, pp. 208-209, 211, 212-216.
63. Paul Misraki, *op. cit.*, pp. 182-183.
64. Belline, *La Troisième Oreille*, p. 219.
65. *Brücke über den Strom, op. cit.*, p. 373-375.

Chapitre X

1. Johann Christoph Hampe, *Sterben ist doch ganz anders, op. cit.*, p. 126.
2. *Lettres de Pierre*, tome III, p. 149.
3. *Lettres de Pierre*, tome III, p. 151.
4. *Lettres de Pierre*, tome I, pp. 131, 140, 152, 155, 163, 169, 172, 175, 178, 190, 198, 205...
5. *Op. cit.*, pp. 80-81-82, 89, 109.
6. *Entretiens avec l'ami, dialogue avec Verro*, Dervy-Livres 1958, p. 13.
7. Une nouvelle édition vient de paraître sans cet ajout malencontreux. Éditions Partage, 1990.
8. *Op. cit.*, p. 68.
9. *Ibid.*, p. 69.
10. *Ibid.*, p. 166.
11. *Ibid.*, p. 194.
12. Voir d'autres très beaux textes de Verro, pp. 86, 88-89, 154, 201-202.
13. Patrice Van Eersel, *La Source noire*, p. 196.
14. *Ibid.*, pp. 196-197.
15. *Op. cit.*, p. 32-33.
16. Voir à ce sujet mon premier livre, récemment mis à jour : *Pour que l'homme devienne Dieu*, Dangles, 1992.
17. *Au seuil du Royaume, op. cit.*, p. 87-88.
18. Jeanne Morrannier : tome IV, pp. 115, 127 ; tome V, p. 168.
19. Tome II, pp. 106-107, 110-114.
20. Cerchio medianico Kappa : *Verso la scintilla*, Edizioni Mediterranee, 1990, p. 16.
21. Anne et Daniel Meurois-Givaudan, *De mémoire d'Essénien*, Arista 1984, pp. 11-12.
22. Holger Kersten, *Jesus lebte in Indien*, Knaur 1983-84, *Jésus est mort au Cachemire*, éditions de Vecchi.
23. Kenneth E. Stevenson et Gary R. Habermas, *La Vérité sur le suaire de Turin*, Fayard 1981, pp. 102-128.
24. La sindonologie est la science du saint suaire de Turin.
25. *Cf.* l'excellent ouvrage du père Manuel Solé, *La Sabana Santa de Turin*, Mensajero, Bilbao.
26. Simone Saint-Clair, *Le Flambeau ardent*, Astra 1971, *Une voyante té* ouvrage écrit en collaboration avec Hélène Bouvier, Fayard.

27. Wellesley Tudor Pole and Rosamond Lehmann, *A Man Seen Afar*, Neville Spearman, édition de juin 1983.

28. L'original est en portugais. L'édition espagnole est : Ramatis, *El sublime peregrino*, Editorial Kier, Buenos Aires, 1980.

29. Jeanne Decroix, *L'Amour par-delà la mort*, Sand et Tchou 1983, pp. 80, 147.

30. Jacques Vallée, *Autres dimensions*, Robert Laffont 1988. J.J. Benítez, *Los astronautas de Yavé*, Planeta 1980. *El ovni de Belén*, Plaza y Janes Editores 1983.

31. Salvador Freixedo : *Visionarios, Misticos y Contactos extraterrestres*, Quinta, 1985 et *La amenaza extraterrestre*, Editorial Bitacora, Madrid, 1989. On remarquera la même incompréhension chez Jacques Vallée : *Autres dimensions*, collection « Les Énigmes de l'univers », Robert Laffont, 1989, p. 225.

32. Traduit en français sous le titre *L'Évangile tel qu'il m'a été révélé*, Pisani.

33. *Du ciel, un message de joie dans la douleur*, éditions Saint-Michel 1975.

34. On trouvera leurs textes dans la collection « Apparitions et Messages mystiques aujourd'hui » présentée par le père René Laurentin aux Éditions de l'OEIL.

35. Arnaud Gourvennec : *Vers le soleil de Dieu*, F. Lanore et F. Sorlot, 1992, p. 65.

36. *Ibid.*, p. 175.

37. Message, non encore publié, reçu le 1er octobre 1991.

38. *Ibid.*, p. 175.

39. *Ibid.*, p. 173.

40. C'est tout le sujet de mon premier livre qui vient d'être réédité : *Pour que l'homme devienne Dieu*, Dangles, 1992.

41. *Ibid.*, p. 163 et 164.

42. Jean Prieur, *Cet au-delà qui nous attend*, Lanore 1979, pp. 249-250 et 251.

43. Christian Ravaz : *Soufanieh*, Éditions Mambré, 1989.

44. Joachim Boufflet : *Encyclopédie des Phénomènes extraordinaires dans la vie mystique*, Éd. F.-X. de Guibert (OEIL), tome I, 1992, p. 202-208.

45. Jean-Pierre Liegibel : *Quelques pas dans l'au-delà*, Renaudot et Cie, 1990, p. 108-109 et 110.

46. Edda Sartori : « Dalla droga alla luce », Hermes Edizioni, 1990, p. 166, 171 et 168-169.

47. Cité par le père Maupilier dans *Les Mystiques hindous-chrétiens*, pp. 194-195.

48. *Ibid.*, pp. 223-224.

49. *Ibid.*, pp. 79-80.

50. *Ibid.*, p. 197.

51. *Le Messager orthodoxe*, no 113, 1990, p. 71-72.

52. Paqui, *op. cit.*, p. 279.

53. *Lettres de Pierre*, tome III, p. 383.

54. *Ibid.*, tome II, p. 18.

55. *Ibid.*, tome II, p. 404.

56. *Ibid.*, tome IV, p. 271. Une seule fois Pierre Monnier donne l'attribution habituelle de saint Paul : tome III, p. 337.

57. *Ibid.*, tome III, p. 344 ; tome IV, pp. 325, 450 ; tome V, pp. 129-130.

58. Par exemple : tome III, pp. 345, 378, 381 ; tome IV, pp. 145-146.

59. *Ibid.*, tome IV, p. 148.

60. *Ibid.*, tome II, p. 167 ; tome IV, pp. 3-4.

61. *Ibid.*, tome IV, p. 162, mais le texte continue encore longtemps sur ce ton.

62. *Lettres de Pierre*, tome III, p. 82 ; même idée p. 411.

63. *Ibid.*, tome II, pp. 237-238 ; même idée p. 296.

64. *Ibid.*, p. 350.

65. On le sait, au moins par la condamnation de cette opinion en 543 et 553.

66. Jean Daniélou, *Théologie du judéo-christianisme*, Desclée 1958, pp. 228-232.

67. La nouvelle traduction œcuménique en affaiblit le sens.

68. Paul Misraki, *op. cit.*, pp. 104-105.

69. *Lettres de Pierre*, tome IV, p. 447.

70. *Ibid.*, tome IV, p. 449.

71. Margot Grey : *Return from death*, Arkana, Londres, 1985, p. 76-77.

72. *Ibid.*, p. 33, 46, 48, 50.

73. L'Association internationale pour l'étude des états à l'approche de la mort.

74. *Les explorateurs de la mort*.

75. Barbara Harris et Lionel C. Bascom : *Full circle*, Pocket Books, 1990, p. 25.

76. Johann Christoph Hampe : *Sterben ist doch ganz anders*, Kreuz Verlag, Stuttgart-Berlin, 1975, 7e éd. 1977, p. 82.

77. Kenneth Ring : *En route vers oméga*, collection « Les Énigmes de l'Univers », Robert Laffont, 1991, p. 69-70.

78. Phyllis M.H. Atwater : *Coming back to Life*, Dodd, Mead and Company, New York, 1988, p. 124 ; trad. française aux Éd. du Rocher fin 1992.

79. Voir à ce sujet ma petite étude intitulée, par l'éditeur, « Pérennité d'un vécu religieux » dans l'ouvrage collectif *La Mort transfigurée*, Belfond-L'Âge du Verseau, 1992, p. 387-398.

80. Traduction du père Grégoire de Saint-Joseph, Éd. du Seuil, 1947, p. 1032.

81. *Patrologie grecque de Migne*, tome XLIV, col. 893 B.C.

82. *Dialogues avec l'ange*, p. 31.

83. Sinesio Darnell, *El misterio...*, p. 160. *cf.* aussi pp. 147-148.

84. *Lettres de Pierre*, tome VI, pp. 373-374.

85. *Patrologie grecque de Migne*, tome XLIV, col. 941 C, traduit par le père Daniélou.

Conclusion

1. Émir Abd el-Kader : *Écrits spirituels*, le Seuil 1982. Introduction par Michel Chodkiewicz, p. 18.

2. Dans la série *Figures contemporaines du mont Athos*, n° 5, 1981, en grec.

Bibliographie

Ouvrages généraux

En français

Alliance mondiale des religions, *La Survie après la mort*, colloque des 7 et 8 janvier 1967, Éditions Labergerie, 1967.

Couturier de Chefdubois I., *Les morts vivent, témoignages de l'au-delà*, F. Lanore, 1976.

Denis L., *Après la mort*, Éditions Vermet, réédition en 1985.

Dumas A., *La Science de l'âme*, Dervy-Livres, 1973-1980. (Une véritable mine d'informations souvent peu accessibles.)

Ebon M., *Dialogues avec les morts ?*, Fayard, 1971.

Ebon M., *La Preuve de la vie après la mort*, Éditions Best-Seller, 1980.

Flammarion C., *La Mort et son mystère*, Éditions Flammarion (3 volumes), réédités dans la collection « J'ai lu » en version abrégée (2 volumes : I La mort et son mystère, A 310 ; II Après la mort, A 311.

Giovetti P., *Messages d'espérance*, collection « La vie et au-delà », Robert Laffont, 1992. (Douze cas de parents qui ont perdu des enfants mais ont retrouvé la force et même la joie de vivre parce qu'ils ont pu entrer en contact avec eux par les moyens les plus divers. Un livre très simple et très vrai.)

Grof S. et Halifax J., *La Rencontre de l'homme avec la mort*, 1982 ; *Psychologie transpersonnelle*, 1984 ; *Royaume de l'inconscient humain*, Éditions du Rocher, 1983.

Hardy C., *L'Après-Vie à l'épreuve de la science*, Éditions du Rocher, 1986.

Kübler-Ross E., *Vivre avec la mort et les mourants, La Mort et l'Enfant*, Éditions du Tricorne, 1986 ; *La mort est un nouveau soleil*, Éditions du Rocher, 1988.

D'Jacobson N., *La vie après la mort, parapsychologie et mystique*, Presses de la cité, 1973.

Prieur J., *Les Témoins de l'invisible*, 1981-1986 : *Cet au-delà qui nous attend*, 1974-1979 ; *Les Tablettes d'or, autour de Roland de Jouvenel et de ses messages*, 1979-1986 ; *Swedenborg : biographie et anthologie*, 1983 ; *L'Aura et le Corps immortel*, 1983 ; *Les Visions de Swedenborg*, 1984 ; *Les morts ont donné signe de vie*, 1984, Éd. F. Lanore et F. Sorlot, *Le Livre des morts des Occidentaux*, Robert Laffont, 1981, réédition prévue en 1993 ; *La nuit devient lumière, que dire à ceux qui ont perdu un être aimé ?*, Astra, 1986 ; *La Mémoire des choses*, Arista, 1989 ; *L'Âme des animaux*, Robert Laffont, 1986 ; *La Prémonition et notre destin*, Robert Laffont, 1989. (Le meilleur connaisseur, en langue française, de tous ces phénomènes.)

Randall N., *La mort ouvre sur la vie*, collection « J'ai lu », 1978.

Ray M., *L'Occultisme à la lumière du Christ*, ligue pour la lecture de la Bible, Lausanne, 1982. (Point de vue protestant, à mon avis trop systématiquement négatif.)

Renard H., *L'après-vie, croyances et recherches sur la vie après la mort*, Philippe Lebaud, 1985.

Schiebeler W., *La Vie après la mort terrestre*, collection « La vie et au-delà », Robert Laffont, 1992.

Sotto A. et Oberto V., *Au-delà de la mort*, collection « J'ai lu » A 368, Presses de la Renaissance, 1978.

Tiret C., *Le monde invisible vous parle*, F. Lanore et F. Sorlot, 1983.

Van Eersel P., *La Source noire, révélations aux portes de la mort*, Grasset, 1986. (Très facile à lire, très prenant comme un roman policier ; bonne enquête.)

Vernette J., *Occultisme, magie, envoûtements*, Salvator, 1986. (Point de vue d'un prêtre catholique, à mon avis trop systématiquement négatif.) *Peut-on communiquer avec l'au-delà ?*, Centurion, 1990. (Même regret. On sent que l'auteur n'a eu pratiquement aucun contact personnel, ni avec les témoins, ni avec les chercheurs.)

En langues étrangères

Bender H., *Verborgene Wirklichkeit*, Piper, 1985 ; *Aufsätze zur Parapsychologie* II, Piper, 1983. (Études du grand fondateur et directeur de l'institut de parapsychologie de l'université de Fribourg, en Allemagne.)

Benz E., *Parapsychologie und Religion, Erfahrungen mit übersinnlichen Kräften*, Herderbücherei, 1983. (Point de vue du grand théologien protestant, à mon avis très équilibré.)

Giovetti P., *Il cammino della speranza*, Edizioni Mediterranee, 1992. (Ouvrage particulièrement important pour les phénomènes d'apports qui y sont décrits.)

Ford A., *Unknown but Known*, Harper and Row, New York,

1986 ; *The Life beyond Death*, Putnam's Sons, New York, 1971.

Landmann P., *Wie die Toten leben - Protokolle aus dem Jenseits*, Heinrich Schwab Verlag, 1979.

Mattiesen E., *Das persönnliche überleben des Todes* (3 volumes), Walter de Gruyter, 1936-1939 ; réimpression en 1961 et 1987. (Documentation exceptionnelle, rigueur exemplaire, bibliographie très complète, non seulement des ouvrages en allemand mais aussi en français et en anglais.)

Mühlbauer J., *Jenseits des Sterbens*, Verlag News Service Ed., 1986.

Sherman H., *You live after Death* ; *The Dead are alive*, Fawcett Gold Medal, New York, Ballantine Books, 1987.

Transcommunication

En français

Schäfer H., *Théorie et pratique de la transcommunication, un pont entre notre monde et l'au-delà*, collection « La vie et au-delà », Robert Laffont, 1992. (L'ouvrage le plus complet à l'usage du grand public.)

Simonet M., *À l'écoute de l'invisible*, F. Lanore et F. Sorlot, 1988 ; *Images et messages de l'au-delà*, Éditions du Rocher, 1991 ; *Porte ouverte sur l'éternité*, Éd. du Rocher, 1993. (Comment une grand-mère reçoit, sur son téléviseur, l'image de son petit-fils décédé, puis de bien d'autres... Le journal d'un chercheur qui, à force d'amour et de patience, arrive à forcer les portes de l'au-delà.)

En langues étrangères

Alvisi G., *Le voci dei viventi di ieri*, Sugar, Milan, 1976 ; *Il libro della speranza*, Sugar, Milan, 1979.

Bacci M., *Il mistero delle voci dall'aldilà*, Edizioni Mediterranee, Rome, 1985.

Bander P., *Voices from the Tapes*, Drake, New York, 1973.

Bättig V., *Tote reden*, Carussel Verlag, 1987.

Capitani L. et Pagnotta S., *Terre tuttora inviolate*, Edizioni Mediterranee, 1990.

Colaciuri V. et Foresti E., *Voci paranormali al Registratore*, Teoria generale e techniche di applicazione, Acitrezza Galateci, 1973.

Darnell S., *El misterio de la psicofonia*, Ed. Fausi, 1987.

Estep S.W., *Voices of Eternity*, Ballantine Books, New York, 1988.

Fuller J.G., *The Ghost of 29 Megacycles*, New American Library, 1986.

Harlow S.R., *A Life after Death*, Doubleday, 1961, (Donne deux exemples de communication par téléphone.)

Holbe R., *Bilder aus dem Reich der Toten*, Knaur, 1987. *Botschaften aus einer anderen Dimension*, Knaur, 1988. (Interventions au téléphone d'énergies étranges.)

Jürgenson F., *Sprechfunk mit Verstorbenen* (avec disque), Hermann Bauer, Fribourg en Brisgau, 1967.

Mangani G., *Le voci dell'aldilà. Atti del II Convegno nazionale di logometafonia*, Udine, 1979.

Nunes C., *Transcommunicaçao*, Edicel, Brésil, 1990.

Papo A., *Il mistero dell'anfora parlante*, Edizioni Mediterranee, 1992.

Raudive K., *Unhörbares wird hörbar*, Otto Reichl Verlag, 1968 ; *Uberleben wir den Tod ?*, même éditeur, 1973 ; *Der Fall Wellensittich*, 1975.

Rogo D.S., *Phone Calls from the Dead*, Prentice Hall, Englewood Cliffs, New Jersey, 1979. (La seule étude consacrée aux communications téléphoniques avec l'au-delà.)

Schäfer H., *Stimmen aus einer anderen Welt*, Verlag Hermann Bauer, 1983.

Schmid L., *Wenn die Toten reden*, Rex Verlag, 1976.

Seidl F., *Phänomen Tranzendentalstimmen*, Frech Verlag, 1971.

Senkowski E., *Instrumentelle Transkommunikation*, R.G. Fischer, Francfort, 1989. (L'ouvrage scientifique de référence.)

Webster K., *The Vertical Plane*, Grafton Books, 1989. (Histoires troublantes d'interventions de l'au-delà sur ordinateur.)

E.F.M.

En français

Atwater P.M.H., *Retour de l'Après-vie*, Éditions du Rocher, 1993.

Barbarin G., *Le Livre de la mort douce*, Dangles, 1984.

Dutheil R. et B., *L'Homme superlumineux*, Sand, 1990. (Un essai d'interprétation scientifique.)

IANDS-FRANCE : *La Mort transfigurée*, Belfond et l'Âge du Verseau, 1992. (Ouvrage collectif de la branche française de l'Association internationale pour l'Étude des états à l'approche de la mort.)

Jankovich S. von, *La Mort, ma plus belle expérience*, le Signal, Lausanne, 1988. (Le récit d'une seule expérience, mais complète. Insistance sur le bouleversement de toute sa vie par cette expérience.)

Léon L., *Ma mort et puis après*, Philippe Lebaud, 1990. (Une E.F.M. à peine commencée et qui laisse un souvenir lancinant.)

Liegibel J.-P., *Quelques pas dans l'au-delà*, Renaudot et Cie, 1990.

Lorimer D., *L'Énigme de la survie*, Robert Laffont, 1987. Melvin Morse et Paul Perry : *Les Enfants dans la Lumière de l'au-delà*, collection « La vie et au-delà », Robert Laffont, 1992.

Moody R., *La Vie après la vie*, 1977 ; *Lumières nouvelles sur la vie après la vie*, 1978 ; *La lumière de l'au-delà*, 1988, Robert Laffont. (C'est le premier de ces trois ouvrages qui a déclenché toutes les recherches en ce domaine.)

Osis K. et Haraldsson E., *Ce qu'ils ont vu... au seuil de la mort*, Éd. du Rocher, 1982.

Ring K., *Sur la frontière de la vie*, 1982 ; *En route vers oméga*, 1990, Robert Laffont.

Ritchie G., *Retour de l'au-delà*, Robert Laffont, 1986. (Ce n'est pas une étude sur ces phénomènes, mais le récit complet d'une expérience, peut-être la plus fantastique rapportée à ce jour. C'est ce récit qui a décidé R. Moody à entreprendre son enquête.)

Sabom M., *Souvenirs de la mort*, Robert Laffont, 1983.

En langues étrangères

Bahle J., *Keine Angst vor dem Sterben*, Hemmenhofen, 1963.

Barrett W.F., *Deathbed visions*, Methuen, Londres, 1926.

Delacour J.-B., *Aus dem Jenseits zurück*, Econ Verlag, Düsseldorf et Vienne, 1973 ; réédité en poche par Knaur.

Dorozynski A., *Der Mann, der nicht sterben durfte*, Vienne et Düsseldorf, 1966.

Eisenbeiss W., *Leben nach dem Tode*, dans « Geistige Welt », 1981.

Frankl und Pötzl O., *Uber die seelischen Zustände während des Absturzes*, dans « Katastrophenreaktionene », Francfort, 1971.

Giovetti P., *Qualcuno é tornato*, Armenia Editore, 2ᵉ éd. 1988.

Grey M., *Return from Death*, Arkana, Londres, 1985.

Hampe J.-C., *Sterben ist doch ganz anders. Erfahrungen mit dem eigenen Tod*, Kreuz Verlag, 1975.

Harris B. et Bascom L., *Full circle, the near-death experience and beyond*, Pocket Books, New York, 1990. (Très beau récit d'une seule expérience complète.)

Martensen H.-Larsen, *An der Pforte des Todes*, Hambourg, 1955.

Mattiesen E. *op. cit.*, (2ᵉ volume, p. 296-411).

Melvin Morse and Paul Perry ; *Transformed by the light*, 1992. Villard Books.

Myers F.W.H., *Human Personality and its Survival of Bodily Death* (tome II), Richard Hodgson and Alice Johnson, 1903 ; réédité en 1961.

Nielsen E., *Das Unerkannte auf seinem Weg durch die Jahrtausende*, Ebenhausen, 1922 ; *Das grosse Geheimnis*, Ebenhausen, 1923.

Roesenmüller W.O., *Um die Todesstunde... Blicke in eine andere Welt*, Nuremberg, 1972.

Splittgerber F., *Aus dem inneren Leben von Schlaf und Tod* (2 volumes), Stuttgart, 1884.

Vogl C., *Unsterblichkeit, vom geheimen Leben der Seele*, Dachau, 1917.

Wiesenhütter E., *Blick nach drüben, Selbsterfahrungen im Sterben*, Gütersloher Verlagshaus, 1976. (Insistance sur le moment même de la mort.)

Zaleski C., *Otherworld Journeys, accounts of near-death experience in medieval and modern times*, Oxford University Press, 1987. (Étude très descriptive et littéraire d'E.F.M. au Moyen Âge et à notre époque ; très bonne bibliographie.)

E.H.C.

En français

Denning M. et Osborne P., *Guide pratique du voyage hors du corps*, Sand et Tchou, 1983.

Durville H., *Le Fantôme des vivants, dédoublement expérimental du corps de l'homme*, Henri Durville, 1909.

Guesné J., *Le Grand Passage*, Le Courrier du livre, 1978. (Récit très personnel et beau.)

Lancelin C., *Méthode de dédoublement personnel*, F. Lanore et F. Sorlot, 3ᵉ éd. 1986. (Le grand classique sur ce sujet.)

Meurois-Givaudan A. et D., *Récits d'un voyageur de l'astral*; *Terre d'émeraude*; *De mémoire d'Essénien*; *Le Voyage à Shambhalla*; etc. Éditions Arista. (Récits très psychédéliques de projections [dans tous les sens du mot] dans l'astral. Il y a peut-être eu un peu de vrai, au début. À recommander à tous ceux qui rêvent d'un au-delà douceâtre et mièvre.)

Monroe R.A., *Le Voyage hors du corps*, Garancière, 1986. (Récit d'une très grande rigueur de méthode.) *Fantastiques expériences de voyage astral*, Robert Laffont, 1990.

Muldoon S. et Carrington H., *La Projection du corps astral*, Éd. du Rocher, 1985.

En langues étrangères

Crookall R., *The Study and Practice of Astral Projection*, Aquarian Press, Londres, 1960 ; *More astral projections*, Aquarian Press, Londres, 1964 ; *Out of the body experiences*, The Citadel Press, Secaucus, New Jersey, 1970. (Dans les deux premiers volumes, Crookall analyse 381 cas. Il ne distingue pas entre E.F.M. et E.H.C., mais entre décorporations naturelles et accidentelles.)

Martinetti G., *La vita fuori del corpo*, Editrice Elle DICI, 1986. (L'auteur, jésuite, étudie ce phénomène à la fois d'un point de vue scientifique et en relation avec la tradition biblique et la vie des saints. Étude unique en son genre et d'une grande qualité.)

Pilloni V., *La bilocazione, la pratica dello sdoppiamento astrale*, Edizioni Mediterranee, 1989. (Contient un certain nombre de cas difficiles à trouver ailleurs.)

Töpper A., *Die Erfahrbarkeit ausserkörperlicher Daseinsebenen*, Verlag die Silberschnur.

Tuan L., *El viaje astral*, Ed. de Vecchi, Barcelone, 1988.

Témoignages par écriture intuitive

I. En français

a) Les six grands textes :

1. Monnier P., *Lettres de Pierre*, rééditées chez F. Lanore et F. Sorlot : 7 volumes de 450 pages environ chacun, format 15,5 × 21,5 cm. (Une somme. L'ensemble le plus détaillé, le plus précis. Très haut niveau spirituel.)

2. Jouvenel R. de, 6 volumes de petit format : *Au diapason du ciel* ; *Quand les sources chantent* ; *Au seuil du Royaume* ; *En absolue fidélité* ; *Comme un secret, comme une flamme*. Le texte du dernier volume est prêt et sera réédité dès que possible dans sa version authentique. F. Lanore et F. Solort. (Un itinéraire spirituel fantastique dans l'au-delà. Atteint à partir du 3ᵉ volume le niveau des grands mystiques, mais dans une langue très simple et poétique.)

3. Paqui, *Entretiens célestes*, F. Lanore et F. Sorlot, 1984. (Peut paraître un peu mièvre au début. Il faut savoir dépasser le style. Conseils importants devant la souffrance.)

4. *Le Christ en vous*, Éd. Astra, 1978. (Ce sont les communications de Bertha reçues par miss Mortley. Bref et dense. Synthèse théologique profonde. La traduction française est du pasteur Grosjean.)

5. Mallasz G., *Dialogues avec l'ange*, traduit du hongrois, Aubier-Montaigne, 1976. Un événement spirituel majeur pour notre temps. Le texte principal est suivi de plusieurs ouvrages de commentaires : *Les Dialogues, tels que je les ai vécus*, Aubier, 1984 ; *Les Dialogues, ou l'Enfant né sans parents*, Aubier, 1986 ; *Les Dialogues, ou le Saut dans l'inconnu*, Aubier, 1989. *Petits dialogues d'hier et d'aujourd'hui*, Aubier, 1991.

6. Gourvennec A., *Vers le soleil de Dieu*, F. Lanore et F. Sorlot, 1992 ; il faut y joindre la brève biographie écrite par sa mère, Nicole Gourvennec : *Mon petit Icare*, Académie européenne du livre, 1991.

b) Compléments précieux :

Sardos Albertini L., *L'Au-delà existe*, Filipacchi, 1991 ; *Au-delà de la foi*, Filipacchi, 1992.
Misraki P., *L'Expérience de l'après-vie*, Robert Laffont, 1974. (Témoignage beaucoup plus profond qu'on ne le croirait à première vue. Récit minutieux et palpitant de l'aventure de cette communication.)
Belline, *La Troisième Oreille*, Robert Laffont, 1972. (Comment un voyant célèbre parvient à communiquer très difficilement avec son fils. Témoignage très probant par sa sincérité et très émouvant.)
Schakina A., *Entretiens avec l'ami*, réédité chez Partage, Dourdan, 1989. (Très beau sur la prière, bon niveau spirituel.)
Pauchard A., *L'autre monde, ses possibilités infinies, ses sphères de beauté et de joie*, Amour et Vie, 1979. (Très intéressant, parfois un peu déroutant ; insiste beaucoup sur les égrégores devenues fées, génies...)
Morton M.-L., *Où et comment retrouverons-nous nos disparus ?*, Astra, 1981.
Guillo A., *Un grain dans la machine, une évasion spirituelle des prisons de Kaboul*, Robert Laffont, 1989. (Une aventure spirituelle fantastique et qui continue.)
Valtorta M., *L'Évangile tel qu'il m'a été révélé*, Éd. Pisani, Italie. Dix volumes traduits de l'italien. (Phénomène d'écriture, mais en contexte chrétien. Résultat très comparable aux grandes visions des mystiques : A.-C. Emmerich, Thérèse Neumann...)
Révélations d'Arthur Conan Doyle, réunies par Yvan Cooke, Éd. Partage, 1985. (Messages reçues et dictés par un médium, non directement par écriture automatique. La différence n'est pas grande. L'inventeur de Sherlock Holmes confirme là tout à fait le témoignage des meilleurs témoins.)
Brown R., *En communication avec l'au-delà*, N.O.E., 1971, repris dans « J'ai lu », A 293. (Comment Rosemary Brown reçut plus de quatre cents partitions de différents compositeurs, de Monteverdi à Francis Poulenc. Ses conversations avec Liszt.)
Belline, *Anthologie de l'au-delà* (2 volumes), Robert Laffont, 1978 et 1981. (Excellente présentation, très bons extraits, ensemble très précieux.)
Pike J. et Kennedy D., *Dialogues avec l'au-delà*, Robert Laffont, 1970.

Tristram R.M., *Lettres de Christopher*, la Colombe et le Courrier du Livre, 1954.

Tweedale V., *Les fantômes que j'ai vus*, la Colombe et le Courrier du Livre.

Borgia A., *Ma vie au Paradis*, Dervy-Livres, 1970 ; nouvelle édition : Éd. du Roseau, Montréal, 1989.

c) Autres textes

Du ciel, un message de joie dans la douleur, éditions Saint Michel, 1975. (N'apporte pas beaucoup, si ce n'est une confirmation de plus, mais dans le style très conventionnel.)

Morrannier J., *Au seuil de la vérité*, la Pensée universelle, 1978 ; *Après cette vie*, F. Lanore et F. Sorlot, 1983 ; *La mort est un éveil*, 1980 ; *La Science et l'Esprit*, 1983 ; *La Totalité du réel*, 1986 ; *L'Univers spirituel*, 1988. (Récit très détaillé de la vie et des convictions de certains trépassés dans les tout premiers stades après la mort, mais sûrement pas de niveaux très évolués comme ils le prétendent.)

Guiot G. et A., *Révélations de l'invisible*, F. Lanore et F. Sorlot, 1985. Messages de la très célèbre Jeanne Laval. (Du meilleur et du pire, beaucoup de médiocre, comme sur terre.)

Decroix J., *L'Amour par-delà la mort*, Sand et Tchou, 1983. (Malgré toute ma sympathie pour les « dames Decroix », je reste très réservé, non sur l'authenticité de ces communications mais sur la qualité de leurs correspondants dans l'au-delà.) *Une mère très particulière*, F. Lanore et F. Sorlot, 1985. (Très beau récit, beaucoup plus convaincant pour moi. Je crois les apports et les dessins réalisés en transe parfaitement authentiques. Mais je reste allergique à Houg-Kang !)

Hayes P. et Smith M., *La Mort, un pont vers la vie*, Éditions Soleil, Genève, 1989. (Confirme que la mort définitive est bien comme la mort provisoire [E.F.M.]. La vie spirituelle est continuellement confondue avec des petits trucs, très utiles par ailleurs, mais d'un tout autre ordre.)

Xavier F.-C., *Notre demeure*, Centre d'études spirites de Genève, 1987.

II. *En langues étrangères*

Brücke über den Strom, Novalis Verlag, Schaffhouse, 1985. (Une expérience qui fait un peu le pendant, en Allemagne, de celle de Pierre Monnier en France. Très beau texte, tout à fait à part dans l'ensemble de cette littérature.)

Cerchio Esseno : *Manifestazioni e messaggi dall'aldilà*, Ed. Mediterranee, 1990. (Témoignage important sur le phénomène des apports.)

Cerchio Firenze 77. Ce n'est pas le nom d'un homme mais de tout un groupe qui se réunissait régulièrement autour d'un médium aujourd'hui décédé : Roberto Setti. À travers lui sont arrivés d'innombrables messages, d'abord par écriture automatique puis en transe. L'ensemble forme un enseignement de haute tenue philosophique, tout à fait dans la ligne des théosophes (13 volumes, si l'on compte la correspondance de Roberto Setti et les divers témoignages publiés à ce jour de membres du groupe), Edizioni Mediterranee.

Cerchio medianico Kappa : *Verso la scintilla, dal tempo all'Eterno*, Ed. Mediterranee, 1990.

Fondazione Andrea Sardos Albertini : *Prove e indizi dell'aldilà*, Rizzoli, 1991.

Greaves H., *Testimony of Light*, Neville Spearman, 1969.

Herrmann E., *Von Drüben* (2 volumes), Der Leuchter, Otto Reichl Verlag. (Communications – peut-être authentiques – d'entités qui se font passer pour des gens célèbres.)

Johst G., *Das ungeschliffene Juwel, ein Gottesgeschenk zur Zeitenwende*, Otto Reichl Verlag, 1983 ; *Die Rosen meiner Liebe, Maria spricht zu uns*, Otto Reichl Verlag, 1985. (Une aventure spirituelle très personnelle.)

Perandréa C.A., *A psicografia à luz da grafoscopia*, Editora FE, São Paulo, 1991.

Simone G. di, *Colloqui con A, Della « dimensione X »*, Ed. Mediterranee, 1986, nouvelle édition 1988.

Tudor Pole W., *Private Dowding*, Pilgrims Books Services, 1966 ; *Silent Road, Writing on the Ground*, Neville Spearman, 1960.

Vale O.G. (The Rev.), *The Life beyond the Veil* (4 volumes).

Wallace M.B., *The Thinning of the Veil, a record of psychic experience*, Neville Spearman, 1919-1981.

Xavier F.C., *Parnasso de Além. Tumulo*, Federaçao Espirita Brasileira, 13e édition 1988. (Textes de poètes lusophones du monde entier. Le best-seller no 1 au Brésil.)

Médecins en liaison avec l'au-delà

En français

Chapman G., *Chirurgien de l'au-delà*, Fayard, 1978.

Fontaine J., *Médecin des trois corps*, 1980 ; *La Médecine du corps énergétique*, 1983 ; *Nos trois corps et les trois mondes*, 1986 ; *Notre quatrième monde*, 1987, Robert Laffont.

Hutton J.B., *Il nous guérit avec ses mains*, Fayard, 1973.

Lebrun M., *Médecins du ciel, médecins de la terre*, 1987 ; *L'Amour en partage*, 1991, Robert Laffont. (Au-delà de ces deux livres il y a les deux vies de Maguy et de Daniel qui ont déclenché un vaste mouvement d'amour à travers toute la France et même au-delà des frontières, au service des malades et de tous ceux qui souffrent.)

Sison J., *Joséphine, autobiographie et chemin spirituel d'une guérisseuse philippine*, L'espace bleu, 1990. (Un témoignage très fort.)

Vincent M., *Sauvée à Manille par un chirurgien aux mains nues*, Éd. Jacques Grancher / Fixot, 1988. (Témoignage qui nous conduit un peu au-delà du crédible. Mais où faut-il s'arrêter ?)

En langues étrangères

Fuller J.G., *Arigo, Surgeon of the Rusty Knife*, Hart-Davis, Mac Gibbon, Londres, 1975.

Tourinho N. et Imbassahy C., *O poder fantastico da mente*, Editora Eco, Rio de Janeiro (sans date !).

Wickland C., *Thirty Years among the Dead*, National Psychological Institute, Los Angeles, 1924.

Réincarnation

En français

Aurobindo Sri, *Renaissance et karma*, Éd. du Rocher.

Bernstein M., *À la recherche de Bridey Murphy*, collection « J'ai lu » A 212.

Cerminara G., *De nombreuses demeures*, Ed. Adyar, 1982. (D'après les lectures de vies antérieures d'Edgar Cayce.)

David-Neel A., *Immortalité et réincarnation*, Plon, 1961, nouvelle édition, Éd. du Rocher, 1987. (Étude historique très documentée et très sûre, sur les croyances de l'Inde, de la Chine et du Tibet, par quelqu'un qui s'est vraiment donné la peine de les étudier avant d'en parler.)

Des Georges A., *La Réincarnation des âmes selon les traditions orientales et occidentales*, Albin Michel, 1966.

Desjardins D., *De naissance en naissance*, la Table ronde, 1977 ; *La Mémoire des vies antérieures*, la Table ronde, 1980.

Drouot P., *Nous sommes tous immortels*, Éd. du Rocher, 1988 ; *Des vies antérieures aux vies futures, réincarnation et immortalité*, Éd. du Rocher, 1989. (L'auteur semble avoir une excellente technique pour faire vivre des aventures psychiques mais, à mon avis, manque de sens critique devant ces expériences.)

Grant J. et Kelsey D., *Nos vies antérieures*, collection « J'ai lu » A 297, 1978.

Guillo A., *À l'adresse de ceux qui cherchent*, collection « La vie et au-delà », Robert Laffont, 1991. (Contient notamment un témoignage, qui me paraît capital, sur ce que peut être en réalité, bien souvent, la réincarnation.)

Kardec A., *Le Livre des esprits*, Dervy-Livres, 1972 (réédition).

Linssen R., *Réincarnation*, distribué par le Courrier du Livre, 1979.

Nataf A., *Les Preuves de la réincarnation*, Sand et Tchou, 1983.

Papus (Dr Encausse G.), *La Réincarnation*, Dangles, 4e édition 1953.

Pisani I., *Mourir n'est pas mourir*, Robert Laffont, 1978 ; *Preuves de survie*, Robert Laffont, 1980.

Rochas A. de, *Les Vies successives*, Librairie générale des sciences occultes, Paris, 1924. (L'œuvre d'un pionnier, toujours d'actualité.)

Siémons J.L., *La Réincarnation, des preuves aux certitudes*, Éd. Retz, 1981 ; *Revivre nos vies antérieures* (témoignages et preuves de la réincarnation), Albin Michel, 1987. (Une des rares études vraiment rigoureuses.)

Stanley M.P., *Christianisme et réincarnation, vers la réconciliation*, l'Or du temps, 1989. (Enfin une réflexion sur l'enjeu du problème et sur un ton propre à dépassionner le débat.)

Steiner R., *Manifestations du karma*, Triades, 1965.

Stevenson I., *Vingt cas suggérant le phénomène de réincarnation*, Sand, 1985. (L'ouvrage le plus classique sur le sujet.)

Wambach H., *La vie avant la vie*, collection « J'ai lu », 1979.

Wilson I., *Expériences vécues de la survie après la mort*, L'Âge du Verseau / Belfond, 1988. (Très critique sur la rigueur des méthodes de Ian Stevenson.)

Zahan D., *Réincarnation et vie mystique en Afrique noire*, P.U.F., 1965.

En langues étrangères

Alger W.R., *Destiny of the Soul : A Critical History of the Doctrine of a Future Life*, édition originale 1860, avec déjà une bibliographie de près de 5 000 titres (2 volumes), Greenwood, 1968.

Andrade H.G., *Reencarnaçao no Brasil*, Casa Editora O Clarim, São Paulo, 1986.

Beddoes T.P., *Reincarnation and Christian Tradition*, Washington D.C., 1970.

Brazzini P., *Dopo la morte si rinasce ?*, Ed. Fratelli Bocca, 1952.

Bubner R., *Evolution, Reinkarnation, Christentum*, Stuttgart, 1975.

Dethlefsen T., *Das Erlebnis der Wiedergeburt. Heilung durch Reinkarnation*, Munich, 1976 ; *Das Leben nach dem Leben, Gespräche mit Wiedergeborenen*, Munich, 1974.

Frieling R., *Christentum und Wiederverkörperung*, Stuttgart, 1975.

Liverziani F., *La reincarnazione e i suoi fenomeni*, Edizioni Mediterranee, 2ᵉ éd. 1988. (Contribution très importante à une éflexion sérieuse sur ce problème.)

MacGregor G., *Reincarnation in Christianity, a new vision of the role of Rebirth in Christian Thought*, Quest Book, 1981. (Étude d'un théologien en faveur de la réincarnation, intéressante pour l'historique de la question dans les premiers siècles de l'Église. Malheureusement, son intérêt pour la thèse de la réincarnation vient de présupposés théologiques absurdes.)

Wiesendanger H., *Zurück in frühere Leben, Möglichkeiten der Reinkarnationstherapie*, Kösel, 1991.

Wilson I., *Reincarnation ? The Claims investigated*, Penguin Books, Harmondsworth, Middlesex, Grande-Bretagne, 1982.

CET OUVRAGE, PUBLIÉ
SOUS L'ÉGIDE DE KIRON,
CENTRE D'ART, DE CULTURE ET DE COMMUNICATION
DU GROUPE PALLADIUM,
A ÉTÉ RÉALISÉ PAR LA
SOCIÉTÉ NOUVELLE FIRMIN-DIDOT
MESNIL-SUR-L'ESTRÉE
POUR LE COMPTE DES ÉDITIONS DU FÉLIN
PHILIPPE LEBAUD ÉDITEUR
EN MAI 2000

KIRON

Imprimé en France
Dépôt légal : mars 1993
N° d'impression : 51264